『十四五』安徽省重点出版物规划项目

万绳楠全集

莊葦峰 敬題

魏晋南北朝文化史

万绳楠◎著

安徽师范大学出版社

ANHUI NORMAL UNIVERSITY PRESS

·芜湖·

图书在版编目（CIP）数据

魏晋南北朝文化史 / 万绳楠著 . —芜湖：安徽师范大学出版社，2023.10（2024.6重印）
（万绳楠全集）
ISBN 978-7-5676-6315-2

Ⅰ.①魏… Ⅱ.①万… Ⅲ.①文化史—中国—魏晋南北朝时代 Ⅳ.①K235.03

中国国家版本馆CIP数据核字（2023）第178384号

安徽省高峰学科安徽师范大学中国史建设项目

魏晋南北朝文化史

万绳楠◎著

WEIJINNANBEICHAO WENHUA SHI

封面题字：庄华峰	策划编辑：孙新文	
责任编辑：孙新文	责任校对：翟自成　卫和成	
装帧设计：王晴晴　冯君君	责任印制：桑国磊	

出版发行：安徽师范大学出版社
　　　　　芜湖市北京中路2号安徽师范大学赭山校区　　　邮政编码：241000
网　　址：http://www.ahnupress.com/
发 行 部：0553-3883578　　　5910327　　　5910310（传真）
印　　刷：江苏凤凰数码印务有限公司
版　　次：2023年10月第1版
印　　次：2024年6月第2次印刷
规　　格：700 mm×1000 mm　　1/16
印　　张：30.25　　　　插页：4
字　　数：471千字
书　　号：ISBN 978-7-5676-6315-2
定　　价：256.00元

凡发现图书有质量问题,请与我社联系(联系电话:0553-5910315)

万绳楠先生

（1923—1996）

序 言

曹操诗，古往今来，没有人为之编年。说实在的话，难度较大。然而，如果不知道曹操写的二十首诗的写作年代，就会对曹操的思想看不清楚。人们常说曹操"性不信天命之事"，在济南禁断淫祀，是一个唯物主义的思想家，可是却为他的游仙诗与诗中所表现追求仙道与神药的思想所困惑。人们常说曹操的游仙诗，是我国古典诗歌中游仙诗之祖，可是却为他不信天命的思想与禁断淫祀的行为所困惑。人们常说曹操的诗歌是现实主义的，但是注释起来，又变成理想主义的了。因此必须为曹操诗作出笺证，进行编年。

万绳楠先生手迹之一

　　大家都承认建安文学所表现出来的"建安风力"或风骨，标志着我国"文艺复兴"时代的到临，而曹操是建安风力的开创者，或如鲁迅先生所说，是"改造文章的祖师"。但是如果分开来，认为曹操诗是：理想的诗写理想，现实的诗写现实，游仙的诗写游仙，那就大大地降低了曹操诗的价值，这样的诗，无论如何也不能开创建安一代文学的风力；这样的诗人，无论如何也不能成为改造文章的祖师。

　　曹操诗的价值之高，就在于能把理想主义、浪漫主义与现实主义作高度的结合。有些诗，看起来是理想主义的，其实那种理想完全建立在现实的基础之上。如《对酒》写的，看来是纯理想主义的东西，其实却是当时的政局在陈蕃、窦武上台后，突现清明的反映。他心目中

万绳楠先生手迹之二

的"太平时"，是当时千家万姓心目中的太平时。非他一人闭门造车，突发奇想。有些诗看来神仙思想很浓，其实是浪漫主义的，而这种浪漫主义往往又与现实主义结合在一起。他一直都没有被仙道思想所俘虏，且叹惜过"痛哉世人"，见欺神仙。他的游仙诗都不是坐在家里想出，而是到过、看过被称为有仙迹之地，生出遐想，才悟笔赋诗，诗中必有他当时的感情与志趣。如《陟君山》、《华阴山》以及"歌以言志"的《愿登泰华山》、《晨上散关山》，都是这样的作品。还有一些诗，在历史上便是一个谜，没有人解释清楚，如《短歌行·对酒当歌》。

　　陈寅恪先生常说文与史应当结合起来考察，才能把文章的内容、历史的事实弄清楚。本稿即是采用以史证文和以文证史的方法，阐述曹

万绳楠先生手迹之三

《万绳楠全集》整理工作委员会

治学贵在求真创新

——写在《万绳楠全集》出版之际

卜宪群

2023年是我的老师万绳楠先生诞辰一百周年，母校安徽师范大学历史学院组织整理的《万绳楠全集》（简称《全集》）也即将由安徽师范大学出版社出版。《全集》十卷，近300万字，比较系统地收录了万绳楠先生一生的学术论著。2023年初，负责这项工作的刘道胜院长给我打电话，约我给《全集》写个序。论在先生门下的资历、年龄和学问，我都深感不足以承担这个重任。后与同届师姐陈力通电话，她也认为我应该来写写万先生，因为师兄师姐们大都已经退休，寻找资料不方便，有的则联系不上，而我尚在科研岗位上，对各方面的情况熟悉一些。鉴于此，我也不再推脱了。当然也有另外一层因素，我从安徽师范大学硕士毕业后，学术研究的范围大体不出秦汉魏晋南北朝，随着年龄和阅历的增长，我对先生学问的敬仰之情益发浓厚，对先生在人生理想信念上的追求、在学术上的追求也理解得更通透一些。因此，我便不揣浅陋，以"治学贵在求真创新"为题，谈一点对先生史学研究思想与成就的粗浅看法。

一、治学信奉马克思主义

万绳楠先生是当代著名的魏晋南北朝史学家，在20世纪后半期的魏晋南北朝史学界和中国古代史学界有较大影响。但由于种种原因，关于他的生平事迹、学术经历，大家知道的很有限，对他的学术思想研究得也很不够。我认为，他是一位信奉马克思主义的史学家，这里谈几点看法。

万绳楠先生是一位坚定不移跟党走的史学家。先生1923年11月22日出生于江西南昌县。1929年9月至1935年7月在南昌市滕王阁小学学习，1935年9月至1939年在南昌第二中学学习，1940年至1942年7月在吉安市第十三中学学习，1942年9月至1946年7月在昆明西南联合大学历史系学习，1946年9月至1949年3月在北平清华大学历史研究所学习。在那个风雨如晦的时代，先生不仅饱受社会动荡、外族入侵的苦难，也历经了从小丧失双亲的痛苦。艰苦岁月培育了先生坚强的品格，也培养了他勤奋刻苦、依靠自己努力改变命运的顽强毅力，这是他能够考取西南联大历史系（同时还考取了交通大学电机系和浙江大学土木工程系），后又考取清华大学历史研究所的原因所在。随着解放战争的节节胜利，先生投笔从戎，加入解放军，先是在位于河北正定的华北大学学习（1949年3月至1949年6月），后在解放军南下工作团二分团十四中队（1949年6月至1949年8月）、第十五兵团政治部民运工作队（1949年8月至1950年）、第四十一军政治部宣传部（1950年至1953年）、中南军区文化速成学校与文化师范学校（1953年至1956年）、解放军军委文化师范学校（1956年至1958年）、北京市第五中学（1958年至1960年）工作。1960年，先生从北京来到安徽，先后在安徽大学历史系（1960年至1964年）、合肥师范学院历史系（1964年至1973年）、安徽师范大学历史系（1973年至1996年）工作。①从20世纪40年代末到60年代，先生转换这么多的工作岗位，在当时的环境下，岗位转换显然不完全是出自他自己的挑选，而是服从组织需要的结果。作为一名知识分子，万先生的一生是比较坎坷的，特别是"文革"期间，几乎九死一生。由于他在西南联大时是吴晗教过的学生，后又参加过吴晗主编的《中国历史小丛书》的写作，"文革"初期被作为"三家村"在安徽的代表进行批判，下放基层接受教育改造，直到"文革"结束后，先生才彻底平反回到教学科研岗位。虽然经历了常人难以忍受的痛苦，但丝毫没

---

① 以上先生的学习工作经历均根据安徽师范大学档案馆提供的1988年由其本人填写的"干部履历表"编写。

有动摇先生对党的信念、对教育工作的热爱。在1988年保存的"干部履历表"中，有一份先生亲笔书写的"本人总结"，其中写道："自党的十一届三中全会以来，国家生机蓬勃，四化速度加快，人的精神振奋。我决心把'文革'中失去的时间补上来，为四化多做一些工作，因此不辞教学任务重，科研项目多。当党要我同时担任低年级基础课、高年级选修课并招收指导研究生的时候，我愉快地接受下来。在教学和科研上，我永远是年轻的。任务多且重，是党对我的信任，是我有生之年价值之所在。"文中满满的正能量，哪能看得出这是出自一位曾经饱受文革之苦的人之手呢！对党的热爱是万先生的真诚信念，加入党组织是他一生的追求。1984年12月，万先生被接受为中国共产党党员，实现了他多年来的梦想。在"本人总结"中他写道："1984.12，我实现了自己多年来的梦想，被接受为光荣的中国共产党党员。当此改革之年、充满希望之年，我愿本着共产党员奋斗不息的精神，为教育改革更好地培养青年一代，为发展马克思主义的史学，分秒必争。"那时我在系里读研究生，也幸运地参加了先生入党的支部大会，我清楚记得会上先生是含着热泪说出这段话的。政治上的执着追求是万先生工作上异常勤奋的重要原因，体现了一位知识分子对党的真诚热爱。1996年10月3日，安徽师范大学在先生逝世的"讣告"中写道："万绳楠同志早年投身革命，拥护中国共产党的领导，热爱社会主义祖国，为革命和党的教育事业献出了毕生精力。"这个评价完全符合先生一生的实际。

万先生是一位善于运用唯物史观观察分析历史的史学家。新中国成立前，先生分别求学于西南联大历史系和清华大学历史研究所，那时的大学，马克思主义理论是进不了课堂的。我猜想，他系统学习并接受马克思主义理论应当是他进入革命队伍以后的事。从那时开始，先生的研究就彰显出以马克思主义唯物史观为指导的鲜明色彩。

一是坚持人民是推动历史前进的群众史观。人民群众是历史的创造者，是推动历史前进的动力，这是唯物史观的一条基本原理。评价历代统治阶级的统治政策是否具有进步意义，主要是看这些政策是否能够顺应时代和人民的要求，先生的研究贯穿着这一指导思想。根据"干部履历表"中的《万绳楠著述编年》（据字迹判断应当是先生自己所写），新中国成立后先生发表的第一篇论文是1956年的《关于曹操在历史上的地位问题》。这篇文章否定了历来将曹操作为"一个反面典型"的历史观，从曹操对中国古代经济文化发展所起的积极作用上，得出了"他对社会发展所起的促进作用比他所起的破坏作用是要大的，他在历史上的地位是应该肯定的"①观点。这篇短短五千多字的文章，有8处提到"人民"二字（不计算注释），强调曹操的政策符合人民的愿望、解放了人民的思想。这是非常有说服力的看法。关于曹操，先生还写了一系列文章，秉持的都是曹操顺应了历史发展潮流的观点。在《论诸葛亮的"治实"精神》一文中，先生充分肯定了诸葛亮治蜀的政策"符合黄巾起义以来客观存在的要求"②，这个"客观存在的要求"当然就是人民的希望与时代的要求，诸葛亮死后"黎庶追思"，就是人民对他的怀念。在《魏晋南北朝史论稿》中，先生认为淝水之战前东晋"镇之以静"的政策"为宽众息役，发展生产，稳定江东社会经济形势，开拓了一条道路"③，这个看法一反过去认为东晋政府只是门阀士族利益代表的观点。需要看到的是，虽然先生充分肯定曹操、诸葛亮、王导等人的历史作用，但他认为他们只是统治阶级的代表，真正发展生产、推动历史前进的还是广大劳动人民群众。这种从历史进步的群众史观出发分析历史的立场，在先生的论著中随处可以看到。

二是坚持阶级分析方法。阶级分析是观察历史非常重要的一种方法，唯物史观与阶级分析相结合，是把握一定时期社会经济关系和政治关系变动的钥匙。万先生的论著中，始终秉持这一原则，《曹魏政治派别的分野及其升降》就是一篇具有代表性的作品。此文不仅首次揭示了曹操手下存在着汝颍、谯沛两大政治集团的事实，而且揭示了这两大集团的历史渊源

---

① 万绳楠：《关于曹操在历史上的地位问题》，《新史学通讯》1956年第6期。

② 万绳楠：《论诸葛亮的"治实"精神》，《安徽师大学报（哲学社会科学版）》1978年第3期。

③ 万绳楠：《魏晋南北朝史论稿》，安徽教育出版社，1983年，第162页。

和经济基础的不同，指出汝颍集团可溯源于后汉的党锢之祸，而"党锢人物都是后汉形成起来的大田庄主或田庄主的子弟"①，他们是世族地主势力的代表，谯沛集团则代表了庶族地主的利益，他们在镇压黄巾起义的过程中联合起来，但政治集团上的分野又使他们最终分道扬镳。经济关系是阶级关系的基础，汝颍集团在斗争中战胜谯沛集团，是"封建大土地所有制的胜利，屯田制的失败。这是当时历史发展的必然结果"②，先生将两大集团的政治升降和汉魏政治权力的转移最终归结为经济关系的变动，并视为历史发展的必然，是阶级阶层分析方法的科学运用，有很强的说服力。阶级往往是由等级构成的，等级研究是阶级研究的重要内容。在《南朝的阶级分化问题》一文中，先生对南朝士族和寒门中出现的等级分化做了精辟的分析，认为士族的衰落与寒门的兴起体现的是历史进步③，这使我们对南朝出现的诸多关于士族贫富升降的历史现象有了科学认识。经济基础决定上层建筑是唯物史观的基本观点，也是阶级分析方法的基本出发点。在《从南北朝社会经济与政治的差异看南北门阀》一文中，先生提出北方重农、南方重商，经济基础不同，政治形态也不同。"南方士族既然立脚于家庭与商业之上，聚居于都邑，其社会经济基础自然不及北方士族雄厚。这种士族及由此而形成的士族制度，容易腐朽，经不起风浪。"④这就使我们对为什么南朝士族较北朝士族分化衰落得要快找到了一个答案。阶级分析方法是一把利器，但万先生并不盲目运用阶级分析，即使在十分重视阶级斗争的年代，也能够坚持实事求是的精神。在《魏末北镇暴动是阶级斗争还是统治阶级内部的斗争》一文中，先生对北镇暴动即六镇起兵的性质提出了不同看法。先生坚持阶级观点与历史主义相统一的原则，认为暴动由豪强这一阶级发动并左右，不是人民起义，只能是统治阶级内部

---

① 万绳楠：《曹魏政治派别的分野及其升降》，《历史教学》1964年第1期。

② 万绳楠：《曹魏政治派别的分野及其升降》，《历史教学》1964年第1期。

③ 万绳楠：《南朝的阶级分化问题》，《安徽师大学报（哲学社会科学版）》1983年第2期。

④ 万绳楠：《从南北朝社会经济与政治的差异看南北门阀》，《安徽大学学报》1963年第1期。

的斗争。①在《五斗米道与孙恩起兵》一文中，先生本着这一原则，同样否定其起兵是农民起义的性质。先生还专门写了《什么是农民起义？什么人才可以称为农民起义军的领袖？——评〈简明中国通史〉关于农民起义问题的论述》，借对吕振羽《简明中国通史》中关于农民起义问题的评价，系统阐释了他对历史上农民起义问题的看法。

三是坚持辩证唯物主义的联系观。辩证唯物主义重视事物之间的普遍联系，用辩证的、联系的观点把握事物的前后关系、局部与整体的关系，把一定的历史现象放到一定的历史环境之中去考察。万先生在《研究问题要注意事物之间的联系》一文中指出："对于历史上的任何一个问题，都不能作孤立、静止的研究，必须充分掌握资料，注意事物之间的联系。"②先生例举了陈寅恪将华佗的记载与佛经故事联系起来看的事例，指出"他（指陈寅恪）不只是根据我国的史籍，孤立地研究华佗，而是比较中印记载、语音影响，在一个大系统中进行全面研究"③，先生用此来强调联系的方法在史学研究中的重要性。他又例举了自己用联系的方法对曹操《短歌行·对酒》一诗解读的事例，指出"曹操的《短歌行·对酒》是建安元年在许都接待宾客时，主人与宾客在宴会上的酬唱之辞，并非曹操一人所写"④。纵览先生的研究，辩证联系的方法始终贯穿其中，正是这种辩证联系观，使先生能够在同一事物之间、众多事物之间或不同事物之间找出其中的联系，每每使他的文章能够发前人之所未发，给人耳目一新之感。

除了上述之外，唯物史观的社会形态学说在先生的论著中也十分突出。他注重奴隶社会和封建社会不同社会形态下的政治经济文化制度特点研究，秉持封建地主土地所有制说，肯定魏晋南北朝时期各民族政权封建化的历史进步意义，强调政治集团与阶级关系演变背后的经济因素，都是坚持社会形态学说的典型表现。从以上这些可以看到，先生虽然毕业于新

① 万绳楠：《魏末北镇暴动是阶级斗争还是统治阶级内部的斗争》，《史学月刊》1964年第9期。

② 万绳楠：《研究问题要注意事物之间的联系》，《文史哲》1987年第1期。

③ 万绳楠：《研究问题要注意事物之间的联系》，《文史哲》1987年第1期。

④ 万绳楠：《研究问题要注意事物之间的联系》，《文史哲》1987年第1期。

中国成立前的大学，但新中国成立后他学习马克思主义，坚持马克思主义，运用马克思主义，完全可以说他毕生追求马克思主义，是一位新中国培养起来的马克思主义史学家。

二、广博的治学领域与突出成就

万绳楠先生的治学领域很广博，涉及魏晋南北朝史研究、宋史研究和区域经济史研究等，尤以魏晋南北朝史研究见长。

（一）魏晋南北朝史多领域的突出成就

20世纪中国古代史在通史、断代史、专门史等各研究领域都取得了很大成绩，其中在断代史研究上，魏晋南北朝史所取得的成绩尤为突出。从20世纪初开始，人们逐步改变了对中国历史上分裂时期的历史或所谓"乱世"历史的一些不全面认识，运用新的历史理论与方法，开启了魏晋南北朝历史的新探索。曹文柱、李传军在《二十世纪魏晋南北朝史研究》一文中，将20世纪中国魏晋南北朝史研究以1949年为限划分为前后两个时期。前一个时期可分为1901—1929年和1930—1949年两个阶段。后一个时期可分为1949—1966年、1966—1978年和1978—2000年三个阶段。[1]万先生在魏晋南北朝史研究上，基本上完整经历了后一个时期的"三个阶段"。厚实的史学功底，敏锐的洞察力，勤奋的治学精神，长期的不懈探索，使他在魏晋南北朝史多个领域取得了十分突出的成就，他所思考的许多问题，在当时也明显具有学术前沿的性质。这里我选取若干领域做一简要介绍。

政治史领域深耕细耘。万先生继承了中国史学向来重视政治史研究的传统特点，又得20世纪上半叶以来中国实证史学派的方法精华，以唯物史观为指导，在魏晋南北朝政治史研究领域取得了突出成就，这是他一生学

---

① 曹文柱、李传军：《二十世纪魏晋南北朝史研究》，《历史研究》2002年第5期。

术成就的主要代表。首先，关于曹操和曹魏政治派别的研究。历史上对曹操的评判大体不离正统史观，史家、政治家根据各自的需要取舍，毁誉参半，缺乏科学的指导。受宋元以后戏曲小说的影响，在普通民众中曹操更成为一个反面典型。先生在《关于曹操在历史上的地位问题》一文中，从汉末黄河流域经济衰败的客观历史出发，认为曹操的屯田、抑制豪强兼并、减轻田租、提倡节俭等经济措施具有积极进步的意义。[①]先生又从曹操在思想文化上的贡献，肯定了他破除汉代以来儒家思想束缚的作用和倡导现实主义文风的意义。因此，先生认为"从曹操总的方面来衡量，曹操在历史上的地位是应该肯定的"[②]。这是新中国成立后率先对曹操历史地位提出肯定的史学家。先生对曹操的研究深入细致，《廓清曹操少年时代的迷雾》一文十分精彩，将曹操少年时代的事迹考证揭示出来，有力说明了曹操少年时品行不好却又能举孝廉入仕的原因，也说明了后来曹操政治思想与政治行为与他少年时的经历有十分紧密的关系。[③]在《曹魏政治派别的分野及其升降》一文中，先生对曹魏内部政治集团的精湛划分及其阶级基础的深刻揭示，可以说是为解剖曹魏政治演变和门阀政治的形成提供了一把崭新的钥匙。[④]其次，关于蜀、吴政治和两晋南北朝政治的研究。在《论诸葛亮的"治实"精神》一文中，先生将诸葛亮治蜀的精神归纳为"治实"，并从哲学、政治军事、自然科学三个方面对诸葛亮的治实精神进行了深入阐释。[⑤]这篇文章发表在"文革"结束后不久，澄清了在诸葛亮问题上被"四人帮"搞乱了的是非，并对诸葛亮这个历史人物，力求作出合乎科学的解释。在《魏晋南北朝史论稿》一书中，先生对孙吴立国江东问题做出了深入考察。先生指出，孙吴政权是靠江东名宗大族的支持建立

---

① 万绳楠：《关于曹操在历史上的地位问题》，《新史学通讯》1956年第6期。

② 万绳楠：《关于曹操在历史上的地位问题》，《新史学通讯》1956年第6期。

③ 万绳楠：《廓清曹操少年时代的迷雾》，《安徽师大学报（哲学社会科学版）》1988年第2期。

④ 万绳楠：《曹魏政治派别的分野及其升降》，《历史教学》1964年第1期。

⑤ 万绳楠：《论诸葛亮的"治实"精神》，《安徽师大学报（哲学社会科学版）》1978年第3期。

起来的，论孙吴的治国之道，必须先明江东经济的发展与大族的产生。孙吴的"限江自保""施德缓刑"以及"外仗顾、陆、朱、张，内近胡综、薛综"等治国方针与政策，是孙吴复客制、世袭领兵制、屯田制等重大政策形成的阶级基础和社会基础。①这是史学界较早全面对孙吴政权立国基础的政治考察，对我们理解孙吴政治与魏、蜀政治的区别有重要启示。在《东晋的镇之以静政策和淝水之战的胜利》一文中，先生将东晋前期的政治总结为"镇之以静"，并在王导、桓温、谢安时期一以贯之，认为这是东晋之所以取得淝水之战胜利的原因。②这个观点一改东晋政权只是偏安江南的旧识，推进了东晋政治史研究的深化。历史的必然性与人的主观能动性是相辅相成的。在《从陈、齐、周三方关系的演变看隋的统一》一文中，先生对为什么由继承北周的隋朝来统一，而不由北齐或者陈朝来统一做了细密周到的分析，指出"可知统一之所以由北不由南，而北又不由北齐而由北周及其继承者隋朝，是因为本来要与北齐结好的南朝，却偏偏走上了联周反齐之路"③。这一观点较以往只重视隋文帝在统一中的作用的观点更加全面。先生的政治史研究不限于魏晋南北朝，如《论隋炀帝》《武则天与进士新阶层》等文章，在隋唐政治史研究上都有新见解。

经济史领域开拓创新。20世纪魏晋南北朝经济史研究主要集中在社会性质问题、土地制度问题、赋税制度问题、户籍制度问题、部门经济与区域经济等问题上。万先生在上述领域中大都有创新性的研究。关于土地制度问题，先生在《魏晋南北朝史论稿》中对曹魏小块土地所有制、屯田制、田庄制三种土地所有制形式进行了比较，认为曹魏以保护自由农为主体的小块土地所有制为主体，但又能使三种土地所有制在一定时期内并存，发挥各自的作用，使汉末受到严重破坏的生产力，得以复苏。④这是曹操在经济政策上强于其他军阀之处所在。田庄经济是魏晋南北朝经济的

① 万绳楠：《魏晋南北朝史论稿》，安徽教育出版社，1983年，第62—71页。
② 万绳楠：《东晋的镇之以静政策和淝水之战的胜利》，《江淮论坛》1980年第4期。
③ 万绳楠：《从陈、齐、周三方关系的演变看隋的统一》，《安徽师大学报（哲学社会科学版）》1985年第4期。
④ 万绳楠：《魏晋南北朝史论稿》，安徽教育出版社，1983年，第26—35页。

重要组成部分，先生在很多论著中都谈到这个问题，比如上述曹魏三种土地所有制比较中，就谈到了曹魏时期的田庄"无疑起着组织生产的作用，有一定的活力，不失为当时一支重要的、仍占主导地位的生产力量"①。田庄经济不是一成不变的，随着时代变化，田庄经济也在发生变化，先生正是用这种发展变化的观点看待田庄经济，并分别写出了《南朝时代江南的田庄制度》和《南朝田庄制度的变革》二文。在前文中，先生对南朝江南田庄兴起的历史背景和南朝江南田庄的特点进行了仔细分析，得出了南朝时代江南的田庄制度，是随着江南的开发与庶族地主、商人的兴起而发展起来的，是建立在家族而非宗族地主对佃客、奴隶的剥削与压迫的基础之上的重要结论。②在后文中，先生指出，南朝的田庄主土地占有形态，和唐朝是一个类型，和汉、魏已自不同。唐朝的庄园制度源自南朝。南朝田庄制度的变革，是中古土地制度的一个重大变化。先生在文中还对南朝大家族（宗族组织）的破坏、田庄中部曲组织的消亡、剥削方式的变化进行了详细论证。③先生的系列研究将南朝江南田庄与之前及同时代其他政权下的田庄制度清楚地区分开来，使我们看到了田庄经济在不同时期的发展变化和历史影响。魏晋南北朝是一个人口大流动大迁徙的时期，人口流动所带来的行政区划变化以及户籍制度的新形态，是影响魏晋南北朝社会经济发展的重要问题。侨郡县是东晋南朝时期安置迁徙流动人口的一项行政措施，它是一个政治问题，更是一个经济问题。在《晋、宋时期安徽侨郡县考》和《江东侨郡县的建立与经济的开发》二文中，先生分别对安徽境内和江东地区的侨郡县进行了详细考证，前文首次对晋、宋时期安徽境内的侨郡县状况，以及北方流民进入安徽和安徽本部人向南流动的大致情况进行了系统梳理④，后文则对江东侨郡县的分布特点以及江东政权对侨

① 万绳楠：《魏晋南北朝史论稿》，安徽教育出版社，1983年，第35页。

② 万绳楠：《南朝时代江南的田庄制度》，《历史教学》1965年第11期。

③ 万绳楠：《南朝田庄制度的变革》，《安徽师大学报（哲学社会科学版）》1980年第2期。

④ 万绳楠：《晋、宋时期安徽侨郡县考》，《安徽师大学报（哲学社会科学版）》1982年第2期。

民的政策进行了全面分析①。侨郡县的设置不仅在政治上稳定了因战乱而造成的流动人口,更重要的是推动了安徽特别是皖南和江东地区的经济开发与文化发展。江东地区尤其是沿江地区经济的开发,与江东政权对待流人的政策不可分。正如先生所指出的那样:"论江南经济开发的文章,我所见到的颇为不少,惜乎语焉不详,且不中肯綮,故立论如上。"②从侨郡县的设置及其政策看安徽和江东地区经济开发是一个新的视角,先生的研究走在了当时经济史研究的前列。户籍向来是经济史研究的重要内容,魏晋南北朝的户籍问题因人口迁徙和侨郡县的设置尤其显得复杂化,文献上出现的"白籍""黄籍"究竟何指,"土断"与黄、白籍究竟什么关系,古今史家莫衷一是。先生在《论黄白籍、土断及其有关问题》《江东侨郡县的建立与经济的开发》等文中,对这些问题做了细密考证。先生指出:"黄籍是两晋南朝包括士族和庶民在内的编户齐家的统一的户籍。士族的黄籍,注有位宦高卑,庶民无之。士族可凭黄籍上的爵位证明为士族,免去徭役。庶民已在官役的,可以在黄籍上注明何人。白籍则是在特定时期产生的、有特定含义的户籍。它出现在东晋初,为自拔南奔的侨人所持有。他们大都住在侨郡县中。之所以谓之为白籍,是因为夹注有北方原地的籍贯,好作将来回到北方入籍的凭证。持白籍的不交税,不服役。"③由于人口不断南迁给东晋政府带来严重的社会经济问题,因而有了咸和二年(327)土断。这次土断中整理出来的黄籍,称为《晋籍》。它是南方土著人民和以土著为断的北方侨人的统一的户籍,此籍一直沿用到宋元嘉二十七年(450)。咸康、兴宁、义熙年间的阅实编户与依界土断,是咸和二年(327)土断的整顿与补充。侨人一经土断,白籍即换成黄籍。南齐大力进行土断,罢除侨邦,是白籍行将消亡的反映。其最后消亡,可以梁天监元年(502)罢除最后一个侨邦南徐州为标志。此后所谓土断,是土断杂居

① 万绳楠:《江东侨郡县的建立与经济的开发》,《中国史研究》1992年第3期。
② 万绳楠:《江东侨郡县的建立与经济的开发》,《中国史研究》1992年第3期。
③ 万绳楠:《论黄白籍、土断及其有关问题》,载《魏晋南北朝史研究》,四川社会科学院出版社,1986年,第286页。

流寓的人户。①先生的这些观点，厘清了复杂多变的东晋南朝政权下户籍变化的线索，辨清了史书上模糊不清的土断、白籍、黄籍等概念，为经济史研究提供了基本的史实基础，可以说是一个重大贡献。先生在经济史上的研究还有西晋的经济制度、北魏的均田制和地主土地所有制以及江南经济开发等诸多问题，彰显出他在经济史研究上的深厚功力。需要指出的是，先生的经济史研究坚持以唯物史观为指导，将地主土地所有制作为观察分析魏晋南北朝经济史的基本出发点，并将经济变化与政治变化相联系，使他的经济史研究充满了时代感。

思想文化史领域视野宽阔。与两汉相比，魏晋南北朝思想文化突破了经学独尊的束缚，呈现出多元化的趋势，域外文化与华夏文明交往交流，开启了文化交融的新时期。20世纪后半期，特别是改革开放以后，魏晋南北朝思想文化史研究呈现出繁盛局面。其中，万先生以其宽阔的学术视野，在魏晋南北朝思想文化史领域独树一帜，取得了突出成就，其研究涉及政治文化、哲学思想、宗教思想、史学思想、艺术与科技、少数民族文化等诸多领域，特别是《魏晋南北朝文化史》一书，是他关于魏晋南北朝思想文化史研究的系统思考。这里我选取若干角度做一介绍。首先，关于文化史研究的理论思考和魏晋南北朝思想文化的整体史观。早在20世纪90年代初，先生在《对文化史研究的思考》一文中就对文化史的概念与研究对象做过界定，指出："现在文化与文明两个概念常被混淆。按照摩尔根所说人类自野蛮时代进入文明时代，以文字的发明为标志，而文字的发明又是文化的开端。可知文化者，乃用文字写下来的各科知识也。"②但是先生认为，文化史又不仅只是各科知识史、有关制度史，而且要把各科知识所达到的深度及所反映的文明程度揭示出来。易言之，即要揭示出黑格尔所说的"时代精神"。③后来他又指出："因此，凡属文化知识领域中的问

---

① 万绳楠：《论黄白籍、土断及其有关问题》，载《魏晋南北朝史研究》，四川社会科学院出版社，1986年。

② 万绳楠：《对文化史研究的思考》，《文史哲》1993年第3期。

③ 万绳楠：《对文化史研究的思考》，《文史哲》1993年第3期。

题，都应当是文化史所应讨论的问题。如果缺了一个部门或项目，那就不是一部全面的文化史，就无从窥探某个时期或时代文化的全貌、相互作用、发展停滞或萎缩的总原因与具体原因。"①文化史绝不是儒术史，也绝不是哲学史。文学、史学、艺术、自然科学、各派经济思想、政治思想、社会思想、各族文化状况、文化交流……无一不在文化史探讨的范围中。从这个角度出发，先生把职官制度、选举制度、学校制度、哲学思想、政治思想、经济思想、社会组织与社会风俗、文学、艺术、史学、自然科学、道教、佛教以及各族文化状况、中外文化交流等内容，都纳入了他考察的范围，形成了他以制度文化和精神文化为主体的文化史观。关于魏晋南北朝思想文化的历史地位，先生认为，魏晋南北朝时代是各科文化蓬勃发展的时代，把汉朝远远抛在后头。现在已经没有人相信甚么"黑暗时代"的陈旧说法。先生还具体指出了这个时期文化长足发展的原因是专制主义的削弱、儒术独尊地位的跌落、官营王有制度的失败、大家族的解体和个性的解放。其次，深入挖掘时代的思想文化精华。在立足魏晋南北朝思想文化整体史观的基础上，先生对这一时期思想文化及其流派和代表人物等很多问题都有自己深刻独到的见解，是他史学思想极具闪光的一面。在《嵇康新论》一文中，先生将嵇康的思想从所谓"竹林七贤"中其他人的思想分离开来，高度赞扬了嵇康反对封建儒学，富有民主精华的进步思想。②在《略谈玄学的产生、派别与影响》一文和《魏晋南北朝史论稿》第五章第二节，以及《魏晋南北朝文化史》第三章中，先生对魏正始年间何晏、王弼创立的玄学及其意义和派别分野进行了开创性研究。他指出："玄学并非消极的东西。它好比一颗灿烂的明星，进入魏晋时代的思想界天空，放出了奇光异彩。"③但是正始之音并不是只有一种声音，何晏标榜无为，把无和有对立起来，是二元的；王弼标榜无为，把无当本体，把有当派生的东西，是一元的，因此何晏与王弼是玄学内部两种不同的声音。究其原因，

① 万绳楠：《魏晋南北朝文化史·序言》，黄山书社，1989年，第1页。

② 万绳楠：《嵇康新论》，《江淮论坛》1979年第1期。

③ 万绳楠：《略谈玄学的产生、派别与影响》，《孔子研究》1994年第3期。

是他们各自代表了不同政治集团的思想，是当时曹魏政治上两大派别斗争的反映。先生将玄学研究与政治派别分野结合起来分析，是一卓识。尽管玄学在这一时期高调登场，但先生认为魏晋南北朝时期的主流思想仍然是儒学而不是玄学①，先生在20世纪50年代得出的这个结论，在后来的魏晋南北朝思想史研究中应该是得到了大多数人的认同。在思想文化史研究中，先生始终高举唯物史观大旗，高扬唯物论思想的积极意义，批判唯心论的消极作用，特别是在对君主专制的批判上毫不留情，是他思想文化史研究上极富战斗性的一面。在宗教思想研究上，先生多有发明。在《"太平道"与"五斗米道"》一文中，先生对《太平经》的性质及其与黄巾起义的关系做了细致辨析，认为它们之间既有联系更有本质区别，不能把《太平经》与作为"异教"的"太平道"混为一谈，而五斗米道从一开始，就是地主阶级的宗教，是地主阶级用来剥削、压迫与愚弄农民的宗教组织，教义上没有任何积极的东西，只有消极的影响。②先生的这个思想产生在20世纪60年代初，那个时期对阶级斗争和农民起义高度重视，能够用这样冷静客观的态度对待太平道和五斗米道，是十分可贵的求真精神。先生对道教的研究并不限于这些局部，而是从整体上对魏晋南北朝时期道教的产生与发展做了系统梳理，新意迭出。③在佛教研究上，先生不仅对佛教传入中国的过程及其地位的确立有细致考证，而且提出了佛教"异端"思想产生的背景与斗争这一重要问题，明确指出"中国的佛教异端，是在南北朝时代，在北方形成的"，其原因乃是北朝佛教的僵化所致。④从思想文化史的视角出发，先生还对魏晋南北朝时期的史学、艺术、文学、风俗、科技以及社会生活与文化交流等诸多内容也有精湛研究，这里不再一一介绍。

① 万绳楠：《魏晋南北朝时代的思想主流是什么》，《史学月刊》1957年第8期。

② 万绳楠：《"太平道"与"五斗米道"》，《历史教学》1964年第6期。

③ 参见万绳楠：《魏晋南北朝文化史》第十二章"我国道教的产生与发展"，黄山书社，1989年，第298—325页。

④ 参见万绳楠：《魏晋南北朝史论稿》第十五章"论佛教在南北朝时期的传播"，安徽教育出版社，1983年，第330—350页；万绳楠：《魏晋南北朝文化史》第十三章"佛教的勃兴与弥勒异端的产生"，黄山书社，1989年，第326—348页。

（二）宋史研究的倾力奉献

万先生是一个学术旨趣十分广泛的学者，他不仅在魏晋南北朝史领域取得了突出成就，在宋史领域也收获不菲，为宋史研究做出了一定的贡献。先生在宋史领域的贡献主要体现在《文天祥传》和《关于南宋初年的抗金斗争》《关于王安石变法的几点商榷》《宋江打方腊是难以否定的》《诗史奇观——文天祥〈集杜诗〉》等系列文章上，这里重点介绍《文天祥传》。文天祥是南宋后期民族矛盾尖锐时期产生的一位民族英雄，他去世后，事迹广为流传，自古就有不少人为他立传。但如同先生所说的那样，所有的文天祥传都有两个基本缺陷，一是从忠君立论，二是但述事实经过，而又偏重起兵勤王以后的经历。新中国成立以后关于宋代民族英雄的研究明显又偏重于岳飞，对文天祥的研究稍显不足。先生的《文天祥传》就是在这样的背景下从史学传记的角度写作而成的。该传用近 30 万字、十章（另附事迹编年）的篇幅，详述了文天祥的生平事迹、爱国思想、文学成就、事迹流传等重大问题，首次全面揭示了文天祥的一生经历，考证了很多模糊不清的史事，并对与之有关的宋元历史进行了评论，是传、论、考相结合的典范。《文天祥传》发明甚多。首先，廓清了文天祥籍贯和生平事迹问题。通过详细辩证，先生认为文天祥的籍贯应该是吉州庐陵县富川镇，而不是以往所认为的富田，宋时只有富川而无富田，富田替代富川是元朝以后的事。宋代富川是镇，地位与乡相等，不属于淳化乡，亦不属于顺化乡，将富田归属于淳化乡，是清朝以后的事。[①]籍贯问题虽然很具体，但是研究文天祥必不可少的基本问题。先生还对文天祥中状元时的年龄、某些重要作品的写作年代等问题进行了考证，为进一步研究文天祥奠定了扎实基础。其次，深入挖掘了文天祥的爱国思想。先生认为，文天祥不仅是一个爱国者，而且是一个政治家、思想家，他的爱国思想不是古已有之，而有他的特殊点，这个特殊点就是他的哲学思想和政治

---

① 万绳楠：《文天祥传》，河南人民出版社，1985年，第1—7页。

表现。先生指出："七百年来，都以为文天祥爱国是受儒家思想乃至理学熏陶的结果。殊不知他的爱国思想扎根于他的生气勃勃的唯物思想中，具有强烈的反理学意义。"①与宋代死守祖宗之法不同，文天祥的哲学思想根植于《易》学的唯物辩证思想，特别是他强调自强不息精神对个人和国家的重要意义，正是他一生爱国不息、斗争不息、改革不息的哲学基础。②这个看法虽不无可商榷之处，但却在一定程度上揭示了文天祥为什么能够在社会危机和民族危机深重的南宋后期，坚决为国奋斗不息直至献出生命的根源所在。先生认为，文天祥爱国思想在政治上的表现不只是抗元，更重要的方面"是他不仅要求改革，而且要求改革不息；不仅要求改革宋太祖、太宗制定下来的祖宗之法，而且要求一直改下去，直到实现天下为公"③。先生还具体指出了文天祥主张改革不息"三个具体的、带根本性的问题"④，即地方问题、三省六部问题和用人问题。文天祥的改革思想虽然"近于空想"，不可能在当时的南宋实现，但"应当承认它在我国政治思想发展史上所具有的划时代的意义和里程碑的地位"⑤。改革不息论是文天祥政治思想中也是爱国思想中最本质的东西，也是最重要的内容。不改革便不能抗元，爱国首先就应要求改革。这是我们研究他在抗元中所表现出来的爱国思想时，必须理解的东西。文天祥的抗元是与他"法天不息"的唯物主义思想联系在一起，而非与儒家的忠孝仁义相联系，是为了"生民"的利益，而非与地主阶级、赵家王朝的利益相联系。⑥这些看法都极大丰富了我们对文天祥爱国思想内涵的认识。第三，对宋元之际历史变化的深刻洞察。既往研究文天祥较少考虑宋元之际历史变化的必然性和偶

---

① 万绳楠：《文天祥传》，河南人民出版社，1985年，第266页。

② 参见万绳楠：《文天祥传》第八章第一节"文天祥爱国思想的哲学基础"，河南人民出版社，1985年，第266—275页。

③ 万绳楠：《文天祥传》，河南人民出版社，1985年，第275页。

④ 万绳楠：《文天祥传》，河南人民出版社，1985年，第277页。

⑤ 万绳楠：《文天祥传》，河南人民出版社，1985年，第282页。

⑥ 参见万绳楠：《文天祥传》第八章第三节"文天祥爱国思想在抗元方面的表现"，河南人民出版社，1985年，第282—289页。

然性问题。先生指出，文天祥生活在南宋内忧外患十分深重的年代，"但这个时代并非南宋注定要灭亡、元朝必定要统治全中国的时代，而是黑暗中有光明。这光明就是：只要南宋改革导致社会危机和民族危机的守内虚外之法，就不会是元兵南进，而是宋旗北指"①。但南宋政权并不采纳文天祥的主张，一再错过历史给予的机遇，抱住祖宗之法不放，致使拥有军队七十多万，经济力量远胜于蒙古，且有文天祥这样贤才的南宋，不断屈膝投降，根本原因就是以皇帝为首的最高统治集团的守内虚外的国策，"这个国策培育出来的最高统治集团，对外以妥协投降，对内以镇压人民、削弱地方、排斥贤才、反对任何改革为特征。这个国策不变，统治集团也就不会倒；统治集团不倒，这个国策也就不会变"②。南宋不是必然灭亡，元朝不是必然胜利，文天祥不是愚忠献身。先生对宋元之际历史的深刻洞察，使我们对文天祥抗元斗争直至献出生命的历史意义有了比以往更加深入的认识。第四，确立了文天祥在中国文学史上的地位。先生在传中用一章四节的篇幅论述了文天祥在文学上的成就，指出"文天祥在文学上的成就，比之唐、宋各大名家，毫无逊色"③。文天祥一改南宋文体、诗体破碎、卑弱，朱熹以后鬼头神面之论，"不赞成有意为诗""主张动乎情性"，提出了"自鸣与共鸣之说"，先生认为与自鸣相结合的共鸣论，"是文天祥对文学理论尤其是现实主义文学理论的一大贡献"④。先生还对文天祥的诗歌进行了分期，对其不同时期诗歌的内容与特点进行了细致分析，深刻揭示了文天祥作为"现实主义文学巨匠"，其诗歌具有"振起过一代文风""是我国文学宝库中的无上珍品"的历史地位。⑤先生一生的学术重点不是宋史，但从《文天祥传》中可以看到他不仅对文天祥有深入研究，也对宋代政治史、思想史和文化史有独到的见解。

---

① 万绳楠：《文天祥传》，河南人民出版社，1985年，第18页。

② 万绳楠：《文天祥传》，河南人民出版社，1985年，第97页。

③ 万绳楠：《文天祥传》，河南人民出版社，1985年，第290页。

④ 万绳楠：《文天祥传》，河南人民出版社，1985年，第291—293页。

⑤ 参见万绳楠：《文天祥传》第九章"文天祥在文学上的成就"，河南人民出版社，1985年，第290—336页。

（三）区域经济史研究的开辟

有学者指出："区域经济的研究是80年代以来学者们着意很多的课题，取得的成就相当可观。"[①]但万先生从20世纪60年代开始就十分关注魏晋南北朝区域经济史的研究，从60年代到90年代，他撰写了《六朝时代江南的开发问题》《南朝时代江南的田庄制度》《南朝田庄制度的变革》《江东侨郡县的建立与经济开发》等一系列论文，对长江中下游区域经济史就有了深入研究。在此基础上，1997年，万先生等著的《中国长江流域开发史》一书出版，该书是原国家教委"八五"社会科学重点科研项目的结项成果，也是国家"九五"重点规划图书。全书用八章50万字的篇幅，从历史纵向角度，全面考察了从石器时代到明清时期长江流域开发的整体历程，是我国第一部全面论述长江流域社会经济与文明发展进程的著作。该书首次对长江流域各历史时期的经济开发与文明发展历程做了系统总结。例如关于石器时代的长江流域，该书指出，与黄河流域一样，长江流域也有它自己的石器时代与人类。论文化并不比黄河流域有任何逊色。该书用丰富的考古资料论证了旧石器时代的长江流域是人类起源的重要地区、新石器时代晚期的良渚文化是长江流域跨入文明门槛的前夜。从青铜器的制作和江西清江吴城出土的刻划文字符号看，"炎帝神农氏时期，南方长江流域当已进入文明时代。其文明程度不会下于轩辕氏所代表的北方文明"[②]，甚至"南方长江流域当比北方更早地进入文明时代"[③]。关于列国时期的长江流域，该书认为这是一个经济、文化突飞猛进的发展时期，楚、吴、越、巴、蜀等国农、工、商业综合发展，但秦的征服，则使整个长江流域的开发，遇到了一次大顿挫。关于秦汉时期的长江流域，该书使用了"曲折性"三个字来概括。秦的落后政策，将长江流域的开发拉向后退，开发无闻。汉初政策调整，长江流域的开发也在继续抬头。两汉长江

---

① 曹文柱、李传军：《二十世纪魏晋南北朝史研究》，《历史研究》2002年第5期。

② 万绳楠、庄华峰、陈梁舟：《中国长江流域开发史》，黄山书社，1997年，第25页。

③ 万绳楠、庄华峰、陈梁舟：《中国长江流域开发史》，黄山书社，1997年，第23页。

流域开发虽在继续，但又不断受到"虎狼之政"的破坏，是"曲折性"的反映。关于魏晋南北朝时期的长江流域，该书用"迅速发展与几度猝然跌落"来概括。吴、魏、蜀时期长江流域的交通运输业、城市与商业、农业发展迅速，西晋由于政治原因，长江流域开发陷于停滞状态。东晋"镇之以静"的政策，以及侨郡县的设置与对待流人的政策，促进了江东社会经济的发展，江南腹地及沿海地区得到开发。南北朝末年至隋，由于侯景之乱和隋的政策原因，长江流域开发又陷于停顿。关于唐五代时期的长江流域，该书用"继续发展与经济中心的逐渐南移"来概括。唐继承了南北朝以来的重要经济制度和隋朝留下的大运河，长江流域整体经济结构与发展水平上了新台阶，天宝以后，经济重心南移。五代十国，长江流域有八国，仍可见到长江流域农、工、商业在唐朝开发的基础上进一步深入发展。关于宋元时期的长江流域，该书认为两宋长江流域又获得了进一步的开发，农业、手工业、交通运输业、商业与城市都有了新的发展，经济形态呈现出新变化，四大发明是在长江流域完成的。但由于两宋在政治上都执行"守内虚外"的政策，这种开发仍旧受到限制。到蒙古入主中原，甚至一度逆转。关于明清时期的长江流域，该书用"经济开发的新发展"和"艰难曲折性"来概括。由于统治政策的调整，明清时期长江流域社会经济有了长足发展，生产力水平的提高，资本主义生产关系的萌芽已在明中后期，出现于长江中下游地区商品经济极为发达的苏、杭一带，并逐渐扩展至其他地区。这是一个新现象。清前期，我国资本主义萌芽继续缓慢发展，在整个长江流域显现得更为突出。然而，由于种种历史条件未能具备，中国资本主义的胎儿始终没有冲出孕育了它的封建社会的母体，滋长壮大，这不能不是中国历史发展进程中的一个极大的令人深以为憾的曲折和不幸。纵览该书，其特点非常鲜明：一是十分重视我国历史上统治阶级的政策与经济发展的关系，将经济发展与政治环境相联系，深刻阐明了上层建筑对经济基础的反作用；二是十分重视经济发展与科技文化发展的关系，该书几乎在论述每个时代经济开发之后，都要论述该时期科技文化发展的状况，可以说该书也是一部长江流域科技文化发展史。总之，通过该书，我们不仅可以认识到长江流域文明发展史在中华文明发展史上的重要地位，把握长江流域经济开发的历史经验教训，也能为今天长江流域的开发提供历史借鉴。

以上总结虽远远不能涵盖先生的全部学术成就，但从中也可以窥见先生广博的学术视野、深刻的问题意识和极具前沿性的探索精神。

三、丰厚的治学思想遗产

万绳楠先生用其一生的心血，给我们留下了300余万字的史学论著，这是一笔宝贵的史学遗产。据我目力所及，对先生史学成就评价、总结和研究的文章目前有周一良《评介三部魏晋南北朝史著作》[①]，朱瑞熙《宋人传记的佳作——评〈文天祥传〉》[②]，彦雨《一部反映出时代精神的新文化史——评万绳楠教授的〈魏晋南北朝文化史〉》[③]，汪姝婕《简评〈中国长江流域开发史〉》[④]，卫丛姗《万绳楠史学成就研究》[⑤]等，这些文章从不同侧面对先生的史学成就进行了评述和研究。还有不少学者和先生的学术观点进行商榷。[⑥]无论是评述还是商榷先生的论著，也无论是赞

---

① 周一良：《评介三部魏晋南北朝史著作》，《北京大学学报（哲学社会科学版）》1985年第2期。

② 朱瑞熙：《宋人传记的佳作——评〈文天祥传〉》，《中州学刊》1986年第3期。

③ 彦雨：《一部反映出时代精神的新文化史——评万绳楠教授的〈魏晋南北朝文化史〉》，《安徽史学》1991年第1期。

④ 汪姝婕：《简评〈中国长江流域开发史〉》，《光明日报》1999年8月13日。

⑤ 卫丛姗：《万绳楠史学成就研究》，鲁东大学硕士学位论文，见"中国知网"，2021年。

⑥ 如曹永年、周增义：《论隋炀帝的"功"与"过"——兼与万绳楠先生商榷》，《史学月刊》1959年第12期；魏福昌：《隋炀帝是不折不扣的暴君——与万绳楠同志商榷》，《史学月刊》1959年第12期；孙醒：《试论文天祥的哲学思想——兼与万绳楠同志商榷》，《河南大学学报（哲学社会科学版）》1989年第1期；王琳祥：《赤壁战地辨析——与万绳楠先生商榷》，《安徽师范大学学报（哲学社会科学版）》1992年第4期；高华平：《也谈陈寅恪先生"以诗证史、以史说诗"的治学方法——兼与万绳楠先生商榷》，《华中师范大学学报（哲社版）》1992年第6期；张旭华：《梁代无中正说辨析——与万绳楠先生商榷》，《许昌师范学院学报》1993年第3期；等等。

同或不赞同先生的观点，都说明先生的论著产生了十分广泛的学术影响。先生取得的这些学术成就与他的治学思想是不可分割的，在前人研究的基础上，我对先生的治学思想谈三点感想。

（一）吸收三种史学的精华

观察万先生治学方法，明显可以看到三种史学思想对他的影响。首先是受我国传统史学求真致用思想的影响。"多闻阙疑，慎言其余"①，"故疑则传疑，盖其慎也"②。我国传统史学倡导严谨求实的治学态度，在追求史实真相上不遗余力，从不随意揣测，历代史学秉笔直书精神和发达的考据学，就是这种求真思想的具体体现。求真是对事物本来面貌的揭示，对史学研究而言，全面掌握史料是求真的基础。先生十分强调在史学研究上要打好基础，在读书上下功夫。先生指出："说基础知识浅，容易学，这表现出对基础知识缺乏了解。一般来说，基础知识包括三个方面，一是基本理论知识，二是基本专业知识，三是基本技能或基本治学能力。三者缺一，都不能说基础好。"③打好基础的关键是读书，先生说："历史上凡是维护真理的人，没有一个不苦功读书。"④读书要有一定的方法，先生总结出古人读书的方法，指出："批点、注释和校补，是古人成功的读书方法。"每一种方法都有其独特的价值和作用，"我们总是说要读几本基础书，同时要多读其他书，但总是苦于不知怎么读，怎么掌握，如果能分别或同时采用以上三法，我觉得不管哪一类的书，都可读深读透"⑤。仅仅读书还不行，还要做卡片，"卡片一万张，学问涨一丈"是先生的一句名言，就是强调知识积累的重要意义。仅仅有卡片也不行，还要思考，先生说："读书最怕思之不深，览之不博，不然，是会出错误的。"⑥刻苦读书

① 何晏注，邢昺疏：《论语注疏》卷二《为政》，北京大学出版社，2000年，第22页。
② ［汉］司马迁：《史记》卷十三《三代世表》，中华书局，1982年，第488页。
③ 万绳楠：《基础容易打吗?》，《安徽日报》1962年1月5日。
④ 万绳楠：《"百家争鸣"三题》，《安徽日报》1961年9月27日。
⑤ 万绳楠：《批点、注释和校补》，《安徽日报》1961年11月17日。
⑥ 万绳楠：《白门新考》，《南京史志》1992年第2期。

勤于思考，使先生的论著在很多方面能够发前人之所未发，读过他的论著的人应当感受到，他的许多真知灼见，就是在广博的知识积累和勤奋思考之上而产生的。致用是我国传统史学的又一大特色，是我国传统史家治史的重要追求。我国传统史学的致用思想体现在为现实政治提供借鉴，为社会教化提供是非善恶标准，为文化自信提供精神向导等方面。我国史学的这一优秀传统同样深刻体现在先生身上，他的群众史观思想，就是反映了他的历史研究是为中国共产党领导下的新中国人民服务的。他用唯物史观的基本原理来分析历史人物、历史思潮、历史事件、历史变迁，不仅为史学界，也为社会大众提供了评判历史是非功过的马克思主义观点。他书写的魏晋南北朝政治史、经济史、思想史、文化史、民族史，以及宋史和长江流域开发史等等，为增强文化自信和对中华文明的统一性与多样性认识提供了丰富的精神源泉。其次是受近代实证史学思想的影响。近代实证史学（过去也经常称为近代资产阶级史学）是在吸收传统史学的精华和近代西方史学理论方法基础上产生的，它突破了传统史学方法和视野的局限，开创了中国历史研究的新局面。作为近代实证史学的重要代表人物陈寅恪先生的学生，先生的史学研究明显受到陈寅恪的影响。陈寅恪先生精于史实考证，学术视野宽阔，注重从地域、集团、阶级、文化出发分析历史，"还很重视历史现象的前因后果和历史发展的基本线索，往往能提出一些独到的见解"[1]。先生还将他于1947年至1949年在清华大学历史研究所听陈寅恪先生的讲课笔记整理出来，出版了《陈寅恪魏晋南北朝史讲演录》一书，极大丰富了陈寅恪先生关于魏晋南北朝史研究的系统理论观点，弥补了陈寅恪先生史学思想研究资料缺乏的重大缺憾，这是先生的又一重大史学贡献。先生在史学研究中，明显使用了地域、集团、文化、阶级等理论方法分析魏晋南北朝史中的许多历史问题，如论曹魏时期的政治派别划分及其阶级基础、正始之音与集团斗争、孙吴立国的阶级基础等，都充分运用了这些方法。以诗证史、以史说诗是陈寅恪扩展史料、开拓史学新领

---

① 林甘泉：《20世纪的中国历史学》，载《林甘泉文集》，上海辞书出版社，2005年，第353页。

域的重要方法，先生受其影响不仅对魏晋南北朝文学研究情有独钟，而且经常将这一时期的政治经济状况与诗歌产生的背景相联系，对相关问题进行研究，如《木兰诗》和《孔雀东南飞》的写作时间及故事发生背景，以及运用诗歌中描写的景色来论证江南的开发等等。先生还撰写了《曹操诗赋编年笺证》一书，是他继承老师诗史互证传统并运用于史学实践的最好说明。第三是全面接受马克思主义唯物史观。我认为，传统史学和近代实证史学对万先生的史学思想影响虽然很大，但也只限于方法论层面，决定先生史学研究的根本指导思想还是唯物史观，唯物史观的社会形态理论、群众史观、阶级分析方法、辩证联系的方法，我在前述"治学信奉马克思主义"一节中已经有过分析，这里再做一点补充。在《陈寅恪魏晋南北朝史讲演录》的"前言"中，万先生认为，阶级分析和集团分析（实际上也是阶级分析）方法"贯穿在陈老师的全部讲述之中"，并提出了"陈老师不仅是我国近代资产阶级史学的开创者和奠基人，而且是从资产阶级史学过渡到马克思主义史学的桥梁"的观点。[①]那么先生的阶级分析方法与陈寅恪的阶级分析方法是什么关系呢？我以为先生秉承的是唯物史观的阶级分析方法，与陈寅恪先生的阶级分析有区别。陈寅恪先生在讲述中确实使用了"社会阶级"这个概念来分析魏晋南朝社会的变化，但是很明显，陈寅恪先生使用的"社会阶级"或指文化（主要指儒家文化）背景不同的"豪族"与"寒族"，或指"高门"与"寒门"（士族与庶族），它与唯物史观以一定生产体系中所处的地位不同、对生产资料的占有关系不同、在社会劳动组织中所起作用的不同来划分阶级的标准是不一样的。纵观万先生的研究，他使用的阶级分析方法显然是唯物史观的阶级分析法而不是前者。我的看法是否符合万先生的原意已不可求证，但我想学术界可以研究。

---

① 参见万绳楠整理：《陈寅恪魏晋南北朝史讲演录·前言》，黄山书社，1987年，第2页。

（二）秉持创新思考的精神

治学贵在创新。万先生学术研究的一个突出特点就是始终秉持创新思考的精神，从不人云亦云。在《魏晋南北朝史论稿》的"前言"中他讲到该书的三个宗旨：一是努力运用马克思主义的立场、观点、方法，研究这段历史，力求得到一个接近科学的解释。二是对这段历史中尚未解决的问题，进行探讨。三是各章各节概以论为主，提出个人的看法，力求言之有理、有据。不重复众所熟知的东西，不作如同教材一类的叙述，并保持一个较为完整的系统，以窥全豹，故也不同于论集。这也可以说是体例上的一个"创新"吧。[①]可见先生的这部书，除了理论上他使用了"运用"一词之外，其他都是在追求"个人的看法""不重复众所熟知的东西"，甚至书稿的体例也试图"创新"。在《魏晋南北朝文化史》的"序言"中他说道："不因袭，重新思考，在科学的基础上，写出一个综合性的、能反映出时代精神的新文化史，是我写这本书时，对自己所作的要求。"[②]创新需要一定的方法，先生一生谈治学方法的文章不多，《史学方法新思考》是其中少有的一篇，此文虽然极短，但却是他总结治学方法的一个缩影："要推动历史学向前发展，我感到历史研究的方法，似亦有重新考虑的必要。我深感我们的史学工作者虽然研究各有重点，但无妨去涉猎中外古今的历史；虽然以研究政治经济史为方向，但无妨去学一点文学史、宗教史、思想史。有时候一个问题的解决，有待于运用经、政、文三结合或文、史两结合的方法，以求互相发明。研究问题，列宁是主张全面占有材料，掌握一切媒介的。这确是一个好方法。"[③]有专攻、通古今、跨学科、求关联、文史结合、相互发明与全面占有材料，正是先生治学的基本方法。读过先生论著的人都可以感受到，他的论著从标题到文风都有自己的特点，从标题上看，每级标题的问题意识都极强，从具体问题入手，抽丝

① 参见万绳楠：《魏晋南北朝史论稿·前言》，安徽教育出版社，1983年，第1页。
② 万绳楠：《魏晋南北朝文化史·序言》，黄山书社，1989年，第3页。
③ 万绳楠：《史学方法新思考》，《社会科学家》1989年第4期。

剥茧，层层深入；从文风看，语言洗练干净，抓住问题直奔主题，不绕弯子。这种治学精神，使先生的论著以解决历史问题作为基本出发点，以深厚的史学素养和理论素养洞察历史变化，在众多领域取得了很多创新性认识。限于篇幅，我不再一一例举。

（三）充满时代进步的气息

如何处理历史与现实的关系是古往今来史学家都要面临的问题，往往也要对他们的史学研究产生一定的影响。万先生是一位经历了民国时期、新中国建立直至改革开放后的史学家，长期活跃在新中国的史坛和教坛上。在近50年的革命、教学和研究生涯里，他坚持马克思主义立场，立足现实，以辩证唯物主义和历史唯物主义的观点观察分析历史，使他的研究充满着时代进步的气息。首先，对封建君主专制制度的深刻批判。新中国的建立推翻了压在中国人民头上的帝国主义、封建主义、官僚资本主义三座大山，但影响中国两千多年的封建主义思想在人们的脑海中并不容易消除，对封建主义特别是其总代表君主专制制度的批判，是史学界的重要任务。先生的史学论著中，对封建专制制度的揭示和批判是深刻无情的。在《嵇康新论》一文中，先生指出君主专制制度的最大特点就是"宰割天下，以奉其私"，嵇康主张"以天下为公"，反对"割天下以自私"，抨击君权，把这当作是一切祸害的总根，具有民主进步意义的色彩。[1]君主专制还是一切政治动荡的总根源，先生运用马克思主义观点阐释了中国古代君权产生的政治和经济基础，指出我国君主专制制度是建立在自由农的小块土地所有制和地主的土地所有制基础之上的。这个基础很牢固。但君主专制又表现为个人和"行政权力支配社会"。"当皇帝和封建官僚机构是强有力的时候，或者说个人和行政权力能够真正支配社会的时候，国家尚能保持稳定或苟安；但当皇帝昏庸，官僚机构又转动不灵的时候，那就必然要变乱丛生。"[2]西晋的八王之乱不是分封制度造成的，其内在的或最后的原因，

---

① 参见万绳楠：《嵇康新论》，《江淮论坛》1979年第1期。

② 万绳楠：《魏晋南北朝史论稿》，安徽教育出版社，1983年，第121页。

应当从君主专制制度本身去找。①这一论断改变了过去只从分封角度去看八王之乱的窠臼，令人耳目一新。除了嵇康外，先生还高度肯定了魏晋南北朝时期鲍敬言、陶潜反君主专制的思想。先生指出，产生于两晋之交的鲍敬言的无君无司论，是世界上最早的无政府主义论，鲍敬言看出了"有君"是一切祸害的总根源，看清了"君权神授"的谎言，要求把皇帝连同国家机器一起废掉。君主专制是封建政治制度的骨髓，在我国中古时代，产生这样一种有君有司为害，无君无司为利的思想，无疑是封建长夜中出现的一颗明星。先生认为，陶潜所理想的世界，是一个无君长，无官吏的世界。②"《桃花源诗并记》表现的陶潜思想，可用一言以蔽之——反对君主专制主义及其所维护的封建制度。"③其次，对儒家专制思想的尖锐批判。自汉武帝独尊儒术，以纲常思想为核心的封建儒学与天、神相结合，严重束缚了人们的思想。基于这一认识，先生在其论著中对儒家思想阻碍历史的进步予以深刻揭露，对历史上批判儒家思想、突破儒家思想束缚的种种行为给予高度评价。在评价汉代选举制度中的重"德"因素时，先生指出："而所谓德，是和神学结合在一起的、标榜王道三纲来源于天的儒学。这种儒学，是统治阶级加在人们思想上的桎梏，是图抹在选举制度上的神光。"④君为臣纲是儒学理论的核心，是封建专制主义的灵魂。先生高度赞赏嵇康，也正是从他猛烈地反对儒教、在反对"割天下以自私"的斗争中，形成了他"以天下为公"的带有民主性的政治思想角度出发的。先生在《对文化史研究的思考》一文中认为，魏晋南北朝时代是各科文化蓬勃发展的时代，把汉朝远远抛在后头，其中的重要原因就是这个时期专制主义的削弱和儒学独尊地位的跌落。⑤在《魏晋南北朝文化史》"序言"中

---

① 参见万绳楠：《魏晋南北朝史论稿》第六章第四节"八王之乱"，安徽教育出版社，1983年，第119—123页。

② 参见万绳楠：《魏晋南北朝文化史》第三章第三节"反对封建君主专制主义的思想闪光（嵇康、鲍敬言与陶潜）"，黄山书社，1989年，第81—88页。

③ 万绳楠：《魏晋南北朝文化史》，黄山书社，1989年，第87页。

④ 万绳楠：《魏晋南北朝史论稿》，安徽教育出版社，1983年，第23页。

⑤ 万绳楠：《对文化史研究的思考》，《文史哲》1993年第3期。

先生更明确指出：孔孟之道"并不能代表我国的文化传统。不但不能代表，儒家的三纲五常之教一旦被突破，我国文化便将以澎湃之势向前发展。在文化领域，无疑始终存在着以儒术为代表的封建专制文化与进步的、民主的、科学的文化的斗争"①。先生对儒家思想的批判是要区别古代文化遗产中民主性和革命性的东西，是要剔除其封建性的糟粕，吸收其民主性的精华，是要肃清"四人帮"的流毒，扫除两千多年来地主阶级所散布的封建儒学思想的影响，这正是先生史学思想与时代同呼吸的精神所在。需要看到的是，先生所批判的是儒学中的三纲五常、君权神授等腐朽糟粕，并不是一股脑否定儒学的文化价值。比如先生高度肯定各少数民族政权崇尚儒学、学习传播儒家文化的历史价值，如后秦姚兴大力提倡儒学和佛教"对封建文化和佛教文化的传播，是起了作用的。而这却是一个羌人做出的贡献"②。第三，始终站在人民的立场。万先生批判君主专制和儒学中的封建糟粕，目的都是为了人民，这是他群众史观在历史研究中的具体表现。对一种思想、一种政策、一种制度，一个人物、一个集团的评价，就是要看是否有利于人民，有利于历史的进步。先生指出，东汉的外戚尤其是宦官的统治，给人民带来了巨大的灾难，曹操维护和发展小块土地所有制的政策就是有利于人民的，曹操统一北方是有利于人民的，孙吴对待山越的政策是不利于人民的，是应当否定的，西晋士族地主的腐朽统治和军阀混战是人民大流亡的根本原因，各族人民是推动民族融合的力量，氐族人民对祖国历史发展作出了成绩，《孔雀东南飞》充分体现了我国人民运用文学形式反对封建压迫的优良传统，《吴歌》《西曲歌》形象地反映出劳动人民的情操，孝文帝推行汉化政策使黄河流域的人民生活比较安定，凡此等等，在先生的论著中随处可见，是先生一切皆以人民群众为中心的历史观的生动体现。

先生离开我们近三十年了，今天的魏晋南北朝史研究较三十年前无论在史料的扩展、理论方法的更新、研究视角的转化等方面都发生了很大变

① 万绳楠：《魏晋南北朝文化史·序言》，黄山书社，1989年，第2页。

② 万绳楠：《魏晋南北朝史论稿》，安徽教育出版社，1983年，第181页。

化，但是我想，以唯物史观作为历史研究的指导思想没有变，实事求是的史学方法没有变，史学为人民服务的经世致用精神没有变。《全集》是先生给我们留下的丰富史学遗产，它一定会、也能够会为新时代中国史学"三大体系"的构建发挥重要作用，也一定会深深慰藉先生的在天之灵。最后，作为先生的学生，我代表各位师姐师兄师弟，向安徽师范大学历史学院表示深深敬意！向安徽师范大学出版社表示深深谢意！向所有为《全集》出版付出辛勤劳动的各位同志及万先生的亲属、向长期以来关心万绳楠先生的各位同志表示衷心的感谢！

（作者系中国社会科学院古代史研究所所长、研究员）

万绳楠先生的学术成就与治学特色

庄华峰

2023 年 11 月是我国著名历史学家万绳楠先生诞辰一百周年，回忆跟随先生攻读历史学硕士学位、有幸忝列门墙至今已有 36 个年头，翻阅案头珍藏先生的几部经典著作，顿时百感交集。在感慨先生的论著论证严谨、考述精致、新见迭出之余，也感觉学界对于先生学术成就、治学精神和治学方法的研究尚属滞后，至今鲜见有这方面的成果问世。鉴于此，笔者谨就自己所知，对先生的治学道路、学术成就及其治学特色作一论述，以期对后学有所启迪，同时也借此表达我对先生的崇敬和缅怀之情。

一、风雨兼程：万绳楠先生的治学道路

了解万绳楠先生的人都知道，他的一生充满坎坷，尤其是其前半生苦难总是与他如影相随。先生是江西南昌人，1923 年 11 月出生于一个国文教员家庭，兄弟姐妹 4 人，4 岁时母亲离世，12 岁时父亲又撒手人寰。两个哥哥在抗日战争初期当了兵，妹妹也迫于生活压力给人家当了童养媳。先生自己则几乎沦为孤儿。悲凄的家庭命运铸就了先生坚毅的品格，正是这种优良的品格使先生在数十年的风雨历程中踔厉奋发，勇毅前行。

先生天资聪颖，七八岁就开始读《论语》《孟子》《中庸》等书，进入小学、中学后，又广泛阅读其他一些经、史、子、集方面的典籍。还阅读

了包括《诗经》《左传》《庄子》《楚辞》等在内的古典文学作品。先生读书有两个习惯，对于一般图书泛泛浏览即可，而对于重要书籍或文章则反复精读，甚至将其背诵下来，由此锻炼出超强的记忆力。他给学生授课，常常征引大量史料来论证自己的观点，他对史籍十分熟悉，往往达到了信手拈来、如数家珍的程度。他说，这都得益于平时的知识积累。他常跟自己的研究生说，他做学问的一条重要经验是"熟读深思"。他说："旧书不厌百回读，熟读深思子自知。"对于一些重要的书，必须反复阅读，最好能把书中精要的部分背诵下来，使其成为自己的东西，这样，在思考问题时，就能够信手拈来，运用自如。

先生在少年时代所经受的这些训练，为其以后的学术研究奠定了扎实的基础。他不止一次这样谆谆告诫学生说："基础材料如果没有弄清楚，就及早微言大义，肯定不会得出科学的结论。"所以他一直主张做学问要从基础工作做起，要靠日积月累，而积累知识的一种有效途径就是要善于做读书卡片。他曾说："卡片一万张，学问涨一丈。"

由于先生基础扎实，加之学习勤奋，他成为学校的尖子生。读初中时，先生因成绩优异被南昌二中将其姓名刻入石碑；高中时，先生的论文获得过政府奖励，被全班同学传读。1942年，由于成绩优异，先生同时被西南联大历史系、交通大学电机系和浙江大学土木工程系录取。由于家庭经济拮据，先生上了三所学校中助学金较为丰厚的西南联大历史系读书。西南联大，这所"抗战"时由清华大学、北京大学和南开大学合并的集北国学者精英的特殊高校，对先生有着极大的吸引力。先生没有想到，他将在这里与吴晗、陈寅恪这两位著名历史学家相遇、相知，更不会想到他们俩为自己种下一生的因果。在本科学习阶段，先生过人的禀赋和治史才华博得陈寅恪的赏识。四年后，先生如愿考取清华大学历史研究所研究生，师从陈寅恪先生治魏晋南北朝史和隋唐史。陈寅恪被后世称为"教授中的教授"，有幸成为陈寅恪先生的关门弟子，对于当时还是一个青葱小伙的先生而言是一件多么幸运的事情。三年的研究生学习，先生打下了坚实的基础，特别是陈寅恪先生的治学方法和治学精神对先生产生了极大影响。

先生曾在其整理的《陈寅恪魏晋南北朝史讲演录》一书"前言"中说：

> 陈老师（按：指陈寅恪）的学问博大精深，兼解十余种语言文字，为国内外所熟知，无待我来讲。我当年感觉最深的是，陈老师治学，能将文、史、哲、古今、中外结合起来研究，互相发明，因而能不断提出新问题，新见解，新发现。而每一个新见解，新发现，都有众多的史料作根据，科学性、说服力很强。因此，陈老师能不断地把史学推向前进。那时我便想如果能把陈老师这种治学方法学到手上，也是得益不浅的，更不消说学问了。[①]

在课堂上，先生也曾对研究生如是说："我的老师陈寅恪先生有'三不讲'，就是书上有的不讲，别人讲过的不讲，自己讲过的不讲。我想这里的'三不讲'，是不讲而讲，不重复既有，发前人所未发，成自家独创之言。老师的'三不讲'是我的座右铭，无论是讲课还是搞研究，我都力求有新的东西呈现。"可见，对于老师的治学方法，先生是拳拳服膺，并身体力行的。

1948年12月上旬，东北野战军包围了平津一线国民党的50万大军，12月15日，清华园一带已解放。先生受"学运"思潮影响很深，这时，他和无数要求进步的学生一起，穿上军装参加了东北野战军。一向持"独立自由精神"思想的陈寅恪了解到先生这一举动后，大为恼怒，要不是师母唐筼的再三劝说，险些与先生断绝师生关系。我想，先生并非要忤逆老师的尊严，他的所作所为，实质上是在诠释着"我爱我师，我更爱真理"的深刻内涵。

1960年，先生从北京来到安徽，先后执教于安徽大学、合肥师范学院历史系。自此，先生一边给学生讲课，一边研究魏晋南北朝史，每有心得，写成文章，在报刊上发表。此时，先生已在史学界崭露头角。这段时

---

① 万绳楠整理：《陈寅恪魏晋南北朝史讲演录·前言》，黄山书社，1987年，第1页。

间里，他发表了《关于曹操在历史上的地位问题》（《新史学通讯》1956年第6期）、《关于南宋初年的抗金斗争》（《新史学通讯》1956年第9期）、《魏晋南北朝时代的思想主流是什么》（《史学月刊》1957年第8期）、《论隋炀帝》（《史学月刊》1959年第9期）等文章。这些文章多发前人之所未发，彰显出很高的学术造诣和敏锐的学术眼光。如1959年初，学术界曾经掀起过一场为曹操翻案的运动，郭沫若、翦伯赞等历史学家纷纷撰文替曹操翻案。而先生早在1956年就发表了《关于曹操在历史上的地位问题》一文，对曹操在历史上的地位予以肯定，认为他对我国历史所起的推动作用比破坏作用要大。用今天的眼光看先生的观点几乎是"常识"，但在当时确属"惊世骇俗"的见解。先生的观点在史学界引起很大的反响。从1961年到1965年的几年间，先生发表了《从南北朝社会经济与政治的差异看南北门阀》（《安徽大学学报》1963年第1期）、《六朝时代江南的开发问题》（《历史教学》1963年第3期）、《曹魏政治派别的分野及其升降》（《历史教学》1964年第1期）、《"太平道"与"五斗米道"》（《历史教学》1964年第6期）、《魏末北镇暴动是阶级斗争还是统治阶级内部的斗争》（《史学月刊》1964年第9期）、《南朝时代江南的田庄制度》（《历史教学》1965年第11期）等十多篇文章。这些文章视角新颖，考订精审，为学界所重视。李凭先生充分肯定了万先生对学术研究的贡献，指出："他一直远离学术研究的中心，却独立地作出过大量的深入的研究，是值得我们纪念的。"[1]诚哉斯言。

先生从北京来到合肥后，吴晗邀请先生为其主编的《中国历史小丛书》写几本小册子，很快，先生撰写的《文成公主》《冼夫人》《隋末农民战争》等相继而成，在安徽，先生与吴晗的师生关系因此被许多人知晓。恰因如此，先生在"文革"中受到牵连，全国批"三家村"，安徽批万绳楠，先生成为安徽"文革"初期第一个被全省批判的"反动学术权威"。1966年6月3日省内一家大报发文批判先生，指责他是"吴晗的忠实门徒，

---

[1] 李凭：《曹操形象的变化》，《安徽史学》2011年第2期。

'三家村'的黑闯将"。1971年，先生被下放到淮北利辛县农村。在那里，先生经受了精神与肉体上的双重折磨，罚沉重劳役，险些丧生。

面对如此险恶的环境，先生仍不忘初心，一有闲暇时间，就埋头看书、做学问。虽身处逆境，仍心系天下，忧国忧民，并敢于针砭时弊，彰显出一个正直知识分子敢说真话的赤诚之心。

阳光总在风雨后。随着十年"文革"梦魇的终结，先生获得彻底平反，重新回到他魂牵梦绕的大学校园，随合肥师范学院历史系整体搬回位于芜湖市的安徽师范大学历史系任教，找回了一度失落的书桌和讲坛。当时，先生现身说法告诫他的研究生们："人要有一点奋斗精神。对我来说，被耽误的时间实在是太多了，我要用有生之年，为教育事业多做些有意义的工作。"他在实践中践行着自己的诺言。先生重返校园时虽已年近花甲之年，但他仍然牢记使命，壮心不已，一面教书育人，一面笔耕不息，在学术上更臻新境。自20世纪80年代已降，先生先后发表《东晋的镇之以静政策和淝水之战的胜利》（《江淮论坛》1980年第4、5期）、《安徽在先秦历史上的地位》（《安徽史学》1984年第4期）、《廓清曹操少年时代的迷雾》（《安徽师大学报（哲学社会科学版）》1988年第2期）、《江东侨郡县的建立与经济的开发》（《中国史研究》1992年第3期）、《略谈玄学的产生、派别与影响》（《孔子研究》1994年第3期）、《武则天与进士新阶层》（《中国史研究》1994年第3期）等40多篇文章，这些文章或被转载，或被引用，在学界产生很大反响。同时，在这一阶段，先生还出版了5部著作，即《魏晋南北朝史论稿》（安徽教育出版社，1983年）、《文天祥传》（河南人民出版社，1985年）、《陈寅恪魏晋南北朝史讲演录》（黄山书社，1987年）、《魏晋南北朝文化史》（黄山书社，1989年）、《中国长江流域开发史》（黄山书社，1997年）。5部著作总计150余万字，几乎是每两年推出一部专著，而且在大陆和台湾同时出版。先生治学具有不因陈说、锐意创新的特点，因此他的论著阐幽发覆，多有创见，获得一致好评。如对于《魏晋南北朝史论稿》一书，著名历史学家周一良先生指出："本书读起来确实多少给人以清新之感。"①《魏晋南北朝文化史》出版后，有学者指出："万著以扎实的文献材料、考古材料为基础，提出许多创见"，是"一部反映出时代精神的新文化史"②。《陈寅恪魏晋南北朝史讲演录》一书是陈寅恪1947—1948年在清华大学开设"魏晋南北朝史研究"的课程讲义，由先生根据其听课笔记整理而成。陈寅恪著作甚富，但在其已出版的著述中，尚无系统的断代史之作，本书的出版能补陈书之阙，因而被誉为"稀世之珍"。卞僧慧先生评价道：本书"由万教授精心整理，厥功甚伟，至可珍惜"③。先生也因其非凡的学术成就，成为史学界公认的魏晋南北朝史研究大家，被誉为魏晋南北朝研究领域的"四小名旦"之一。④

1995年底，万先生因积劳成疾住进医院，接受治疗。在病床上，他仍为《今注本廿四史》笔耕不辍。在弥留之际，他还念念不忘自己的导师，他用颤抖的手作七律一首《怀念陈寅恪先师》："忆昔幽燕求学时，清华何幸得良师。南天雪影说三国，满耳蝉声听杜诗。庭户为穿情切切，烛花挑尽夜迟迟。依稀梦笑今犹在，独占春风第一枝。"1996年9月30日，先生带着对教育事业的无限眷恋匆匆地告别了人世。已故北京师范大学著名教授黎虎先生在唁电中说："万绳楠先生学术上正达炉火纯青境界，他还可以做出更多更辉煌的成就。先生的学问和道德堪称楷模。他走了，真是太可惜了！"

万先生一生致力于教学和科研工作，取得了丰硕的研究成果，培养了大批优秀人才，他曾于1984年被评为"安徽省劳动模范"，第二年又获全国"五一劳动奖章"和"全国优秀教育工作者"光荣称号。

---

① 周一良：《评介三部魏晋南北朝史著作》，《北京大学学报（哲学社会科学版）》1985年第2期。

② 彦雨：《一部反映出时代精神的新文化史——评万绳楠教授的〈魏晋南北朝文化史〉》，《安徽史学》1991年第1期。

③ 卞僧慧：《陈寅恪先生年谱长编（初稿）》，中华书局，2010年，第245页。

④ 在魏晋南北朝史研究领域，有"四大名旦""四小名旦"之称誉，前者指唐长孺、周一良、王仲荦、何兹全，后者指田余庆、韩国磐、高敏、万绳楠。参见刁培俊、韩能跃：《探索中国古史的深层底蕴——高敏先生访谈录》，《史学月刊》2004年第2期。

二、孤明独发：万绳楠先生的学术成就

万先生从事史学研究近50载，一直致力于中国古代史的教学与研究，发表论文80多篇，出版著作多部，为我国的史学发展做出了突出贡献。先生精于魏晋南北朝史研究，同时在中国古代史其他领域也取得了丰硕的成果。综合起来看，先生的学术成就主要表现在以下几个方面：

（一）魏晋南北朝史研究成就

万先生在魏晋南北朝史研究领域著作等身，成就卓然，限于篇幅，难以悉数呈现，这里仅就其最具代表性的成果略作评述。

1.曹魏政治派别研究。六十多年前，陈寅恪先生在《书世说新语文学类钟会撰四本论始毕条后》一文中说："魏为东汉内廷阉宦阶级之代表，晋则外廷士大夫阶级之代表，故魏、晋之兴亡递嬗乃东汉晚年两统治阶级之竞争胜败问题。"①陈寅恪用他的阶级分析学说，阐述汉晋之际的政治变迁，指出"作为一个阶级来说，儒家豪族是与寒族出身的曹氏对立的"②，具体到曹操本人的作为而言，就是"寒族出身的曹氏"与"儒家豪族人物如袁绍之辈相竞争"。陈寅恪的阶级分析方法很有影响，对后续相关研究具有发凡起例的意义。万先生师承陈寅恪的研究方法，把曹魏政治派别的研究向前推进了一步。他在1964年发表的《魏晋政治派别及其升降》一文中指出，曹操统治集团中有两个以地区相结合的派别，即"汝颍集团"和"谯沛集团"。汝颍集团标榜儒学，主要担任文职。谯沛集团则以武风见称，主要担任武职。在汝颍与谯沛两集团之间，有尖锐矛盾，这种矛盾到曹操晚年就逐步明晰化。高平陵事件成为曹魏政权转移的转折点，最终以

---

① 陈寅恪：《书世说新语文学类钟会撰四本论始毕条后》，《金明馆丛稿初编》，生活·读书·新知三联书店，2001年，第48页。

② 万绳楠整理：《陈寅恪魏晋南北朝史讲演录》，黄山书社，1987年，第13页。

司马师为代表的汝颍集团取得了胜利,"亡魏成晋"之势已成。①先生对政治派别研究范式的学术推进,具有重要意义。时至今日,"汝颍集团"和"谯沛集团"的概念仍被学界屡屡援引和强调。

万先生对陈寅恪阶级升降、政治集团学说的拓展主要表现在两个方面。一是在研究的时段上,陈寅恪的研究侧重分析曹魏后期曹、马之争的性质,而对曹魏中前期的政治问题则未涉及,而先生则主要论述曹魏中前期的政治史,通过对汝颍、谯沛这两个政治集团的考述,弥补了陈寅恪东汉末年士大夫和宦官斗争一直持续到西晋初年这一假说在时间链条上所缺失的一环。二是陈寅恪主要以社会阶层、文化熏习来区分曹、马两党,而先生则引入了地域这一分析维度,强调汝颍、谯沛两个政治集团的地域特征,同时揭示了汝颍多任文职、谯沛多为武人这一文武分途的特征。②

2.南朝田庄制度研究。史学界历来把汉、魏、两晋及南北朝时代的田庄主土地占有形态,看作是同一个类型。万先生则认为南朝田庄主的土地占有形态与唐朝是一个类型,和汉、魏已有不同。他认为,南朝田庄主土地占有形态的变化主要表现在以下三个方面:一是汉魏田庄主是聚族而居的,社会经济的基本单位是一个个名宗大族。直到东晋和北朝,北方仍然是"百室合户,千丁共籍"。而南方大家族在南朝已经分崩离析,个体家庭已经成为社会经济的基本单位。二是南朝在个体家庭所有制基础上形成起来的田庄或庄园,没有部曲家兵,只有农奴。凡是南朝史料中所见的部曲,都是国家的兵。南朝部曲家兵随着宗族组织的解散而解散,是一个自然的普遍的现象。三是南朝田庄是地主阶级个体家庭的庄园,它实行农业、手工业和商业等多种经营,雇佣和租佃都已在南朝出现。这是一种进步。③先生指出,南朝田庄制度的变革,是中古土地制度的一个重大变

---

① 万绳楠:《曹魏政治派别的分野及其升降》,《历史教学》1964年第1期;万绳楠:《魏晋南北朝史论稿》,安徽教育出版社,1983年,第78—92页。

② 参见仇鹿鸣:《魏晋之际的政治权力与家族网络》,上海古籍出版社,2015年,第3页。

③ 万绳楠:《魏晋南北朝史论稿》,安徽教育出版社,1983年,第208—217页。

化。①先生的这些观点发人之所未发，得到学界的充分肯定。有学者指出："《论稿》关于南朝田庄制度的变革之说，是近几年来，在土地制度研究上作了一次值得重视的探讨。这可能影响到对南北朝以及隋唐社会历史的认识。"②先生所撰《南朝田庄制度的变革》一文也被1981年版《中国历史学年鉴》作为重点文章予以推介。③

3.东晋黄白籍研究。一直以来，学界对于东晋土断后黄、白籍的关系问题都存有不同的看法，有的学者认为户籍的黄白之分即士庶之别，更多的学者又认为土断是改黄籍为白籍。万先生不同意这些看法。他认为，黄籍是两晋南朝包括士族和庶民在内的编户齐家的统一的户籍，白籍则是在特定时期产生的、旨在安置侨民的临时户籍。由此可知白籍是"侨籍"。持白籍的不交税，不服役。而咸和二年（327）土断整理出来的"晋籍"是黄籍，是征发税收徭役的依据。持白籍的侨人，一经土断，白籍就变成了黄籍，编入当地闾伍之中，按照规定纳税服役。那么，史学界为何普遍认为土断是改黄籍为白籍呢？先生认为这种颠倒来自胡三省。胡三省在《资治通鉴》中，为成帝咸康七年（341）的令文"实编户，王公已下皆正土断白籍"做注时误解其意，以为此令意为土断后将南迁的王公庶人著之白籍，学者据此便认为土断是将黄籍改为白籍了。先生认为此令的重点在于"实"字，即查验编户的户籍是否皆为黄籍。这说明胡三省对黄、白籍并未研究过。④

万先生关于黄白籍的论说不仅博得国内史学界的首肯，还蜚声海外，受到国外史学界的关注。1980年5月，先生接受了美国华盛顿大学历史学

① 万绳楠：《南朝田庄制度的变革》，《安徽师大学报（哲学社会科学版）》1980年第2期。

② 卞恩才：《一部勇于创新的断代史专著——读〈魏晋南北朝史论稿〉》，《安徽史学》1984年第3期。

③《中国历史学年鉴》，人民出版社，1981年，第30—31页。

④ 万绳楠：《论黄白籍、土断及其有关问题》，载《魏晋南北朝史研究》，四川社会科学院出版社，1986年；万绳楠：《魏晋南北朝史论稿》，安徽教育出版社，1983年，第157—161页。

博士孔为廉的慕名专访，先生如数家珍地解答了孔博士提出的东晋南朝的土断与黄、白籍的关系问题。孔博士指出，日本和中国学者对此问题有不同的意见，日本学者认为黄、白籍为贵贱之别；中国学者认为侨人包括贵族在内，经过土断，纳入白籍。万先生根据自己深入的研究，认为白籍为侨籍，黄籍为土著户籍，土断变侨民为土著，变白籍为黄籍，变不纳税服役户为纳税服役户，并回答了以往中日学者何以出错的原因。孔博士十分信服地接受了先生的学术观点，激动地说："万先生的回答不仅为我本人，而且也为我的美国同行解决了一个历史疑难问题，我不虚此行！"

4.魏晋南北朝民族问题研究。魏晋南北朝时期的民族大融合给中国历史带来长久而深远的变化，并直接为隋唐大一统和经济文化的高度繁荣奠定了基础。恰因如此，大凡治魏晋南北朝史者，都会关注这一时期的民族问题。万先生也不例外。他在这方面的成果主要体现在其力作《魏晋南北朝史论稿》中。该书凡十六章，涉及民族问题的有五章（第七章、第九章、第十二章、第十三章、第十四章），足见先生对民族问题用力之勤。在论及"五胡十六国"历史时，先生强调，各民族要求和平、友好、融合，是一种历史发展趋势。尽管历史有曲折，不过这种曲折不是倒退，而是历史的更高一级的循环。基于这样的认知，先生考察了五胡各国政权的政策。他一方面阐明早期有像匈奴刘氏、羯胡石氏那样采取依靠"国人"武力，背离民族融合大势的举措，同时又指出前燕鲜卑慕容氏凭借汉人和魏晋旧法，消除民族之间的冲突与隔阂，顺应了民族融合的发展趋势。先生指出，在民族问题上，符坚一反西晋以来民族压迫的弊政，采取了"魏降和戎之术"，这一政策，是永嘉以来，在民族融合的道路上，迈出的极可贵的一步。符坚的政治眼光，较西晋以来各族统治者为远。在论及淝水战后后秦等政权时，先生也多从它们在民族融合方面所发挥的作用这个角度讨论。在论及"淝水战后北方各族的斗争、进步与融合"问题时，先生这样写道："淝水战后，是北方分裂得最细但也是各少数民族与汉族接触最频繁的时代。透过这一时期各族斗争纷纭复杂的现象，我们可以看到，在北魏统一北方之前，进入中原的各族，都在这一时期与汉族融合。"因此可以说："这一百三十六年（指304年到439年）是北方各个少数民族获得进步之年，与汉族自然同化之年，各族大融合之年，我国这个多民族的国家获得发展之年。"①著名历史学家周一良先生对万先生的这一看法予以肯定，指出："作者这样的估计是不为过分的。"②

5.魏晋南北朝南方经济发展研究。万先生充分肯定魏晋南北朝四百年历史的进步性，其中包括充分认识到这一时期生产力的发展，特别是南方经济的开发和社会的进步，这一认识集中体现在其代表作《魏晋南北朝史论稿》和相关论文中，并在学界产生了很大的反响。

万先生对于此时期南方经济开发的研究，有一个鲜明的特色，即注意揭示政治、经济政策对于经济发展的影响。如先生在论述江左政权对待侨民的政策时指出："建置在丹阳江乘县与毗陵丹徒、武进二县即建置在自今南京东至无锡沿江一线所有的侨郡县中的侨民，在咸和二年第一次土断前，凭所持白籍与政策规定，都曾免除税役多则十一年，少则以太宁元年（323）计算也有五年。这对江东自建康以东至无锡一线侨郡县的开发，无疑是有益的。"③在讨论南朝经济政策的变化与江南的开发问题时，先生坚持"促进江南普遍获得开发的重大因素，是南朝田庄制度的变革，经济政策的变化，生产关系的改造"④的基本判断，指出"占山格"的颁布，第一次以法律的形式肯定了山林川泽的私人占有，是汉末以来南方大土地所有制的一个重大发展；以"三调"为形式的财产税（赀税）的出现，对无财产或少财产的人来说，减轻了负担，提高了他们从事生产的积极性；而营造工人"皆资雇借"，不再是征发而来，是役法上的一个重大进步，这对农业和民间手工业的发展，大有好处。⑤先生同时指出，江东政治的发展，与六朝江南经济开发次第，是相适应的。这表明一点，那就是政治与

① 万绳楠：《魏晋南北朝史论稿》，安徽教育出版社，1983年，第188页。

② 周一良：《评介三部魏晋南北朝史著作》，《北京大学学报（哲学社会科学版）》1985年第2期。

③ 万绳楠：《江东侨郡县的建立与经济的开发》，《中国史研究》1992年第3期。

④ 万绳楠：《魏晋南北朝史论稿》，安徽教育出版社，1983年，第223页。

⑤ 万绳楠：《魏晋南北朝史论稿》，安徽教育出版社，1983年，第218—227页。

经济是不可分割的关系。①

6.对于魏晋南北朝文化若干问题的思考。万先生对于魏晋南北朝文化的研究，用力甚勤，除了出版《魏晋南北朝文化史》一书外，还发表了系列论文，直接推动了此时期文化史的研究。"不因袭，重新思考"是先生研究魏晋南北朝文化的立足点，因而他在许多地方都提出了不少持之有据、言之成理的新论点，这是十分难得的，仅举几例说明。

先生认为孔孟之道并不能代表中国的传统文化。指出"儒家的三纲五常之教一旦被突破，我国文化便将以澎湃之势向前发展"。"在文化领域，无疑始终存在着以儒术为代表的封建专制文化与进步的、民主的、科学的文化的斗争。进步思想家嵇康以反对儒家纲常的罪名被杀；科学家祖冲之将岁差应用于历法，被指责为'违天背经'。"所以他认为研究文化史的重要任务之一，便是揭露这两种文化之间的斗争，阐发进步文化所蕴藏的生命力与发展的曲折性。②这样的论点对于我们深入研究魏晋南北朝文化史无疑具有启发意义。

先生提出了"正始之音"不同一性之说。对于魏晋玄学的分派问题，学界往往将曹魏时期何晏、王弼这两个玄学创始者的言论不加区别地都称之为"正始之音"。而先生则认为何晏和王弼虽然都祖述《老》《庄》，都标榜"无""无为"，但他们所论有本质上的区别。何晏讲圣人无情，认为无和有是相互排斥的，无和有是二元；而王弼则讲圣人有情，认为无和有不是对立的关系，无和有是一元（无生有）。因此，"正始之音应当说是两种声音，不是一种"。先生同时指出，何晏在政治上属于谯沛集团，而王弼的言论所反映的则是以司马氏为首的汝颍集团的要求。值得一提的是，先生不是孤立的研究何、王二人的玄学思想，而是把他们思想的重大差异同"九品中正制"和"四本论"联系起来加以考察，从而说明汝颍和谯沛两大集团在正始时期进入决斗之时，玄学的产生绝不是偶然的。先生把玄

---

① 万绳楠：《六朝时代江南的开发问题》，《历史教学》1963年第3期。

② 万绳楠：《魏晋南北朝文化史·序言》，黄山书社，1989年，第3页。

学思想与当时的政治风云结合起来考察，使研究得到了深化。①

先生还提出了佛教异端之说。认为"中国的佛教异端是在南北朝时代，在北方出现的。高举'新佛出世，除去旧魔'旗帜的法庆起义，揆其实质，即佛教异端的起义"。唐长孺先生在《魏晋南北朝史论拾遗》一书中，也曾提出弥勒信仰为佛教异端的看法。②在佛教异端上，万先生与唐先生同时提出同一个结论，不过万先生讨论的问题更多，他分析了佛教异端产生的佛经依据，又论述了佛教异端产生在北方而不是南方的原因。③这是研究佛教史的一项重要成果。

他如，曹魏时期的外朝台阁制度与选举制度、五斗米道与太平道的关系、"苍天已死，黄天当立，岁在甲子，天下大吉"口号的含义等问题，先生都进行了探讨，提出了颇具洞见的观点。

（二）宋史研究成就

万先生对宋史研究倾心倾力，除了发表《关于南宋初年的抗金斗争》（《新史学通讯》1956年第9期)、《关于王安石变法的几点商榷》（《安徽日报》1962年1月6日）、《宋江打方腊是难以否定的》（《光明日报》1978年12月5日）、《诗史奇观——文天祥〈集杜诗〉》（《中华魂》1996年第5期）等多篇论文外，还于1985年推出了他的精心之作《文天祥传》。本书是作为史学传记来写的，通过文天祥的一生活动，把历史上一个兼具哲学家、政治家、文学家的民族英雄的形象，呈现在读者眼前，并借此对南宋晚期的历史，作些必要的清理工作。综观全书，有这样几个特色：一是叙述全面，内容丰赡。此前有关文天祥的著作，其篇幅都相对较小，最多的也不过13万字。而先生的著作则洋洋洒洒，有近30万字的篇幅。该书对文天祥的生平事迹，尤其是对他的政治、哲学思想和文学成就，作了富有创见的论述，不仅是文天祥传中最为丰富详实之一种，也是宋元之交的一

① 万绳楠：《魏晋南北朝史论稿》，安徽教育出版社，1983年，第88—89页。
② 唐长孺：《魏晋南北朝史论拾遗》，中华书局，1983年，第203页。
③ 万绳楠：《魏晋南北朝文化史》，黄山书社，1989年，第346页。

部信史或实录。二是做到传、论、考相结合。书中对以往被忽略的问题，如文天祥的哲学思想、政治思想、文学成就以及具体事迹的思想基础等，进行了论述。对以往记载有出入的问题，如文天祥究竟是哪里人，多少岁中状元，某些作品写于何时等，作了考证。对以往记载较为混乱的问题，如南宋太皇太后谢氏投降的经过，利用各种史料，进行了梳理。对事迹本身，则力求言之有据。凡此，都做到史论结合。三是提出了一些新看法。如先生认为，文天祥是在南宋内忧既迫、外患又深的年代里成长起来的。但这个时代并非南宋注定要灭亡、元朝必定要统治全中国的时代，而是黑暗中有光明。只要南宋政府改革导致社会危机和民族危机的守内虚外之法，就不会是元兵南进，而是宋旗北指。先生进一步指出，如果只看到蒙古兵南犯时所取得的局部胜利及其不可一世的嚣张气焰，那就会得出元朝必胜，南宋必亡的错误结论。而如果既能看到蒙古胜利中也有困难，也看到南宋只要"一念振刷，犹能转弱为强"，那就不仅可以理解南宋本来不会灭亡的道理，而且还可以理解文天祥所进行的斗争其意义之重大。①又如在论及文天祥的诗歌成就时，先生指出，文天祥的诗文，尽洗南宋卑弱、破碎、凡陋、装腔作势的文体与诗体，揭开了我国文学史的新的一页。②先生还强调，不应当忘记"他在南宋文坛上，振起过一代文风；不应当忘记他是我国古典作家中，现实主义文学巨匠之一"③。这样的新见解，都发前人所未发，言前人所未言，颇有学术价值。书中类似的新观点还能举出许多。著名宋史研究专家朱瑞熙先生对该书给予了高度评价，指出"与同类著作相比，万绳楠同志的著作别开生面，具有一些新的特色"，是"宋人传记的佳作"。④

---

① 万绳楠：《文天祥传》，河南人民出版社，1985年，第18页。

② 万绳楠：《文天祥传》，河南人民出版社，1985年，第346页。

③ 万绳楠：《文天祥传》，河南人民出版社，1985年，第336页。

④ 朱瑞熙：《宋人传记的佳作——评〈文天祥传〉》，《中州学刊》1986年第3期。

（三）长江流域经济开发研究

万先生的《中国长江流域开发史》一书于1997年出版，该书是原国家教委"八五"社会科学重点科研项目的结项成果，也是国家"九五"重点规划图书。全书按朝代对荆、扬、益三州的农业、工业、商业、科学技术、城市经济以及户口、赋税、生态环境等方面进行了有益探索，是我国第一部全面系统阐述长江流域开发的开创性力作，具有很高的理论意义和学术价值。该书体大思精，屡有创获。例如，对于秦始皇修驰道，学界认为其有利于商业往来，万先生在查阅《史记》后认为这与始皇封禅书"尚农除末"不符，指出"商人都被赶到南方戍守五岭去了，秦朝根本无商业（除末）。从裴骃《集解》中，我们又发现秦驰道为'天子道'，封闭式，只有始皇封禅的车子才能通行"[①]。它如关于唐朝雇佃、雇借、和市、赀税与南朝的关系的论述、关于五代时期长江流域诸国的政策与开发的关系的论述、关于宋代长江下游圩田开发与生态环境关系的论述，以及关于明清长江流域赋役制度的论述等，也都不囿于传统的观点，提出了具有较高学术价值的新见解。还值得一提的是，先生还着力揭示经济开发与文化兴盛之间的互动关系，如老庄哲学及楚辞的出现之于战国经济的发展，南方文人的涌现之于唐宋经济的开发，明清长江流域的开发与科学技术的兴盛等，都有独到分析，给人耳目一新的感觉与启迪。该书出版后，学界给予了高度评价。有学者指出，该书"是国内外第一部全面、系统研究长江流域经济开发的学术力作"，其特点有四：一、史论结合，析理深邃；二、不囿陈说，推陈出新；三、充分利用考古资料；四、注意经济开发与文化发展之间的相互关系。[②]

---

① 万绳楠、庄华峰、陈梁舟：《中国长江流域开发史·序言》，黄山书社，1997年，第2页。

② 汪姝婕：《简评〈中国长江流域开发史〉》，《光明日报》1999年8月13日。

（四）学术普及工作

让学术走向大众，用通俗易懂的方式向人民传播优秀的历史文化，这是当代哲学社会科学界专家学者的神圣使命。在这方面，万先生为我们树立了榜样。先生不是一位象牙塔里的专业研究者，只会写高头讲章和专业论文，而是在从事学术研究的同时，十分关注学术普及工作，写了许多深入浅出、通俗易懂的图书与文章，为历史学走向大众做出了较大贡献。这也彰显了先生"经世致用"的治学理念。

20世纪五六十年代，由于当时以青少年为主要阅读对象的历史知识普及性优秀读物很少，于是以吴晗为首的一批学者组织编写了《中国历史小丛书》，万先生受邀为小丛书撰写了《文天祥》《文成公主》《隋末农民战争》几本小册子；20世纪80年代初，吴晗主编的"中国历史小丛书"恢复出版时，先生又为丛书撰写了《冼夫人》。1981年先生又出版《安徽史话》（合著）一书。先生撰写的这几册书虽是"史话"体例，具有普及推广的性质，却不乏学术性和思想性，加上文风活泼，内容生动，所以备受读者青睐。时至今日，几十年过去了，这几本小书并未过时，仍是值得一读的优秀通俗读物。

我们注意到，万先生撰写的通俗性文章，大多是其学术研究的拓展和延伸，并用通俗化的方式将其呈现出来。比如，《鲍敬言：横迈时空的预言家》一文，先生写了东晋时期鲍敬言与葛洪在栖霞山上的几次争论，其中的一次论辩先生是这样描述的："鲍、葛二人攀上了栖霞山巅。山巅风光吸引了鲍敬言，他游目四望，发出了一声慨叹：'江山谁作主，花鸟自迎春。'葛洪眼光一闪，似乎抓到了机会，应声道：'江山君为主，临民有百官。'鲍敬言也不看葛洪，只是一连摇头道：'不行，不行，不行。有君不如无君，有司不如无司……''无君无臣，天下岂不是要大乱？''不会的，先生。'鲍敬言眼里出现了异彩。'上古之世，无君无臣，民自为主，穿井而饮，耕田而食，日出而作，日入而息……势利不萌，祸乱不作，干戈不用，城池不设……但闻天下大治，不闻天下大乱。'葛洪闻言含笑道：

'老弟才高八斗，出口成章。上古之世，无君无臣，民自为主，祸乱不作，诚如弟言。但当今之世，却不可无君无臣，道理何在？老弟自明。'鲍敬言笑道：'晚生并未说现在就要把君臣废掉，但君臣必废，时间或迟或早而已。'葛洪正色道：'天不变，道亦不变。君臣之道，现在不会废，将来也不会废。'鲍敬言哂道：'先生又说天道了。晚生读百家之言，察阴阳之变，以为天地之间，但有阴阳二气。二气化生万物，决定万物的属性。万物各依其性，各附所安，乐阳则云飞，好阴则川处，无尊无卑。若论天道明阳，反足可证天地之间，本无君臣上下。君臣现在虽然存在，可以预言，将来必归于无有。一旦君臣都被取消，太平世界立可出现。''老弟思路何至于此！这是叛逆思想，太危险了！'葛洪叹惜道。'哈！哈！哈！哈！哈！'鲍敬言站在山头，向着苍穹大笑。"①又如，在《萧墙祸——侯景之乱》一文中，先生这样描写江南的繁荣景象："秦淮河的北边有大市场一百多个。连接秦淮河南北两岸的浮桥——朱雀桁，每天天明通桁，过桥的人熙熙攘攘。商人挑着与推着商品，付了过桥税，也就可以把他们的商品运到秦淮河北岸的大小市场中去卖掉。市场里有官员，对每个商人的商品进行估价与征税。商税是梁朝朝廷的大宗收入。江南腹地经济也有起色。永嘉（今浙江温州市）成了闽中与会稽郡（今浙江绍兴市）海上交通的要埠与货物集散的中心。抚河流域的临川（今江西抚州市）成了一个新的粮仓，家家有剩余……江南变得很美。文学家写道：'暮春三月，江南草长，杂花生树，群莺乱飞。'年轻的姑娘们唱道：'朝日照北林，春花锦绣色。谁能不春思，独在机中织？'照这样下去，经济还会有发展，江南还会变得更美。可是，梁武帝老了，八十五岁了，活在世上的日子不多了，他的儿孙正在酝酿着一场争夺皇位的斗争。侯景之乱，成了这场斗争的导火索。自侯景乱起，在南方，历史的车轮突然逆转。"②在这里，先生

① 万绳楠：《鲍敬言：横迈时空的预言家》，载范炯主编：《伟人的困惑·古中国思想者卷》，辽宁人民出版社，1992年，第145—146页。

② 万绳楠：《萧墙祸——侯景之乱》，载范振国等撰：《历史的顿挫·古中国的悲剧·事变卷》，中州古籍出版社，1989年，第81—82页。

用准确简洁、引人入胜的文字，把从来是枯燥难读、只为业内人士独自享用的"史学"，变成通俗的"讲历史"，将点滴菁华烩成众多人可以分享的精神食粮，其意义自不待言。

值得一提的是，万先生在安徽区域历史的普及方面也做出了不俗的成绩。从20世纪80年代以降，先生先后发表了《"江左第一"的音乐家桓伊》（《艺谭》1981年第3期）、《睢、涣之间出文章》（《安徽日报通讯》1981年8月）、《夏朝的建立与安徽》（《安徽师大报》1981年12月16日）、《安徽是商朝的发祥地》（《安徽师大报》1982年2月22日）、《淮夷——安徽古代的重要民族》（《安徽师大报》1982年4月8日）、《安徽是相对论的故乡》（《安徽师大报》1982年6月3日）、《秦末起义与安徽》（《安徽师大报》1982年9月6日）等二十多篇文章。先生的这些文章深入浅出，兼具趣味性和叙事性，既具有深厚的学术底蕴，又充实丰富了相关问题，同时也为宣传安徽，增强安徽文化软实力做出了贡献。

三、沾溉学林：万绳楠先生的治学特色

万先生近50载甘之如饴地奉献着自己的学术智慧，积累了丰厚的治史思想和治学方法，沾被后学良多，厥功甚伟。其治学特色，概而言之，约有五端。

（一）注重运用阶级分析方法

万先生在魏晋南北朝史研究中十分注重阶级的分析，如对于孙恩起兵，先生引用《晋书》卷六十四《会稽文孝王道子传附子元显传》所记，指出司马元显"又发东土诸郡免奴为客者，号曰'乐属'，移置京师，以充兵役"，结果"东土嚣然，人不堪命，天下苦之矣，既而孙恩乘衅作乱"。对照《晋书》卷七十七《何充传》所记庾翼曾"悉发江、荆二州编户奴以充兵役，士、庶嗷然"，先生认为，司马元显征发东土诸郡免奴为"客"者当兵，这样便大大地影响到了士庶地主的利益。"所谓'东土嚣

然'与骚动,十分明白,是士庶地主的不满,与庾翼发奴为兵,引起'士、庶嗷然'正同。"所以,先生得出结论说:(孙恩起兵)"不是农民起义,而是一次五斗米道上层士族地主利用宗教发动的、维护本身利益的反晋暴动。就阶级属性来说,是东晋淝水战后,统治阶级内部斗争的继续与扩大。"①

在讨论六镇起兵的性质时,先生也从对领导人的阶级分析出发,提出自己新的看法。他指出,"分析六镇起兵性质时,必须分析镇人中的阶级性"。他认为破六韩拔陵的起兵,"应看到它是由地位降低了的镇民发动的,且有铁勒部人参加,有起义的意义"。而后期葛荣的斗争,性质有了变化,"葛荣部下将领概非镇兵,而全是北镇上层人物"。先生认为,"六镇降户自转到葛荣手上,斗争性质便转化成为统治阶级内部的斗争,转化成为北镇鲜卑化军人集团反对洛阳汉化集团的斗争,转化成为鲜卑化和汉化乃至鲜卑人和汉人的斗争"②。先生的这些论点是值得肯定的。

(二)娴熟运用文史互证的方法

陈寅恪先生在治学方法上,为世人所称道的,是他考察问题时,从文、史、哲多种视角,博综古今、触类旁通的思考,和由此而总结的"以史证诗、以诗证史"的方法。万先生继承了陈先生的治学方法,文史结合,文史兼擅。这在当代史学工作者中是不多见的。他的许多论文,以及《曹操诗赋编年笺证》等专著,都是文史结合的产物。如曹操的《短歌行·对酒》自问世以来,仁者见仁,智者见智,褒贬不一,先生经过研究提出了此诗并非曹操一人所作的新见解,其理由有三:一是诗中"对酒当歌,人生几何,譬如朝露,去日苦多"诸句,与"老骥伏枥,志在千里,烈士暮年,壮心不已"等语相比,情调极不协调,并非一人所写;二是有些诗句如"越陌度阡,枉用相存",令人费解。曹操在这里是在对谁讲话呢?是承蒙谁的错爱("枉用相存")呢?三是全诗连贯不起来,如"何

---

① 万绳楠:《魏晋南北朝史论稿》,安徽教育出版社,1983年,第204—207页。

② 万绳楠:《魏晋南北朝史论稿》,安徽教育出版社,1983年,第294页。

以解忧，惟有杜康"，一下子转到"青青子衿，悠悠我心"，显得很突兀。带着这些问题，先生查阅《后汉书》《三国志》发现，曹操底下的众多名人（共28人）都是在建安初年来到许都的，再联系春秋战国以来，接待宾客要唱诗的事实，先生得出结论：曹操的《短歌行·对酒》是建安元年（196）在许都接待宾客时，主人与宾客在宴会上的酬唱之辞，并非曹操一人所写。①经先生如此一解读，此诗便豁然贯通了。而这种解读却是从文史结合中得来，即把此诗放到一个更大的系统中考察得来。

万先生在考证《木兰诗》《孔雀东南飞》的写作时间以及故事发生背景时，同样使用了文史互证的方法，他从社会经济发展状况入手，研究出《孔雀东南飞》创作于建安五年（200）到建安十三年（208）的九年中②，《木兰诗》则创作于太和二十年（496）到正始四年（507）的十二年中③。这样的结论是颇具说服力的。

（三）坚持用联系的观点研究问题

万先生认为，研究历史上的任何一个问题，都不能作孤立、静止的研究，因为任何事物都不能孤立存在，都与其他事物存在或多或少的联系，因此，必须充分掌握资料，注意事物之间的联系。④正是基于这样的认识，先生一直坚持用联系的观点探讨问题。如南北朝晚期，为什么由继承北周的隋朝来统一，而不由北齐或者陈朝来完成统一任务，先生对此进行了有益的探讨。先生认为，以往学界研究隋时南北的统一问题，强调的仅仅是隋文帝个人的作用，而忽视了对陈、齐、周三方复杂的外交、军事等关系及其演变过程的分析。为此先生从当时陈、齐、周三方力量的对比入手进行探讨，指出："吕梁覆车后的南北形势是：陈朝只占有长江以南的土地，军队主力被全部歼灭；北周占有的土地则北抵突厥，南抵长江，实力远远

---

① 万绳楠：《研究问题要注意事物之间的联系》，《文史哲》1987年第1期。

② 万绳楠：《魏晋南北朝文化史》，黄山书社，1989年，第152—154页。

③ 万绳楠：《魏晋南北朝文化史》，黄山书社，1989年，第187—189页。

④ 万绳楠：《研究问题要注意事物之间的联系》，《文史哲》1987年第1期。

超过陈朝……北周只要再作一两次重大攻击，就完全可以灭掉陈朝，统一无须等待隋朝。"然而为何北周没有统一呢？先生指出："这是由于北方突厥的兴起，从周武帝起，便采取了先安定北疆而后灭陈的政策。……隋文帝在突厥问题基本得到解决，北疆基本稳定之后，出兵很容易地便灭掉了陈朝，实现了南北统一。可隋的统一，基础却是在北周时期奠定的。"①这样的分析与联系，颇具启发意义。

对于"八王之乱"，人们都说是西晋的分封制造成的。先生不同意此说法，认为西晋的分封是"以郡为国"，与东汉、东晋、南朝的封国制度，实质上并无区别，与西周、西汉的分封，则大不相同。他引用干宝在《晋纪总论》中所记及梁武帝的说法指出，"八王之乱，原因在于西晋的封建专制机器转动不灵，在于晋惠帝是'庸主'"。"如果仅仅从'分封'二字立论，我们就必然要犯片面性的错误"②。先生这种对事物进行具体分析，辩证地加以考察，发现其间的内在联系的研究方法，是值得肯定的。

（四）注重开展调查研究

我们知道，社会调查在史料学上占着十分重要的地位，从事社会调查，可以使文献的史料得到进一步的补充和印证。在史学研究中，万先生很注意开展调查研究工作。如20世纪六七十年代，学界在研究农民战争过程中，有学者开展了对方腊研究的学术争鸣，引起了学术界的关注。为了进一步弄清楚方腊起义的真实情况，先生等受北京文物出版社委托，于1975年初带领4名学生深入到皖南、浙西一带考察与方腊有关的历史资料。此时，先生已年过半百，他与几位二十几岁的小伙子一道跋山涉水，在歙县、绩溪、祁门、齐云山、屯溪以及浙江的淳安一带民间四处寻找方氏族谱。"纸上得来终觉浅，绝知此事要躬行。"经过近一年的不懈努力，三下徽州，历尽千辛万苦，终于找到了不少散落在各地的方氏谱牒以及碑刻材

---

① 万绳楠：《从陈、齐、周三方关系的演变看隋的统一》，《安徽师大学报（哲学社会科学版）》1985年第4期。

② 万绳楠：《研究历史要尽量避免片面性》，《光明日报》1984年5月9日。

料，这些资料大多是第一次面世，是学术界未曾注意或利用的，弥足珍贵。先生通过对这些第一手资料的研究，最后得出"方腊是安徽歙县人"的结论，推翻了历史上认为"方腊是浙江人"一说，具有重要的史料价值。这一成果很快便在当时的《红旗》杂志上发表，后又出版了《方腊起义研究》一书（安徽人民出版社，1980年），同时还发表了《关于方腊的出身和早期革命活动》[《安徽师大学报（哲学社会科学版）》1975年第3期]、《方腊是雇工出身的农民起义领袖》（《光明日报》1975年12月4日）等文章，对于深入研究方腊起义，促进学术争鸣，是有裨益的。

（五）强调开展跨学科研究

近年来，跨学科研究成为学术界关注的热点。实际上任何一项学术研究单靠本学科的知识都是无法完成的，研究者一定程度上都要借助于其他学科的知识和方法，历史研究自然不能例外。对此，万先生早在20世纪80年代就提出了开展跨学科研究的主张：

> 研究历史，知识要广一点才好，中外历史、文史哲都应当去涉猎，去掌握。研究东方文明，不联系农业与家族社会是不行的。研究孙恩、卢循起兵，不了解道教是不行的。研究玄学中的派别斗争，不分析曹魏末年政治上的派别之争是不行的，如此等等。只有纵横相连，才能左右逢源，得心应手。①

他又指出："我深感我们的史学工作者虽然研究各有重点，但无妨去涉猎中外古今的历史；虽然以研究政治经济史为方向，但无妨去学一点文学史、宗教史、思想史。有时候一个问题的解决，有待于运用经、政、文三结合或文、史两结合的方法，以求互相发明。"②作为一个历史学家，先生闳博淹通，能娴熟地将哲学、文学、政治学、经济学等学科的研究方法

---

① 万绳楠：《研究问题要注意事物之间的联系》，《文史哲》1987年第1期。
② 万绳楠：《史学方法新思考》，《社会科学家》1989年第4期。

运用于历史研究当中，从而在跨学科研究方面为我们树立了典范。

先生之风，山高水长。万先生作为当代著名的历史学家，其在史学研究领域的卓越成就，绝非本文所能尽述。我们回顾先生近50年走过的治学道路不难发现，先生非凡的学术成就固然缘于其过人的禀赋，但最主要的还是得益于其心无旁骛、奋发进取的品格，得益于其独立思考、勇于创新的精神。他留下的数百万言学术论著，以及他的治学精神和治学方法，对后学而言是一笔宝贵的精神财富，我们应继承好先生躬耕一生不舍昼夜的学人精神，专心致志，踔厉奋发，努力多出成果，出好成果，这应是今天纪念先生应有的题中之义。

（作者系安徽师范大学历史学院二级教授、博士生导师）

整理说明

一、为保存和反映万绳楠先生的学术研究成果及其对中国古代史研究的重要贡献，兹整理编辑出版《万绳楠全集》。

二、全集分卷收录万绳楠先生所撰写的专著、论文、科普文章、小说等文字。由于作者写作时间近50年，中经战乱及运动影响，部分早期文章未能查到原文，只好暂付阙如，待将来查考后再作补遗。

三、全集编排原则为：专著、整本小说，仍作整体收入，不打乱原书；论文及科普文章，大体依所撰内容时代编排，并经编委会讨论后命名为《中国古代史论集（一）》《中国古代史论集（二）》；至于其他书信、诗歌、序跋等文字今后将另编补遗之卷以彰学术成就。

四、全集整理编辑已发表过的著作、论文等，正文部分以保存作者著述原貌为原则，即有关撰著形式、行文风格及用词习惯等均尽量尊重原作，仅对错讹之处进行修改。

五、全集注释体例在遵循著述原貌的基础上，分作夹注与页下注两类。在核查文献史料原文后，尽量写明版本、卷帙、页码等信息，以便读者阅读、查考。所核文献均取用万绳楠先生去世以前版本，以存其真。

六、为尽可能准确反映万绳楠先生的学术思想，全集整理编辑过程中，尽量对所收论著与可见到的作者原稿相核校，或与已出版、发表后作者亲笔修改之处相修正，凡此改动之处，限于体例，不再逐一作出校改说明。

七、尽管编者已尽力核校全集文字，但囿于学识、水平及条件所限，其中仍难免出现讹误之处，责任理应由编者承担，并欢迎各位读者来信指正，以便将来修订重版。

编　者

2023 年 10 月

序 言

已经出版的文化史，尚无一部综合性的著作。因此，也就未能反映我国文化发展的全貌及其原因。多年来，我便想写一部综合性的文化史。只是以我的能力，不可能将五千年的文化都加以综合。即使是一部断代文化史，综合也需要多年的努力。如今，《魏晋南北朝文化史》总算写成。当我拿起这部书稿时，想到那些不眠之夜，眼眶也不知为什么潮湿了。

我之所以写《魏晋南北朝文化史》，既是因为我研究的是这段历史，又是因为我国文化在魏晋南北朝时期，曾经获得极大的发展，把汉文化远远抛在后头。此时代无论哪一个文化领域，其发展情况与原因都值得探索。

当我拿起笔来的时候，首先碰到一个问题：什么叫文化。也就是我究竟要写什么，或者说包括哪些内容。人们对文化和文明，下过许多定义。尽管定义有所不同，但有一点是共同的，即一个国家或民族文明程度的高低，决定于这个国家或民族文化水平的高低。这里说的文化水平也就是知识水平。因此，凡属文化知识领域中的问题，都应当是文化史所应讨论的问题。如果缺了一个部门或项目，那就不是一部全面的文化史，就无从窥探某个时期或时代文化的全貌、相互作用、发展停滞或萎缩的总原因与具体原因。不过，一部文化史总有它的总体思想，总须反映出所属时代的总体精神，总有系统和重点，不能面面俱到，等量齐观。有些也很难说是文化史所应讨论的问题。由此出发，本书写了职官制度、选举制度（附及学校制度)、哲学思想、政治思想、经济思想、社会组织与社会风俗、文学、艺术、史学、自然科学、道教、佛教以及各族文化状况、中外文化的交流。我想，这大概可以称得上是一部比较全面的断代文化史吧。

在制度上，我之所以写职官制度与选举制度，不仅是因为这两种制度属于文化史的范围，而且是因为不了解此时代职官与选举制度的变化与发展，也就无从了解此时代思想、风俗、文学、艺术等各个文化领域的变化与发展。此时代职官制度的变化，反映出君主专制政治的削弱；选举制度的变化，反映出德才观念的变动。以曹操的求才三令为契机，人、人才、人谋、人的个性被发现，以天人合一为核心的汉朝的儒术从独尊的宝座上被摔跌下来，三纲六纪的罗网被撕破，人们得以驰骋自己的思考力、想象力，重新探索宇宙、社会、人生，重新考察哲学、政治学、经济学、文学、艺术、史学、宗教、自然科学，因而使这一时代的文化，呈现了一种两汉所未有的活泼多姿、清新洒脱的现象。在政治思想领域中，反对君主专制主义的思想出现了；在经济思想领域中，私有制与平均主义思想交相辉映；在哲学思想领域中，追求自然、重视个性，发展成了一种社会思潮。在宗教思想领域中，也敢于修正传统教义，创立异端邪说。在文学上，现实主义自建安诸子以来，被提到了首位；在艺术上，通俗音乐以铜雀三调为滥觞，风靡了魏晋南北朝整个时代；山水画、真草将人们对自然与个性的追求，形象地织进了书画艺术中。"七家《后汉书》""十八家《晋书》"等不知凡几的私人著作的产生，为我国史学、文献学提供了浩如烟海的资料。我国天文学三说中，最不受注意的"宣夜说"，在这一时代发出了异彩。宣夜说的传人、《安天论》的作者虞喜，提出了岁差学说，被祖冲之运用到了历法的制度中。凡此种种，似乎都未被文化界所留意。

此外，在写作过程中，我还有一个越来越清晰的感觉，即孔孟之道，并不能代表我国的文化传统。不但不能代表，儒家的三纲五常之教一旦被突破，我国文化便将以澎湃之势向前发展。在文化领域，无疑始终存在着以儒术为代表的封建专制文化与进步的、民主的、科学的文化的斗争。进步思想家嵇康以反对儒家纲常的罪名被杀；科学家祖冲之将岁差应用于历法，被指责为"违天背经"，便能证明这种斗争不仅存在，而且十分激烈。区分这两种文化，揭露它们之间的斗争，阐发进步的、民主的、科学的文化所蕴藏的生命力与发展的曲折性，应是文化史的一个重要任务。

不因袭，重新思考，在科学的基础上，写出一个综合性的、能反映出时代精神的新文化史，是我写这本书时，对自己所作的要求。此书如果能对文化史的研究有所裨益，个人夙愿也算达到了。

目　录

第一章　魏晋南北朝时代君主专制政治的变化

魏晋南北朝时代文化的发展，与君主专制政治的变化关系最为密切。君主专制政治的变化，主要表现为职官制度的变化。职官制度本身又是文化史的一个重要内容。本书故将此时代职官制度的改革，列为第一章。

这个时代在职官制度上，出现了一个最重要的迹象，是尚书、中书、门下三省制与尚书省六部制的形成，外朝台阁制度的建立。这种变化，表现了秦、汉君主专制政治到魏晋南北朝时代，发生了松动，获得了改造。毫无疑问，这种松动与改造，必将对经济文化的发展，产生深远的影响。

第一节　外朝台阁制度的出现

一、曹操对台阁制度的重大改革——移内廷台阁于外朝

此处说的台阁制度，指尚书台或尚书省制度。台阁在汉属于内廷，控制于皇帝之手，称为"中台"。汉末，曹操移内廷台阁于外朝，直隶于丞相。这是对秦汉君主专制制度的一个重大的改革。外朝台阁制度从此形成。台阁的外移，夺了皇帝的权，皇帝虽然可以想办法削弱台阁权力，但要使台阁再回到内廷，却不可能了。

按秦代少府派四吏在殿中主发书，号为尚书。两汉尚书官职有所发展，东汉已有尚书令、尚书仆射、尚书、尚书左右丞、尚书侍郎、尚书令

史等官职，令、仆与六曹尚书且有"八座"之称，但我们不难看到：

（1）两汉尚书仍然为少府的属官，地位、性质并无变化。

《汉书·百官公卿表》少府条说到少府"属官有尚书"。《后汉书·百官志三》少府条所记属官有："尚书令一人，千石。尚书仆射一人，六百石。尚书六人，六百石。左右丞各一人，四百石。侍郎三十六人，四百石。令史十八人，二百石。"可见终两汉之世，尚书一直属于少府，不论机构有无发展。

少府是什么官呢？《汉书·百官公卿表》颜师古注说："大司农供军国之用，少府以养天子也。"《后汉书·百官志三》说："少府，卿一人，中二千石。本注曰：掌中服御诸物，衣服宝货珍膳之属。"注引《汉官仪》说："山泽鱼盐市税，少府以给私用也。"可见少府是专为天子及宫廷的需要而设。天子内宫称"中"，尚书属于少府，在殿中主发书，故尚书在汉又有"中台"之称①。少府为天子私人的"小府"②，中台为天子的私台。

（2）在皇帝与尚书之间起沟通作用的，是少府所属的宦官，而非少府卿。

尚书奏事，在汉原由光禄勋左右曹主之，东汉初，转归宦者小黄门。这在《后汉书·百官志二》光禄勋条与《后汉书·百官志三》少府条中说得是很明白的。光禄勋条说：

> 旧有左右曹，秩以二千石，上殿中，主受尚书奏事，平省之。世祖（光武帝）省，使小黄门郎受事。

少府条又说：

> 小黄门，六百石。［本注曰］：宦者，无员。掌侍左右，受尚书

---

① ［唐］徐坚等：《初学记》卷十一职官部上《尚书令》，中华书局，1962年，第258页。

② ［宋］范晔撰，［唐］李贤等注：《后汉书·百官志三》注引《汉官》，中华书局，1965年，第3592页。

事。上在内宫，关通中外，及中宫已下众事。诸公主及王太妃等有疾苦，则使问之。

自从秦始皇"表中外殿观百四十五，后宫列女万余人"①以后，皇帝拥有成万妃嫔，成千宦者，"专以天下自适"②，便成为中国君主专制制度的膏肓之疾。汉朝宦者小黄门能与中宫公主及王太妃等接近，通皇帝之问，可算得是与皇帝最亲近的人了。把"受尚书事"的职责交给宦者小黄门，在皇帝看来，无疑是最合适的。东汉尚书"优重，出纳王命，敷奏万机"③。其实，出纳王命的重权，落在小黄门手上，真正受到优重的是宦者。

东汉少府属官中尚有中常侍一职。据《后汉书·百官志》中常侍条："本注曰：宦者，无员。后增秩比二千石。掌侍左右，从入内宫，赞导内众事，顾问应对给事。"中常侍与小黄门都是内官，虽亲不及小黄门，但地位比小黄门高。中常侍备"顾问应对给事"，故皇帝常与中常侍计事。关通中外则由小黄门。中常侍加小黄门等于皇帝的内相。

（3）两汉虽有领尚书事、录尚书事之官，但为临时设置，不是常职。《晋书·职官志》录尚书条写道：

> 案汉武时，左右曹诸吏分平尚书奏事，知枢要者始领尚书事。张安世以车骑将军，霍光以大将军，王凤以大司马，师丹以左将军并领尚书事。后汉章帝以太傅赵憙、太尉牟融并录尚书事。尚书有录名，盖自憙、融始，亦西京领尚书之任，犹唐虞大麓之职也。和帝时，太尉邓彪为太傅，录尚书事，位上公，在三公上，汉制遂以为常，每少帝立则置太傅录尚书事，犹古冢宰总己之义，薨辄罢之。

---

① [汉]司马迁撰，[宋]裴骃集解，[唐]司马贞索隐，[唐]张守节正义：《史记》卷六《秦始皇本纪》正义引《三辅旧事》，中华书局，1959年，第241页。

② [汉]司马迁撰，[宋]裴骃集解，[唐]司马贞索隐，[唐]张守节正义：《史记》卷八十七《李斯列传》，中华书局，1959年，第2555页。

③ [元]马端临：《文献通考》卷五十一《职官志五》，中华书局，1986年，第468页。

汉初本有丞相，但这种丞相不平尚书事。"自霍光以大司马大将军平尚书事，遂秉国政。则未建三公以前，丞相已属具官，特其虚名尚存。"①汉三公官建于成、哀二帝之时。三公指大司马或太尉（二官不并置）、大司空（原御史大夫）、大司徒（原丞相）。太傅为上公，不在三公之列。三公并无权力。仲长统《昌言·法诫篇》说到光武帝"政不任下，虽置三公，事归台阁。自此以来，三公之职，备员而已"。《后汉书·陈宠传》附子《忠传》说得更为明白："今之三公，虽当其名而无其实，选举诛赏，一由尚书，尚书见任，重于三公，陵迟以来，其渐久矣。"说来说去，还是尚书有权。那么，太傅录尚书事是不是有权呢？毫无疑问，是有权的。如果这是常职，那便是外朝的宰相。可是，此职只是置于"每少帝立"之时，且用老臣。他一死，此职也就废除了。

两汉尚有大司马兼将军一官，为外戚辅政之职。可注意的是，此职虽号称辅政，但不录尚书事，即不能预闻尚书奏事，以故权寄反不如宦者。要知到后来，汉朝皇帝只是依靠宦者，实行君主专制，而不是依靠外戚。东汉戚、宦斗争剧烈，外戚之所以处于劣势，原因在此。

到了汉末建安时代，曹操当政，汉朝的尚书台阁制度，才为之一变。

建安元年（196）八月，献帝以曹操为录尚书事，"内参机事"②。十一月，又以曹操为司空，行车骑将军，"百官总己以听"③。建安十三年（208），"罢三公官，置丞相、御史大夫"④。夏六月，以曹操为丞相。自建安元年（196）为录尚书事起，曹操便把尚书台拿到了自己的手上。尚书台只对曹操负责。那时是荀彧守尚书令，曹操写过一封信给荀彧，内中说道：

---

① ［清］永瑢等撰：《钦定历代职官表》卷二，钦定四库全书本。

② ［唐］欧阳询撰，汪绍楹校：《艺文类聚》卷五十二《治政部上·论政》，上海古籍出版社，1982年，第940页。

③ ［宋］范晔撰，［唐］李贤等注：《后汉书》卷九《孝献帝纪》，中华书局，1965年，第380页。

④ ［晋］陈寿撰，［宋］裴松之注：《三国志》卷一《魏书·武帝纪》，中华书局，1959年，第30页。

> 与君共事已来，立朝廷，君之相为匡弼，君之相为举人，君之相
> 为建计，君之相为密谋，亦以多矣！①

荀彧作为守尚书令，为台阁的首领。信中说得非常明白，他是与曹操"共
事"，他相为匡弼、举人、建计、密谋的对象是曹操。这种关系一直持续
到建安十七年（212）他死时为止。荀彧死后，华歆为尚书令，他与曹操
的关系一如荀彧。

在曹操任录尚书事、司空、丞相的时候，可考的做过尚书的有华歆
（"入为尚书"②）、程昱（"天子都许，以昱为尚书"③），做过尚书郎的
有仲长统（"汉帝在许，尚书令荀彧领典枢机，好士爱奇，闻统名，启召
以为尚书郎"④）。他们与尚书令荀彧一起组成尚书台阁，直隶于曹操。

此时的台阁与少府及宦者已无关系。《初学记》卷十一尚书令条写到
尚书："汉犹隶少府，魏晋已后，政归台阁，则不复隶矣。"《初学记》的
作者徐坚看到了魏晋以后，台阁不再隶属少府，但却不知这个变化，实自
建安元年（196）曹操任录尚书事开始。在建安十三年（208）曹操为丞相
以前，长期任少府的是孔融，他和荀彧、华歆等人之间，即无隶属关系。
至于宦者，汉宦者已为袁绍斩尽杀绝，小黄门"受尚书事"的时代已经过
去了。汉献帝是一个没有宦官侍候的皇帝。《后汉书·孝献帝纪》中平六
年（189）注引《献帝起居注》说：

---

① ［晋］陈寿撰，［宋］裴松之注：《三国志》卷十《魏书·荀彧荀攸贾诩传》注引《彧别
传》，中华书局，1959年，第315页。

② ［晋］陈寿撰，［宋］裴松之注：《三国志》卷十三《魏书·钟繇华歆王朗传》，中华书局，
1959年，第403页。

③ ［晋］陈寿撰，［宋］裴松之注：《三国志》卷十四《魏书·程郭董刘蒋刘传》，中华书局，
1959年，第428页。

④ ［晋］陈寿撰，［宋］裴松之注：《三国志》卷二十一《魏书·王卫二刘傅传》注引缪袭
《仲长统〈昌言〉表》，中华书局，1959年，第620页。

　　自诛黄门后，侍中、侍郎出入禁中，机事颇露，由是王允乃奏侍中、黄门（侍郎）不得出入。不通宾客，自此始也。

　　献帝有事，只能找侍中、侍郎了。然而总是不便。灵帝时，"诸内署令、丞悉以阉人为之"①，这个好梦不能再做，献帝只得"赐公卿以下至黄门侍郎家一人为郎，以补宦官所领诸署，侍于殿上"②。即以士人代领。清除宦官，是专制政治的一大进步。虽然，皇帝不可能没有宦官，但宦官要死灰复燃，干预政治，须到四百余年后的唐朝了。

　　还有一事值得注意。自建安九年（204）攻克邺城，曹操领冀州牧，他便住在邺城，不再去许都。以荀彧为首的尚书台阁也移到邺城，不在许都。《三国志·邴原传》注引《原别传》说：

　　　　太祖北伐三郡单于，还住昌国，燕士大夫。酒酣，太祖曰："孤反，邺守诸君必将来迎，今日明旦，度皆至矣。其不来者，独有邴祭酒耳！"言讫未久，而原先至。……时荀文若（荀彧）在坐。

这是建安十二年（207）的事。此年曹操北征三郡乌桓，荀彧并未从征。昌国之宴，荀彧在坐，他来自何方呢？不是从许都来，而是从邺城来。他是"邺守诸君"之一。尚书台阁是对录尚书事曹操负责，不能与皇帝打交道，能与皇帝打交道的是曹操。曹操既然移居邺城，尚书台阁迁往邺城，就是自然之理。

　　这样一来，尚书台阁便从内廷彻底独立出来了，变成以司空、丞相录尚书事为首的外朝台阁。《初学记》卷十一尚书令条说秦、汉"尚书为中台……魏、晋、宋、齐并曰尚书台……梁、陈、后魏、北齐、隋则曰尚书

　　① [宋]范晔撰，[唐]李贤等注：《后汉书》卷九《孝献帝纪》注，中华书局，1965年，第368页。

　　② [宋]范晔撰，[唐]李贤等注：《后汉书》卷九《孝献帝纪》，中华书局，1965年，第367页。

省"，不再称之为"中台"，原因即在：自曹操以来，台阁从内廷移到了外朝，从皇帝手上移到了朝臣手上。这种转移，夺了皇帝事无不总的权力，消除了皇帝的亲随宦官干预政治的隐患。皇帝是不能甘心的，总是想集所有的权力于一身。但作为一个历史的进步，台阁不会再回到宫廷中去了。正统论者骂曹操是白脸奸臣，其实将台阁转移到外朝，形成以宰相或尚书令（后世也是宰相）为首的台阁制度，是封建官制的一个重大改革，是曹操的一个历史功绩。从此君主专制多少受到了制约，有了限制。

建安十八年（213）五月，曹操在邺称魏公。十一月，"初置尚书、侍中、六卿"[①]。"以荀攸为尚书令，凉茂为仆射，毛玠、崔琰、常林、徐奕、何夔为尚书"[②]，共五尚书。按《晋书·职官志》记"魏改选部（汉灵帝以梁鹄为选部尚书）为吏部，主选部事，又有左民、客曹、五兵、度支，凡五曹尚书"。《三国志·卢毓传》记"魏国既建，（卢毓）为吏部郎"，可知魏改选部为吏部在曹操初称魏公之时。毛玠等五尚书也就是魏初吏部等五曹尚书。所谓"初置"是魏初置。那时曹操仍旧是汉朝的丞相，汉魏尚书是合一的。到魏文帝的时候，尚书才完全是魏尚书。

二、关于魏晋南北朝尚书曹郎的设置

尚书台的组成一般是：录尚书事、尚书令、尚书左右仆射、各曹尚书、尚书左右丞、尚书郎、尚书都令史、令史、书令史、书吏干。其中最可注意的是各曹尚书郎的设置，有的朝代较为精简，有的朝代则很臃肿，颇能反映一个朝代政治的面貌。

汉代可以不论，魏自曹操以还，五曹尚书共有二十三曹郎，即殿中、吏部、驾部、金部、虞曹、比部、南主客、祠部、度支、库部、农部、水部、仪曹、三公、仓部、民曹、二千石、中兵、外兵、都兵、别兵、考功

---

① ［晋］陈寿撰，［宋］裴松之注：《三国志》卷一《魏书·武帝纪》，中华书局，1959年，第42页。

② ［晋］陈寿撰，［宋］裴松之注：《三国志》卷一《魏书·武帝纪》注引《魏氏春秋》，中华书局，1959年，第42页。

与定科。青龙二年（234）有军事，尚书令陈矫奏置都官、骑兵二曹郎，合为二十五曹郎。西晋则置六曹尚书三十五曹郎，增设的有直事、都官、屯田、起部、车部、左士、右士与运曹八曹郎，分设的有左民、右民（魏民曹）、左主客、右主客、北主客、南主客（魏仅有南主客）、左中兵、右中兵、左外兵与右外兵（魏仅有中、外兵）十曹郎。省去的有农部、考功与定科三曹郎。这种增损颇有问题。分置的一眼望去，就知毫无必要。左、右、南、北主客，在魏只有一个南主客，晋却增加了三个曹郎；左、右、中、外兵，在魏只有中、外兵，晋却增加了两个曹郎。增设的像直事，东晋与南朝都省掉了，因为既有殿中，又何须直事？驾部本掌车舆、牛马厩牧等事，设车部并无必要。省去的却不当省，如果说屯田可以代替农部的话，那么，考功、定科却无曹可代，而是道道地地的废除。考功，《隋书·百官志中》说"掌考第及秀孝贡士等事"，《新唐书·百官志一》说"掌文武百官功过、善恶之考法及其行状"。曹魏于吏部设置考功郎，旨在考核官吏及贡士，于吏治的澄清多少有一些好处。西晋却废除了。也就是说，百官的功过善恶不能再考核、评论了。定科（《晋书·职官志》作"定课"），据《宋书·百官志上》：宋文帝元嘉十八年（441），"增删定曹郎，次在左民曹上，盖魏世之定科郎也"。删定属于吏部，推之魏定科亦当属于吏部。晋既废考功，又废定科，吏部的权限就更缩小。如果联系九品中正制度来考察，就知这是九品中正之制到晋时已变成"门选"[1]、变成高下荣辱操于中正的结果，无须再有定科。

西晋曹郎的增损，特别是能够过问官吏功过善恶的考功曹郎的废除，是西晋世族政治腐败的一个反映。

东晋但有祠、吏、左民、度支、五兵五曹尚书，殿中、祠部、吏部、左民、驾部、仪曹、三公、比部、金部、仓部、度支、都官、库部、中兵、外兵十五曹郎，废除了直事、右民、屯田、车部、别兵、都兵、骑兵、左右士、运曹、虞曹、二千石、左右南北主客、起部、水部十八曹

---

① ［唐］房玄龄等：《晋书》卷四十三《王戎传》，中华书局，1974年，第1234页。

郎。这是尚书曹郎的一次大精简。这次精简，与王导、谢安的镇之以静、镇以和靖的政治方针及宽众息役的政策密切相关。像起部掌兴造工匠等事，西晋设立起部，是适应官府大兴土木与贵族奢侈相高的需要。东晋废掉起部，在某种意义上，正是接受了西晋灭亡的经验。东晋废除别兵、都兵、骑兵三曹郎，合并左右中兵与左右外兵，使得兵曹比魏时还要精简。魏是五兵，西晋是七兵，东晋则是二兵。这与东晋初年执行的镇之以静、宽众息役的方针政策，也是有关系的。我们知道，东晋的政治在王导、谢安时期要好一些，行政机构的精简，是一个原因。

南朝宋有六曹尚书（增都官。有右仆射则不设祠部）、二十曹郎。增设的为主客、起部、水部、删定、功论五曹郎。"以三公、比部主法制。度支主算。……都官主军事刑狱。其余曹所掌，各如其名。"①梁又增虞曹、屯田、骑兵三曹郎，共有二十三曹郎。吏部领吏部、删定、三公、比部四曹郎，祠部领祠部、仪曹、虞曹、主客四曹郎，度支领度支、殿中、金部、仓部四曹郎，左户（左民）领左户、驾部、起部、屯田四曹郎，都官领都官、水部、库部、功论四曹郎，五兵领中兵、外兵、骑兵三曹郎。

南朝曹郎的分置很可注意。掌法制的三公、比部二曹郎划归吏部。掌"驾行百官留守名帐，宫殿禁卫，供御衣仓等事"②的殿中郎划归度支。水部（掌舟船、津梁、公私水事）、库部（掌戎仗器用）、功论三曹郎划归掌刑狱的都官（隋朝易名为刑部）。驾部（掌车舆牛马厩牧等事）、起部（掌兴造工匠等事）二曹郎又划归"掌天下计帐、户籍等事"③的左户。凡此可知南朝吏部不仅管官吏，而且管法制。这二者是有关联的。度支有节制殿中供御之权。都官有检察水部、库部"非违得失"④之权。左户有根据天下计帐、户籍，节制兴造及征用工匠之权。有检察、节制才不致滥用权力。

---

① [梁]沈约：《宋书》卷三十九《百官志上》，中华书局，1974年，第1237页。
② [唐]魏征等：《隋书》卷二十七《百官志中》，中华书局，1973年，第752页。
③ [唐]魏征等：《隋书》卷二十七《百官志中》，中华书局，1973年，第753页。
④ [唐]魏征等：《隋书》卷二十七《百官志中》，中华书局，1973年，第753页。

北朝以北齐而论，吏部、祠部、度支、都官、五兵五尚书与梁同名，惟无左户，而有殿中。殿中独立成为六曹尚书之一，表明北齐对皇家事务、供御看得很重，倒不如南朝殿中作为曹郎受主算的度支尚书节制为好。北齐有二十八曹，设置与南朝不一样。吏部有吏部、考功、主爵三曹。而北齐的考功，只"掌考第及秀孝贡士等事"[①]，对官吏并无考查其功过善恶的权力，更与法制无缘。北齐吏部实不如南朝吏部。祠部有祠部、主客、虞部、屯田、起部五曹。将掌兴造、工匠的起部归入祠部，远不如南朝起部之受左户尚书节制。度支有度支、左右户、金部、仓部、库部五曹。都官有都官、比部、二千石（掌畿外得失）、水部、膳部（掌侍官百司礼食肴馔等事）五曹。膳部事务本属虞部，北齐将它独立出来，成为二十八曹之一，划归都官尚书属下，又可见北齐对皇家肴馔得失的重视。五兵有左、右、中、外兵及都兵五曹，而南朝但有中、外兵二曹。殿中有殿中、仪曹、三公、驾部四曹，管及礼仪、法制、车舆牛马，与南朝比较，夺了祠部、吏部、左户三曹尚书之权。

隋朝尚书六部之制，多承北齐而来，但有变化。为了适应专制统一的需要，隋朝将掌管兴造与工匠的起部郎，从北齐的祠部独立出来，发展成为工部。隋工部尚书领有工部、屯田、虞部、水部四曹六侍郎。随着工部的出现，大兴土木，开挖运河，都将不可避免。领有度支、左右户、金部、仓部、库部五曹郎的北齐度支尚书，在隋成为户部，只库部郎划归兵部尚书属下。兵部即五兵的易名。隋兵部领有兵部、职方、驾部、库部四曹。职方所掌如地图等，原为虞部的职务。祠部至隋被易名为礼部，领有礼部、祠部、主客、膳部四曹。膳部承自北齐，只是从都官移到了礼部属下而已。都官至隋被易名为刑部，领有都官、刑部、比部、司门四曹，成了一个专管刑法的部门。隋吏部的吏部、考功、主爵三曹侍郎，完全承自北齐，只是加了一个司勋曹而已。

自曹操将尚书台从宫廷深处、帝王手上移至外朝，成为限制皇权的外

---

① ［唐］魏征等:《隋书》卷二十七《百官志中》,中华书局,1973年,第752页。

朝台阁以来，至隋朝吏、民、礼、兵、刑、工六部制成立，其间设官分职，变化并不很大。世知我国封建时代的尚书省六部之制，形成于隋朝，却不知曹操实为外朝尚书台阁制度的建立者与奠基人，却不知六部尚书及各曹尚书郎的设置，定型不如不定型。东晋将西晋的三十五曹精简为十五曹，取消起部等二十曹，可谓大精简。历史证明政务不仅没有受到影响，而且促使政治走向安定。而政治安定却是淝水之战东晋取得胜利的一个极重要的原因。隋朝将起部发展成为工部，滥用民力，大搞兴造，却导致了农民的大起义。

第二节　"管司王言"的中书省的出现

中书之职，应该说，也是到曹操时才出现。这个问题，在《初学记》卷十一中书令条中说得较为明白。

> 初，汉武游宴后庭，公卿不得入，始用宦者典尚书，通掌图书章奏之事。其后遂罢尚书，改置中书谒者令，尽用宦者。故沈约《宋书·百官志》云：中书本尚书官是也。谢灵运《晋志》云：以其总掌禁中书记，谓之中书。汉武时司马迁被腐刑之后，为中书令，则其职也。《汉书》不言谒者，史省文也。至成帝置尚书官，改中书谒者令，所掌非书权要旧任也。（原注："盖直为禁中宦者之职，非掌朝廷要事也。"）故谢灵运《晋书》云：汉成帝已后，无复中书之职，是也。东汉初亦无其官。至献帝时，魏武为魏王，置秘书令，此又中书之任也。（原注："以其中书通掌图书秘记之事，故以秘书为名。"）魏文改秘书令为中书令，以秘书右丞孙资为中书令。

据此可知汉武虽置中书谒者令，但在罢尚书之后，且尽用宦者，职本尚书之官。《汉书》中书令为中书谒者令的省文。成帝复置尚书，中书谒者令从此变成"直为禁中宦者之职"，不再掌管尚书之事。东汉则连中书谒者令的名称也没有了。可见汉朝虽然有过中书之名，却从未有过中书之职。只是到了曹操时候，设秘书令通掌图书秘记，"典尚书奏事"①，才真正有了中书之任。只是中书令之名，到魏文帝时才有。此名为秘书令的改称。

中书省的形成在魏晋之时。按魏文帝黄初初年，改秘书为中书，以刘放为中书监，孙资为中书令，各加给事中，赐侯爵，遂掌机密②。除中书监、令之外，魏文帝又置通事郎。凡尚书奏事，"黄门郎（门下官吏）已署事过，通事乃署名。已署，奏以入，为帝省读，书可"③。此之谓管司王言。其后又有中书侍郎。《晋书》承袭《宋书》，谓晋改通事郎为中书侍郎。《初学记》卷十一中书侍郎条则说：

> 按《魏志》，明帝诏举中书郎，谓卢毓曰：选举莫取有名，有名如画地作饼，不可啖也。毓举韩暨，帝用之。又司马宣王辟王伯兴，擢为中书侍郎，亦明帝时。据此，中书侍郎起魏代。沈约《宋书》云晋改，似谬也。

据徐坚（《初学记》作者）的考察，魏时无疑已有中书郎或中书侍郎。但通事在魏并未废止，《初学记》卷十一又说：

> 魏世中书，始置通事一人，掌呈奏。魏明时有通事刘泰是也。高贵乡公时改为通事都尉，寻又改为通事侍郎。

所谓"通事侍郎"，表明通事郎、中书侍郎至魏末已合而为一。晋中书侍郎实即魏中书通事侍郎的省文。

通事至晋实际不是官名，而只是表明官的职能——通事于皇帝而已。

---

① [梁]沈约：《宋书》卷四十《百官志下》，中华书局，1974年，第1246页。

② [晋]陈寿撰，[宋]裴松之注：《三国志》卷十四《魏书·程郭董刘蒋刘传》，中华书局，1959年，第457页。

③ [唐]房玄龄等：《晋书》卷二十四《职官志》，中华书局，1974年，第734页。

中书通事侍郎之外，魏晋尚有中书通事舍人之官。《通典》卷二十一《职官典三》中书省中书舍人条说：

> 魏置中书通事舍人。或曰舍人通事，各为一职。晋江左乃合之，谓之通事舍人。……后除"通事"字，直曰中书舍人，专掌诏诰，兼呈奏之事。

"中书通事舍人"之号与"通事侍郎"之号是一致的。说舍人、通事各为一职，是因为不明白"通事"二字只表示中书侍郎、中书舍人的职能。除去这两个字，通事侍郎便变成中书侍郎，通事舍人便变成中书舍人了。

舍人，《通典》说是魏置，《晋》《宋》二书与《初学记》则说是晋初所置。《魏志》无舍人，后者可信。

中书之有省名，当在东晋之时。按中书在魏本称右曹与西掖，《初学记》卷十一中书令条引应劭《汉官仪》说：

> 左右曹受尚书事。前世文士以中书在右，因谓中书为右曹（门下为左曹，详后），又称西掖。

应劭书名《汉官仪》，这里说的却是魏官，因为汉并无中书。西掖为中书机关所在之处。西为右，因此称呼中书为右曹或西掖。关于省名，《初学记》卷十一中书舍人条引何法盛《晋中兴书》说到东晋孝武帝"招延礼学之士，后将军谢安举（徐）邈应选，补中书舍人，专在西省"。

《宋书·百官志下》又说东晋后来省掉了通事舍人，"中书差侍郎一人直西省，又掌诏命"。到宋初，则"又置通事舍人，而侍郎之任轻矣"。侍郎入值西省，《晋中兴书》有一个实例："范宁……拜中书郎，专掌西省。"[1]中书舍人徐邈所在的西省，中书侍郎范宁所掌的西省，即中书省。

---

① [唐]徐坚等：《初学记》卷十一职官部上《中书侍郎》注引何法盛《晋中兴书》，中华书局，1962年，第274页。

魏晋以还，中书监、令与尚书令号为宰相之任，而中书监、令在魏晋人心目中，比尚书令尤为光彩。晋时中书之职有凤皇池、龙凤池之称。《晋书·荀勖传》说晋武帝：

> 以勖守尚书令。勖久在中书（任中书监），专管机事。及失之，甚罔罔怅怅。或有贺之者，勖曰："夺我凤皇池，诸君贺我邪！"

《初学记》卷十一中书令条注引卞伯玉《中书郎诗》又说：

> 大方信包含，优渥遂不已。跃鳞龙凤池，挥翰紫宸里。

之所以被誉为凤皇池、龙凤池，是因为中书号为天子的私人，尚书省向皇帝奏事，由中书接受；皇帝向尚书省所发的诏命，由中书起草（所谓"挥翰紫宸里"）并下达。此之谓"王言之职，总司清要"[1]。

中书省有中书监、令，中书侍郎、中书舍人，主事令史等官，权力有下移的趋势。《初学记》中书舍人条说：

> 自魏晋诏诰，皆中书令、中书侍郎掌之。至梁始舍人为之。裴子野尝以鸿胪卿兼领通事舍人。

《隋书·百官志上》也说：

> 通事舍人，旧入直阁内（中书省又称纶阁）。梁用人殊重，简以才能，不限资地，多以他官兼领（裴子野是一例）。其后除通事，直曰中书舍人。

---

[1] ［唐］徐坚等：《初学记》卷十一职官部上《中书令》注引《宋泰始起居注》，中华书局，1962年，第273页。

这是说职掌诏命之权，到梁时，已由中书令、中书侍郎，转移到了中书舍人手中。《南史》说的还要早一些，《恩幸传论》谈及中书舍人：

> 齐初亦用久劳及以亲信，关诫表启，发署诏敕。颇涉辞翰者，亦为诏文，侍郎之局复见侵矣。建武世，诏命始不关中书（指中书监、令，中书侍郎），专出舍人。省内舍人四人，所直四省……天下文簿板籍，入副其省，万机严秘，有如尚书外司。

"四省"即《吕文显传》所谓"四户"。齐明帝时，舍人四户"既总重权，势倾天下"①。所谓重权，即掌管诏命之权。晋、宋时期，舍人之职，"唯掌呈奏，宣王言"②，不管诏命。齐初，舍人中有点文才的，被用去写诏文，从此中书侍郎之权见侵。到齐明帝时，用舍人专掌诏命，而呈奏、宣王言之职不废。中书省四户舍人，万机严秘，有如尚书外司。舍人于是权重于一时。梁武帝用舍人掌诏诰，承自齐明帝。梁时中书省"有中书舍人五人，领主书十人，书吏二百人，分掌二十一局事，各当尚书诸曹，并为上司，总国内机要，而尚书唯听受而已"③，梁中书舍人五人比之于齐明帝时有如尚书外的舍人四户，权限更有发展。只是用人不同，齐明帝专用佞幸，梁武帝则多以尊官兼领中书舍人，梁比齐强。

北朝北齐的官制多循北魏。中书省"管司王言"，这与南朝相同。但"并司进御之乐及清商、龟兹诸部伶官"④，这与南朝不同。北齐的中书舍人（称为"舍人省"）"掌署敕行下，宣旨劳问"⑤，权力不及梁朝舍人之大。

---

① ［唐］李延寿：《南史》卷七十七《恩幸列传》，中华书局，1975年，第1932页。

② ［唐］徐坚等：《初学记》卷十一职官部上《中书舍人》，中华书局，1962年，第276页。

③ ［唐］杜佑撰，王文锦等点校：《通典》卷二十一《职官典三》，中华书局，1988年，第559页。

④ ［唐］杜佑撰，王文锦等点校：《通典》卷二十一《职官典三》，中华书局，1988年，第559—560页。

⑤ ［唐］魏征等：《隋书》卷二十七《百官志中》，中华书局，1973年，第754页。

南朝中书省执掌诏诰之权，何以会从中书监、令、侍郎手上下移到舍人手上呢？这与南朝寒门在政治上的兴起有关。世知东晋的皇族仍旧是河内的世家大族司马氏，它在政治上所依靠的力量也是世家大族，如琅邪王氏、陈郡谢氏、谯国桓氏。南朝则不同。南朝宋、齐、梁的皇族彭城刘氏、兰陵萧氏，是过江侨居在晋陵郡的楚人，是凭借武力兴起的寒门。而在他们成为江左最高统治者的时候，南朝士族中的旧族高门，进入了他们的衰落时期。南朝皇帝虽然还须得到士族高门的支持，但目光已由士族高门，移向寒门。南朝士族尚可依恃九品中正选举之制，"依流平进"。中书郎是太子的庶子（嫡子除外）的起家之选。秘书郎是尚书令、仆之子起家之选①，或者说是"甲族起家之选，待次入补"②。寒门受到九品中正门选的限制，是很难做到郎官的，但却可以做中书舍人。《南史·恩幸传论》说"于时舍人之任，位居九品"。这样低的官职，士族不屑为之，可却是出身牛监、羊肆、寒品后门的、为皇帝所赏识的"佞幸"窃据的宝地。南朝的皇帝很需要出身于寒门的人物，做自己的亲信，"管司王言"。这种人物不能做中书侍郎，那是太子的冢嫡以外诸子的起家之官。可九品的舍人之官，却完全可做。没有文化的，可以"掌呈奏，宣王言"；"颇涉辞翰者"，皇帝要用他去写诏文，侍郎自亦无可奈何。宋明帝时，中书舍人胡母颢、阮佃夫等已全为佞幸，但他们不管诏诰。南齐之时，侍郎掌诏命之权才为舍人所夺。梁武帝此人有两个特点：一是重才，他提出了"惟才是务"③四字。他开五馆，"五馆生皆引寒门俊才"④。二是不爱士大夫。颜之推说过，"人每不自量，举世怨梁武帝父子爱小人而疏士大夫"⑤。梁武帝曾说九品中正制下的乡举里选为"称肉度骨"；他下令"虽复牛监羊肆，

① [唐]魏征等：《隋书》卷二十六《百官志上》，中华书局，1973年，第723页。

② [唐]李延寿：《南史》卷五十六《张弘策传》，中华书局，1975年，第1385页。

③ [唐]姚思廉：《梁书》卷一《武帝纪上》，中华书局，1973年，第23页。

④ [唐]魏征等：《隋书》卷二十六《百官志上》，中华书局，1973年，第724页。

⑤ [北齐]颜之推撰，王利器集解：《颜氏家训集解》卷四《涉务》，上海古籍出版社，1980年，第292页。

寒品后门，并随才试吏，勿有遗隔"①。梁武帝还不可能彻底冲垮九品中正门选之制，但不问门第出身，用有才的人去做中书舍人，继承南齐，执掌诏诰，在他看来，是顺乎潮流，合乎时宜的。梁时中书舍人专掌制诏的局面，于是出现。前人每每骂朱异为梁武帝的佞幸，其实此人出身"寒士"，有才，以尚书仪曹郎入兼中书通事舍人，符合梁武帝"用人殊重，多以尊官兼领"中书舍人的原则。

魏晋时期形成的中书省，在官制史上，是一个进步还是一个退步呢？应当说是一个进步。没有魏晋南北朝的中书省，也就没有唐朝的三省制。再说皇帝处在深宫，总不可能亲自去管理尚书省的政务，他需要一个媒介、中介或代理者，这就是秘书。魏文帝的中书令即曹操的秘书令的改名。中书省可以说是历史的产物。它起着沟通皇帝与尚书省的作用。汉朝尚书台阁在宫廷之中，况且皇帝不能直接管领。那时无中书省，"受尚书事""关通中外"的职责，被皇帝交给了宦者小黄门。结果变成中官用事，"主荒政缪"②。由东汉的以宦者关通中外，变成魏晋的以中书省关通中外，毫无疑问是官制的一个向前的发展。齐明帝尽用佞幸为中书舍人，掌管诏诰，须知佞幸毕竟不是宦者，且到梁时，又用"尊官"兼领了。起用寒门为中书舍人，也不是退步，而是当时寒门兴起所导致的必然的结果。

尚有一点要注意，魏晋南北朝时代，中书省的权限已受到门下省和集书省的制约，不是全无限制。这个问题在下节再论。

第三节　门下省和集书省的进谏与随事为驳的权力的形成

汉承秦制，设侍中与黄门侍郎，属于少府。侍中在汉多以之为加官，"掌侍左右，赞导众事，顾问应对"③。黄门侍郎"给事于黄闼之内，入侍

①　［唐］姚思廉：《梁书》卷二《武帝纪中》，中华书局，1973年，第49页。

②　［宋］范晔撰，［唐］李贤等注：《后汉书》卷六十七《党锢列传》，中华书局，1965年，第2185页。

③　［宋］范晔撰，［唐］李贤等注：《后汉书·百官志三》，中华书局，1965年，第3593页。

禁中，故号曰黄门侍郎"①。此外还有一个重要的职责："关通中外"②。但这当是西汉的职责，东汉起了变化。《初学记》卷十二侍中条说道：

> 沈约《宋书》曰：汉（孝武帝）使左右曹诸吏分堂（平）尚书奏事。光武省诸吏，信小黄门受事。前代文士皆谓门下为左曹，亦曰东寺。

东汉的小黄门是宦者，职务是："掌侍左右，受尚书事。上在内宫，关通中外，及中宫已下众事。"③"关通中外"本是黄门侍郎的职务，光武帝将此职交给了宦者小黄门。由此可以理解蔡质《汉官》所说：

> 尚书奏事于明光殿……黄门侍郎对揖而跪受。④

这是西汉的情况，东汉则变为小黄门"受尚书事"，不再是黄门侍郎受尚书事了。《初学记》所谓"前代文士"，指唐朝以前魏晋南北朝时代的文士。"门下省自晋以来名之"，侍中、黄门侍郎是门下省的官吏，而在西汉则属于左曹诸吏，故两晋以来，文士以左曹目之。左曹在东，故又被称为东寺。与左曹、东寺相对的，是被目为右曹、西掖的中书省。只是汉并无魏晋中书之官。

　　侍中、黄门侍郎之外，汉又承秦置散骑与中常侍二官。东汉之初，省掉散骑，保留中常侍，改用宦者充当。无常员，"掌侍左右，从入内宫，赞导内众事，顾问应对给事"⑤。光武帝重用小黄门与中常侍，以宦者任此二职，原意在加强君主的专制权力，却未料到小黄门与中常侍同气相

---

① [唐]徐坚等：《初学记》卷十二职官部下《黄门侍郎》，中华书局，1962年，第283页。
② [宋]范晔撰，[唐]李贤等注：《后汉书·百官志三》，中华书局，1965年，第3593页。
③ [宋]范晔撰，[唐]李贤等注：《后汉书·百官志三》，中华书局，1965年，第3594页。
④ [唐]徐坚等：《初学记》卷十二职官部下《侍中》注引蔡质《汉官》，中华书局，1962年，第281页。
⑤ [宋]范晔撰，[唐]李贤等注：《后汉书·百官志三》，中华书局，1965年，第3593页。

求，朋比为奸，浊乱朝纲。如桓、灵时期中常侍单超、徐璜、具瑗、小黄门史左悺、唐衡"五侯"之所为。

东汉只有侍中、黄门侍郎之官，无门下省。魏晋时期，不仅出现了一个门下省，而且还有一个散骑常侍省，此省"虽隶门下，而别为一省"①。南朝宋时又"别置集书省"②以领散骑常侍，从而有了门下与集书二省。隋废集书省，将散骑常侍等官并入门下，于是又只有门下一省。

汉侍中多以为加官，本无常员。所掌都是与皇帝私生活有关的东西：自"乘舆服物下至褻器虎子之属"③。献帝即位之初，"初令侍中、给事黄门侍郎员各六人"④，"自诛黄门（宦者）后，侍中、侍郎出入禁中，机事颇露，由是王允乃奏侍中、黄门不得出入。不通宾客，自此始也"⑤。这等于囚禁。这时候的侍中、侍郎虽有常员，但在政治上仍然不起作用。

建安十八年（213），曹操为魏公，"初置尚书、侍中、六卿"⑥。任侍中的为王粲、杜袭、卫凯、和洽四人⑦。《宋书·百官志上》说侍中自"魏、晋以来，置四人"。这是从曹操开始的。给事黄门侍郎自魏晋以来也是置四人，"与侍中俱掌门下众事"⑧。

散骑在东汉已被取消。魏文帝黄初初年，又置散骑，不过将散骑与中常侍合了起来，谓之"散骑常侍"。第一个做散骑常侍的是孟达。这个官

---

① [唐]杜佑撰，王文锦等点校：《通典》卷二十一《职官典三》，中华书局，1988年，第552页。

② [唐]徐坚等：《初学记》卷十二职官部下《散骑常侍》，中华书局，1962年，第286页。

③ [唐]徐坚等：《初学记》卷十二职官部下《侍中》注引《齐职仪》，中华书局，1962年，第280页。

④ [宋]范晔撰，[唐]李贤等注：《后汉书》卷九《孝献帝纪》，中华书局，1965年，第368页。

⑤ [宋]范晔撰，[唐]李贤等注：《后汉书》卷九《孝献帝纪》注引《献帝起居注》，中华书局，1965年，第367页。

⑥ [晋]陈寿撰，[宋]裴松之注：《三国志》卷一《魏书·武帝纪》，中华书局，1959年，第42页。

⑦ [晋]陈寿撰，[宋]裴松之注：《三国志》卷一《魏书·武帝纪》注引《魏氏春秋》，中华书局，1959年，第42页。

⑧ [梁]沈约：《宋书》卷四十《百官志下》，中华书局，1974年，第1243页。

虽有常侍之名，但非宦者。与散骑常侍同时设置的尚有散骑侍郎。散骑常侍与侍郎员数各为四人，与侍中、黄门侍郎员数相同①。晋惠帝尝以宦者董猛为中常侍，可中常侍的时代过去了，不可能复辟了，宦者董猛之后，再无第二个宦者去当中常侍②。

散骑常侍、侍郎之外，魏末又设有员外散骑常侍，无员。晋初又有通直散骑常侍、员外散骑侍郎。东晋之初又有通直散骑侍郎。因而形成散骑省。但此省不是独立的，在晋它从属于门下省。

魏晋门下职务值得注意。《宋书·百官志下》说：

> 魏、晋散骑常侍、侍郎，与侍中、黄门侍郎共平尚书奏事，江左乃罢。

由此可以解释《初学记》卷十二侍中条引《齐职仪》所说：

> 魏侍中掌宾赞。……御登殿，与散骑侍郎对挟帝。侍中居左，（散骑）常侍居右，备切问近对，拾遗补阙也。

这里说的"备切问近对，拾遗补阙"，也就是《宋书》说的"共平尚书奏事"。而这从魏设侍中与散骑常侍以来，已经如此。司马光说：

> 东晋以来，天子以侍中常在左右，多与之议政事，不专任中书，于是又有门下，而中书权始分矣。③

司马光说晚了。皇帝与侍中、散骑常侍议论政事，不专任中书，是魏以来的事，不是"东晋以来"。只是门下省之名到东晋才喊出罢了。

① ［梁］沈约：《宋书》卷四十《百官志下》，中华书局，1974年，第1244页。
② ［唐］房玄龄等：《晋书》卷二十四《职官志》，中华书局，1974年，第733页。
③ ［元］马端临：《文献通考》卷五十《职官志四》引，中华书局，1986年，第455页。

《宋书》说"江左（东晋）乃罢"，指的是散骑常侍、侍郎之职，到东晋有所变化，非指侍中。司马光说得很明白，东晋皇帝仍旧多与侍中"议政事"。关于散骑，《通典》卷二十一《职官典三》散骑常侍条说：

> （散骑）虽隶门下，而别为一省。自魏至晋，共平尚书奏事，东晋乃罢之（以上与《宋书·百官志下》所说一致），而以中书职入散骑省，故散骑亦掌表诏焉（以上为《宋书·百官志下》所无）。

这仍是单就散骑而言。从《通典》的话，可知散骑在东晋虽然不再参预平尚书奏事，但却分了中书执掌表诏之权。

散骑管到中书省的事务，在西晋便可找到例子。《晋书·华峤传》写到华峤：

> 泰始初……更拜散骑常侍，典中书著作。……元康初……转秘书监，加散骑常侍，班同中书。寺为内台，中书、散骑、著作及治礼音律，天文数术，南省文章，门下撰集，皆典统之。

华峤之所以能在惠帝元康初典统"中书"，正是因为他加封了散骑常侍，班同中书。再看《华峤集》中华峤自己的话：

> 散骑以从容侍从，承答顾问为职，又掌赞诏命，平处文籍，故前世多参用言语文学之士。[1]

可见散骑在西晋乃至西晋以前，已经管到诏命了。从"赞"字看，是协助中书掌管诏命。"平处文籍"即平尚书奏事。《通典》说东晋"以中书之职入散骑省，故散骑亦掌表诏"，只能表明散骑到东晋不再平尚书奏事

---

① ［唐］欧阳询撰，汪绍楹校：《艺文类聚》卷四十八《职官部四》，上海古籍出版社，1982年，第870页。

（《宋书》所谓"江左乃罢"），而专门协助中书掌赞表诏。散骑掌赞表诏，说明到东晋，门下省不仅可以通过侍中、黄门侍郎平尚书奏事，而且可以通过散骑平皇帝圣旨。"黄散"之职大矣哉！然而，毕竟不如中书令。东晋王珉由侍中为长兼中书令，诏命说：

> 新除侍中王珉，才学广赡，理识清通，宜处机近，以参时务。其以珉为长兼中书令。[1]

温峤由散骑常侍出任中书令，诏命说：

> 卿既以令望中允之怀，著于周旋，且文清而旨远，宜居深密。今欲以卿为中书令，朝论亦咸以为宜。[2]

由侍中、散骑常侍转中书令，叫做"宜处机近""宜居深密"。可见在东晋，门下省官比之于中书省官，职权犹有不及之处。

南北朝时期，门下省的机构、事权有所变化。先说南朝。

《初学记》卷十二散骑常侍条说，散骑"自宋以来，其任闲散，用人益轻，别置集书省领之。齐氏因之"。《南齐书·百官志》又说散骑常侍、通直散骑常侍、员外散骑常侍"旧与侍中通官，其通直员外，用衰老人士，故其官渐替"。则闲散、渐替的，只是通直与员外散骑常侍。至若散骑常侍，在南朝虽属于集书省，但仍为重寄。

自南朝宋起，门下省分成了门下与集书两个省。侍中、给事黄门侍郎仍属于门下省，散骑常侍及通直、员外散骑常侍则属于别置的集书省。《隋书·百官志上》写梁时职官，谈到了这两个省的职务：

---

① ［唐］欧阳询撰，汪绍楹校：《艺文类聚》卷四十八《职官部四》，上海古籍出版社，1982年，第873页。

② ［唐］欧阳询撰，汪绍楹校：《艺文类聚》卷四十八《职官部四》，上海古籍出版社，1982年，第873页。

门下省置侍中、给事黄门侍郎各四人，掌侍从左右，摈相威仪，尽规献纳，纠正违阙。监合尝御药，封玺书。侍郎中高功者，在职一年，诏加侍中祭酒，与（散骑）侍郎高功者一人，对掌禁令，公车、太官、太医等令，骅骝厩丞。

集书省置散骑常侍、通直散骑常侍各四人。……掌侍从左右，献纳得失，（此与门下同）省诸奏闻文书（诏诰局所草奏闻在内）。意异者，随事为驳。集录比诏比玺，为诸优文策文，平处诸文章诗颂。常侍高功者一人为祭酒，与（黄门）侍郎高功者一人，对掌禁令，纠诸遹违。

值得注意的是，这里分出了侍中与侍中祭酒，散骑常侍与常侍祭酒。侍中与散骑常侍的职务，与两省未分之前比较，并无多大差异。不同的是有了侍中祭酒与常侍祭酒，二者"对掌禁令"。杜佑说："此颇为宰相矣。"[1]

按《南齐书·百官志》已有侍中祭酒之官，注明"高功者称之"。则侍中祭酒，齐已有之，并非从梁朝开始。侍中与散骑二祭酒的出现，禁令的对掌，表明到齐、梁时代，门下与集书二省的最高级官吏，已取得同中书监、令一样的宰相的地位。加上侍中"行则六尺之内，陪接天光，语则亲玺甲命……献可替否"[2]；散骑掌赞诏命，"省诸奏闻文书。意异者，随事为驳"，遂使二省对政治取得了发言权，对圣旨取得了封驳权。两者结合，就成了唐朝的门下省。须知唐朝的三省制度，基本上取法于南朝。与隋朝三省取法于北朝不同。

北朝颇重门下之官。这里说的北朝，是指魏孝文帝迁都洛阳，推行汉化以来的北朝。北魏"多以侍中辅政（如宜都王穆寿、广平公张黎），则

---

① [唐]杜佑撰，王文锦等点校：《通典》卷二十一《职官典三》，中华书局，1988年，第548页。
② [唐]欧阳询撰，汪绍楹校：《艺文类聚》卷四十八《职官部四》引梁任昉《为王思远让侍中表》，上海古籍出版社，1982年，第868页。

侍中为枢密之任"①。"后齐制官,多循后魏(北魏)"②。侍中的职责与北魏相同。《通典》说:

> 北齐乾明中,置丞相。河清中分为左右,各置府僚。然而为宰相秉持朝政者,亦多为侍中(原注:赵彦琛、元文遥、和士开同为宰相,皆兼侍中)。③

《通典》以魏、齐侍中为"枢密之任",同乎宰相,可谓抓到了魏、齐侍中的实质。《五代史·百官志》说过:

> 北齐侍中因后魏置六人,掌献纳、谏正及进御之职,参与诸公论国政也。

重要的是"献纳、谏正"之职及参与"论国政"。这种职务与南朝的侍中无别,还难说是"尤重门下官"。但在北齐邢子才的《为彭城王韶让侍中表》中,却可看到这样的话:

> 何悟天之情眷,复延今宠(被任为侍中)。遂总录百揆,寅亮万机。文昌治本,得失所系,用才长短,隆替(以之)。④

侍中既有"总录百揆"之权,辅政宰相在魏、齐,自然舍侍中莫属。

北魏和北齐也有集书省的设置,职责与南朝有同有异。《通典》说:

---

①[唐]杜佑撰,王文锦等点校:《通典》卷二十一《职官典三》,中华书局,1988年,第539页。

②[唐]魏征等:《隋书》卷二十七《百官志中》,中华书局,1973年,第751页。

③[唐]杜佑撰,王文锦等点校:《通典》卷二十一《职官典三》,中华书局,1988年,第540页。

④[唐]欧阳询撰,汪绍楹校:《艺文类聚》卷四十八《职官部四》引北齐邢子才《为彭城王韶让侍中表》,上海古籍出版社,1982年,第868页。

后魏、北齐皆为集书省，掌讽议左右，从容献纳，领诸散骑常侍……等官，兼以出入王命，位在中书之右。①

北朝中书省"管司王言"，集书省"兼以出入王命"，这如同江左之"以中书职入散骑省"。但魏、齐集书省中的散骑，没有"掌赞诏命""省诸奏闻文书、意异者随事为驳"之权。因此魏、齐的散骑常侍，地位不及南朝的散骑常侍，更不及常侍祭酒。魏、齐侍中为宰相，散骑常侍不是宰相。隋时废掉了集书省，散骑又成了门下省的属官。隋朝的侍中（纳言）、中书令（内史）都是宰相。

总起来说，魏晋南北朝时期尚书、中书、门下（包括集书）三省的出现，以曹操对汉代官制的改革为转折点。尚书台阁在汉朝属于九卿中为宫廷服务的少府，且操纵在宦官手上，曹魏以后，才真正成了全国的行政机构。继外朝台阁制度建成之后，魏晋之际，又出现了中书省。这个省是架在尚书省与皇帝之间的桥梁，职责是掌管诏诰（王言）。门下省之名到东晋才有。这个省的职责有二：一是"平尚书奏事"。备皇帝"切问近对，拾遗补阙"。此即"献纳、谏正"之任。二是对中书省所草诏章、奏闻，门下有不同的意见，可以"随事为驳"。这多少可以使圣旨特别是下达到尚书省的圣旨，更合理一些。姑名之曰："平圣旨草拟。"明乎此，便知唐朝中书出令，门下审驳，尚书受成，颁之于所属各曹之制，经过了魏晋南北朝四百多年的酝酿与发展。论唐朝三省之制，渊源应不忘曹操对官制的改革。

三省的存在，是对皇权的一个制约。三省的出现，较之于两汉之无三省，是封建政治的一个进步。

---

① ［唐］杜佑撰，王文锦等点校：《通典》卷二十一《职官典三》，中华书局，1988年，第553页。

第四节 以"兼理之中,仍有分理"为特征的地方官制度

"兼理之中,仍有分理"八字是《历代职官表·总督巡抚表》中的话。这是魏晋南北朝时期地方官制度的基本特点。不过各个时期又有所不同。在封建时代,朝廷与地方、集权与分权总是处在矛盾之中。这个矛盾,皇帝想尽了办法也解决不了。不是这里出了问题,就是那里出了问题。但总有一些时期好些,一些时期坏些。原因是值得我们去探讨的。下面分时期论述。

一、曹操时期地方官制度的优点

世知曹操时期的地方官,无论州刺史、郡太守或县令、长都是比较好的。这不仅有用人上的原因,而且有制度上的原因。当时的地方官虽然仍称汉地方官,但任命者事实上是外朝尚书台阁的首脑录尚书事、丞相曹操,而不是皇帝。地方官直接对台阁首脑负责,而不是对皇帝负责。这本来是合理的,可在封建时代却被认为"篡"了皇帝的权力,不合理。台阁首脑与刺史、守、令之间的责任关系,是曹操时期一种新的特殊的现象。

曹操时期的地方官是有权力的,不仅有政治上的权力,而且有军事上的权力。一经选定,曹操对他们用之不疑,因此能发挥他们的才智。但又不是无制约。曹操与他们的关系正如曹操自己所说:"吾任天下之智力,以道御之,无所不可。"[1]"任天下之智力"就是放手让他们办事,也就是放权给地方,使地方官能够充分发挥他们的才智。"以道御之"是多方面的,包括选用、考功乃至兵权的处理等等。下以扬、雍二州为例说明。

《三国志·刘馥传》说到曹操:

> 方有袁绍之难,谓馥可任以东南之事,遂表为扬州刺史。馥既受

---

[1] [晋]陈寿撰,[宋]裴松之注:《三国志》卷一《魏书·武帝纪》,中华书局,1959年,第26页。

命，单马造合肥空城，建立州治，南怀（雷）绪等，皆安集之，贡献相继。……百姓乐其政，流民越江山而归者以万数。于是集诸生，立学校，广屯田，兴治芍陂及茹陂、七门、吴塘诸遏以溉稻田，官民有畜。又高为城垒……为战守备。建安十三年卒。

刘馥任扬州刺史前后九年（建安五年至十三年）。他在扬州的政绩，不仅是出于他个人的智力，而且是出于以曹操为首的台阁对他的信任，出于他有权处理州中政治、经济、教育、战守等各种事务。

刘馥不领兵。"州郡领兵"，出于司马朗的建议。那时司马朗是"丞相主簿"[1]。由此看来，州郡领兵之制当在曹操做丞相以后才建立起来。刘馥在扬州为战守之备，正如郑浑之在左冯翊，"聚敛吏民，治城郭，为守备之计"[2]。

刘馥死后，继任扬州刺史的是温恢。他做扬州刺史在建安十四年（209）[3]。《三国志·温恢传》写道："是时诸州皆屯戍。"此即按照司马朗的建议"可令州郡并置兵"[4]建立起来的州兵。管辖这种军队的是刺史。《三国志·温恢传》只说到各州都有屯戍，《三国志·梁习传》则说到梁习为并州刺史（建安十二年高干被平定之后），豪右、名王，"其不从命者，兴兵致讨"。他所兴之兵，即并州州兵。

除州郡领兵之外，曹操于接连吴蜀的东、西、南三方，还派出重兵驻防。即在温恢出任扬州刺史的时候，曹操命令荡寇将军张辽等"将七千余

---

① ［晋］陈寿撰，［宋］裴松之注：《三国志》卷十五《魏书·刘司马梁张温贾传》，中华书局，1959年，第467页。

② ［晋］陈寿撰，［宋］裴松之注：《三国志》卷十六《魏书·任苏杜郑仓传》，中华书局，1959年，第511页。

③ ［晋］陈寿撰，［宋］裴松之注：《三国志》卷十四《魏书·程郭董刘蒋刘传》，中华书局，1959年，第450页。

④ ［晋］陈寿撰，［宋］裴松之注：《三国志》卷十五《魏书·刘司马梁张温贾传》，中华书局，1959年，第467页。

人屯合肥"[1]，并叮嘱他们："扬州刺史晓达军事，动静与共咨议。"[2]张辽等所率是曹操用以讨伐孙权的属于中军性质的军队，不是地方兵（外军）。所谓"动静与共咨议"，是张辽与温恢间，扩而大之，是派出的大将与州刺史之间的唯一的关系。曹操派出的将领，都不兼州刺史、郡太守，不督州郡兵。如张辽虽为荡寇将军（后来升为征东将军），但无扬州刺史的官衔。这是一个值得注意的问题。下面我们从雍州张既与夏侯渊的关系中，还可看到这种现象。

建安十六年（211），曹操西定关右，以张既为京兆尹，"招怀流民，兴复县邑"。曹操称魏公之后，又以张既"为尚书，出为雍州刺史"。建安二十年（215），曹操征张鲁，张既率州兵从征，"别从散关入讨叛氐，收其麦以给军食"。张鲁投降，张既又曾"与夏侯渊讨宋建，别攻临洮、狄道，平之"[3]。在曹操病死洛阳之前，他一直都是雍州刺史。而京兆尹则换了郑浑。

建安十七年（212），曹操以夏侯渊为行护军将军，"督朱灵、路招等屯长安"[4]。当时张既为京兆尹，不受夏侯渊之督。建安二十年（215），张鲁投降，汉中平定，曹操以夏侯渊为行都护将军，"督张郃、徐晃等平巴郡"。曹操还军，留夏侯渊守汉中，"即拜渊征西将军"[5]。当时张既为雍州刺史，也不受夏侯渊之督。夏侯渊也从未兼任雍州刺史或京兆尹。当然张既如同扬州温恢，也无将军的称号。张既从征或别讨，用的是州兵与州刺史之名。

---

①［晋］陈寿撰，［宋］裴松之注：《三国志》卷十七《魏书·张乐于张徐传》，中华书局，1959年，第518页。

②［晋］陈寿撰，［宋］裴松之注：《三国志》卷十五《魏书·刘司马梁张温贾传》，中华书局，1959年，第478页。

③［晋］陈寿撰，［宋］裴松之注：《三国志》卷十五《魏书·刘司马梁张温贾传》，中华书局，1959年，第472页。

④［晋］陈寿撰，［宋］裴松之注：《三国志》卷九《魏书·诸夏侯曹传》，中华书局，1959年，第270页。

⑤［晋］陈寿撰，［宋］裴松之注：《三国志》卷九《魏书·诸夏侯曹传》，中华书局，1959年，第272页。

这是一种什么制度呢？就州郡自有兵权来看，可说是军政合一。而就派出的军队来看，此种军队的将领职务再高，也不兼地方官衔，不管地方事务。这又表现为军政分离。在这种军队后面，还有丞相亲自率领的大军，可以随时作出策应。无疑，这是一个既防止地方拥兵自重，又防止敌人攻来，地方军溃城破的聪明的办法。在汉末各大政治势力剧烈竞争的时期，它显得颇有活力。

二、魏文帝时都督诸州军事与都督兼领刺史官职的产生

汉时只有持节与督军御史之官，并无都督之职。《宋书·百官志上》详细谈了都督一职在魏时产生与发展的经过。志中说：

> 建安中，魏武帝为相，始遣大将军督军。二十一年征孙权还，夏侯惇督二十六军是也。魏文帝黄初二年，始置都督诸州军事，或领刺史。三年，上军大将军曹真都督中、外诸军事，假黄钺，则总统外内诸军矣。明帝太和四年，晋宣帝（司马懿）征蜀，加号大都督。高贵乡公正元二年，晋文帝都督中、外诸军，寻加大都督。

曹操用夏侯惇所督的二十六军，都是随曹操出征的中军（"内军"），不是州郡兵（"外军"）。用将领都督诸州军事（都督州郡兵），或领刺史，始于魏文帝黄初二年（221）。与曹操时期的地方官制度相比，这发生了四个显著的变化。（1）曹操时期的州郡兵由刺史、太守管辖，将领如张辽、夏侯渊镇守东、西二方，并不督州郡兵。现在，州郡兵则为派出的将领所督，即由将领指挥、调动。将领不仅管到内军，而且管到外军了。（2）曹操时期被派往地方的统兵将领，都不兼地方官，即只管军，不管民。现在有人兼领刺史了，即既管军，又管民。不过，当时的都督虽可督几个州的军事，但只能做他的驻地所在的那一个州的刺史。例如曹休，在文帝时，"迁征东将军，领扬州刺史"。文帝征孙权，又以曹休"为征东大将军，假

黄钺，督张辽等及诸州郡二十余军……拜扬州牧"①。曹仁在文帝时，为"车骑将军，都督荆、扬、益州诸军事"②。他未领刺史。（3）由都督几个州的军事再向前踏进一步，便有了都督中外诸军事这个总管外内诸军的官。如曹真本"为镇西将军，假节都督雍、凉州诸军事"。黄初三年（222）一跃而"为上军大将军，都督中外诸军事，假节钺"③。（4）刺史而无将军之号的，或者说不是都督兼领的，谓之"单车刺史"④。所谓单车刺史，即专治民而不督军。

魏文帝设置都督诸州军事，或领刺史，所用是同姓将领。十分明显，他以为这对曹魏将起到巩固根基的作用。可都督诸州军事之设，提高了将领的权力，尤其是兼领刺史的将领，管到州政，这就使地方分权趋势加强。不过曹魏问题不在地方将领，而在朝廷。魏文帝用曹真为都督中外诸军事，则无异在皇帝与都督诸州军事之间，设置了一个军事统帅。这与他废除皇帝与尚书台阁之间的丞相，恰好相反。设置都督中外诸军事的影响，在曹魏后期便可看到。夺取曹魏政权的司马懿、司马师、司马昭父子三人都有都督中外诸军事的职务，不是徒具大将军的空衔。且因为军权在握，又兼了录尚书事，控制了尚书台阁。他们既集军、政大权于一身，"亡魏成晋"便是意料中的事了。

三、西晋的分封制与罢州郡兵

魏末，有人错误地认为汉朝的灭亡，在于"外无同忧之国"，主张仿效西周、西汉，分封同姓为王，所封王应当有权。曹冏曾攻击魏的封王，

---

① [晋]陈寿撰，[宋]裴松之注：《三国志》卷九《魏书·诸夏侯曹传》，中华书局，1959年，第279页。

② [晋]陈寿撰，[宋]裴松之注：《三国志》卷九《魏书·诸夏侯曹传》，中华书局，1959年，第276页。

③ [晋]陈寿撰，[宋]裴松之注：《三国志》卷九《魏书·诸夏侯曹传》，中华书局，1959年，第281页。

④ [唐]杜佑撰，王文锦等点校：《通典》卷三十二《职官十四》，中华书局，1988年，第886页。

徒具虚名。"子弟王空虚之地，君（所封王）有不使之民。"叹惜"宗室窜于闾阎，不闻邦国之政，权均匹夫，势齐凡庶"。他认为照这样下去，"内无深根不拔之固，外无磐石宗盟之助，非所以安社稷，为万世之业也"[①]。把千里之土，军政之任交给州牧、郡守，也不是良策，因为州牧、郡守并不是宗室。曹冏的话是有代表性的，当时主张分封的并不止曹冏一人。司马氏也主张分封，司马昭为晋王，即"命裴秀等建立五等之制"[②]。不过，他要封的是宗室司马氏，而非曹氏。

封建统治者历千载而不寤，总是相信子弟亲属可靠。即使他们无德又无才，即使任命后出了大乱子，也还是要任人唯亲。为什么呢？因为除了子弟亲属，封建统治阶级的人物很难与他人建立信任关系。像曹操那样"用人不疑"（郭嘉的话）的人极少。在西晋出现的分封制与门选制，是任人唯亲的典型。

晋武帝一做皇帝（泰始元年），即把分封制付诸实施。这时蜀虽灭亡，吴仍存在。可谓迫不及待。《晋书·地理志上》说：

> 武帝泰始元年，封诸王，以郡为国。邑二万户为大国，置上中下三军，兵五千人；邑万户为次国，置上军下军，兵三千人；五千户为小国，置一军，兵千五百人。王不之国，官于京师。罢五等之制。

在这段话中，最可注意的是"以郡为国"四字。这与《后汉书·郡国志》中所记"国"，并无不同，与西周、西汉的封国，则无论在内容上或形式上，都不相同。像西周、西汉那样的分封，毕竟过去了。《晋书·职官志》又说：

> 其平原、汝南、琅邪、扶风、齐为大国，梁、赵、乐安、燕、安

[①] ［晋］陈寿撰，［宋］裴松之注：《三国志》卷二十《魏书·武文世王公传》注引《魏氏春秋》宗室曹冏上书，中华书局，1959年，第594页。

[②] ［唐］房玄龄等：《晋书》卷十四《地理志上》，中华书局，1974年，第414页。

平、义阳为次国，其余为小国，皆制所近县益满万户。

从《晋书·宗室传》《晋书·文六王传》来看，晋武帝所封的五千户上下的小国，只有兖州的任城国、东平国，豫州的沛国、谯国，冀州的高阳国、中山国、常山国，并州的太原国、西河国，秦州的陇西国，梁州的广汉国，青州的东莱国、济南国、勃海国，徐州的彭城国、下邳国，平州的辽东国。

按西晋有十九州（司、兖、豫、冀、幽、平、并、雍、秦、梁、益、凉、宁、青、徐、荆、扬、交、广），一百七十二郡，武帝用来建置封国的，只有平原、汝南、琅邪、扶风、齐、梁、赵、乐安、燕、安平、义阳、任城、东平、沛、谯、高阳、中山、常山、太原、西河、陇西、广汉、东莱、济南、勃海、彭城、下邳、辽东等二十八个郡。封国自武帝到怀帝虽有变化，有的国复变为郡，如汝南、扶风等国；有的郡新封为国，如河间、东海等郡，但总数保持在三十个左右。《晋书·地理志》所记郡国数，郡为一百四十二，国为三十。

再说始封时，"诸王公皆在京都"。咸宁三年（277），因杨珧、荀勖的奏请，遣诸王就国[1]。西晋的分封至此完成。

总起来看，西晋的分封有三个特征。一即以郡为国。刘颂谓之为"法同郡县，无成国之制"[2]。二是封国在全国一百七十二个郡中只占三十个郡左右，不到百分之二十。三是有军队。从刘颂所说"宜令诸王国容少而军容多"[3]来看，当时人认为大国兵五千，次国兵三千，小国兵一千五百并不多。这种分封并非如同人们想象的那样削弱了中央集权。

太康八年（287）灭吴后，晋武帝下诏：

> 江表平定，天下合之为一，当韬戢干戈，与天下休息。诸州无事

---

[1] ［唐］房玄龄等：《晋书》卷二十四《职官志》，中华书局，1974年，第744页。

[2] ［唐］房玄龄等：《晋书》卷四十六《刘颂传》，中华书局，1974年，第1299页。

[3] ［唐］房玄龄等：《晋书》卷四十六《刘颂传》，中华书局，1974年，第1300页。

者罢其兵。刺史分职，皆如汉氏故事。①

这即是罢州郡兵。《世说新语·识鉴》"晋武帝讲武于宣武场"条注引《竹林七贤论》尚说：

> 咸宁中，吴既平，上将为桃林华山之事，息役弭兵，示天下以大安。于是州郡悉去兵，大郡置武吏百人，小郡五十人。

从此，曹魏的州郡领兵，变成了西晋的王国领兵。

在太康元年（280）罢州郡兵后，西晋仍然保留了都督某州诸军事的官职。如汝南王司马亮于武帝末年，"为侍中、大司马、假黄钺、大都督、督豫州诸军事，出镇许昌"②。司马玮于"太康末，徙封于楚，出之国，都督荆州诸军事、平南将军，转镇南将军"③。西晋所谓都督某州军事，包括这个州的封国军队与郡县武吏在内。如以大都督督豫州诸军事的司马亮，所辖应有汝南、梁国、沛国、谯国等封国的军队及未建封国的颍川、襄城、汝阴、鲁郡、弋阳、安丰等郡的武吏。须知西晋是以郡为国，督某州军事自然有权管到这个州的封国的军队。楚王司马玮以征南将军都督荆州诸军事，荆州义阳国的国兵及各郡武吏也都应在他的管辖范围中。但所督兵力极为有限，以司马玮而论，义阳为小国，兵才千余人，而大郡武吏也不过百人。

由此看来，西晋的有限的分封制与普遍的罢州郡兵的措施，含有极明显的君主集权的意义。西晋以领军、护军、左卫、右卫、骁骑、游击为六军，以左军、右军、前军、后军为四军。这十军均为中军，其强大远非都督某州军事的王公所能抗御。是君主专制而不是地方权力在西晋大大地加

---

① ［清］严可均校辑：《全上古三代秦汉三国六朝文·全晋文》卷六武帝五《省州牧诏》，中华书局，1958年，第1493页。

② ［唐］房玄龄等：《晋书》卷五十九《汝南王亮传》，中华书局，1974年，第1592页。

③ ［唐］房玄龄等：《晋书》卷五十九《楚王玮传》，中华书局，1974年，第1596页。

强了。

八王之乱只有长沙王司马乂以常山国的国兵起来响应齐王司马冏，东海王司马越是在诸王打得精疲力尽后，以东海国兵起事。最初是在防备成都王司马颖。至若赵王司马伦之杀贾后，废惠帝，自称皇帝，用的是他以右军将军的官衔管领下的朝廷的军队，而非赵国的国兵。从司马伦起，才真正开始了诸王的混战。司马冏以镇东大将军的官衔在许昌起兵讨伐司马伦。他的兵与齐国的国兵毫不相干。司马乂响应司马冏，用的是常山国的国兵，而杀司马冏时，他却是西晋朝廷的骠骑将军了。

八王为什么要制造战乱呢？这是因为我国封建时代的君主专制制度，赋予了皇帝以"屠割天下"（鲍敬言语）的权力。皇帝分封宗室原想依靠他们保卫皇权，却不知那些被封的宗室两眼只盯着皇帝的宝座，脑中全无父子、兄弟、叔侄的观念。只要有条件，他们就会把矛头对准皇帝，并且"争强弱而校愚智"，力图压倒对手，把自己变成皇帝。

西晋加强专制，不能防止变乱。而八王之乱一起，战祸不可收拾，加强专制，削弱地方，却是重要的原因之一。

四、南朝的分陕之制与地方官吏的任期制

东晋以后，趋势是分权。不给地方权力是不能挡住匈奴等族军队的南进的。但东晋尤其是南朝，有它的特点。这就是"拟周之分陕"。陕本指弘农郡的陕县。《公羊传》："自陕以东，周公主之；自陕以西，召公主之。"[1]谓之"分陕"。江左称荆州为"陕西"或"西陕"，与扬州同为江左重镇。但东晋未用宗室出镇荆州。宋武帝以荆州重镇，"遗诏诸子次第居之"[2]文帝遵而行之，以彭城王刘义康为荆州刺史，而"总录百揆，兼牧畿甸"，却由王弘。平陆令河南成粲写信给王弘，以为"势之所处，非亲不居，是以周之宗盟，异姓为后，权轴之要，任归二南（周、邵）。斯

---

① [周]公羊高撰，[汉]何休解诂：《春秋公羊传注疏》卷三《隐公》作"自陕而东者，周公主之；自陕而西者，召公主之"，嘉靖中福建刊本。

② [梁]沈约：《宋书》卷六十八《武二王传》，中华书局，1974年，第1798页。

前代之明谟，当今之显辙"。刘义康"宜入秉朝政，翊赞皇猷"。竟陵王刘诞、衡阳王刘义季"春秋已长，又宜出据列蕃，齐光鲁、卫"。王弘遂固请退位。文帝以刘义康为司徒，"总录百揆"①。王弘死后，又以刘义康领扬州刺史。自刘义康入相，荆州则由江夏王刘义恭、临川王刘义庆、衡阳王刘义季、南郡王刘义宣次第出镇②。他们都不是单车刺史，刘义康以使持节、平北将军都督扬、南徐、兖三州诸军事，刘义恭以使持节、抚军将军都督荆、雍等八州诸军事，刘义庆以使持节、平西将军都督荆、雍等七州诸军事，刘义季以使持节、安西将军都督荆、雍等八州诸军事，刘义宣以使持节、车骑将军都督荆、雍等七州诸军事③。这就开分陕之端。盛弘之《荆州记》云：

> 元嘉中，以京师根本之所寄，荆楚为重镇，上流之所总，拟周之分陕。④

说的正是这个情况。

除陈时荆州为后梁所据外，历宋、齐、梁三朝，分陕基本不变。其他各州也每以诸王出镇。

朝廷直接掌握的军队只有台军。"江左率谓朝廷为台"⑤，台军即中军、内军或禁卫军。

分陕，标志皇室人物掌握了畿甸与诸州。虽然它不是分封同姓，但在任人唯亲这个实质问题上，与分封制度并无不同。而且，就诸州或大多数州的刺史都由同姓宗室担任来说，南朝的分陕比之西晋的分封，任人唯亲

---

① [梁]沈约：《宋书》卷四十二《王弘传》，中华书局，1974年，第1315—1317页。
② [梁]沈约：《宋书》卷六十八《武二王传》，中华书局，1974年，第1798页。
③ 各见《宋书》本传。
④ [宋]李昉等：《太平御览》卷第一百六十七引盛弘之《荆州记》，中华书局，1960年，第813页。
⑤ [宋]司马光编著，[元]胡三省音注：《资治通鉴》卷第一百四十七梁武帝天监七年(508)冬十月条注，中华书局，1956年，第4586页。

的色彩更浓。亲亲是封建专制制度的派生物，只是各个时期的表现形式有所不同而已。

在南朝，封建专制是不是由于分陕而安如磐石呢？非也。元嘉三十年（453），发生了太子刘劭弑逆事件，以"元嘉之治"著称于历史的宋文帝，竟死于其亲生子之手。孝武帝以江州刺史平刘劭，是弟平兄。在孝武帝之时，先后发生过荆州（西陕）刺史南郡王刘义宣（帝叔）之叛，南兖州刺史竟陵王刘诞（帝弟）之叛。孝武此人"为性猜忌，兄弟粗有令名者，无不因事鸩毒"①。刘彧以庸常得免。可就是这个刘彧，杀死了孝武之子前废帝刘子业，夺得帝位。接着爆发了一场以孝武之子、江州刺史晋安王刘子勋为首的、反对刘彧的"普天图逆"②。孝武二十八子，刘彧杀其十六，后废帝刘昱杀其十二③。这种诛杀，只有联系以"分陕之计"为特征的南朝封建专制制度，才可以看清楚。亲亲在于永保帝业，由亲亲变成诛亲，又表明帝业无由永保，专制难求稳定。

齐初，萧道成因刘瓛进言"陛下诚前轨之失，加之以宽厚，虽危可安；若循其覆辙，虽安必危矣"④要好一些。但到齐明帝萧鸾以支庶连杀武帝子郁林王萧昭业、海陵王萧昭文，夺得皇帝宝座，就更厉害了。《南齐书·武十七王传·临贺王子岳》说齐明帝杀人，"辄先烧香火，呜咽涕泣，众以此辄知其夜当相杀戮也"。《南齐书·高帝十二王传·鄱阳王锵》又说：齐明帝时，"凡诸王被害，皆以夜遣兵围宅，或斧关排墙叫噪而入，家财皆见封籍焉"。这是指在京城的。至于在各州当刺史的诸王，则"悉典签所杀"⑤。

这种杀戮，到梁武帝时暂停。然而分陕的制度未变，到头来依旧是"帝纪不立，悖逆萌生，反噬弯弧，皆自子弟"⑥。临贺王萧正德为作天

---

① ［唐］姚思廉：《梁书》卷三十五《萧子恪传》，中华书局，1973年，第508页。
② ［梁］沈约：《宋书》卷五十七《蔡廓传》，中华书局，1974年，第1581页。
③ ［唐］李延寿：《南史》卷三《宋本纪下》，中华书局，1975年，第89页。
④ ［梁］萧子显：《南齐书》卷三十九《刘瓛传》，中华书局，1972年，第678页。
⑤ ［唐］李延寿：《南史》卷四十四《齐武帝诸子传》，中华书局，1975年，第1116页。
⑥ ［唐］李延寿：《南史》卷七《梁本纪中》，中华书局，1975年，第226页。

子，密引侯景过江，包围台城。使持节、都督荆、雍、湘、司、郢、宁、梁、南北秦九州诸军事、镇西将军、荆州刺史、湘东王萧绎，"拥众逡巡，内怀觖望，坐观国变，以为身幸。不急莽、卓之诛，先行昆弟之戮"[1]。侯景未平，他派兵去打湘州刺史河东王萧誉。雍州刺史岳阳王萧詧因而举兵攻打江陵，以救萧誉。侯景既平，他派朱买臣将侯景所立的萧栋及其二弟沉之于江[2]，且与益州刺史武陵王萧纪打了起来。他虽然胜利了，可是西魏与萧詧合兵攻下了江陵，最后不免身死。

在这种以分陕为特点的封建专制制度下，皇帝与诸王之间，矛盾重重。皇帝为了保住自己的皇位，对于诸王，诛杀只是一个方面。另一个方面是严密控制。皇帝在各州派驻典签。《南史·恩幸传·吕文显传》说：刘宋晚期，"多以幼少皇子为方镇，时主皆以亲近左右领典签"，权寄弥隆。典签代表皇帝，刺史不得专其任。一年之内，典签"递互还都"，皇帝"访以方事，刺史行事之美恶，系于典签之口"。刺史莫不折节推奉典签，典签居然"威行州郡，权重蕃君"。人们只知道州有签帅，而不知州有刺史。分陕变成了典签出据诸州，而典签原来不过是五品吏，宋时且改为"七职"。

《吕文显传》还写到江左地方官吏的任期问题。传云：

> 晋、宋旧制，宰人之官，以六年为限，近世（永明）以六年过久，又以三周（三年）为期，谓之小满。而迁换去来，又不依三周之制，送故迎新，吏人疲于道路。

这是一个新现象。其意在防止刺史、守、令变成地方恶势力。官吏必须要有任期，这个问题早在南朝便已觉察到了。

魏晋与南朝的历史表明，曹魏与南朝经济文化之所以有发展，有进步，正是因为专制主义在不同程度上受到打击，呈现松动。而西晋之所以

---

① [唐]李延寿：《南史》卷八《梁本纪下》，中华书局，1975年，第252页。

② [唐]李延寿：《南史》卷五十三《梁武帝诸子传》，中华书局，1975年，第1314页。

奢侈有若天灾，战乱持续不断，又正是因为采用罢州郡兵等方式，在极大的程度上，加强了君主专制。列宁说得好："据说，历史喜欢作弄人，喜欢同人们开玩笑，本来要进这间屋子，结果却跑进了那间屋子。"[1]西晋强化君主专制的结果，是西晋本身的迅速灭亡。

五、北朝地方官制的滥杂

北朝在北魏前期，具体说在文成帝太安三年（457）五月以前，仍然承袭十六国某些国家落后的胡汉分治的遗风。《魏书·官氏志》记有："太安三年五月，以诸部护军各为太守。"[2]在此以前，护军与郡县似为两个系统，护军所管为地方部落军队，故谓之"诸部护军"。守、令所管为地方行政。北魏在太安三年（457）五月以前，地方似为军民分治，亦即胡汉分治。胡汉分治遗迹的消除，在北方是一个很长的、曲折的历史过程。

孝文帝迁都洛阳之后，在王肃协助下，普遍采用汉人封建官制，包括地方制度。在地方制度中，北方的一个最大的特点，是州郡的缩小，刺史、守、令官员的众多。按西晋共有十九个州，一百七十二个郡国。北魏占据北方，却有一百一十一个州，五百二十二个郡[3]。州郡之碎，刺史太守之多，可以想见。在隋文帝刚刚做皇帝，全国尚未统一的时候，杨尚希说过：

> 窃见当今郡县，倍多于古，或地无百里，数县并置，或户不满千，二郡分领。具僚以众，资费日多，吏卒人倍，租调岁减。清干良才，百分无一，动须数万，如何可觅？所谓民少官多，十羊九牧。[4]

这指的是北朝的情况。从他的话可知北朝地方机构、官吏之滥。

①［苏］列宁著，中共中央马克思恩格斯列宁斯大林著作编译局编译：《列宁全集》第二十五卷《资产阶级知识分子反对工人的方法》，人民出版社，1988年，第335页。

②［北齐］魏收：《魏书》卷一百一十三《官氏志》，中华书局，1974年，第2975页。

③［北齐］魏收：《魏书》卷一百六《地形志》，中华书局，1974年，第2455—2642页。

④［唐］魏征等：《隋书》卷四十六《杨尚希传》，中华书局，1973年，第1253页。

从北魏开始，州县有了等级。《历代职官表·司道》说：

> 刺史之职，所以统率属郡，魏既分为三等（上州、中州、下州），北齐又分为九等（每等又有上中下之差），则称名繁碎，而体制亦以渐替矣。此隋代改州为郡之渐也。

《文献通考》卷六十三《职官考十七》又说：北齐制郡、县各为上、中、下三等，每等又有上、中、下之差，凡九等。县令条还写到北齐制县：

> 然犹因循后魏，用人滥杂，至于士流耻居之。

看来北齐的州、郡、县比北魏还要多，刺史、守、令比北魏还要滥。

各级大小官吏，是封建君主专制制度的依靠。君主专制制度又表现为官本位制度。官吏制度的滥杂，可以说是封建专制政治下，不可能割去的肿瘤，只不过各个时期隐伏、溃烂的程度有所不同而已。魏、齐地方官吏之多之滥，是一种恶性的发展，尤其是北齐。北齐鲜卑化、西胡化的风气甚盛，封官极多。地方官的滥杂是北齐政权落后性的一个反映，要有愈合，须到隋时。

北朝朝廷与州郡兵的比重、性质与南朝不同。《文献通考》卷一百五十一《兵考三》写到北魏"起自云朔，据有中原，兵戎乃其所以为国也。羽林、虎贲则宿卫之兵，六镇将卒则御侮之兵，往往皆代北部落之苗裔，其初藉之以横行中国者"。《魏书·地形志上》又说："自恒州已下十州（恒、朔、云、蔚、显、廓、武、西夏、宁、灵），永安已后，禁旅所出。"这是北魏的重兵，掌握在朝廷手上。性质上均为"代北部落之苗裔"，即鲜卑贵族兵。州郡兵则由所谓"城人""城民"充当。这种城人或城民是被征服的其他各族人民。北魏兵制含有明显的加强君主集权的性质。北齐朝廷所掌握的重兵是所谓"百保鲜卑"，地方兵则由"勇夫"担当。北周创立的府兵，则都是朝廷掌握的禁军。

　　总起来看，魏晋南北朝时代，外朝尚书、中书、门下、集书等省的出现，州郡军政权力的扩大与官吏任期制的制定，显示了一种倾向：秦汉时代形成的君主专制制度及为此制度服务的笼罩在全国的官僚网，有所改造，有所松动。这必然要给文化的发展带来有利的影响。北朝的君主集权政治比南方要强，这从军制上可以看到。但自孝文帝改革鲜卑旧制、尚书门下与中书等省出现以后，专制政治多少也有松动。北朝文化的发展不及南朝，然而南朝文化对北朝的影响，却是鲜卑统治者很难抗拒的。

第二章　在才与性方面的不同观念，选官制度的变化

第一节　曹操的求才三令

汉末，人们在天与人、性行与才能的轻重关系上，观念倒转过来。东汉的统治者是"听于神"[1]，汉末则有人认为"人事为本，天道为末"[2]；"造化在乎手，生死由乎人"[3]。东汉强调道治与德治，用人先看仁、孝；汉末则强调人治与才治，用人"唯才是举"。这是一个大转折。这个转折的标志，是曹操的求才三令。

建安十五年（210）春，曹操发布了第一个求才令。此令说：

> 自古受命及中兴之君，曷尝不得贤人君子与之共治天下者乎！及其得贤也，曾不出闾巷，岂幸相遇哉？上之人不求之耳。今天下尚未定，此特求贤之急时也。"孟公绰为赵、魏老则优，不可以为滕、薛大夫"。若必廉士而后可用，则齐桓其何以霸世！今天下得无有被褐

---

① [宋]范晔撰，[唐]李贤等注：《后汉书》卷七《孝桓帝纪》，中华书局，1965年，第320页。

② [清]严可均校辑：《全上古三代秦汉三国六朝文·全后汉文》卷八十九仲长统《昌言下》所引《群书治要》，中华书局，1958年，第955页。

③ [三国]诸葛亮著，段熙仲、闻旭初编校：《诸葛亮集》卷二《阴符经序》，中华书局，1960年，第59页。

怀玉而钓于渭滨者乎？又得无盗嫂受金而未遇无知者乎？二三子其佐我明扬仄陋，唯才是举，吾得而用之。[1]

这道求才令讲了四个问题：一是上面的人应当与贤人共治天下，应当去求贤。贤人不出闾巷，并不难求。只因为上面无求贤之心，所以才视而不见。二是现在天下未定，是求贤的急时。三是所谓贤人指的是有才的人，而不是有行之士。只要有才，即使不是廉士，即使"盗嫂受金"，也应当起用。四是明确宣布他的用人方针是"唯才是举"。

建安十九年（214）十二月乙未，曹操发布了第二个求才令。此令说：

夫有行之士未必能进取，进取之士未必能有行也。陈平岂笃行，苏秦岂守信邪？而陈平定汉业，苏秦济弱燕，由此言之，士有偏短，庸可废乎！有司明思此义，则士无遗滞，官无废业矣。[2]

从此令可知在第一个求才令发布之后，有司仍然主张以"行"取士，无行的不用。曹操因此发布了这个命令，以陈平、苏秦为例，指出不可因性废才。宗旨仍旧是"唯才是举"。

建安二十二年（217）秋八月，曹操发布了第三个求才令。此令说：

昔伊挚、傅说出于贱人，管仲，桓公贼也，皆用之以兴。萧何、曹参，县吏也，韩信、陈平负污辱之名，有见笑之耻，卒能成就王业，声著千载。吴起贪将，杀妻自信，散金求官，母死不归，然在魏，秦人不敢东向，在楚则三晋不敢南谋。今天下得无有至德之人放在民间，及果勇不顾，临敌力战；若文俗之吏，高才异质，或堪为将

---

[1] ［晋］陈寿撰，［宋］裴松之注：《三国志》卷一《魏书·武帝纪》，中华书局，1959年，第32页。

[2] ［晋］陈寿撰，［宋］裴松之注：《三国志》卷一《魏书·武帝纪》，中华书局，1959年，第44页。

守；负污辱之名，见笑之行，或不仁不孝而有治国用兵之术；其各举所知，勿有所遗。①

这个命令不仅用了许多具体的例子，更进一步说明唯才是举的必要性，而且明确宣布，即使"负污辱之名，见笑之行"，即使"不仁不孝"，只要是"高才异质"，只要"有治国用兵之术"，便起用他们为将、守，起用他们治理国家，带兵打仗。他还明确宣布要举无遗才。

曹操为什么要重才轻行，为什么要唯才是举呢？这应当联系东汉的统治思想和用人政策来考察。东汉乡举里选重德，即重性行。而所谓德，是与神学结合在一起的、标榜王道三纲（君、父、夫）来源于天的儒学。这种儒学是东汉统治阶级加在人们思想上的桎梏，是涂抹在选官制度上的灵光。汉末仲长统在《昌言》中，曾对父为子纲进行抨击，其中说到选举，"父母欲与人以官位爵禄，而才实不可，可违而不许也"。用人如果重纲常，要选出真有才能的人，是困难的。仲长统看到的尚止是"才实不可"，桓、灵时期的民谣更看到连重德行也是空话，"举秀才，不知书，察孝廉，父别居，寒素清白浊如泥，高第良将怯如鸡"之谚，把东汉官场腐败情况，描绘得淋漓尽致。用人到了必须改革的时候了。曹操的唯才是举政策于是产生。

曹操相信"天地间，人为贵"，对人才思之、求之若渴。"山不厌高，海不厌深，周公吐哺，天下归心"的诗句，反映了他这种思想感情。既要求才，便不能像东汉那样重孝、廉、仁、义，那是求不到什么人才的。他在建安十五年（210）的求才令中所说的，"若必廉士而后可用，则齐桓其何以霸世"！在建安二十二年（217）的求贤令中所说的，"或不仁不孝而有治国用兵之术；其各举所知，勿有所遗"，正是对东汉的选举弊政而发。

曹操发布的求才三令，意义是巨大的。非止限于选举方面而已。陈寅恪先生说得好：

①［晋］陈寿撰，［宋］裴松之注：《三国志》卷一《魏书·武帝纪》注引《魏书》，中华书局，1959年，第49—50页。

> 孟德三令，大旨以为有德者未必有才，有才者或负不仁不孝贪诈之污名，则是明白宣示士大夫自来所遵奉之金科玉律，已完全破产也。由此推之，则东汉士大夫儒家体用一致及周孔道德之堡垒无从坚守，而其所以安身立命者，亦全失其根据矣。故孟德三令，非仅一时求才之旨意，实标明其政策所在，而为一政治社会道德思想上之大变革。……然则此三令者，可视为曹魏皇室大政方针之宣言。与之同者，即是曹党，与之异者，即是与曹氏为敌之党派，可以断言矣。①

这个论点极为精辟。曹操的求才三令，实为曹操大政方针的宣言，其意义并非局限在求才上。这三令的发布，标志着政治社会道德思想上的大变革，从此进入了一个重才、求才的时代。儒家道德观念，濒于破产，或者说已经破产。

在曹操时期，由司空与丞相东曹掾、尚书台尚书典选。这在《三国志·毛玠传》中说得比较明白。此传说到"太祖（曹操）为司空丞相，玠尝为东曹掾，与崔琰并典选举。……魏国初建（建安十八年），为尚书、仆射，复典选举"。《三国志·崔琰传》说曹操为丞相，崔琰为东西曹掾属征事。"魏国初建，拜尚书。"注引《先贤行状》又说：魏初，崔琰被"委授铨衡，总齐清议，十有余年。文武群才，多所明拔。朝廷归高，天下称平"。毛玠与崔琰二人先是以司空丞相东曹掾的官职典选，后是以尚书的官职典选。魏尚书有吏部，选举归吏部掌管，毛、崔二人应先后为吏部尚书。从《先贤行状》所说"总齐清议"来看，"清议"仍旧是选举的根据。而"文武群才，多所明拔"之语，又表明曹操时期的"清议"，标准为求才三令，而非儒家道德。《毛玠传》注引《先贤行状》还说毛玠典选，"诸宰官治民功绩不著而私财丰足者，皆免黜停废，久不选用"。这又说明官吏被选用之后，在任职过程中有考核。不要忘记魏吏部有考功郎。"宰官

---

① 陈寅恪：《金明馆丛稿初编》，上海古籍出版社，1980年，第44—45页。

治民功绩不著而私财丰足"，表明这种宰民之官，无才可言，办不好事，而贪财却唯恐落于人后。这样的官是要被免黜停废的。免黜停废的标准依然是曹操的求才三令。

在《三国志》中，我们尚可看到曹操经常与尚书令荀彧讨论人物优劣，荀彧也每每向曹操推贤进士。《荀彧传》注引《彧别传》记荀彧引进的著名人物，有荀攸、钟繇、陈群、司马懿、郗虑、华歆、王朗、荀悦、杜袭、辛毗、赵俨、戏志才、郭嘉与杜畿等人，并说荀彧"取士不以一揆，戏志才、郭嘉等有负俗之讥，杜畿简傲少文，皆以智策举之，终各显名"。这正是不以性行好坏废才，正是求才三令对选举的要求。《彧别传》还说"荀攸后为魏尚书令，亦推贤进士"。曹操曾称赞荀彧、荀攸二人："二荀令之论人，久而益信，吾没世不忘。"[①]由此可知在曹操时期，典选归东曹与吏部，吏部选官要通过尚书令，尚书令又可直接向曹操推贤进士。而标准、原则都不离求才三令的规定，不仅把才放到第一位，而且把才作为唯一的要求，即唯才是举。

唯才是举有利还是有弊，历史作了验证。最早与曹操同时代的著名人物郭嘉，曾将袁绍与曹操的用人政策，作过对比。他说袁绍"用人而疑之，所任唯亲戚子弟"；曹操则"用人无疑，唯才所宜，不间远近"[②]。他认为这表明曹操在"度"上，胜过了袁绍，袁绍终将失败（荀彧有同样的看法）。官渡之战曹胜袁败，用人是重要原因之一。再说《三国志》的作者晋人陈寿，也看到了曹操之所以"终能总御皇机，克成洪业"，是因为"官方授材，各因其器，矫情任算，不念旧恶"[③]。崇奉理学，标榜君臣之道无所逃于天地之间的宋人，大骂曹操是汉贼、奸臣。但如《容斋随笔》的作者洪迈，虽然骂他，却不得不承认他所用的人，无一不有治才，无一

---

① ［晋］陈寿撰，［宋］裴松之注：《三国志》卷十《魏书·荀彧荀攸贾诩传》注引《彧别传》，中华书局，1959年，第318页。

② ［晋］陈寿撰，［宋］裴松之注：《三国志》卷十四《魏书·程郭董刘蒋刘传》注引《傅子》，中华书局，1959年，第432页。

③ ［晋］陈寿撰，［宋］裴松之注：《三国志》卷一《魏书·武帝纪》，中华书局，1959年，第55页。

不清廉正直，不得不承认他那个时代吏治的清明，在《容斋随笔》中专门立了一条《曹操用人》，以旌其功。像荀彧、郭嘉本从袁绍，袁绍不能用他们，他们才投奔曹操，成为曹操战胜袁绍等大小军阀的最得力的谋士。曹操所任命的刺史，如扬州刘馥，并州梁习，雍州张既，太守，如河东杜畿，京兆郑浑，弘农贾逵，无一不有文才武略，无一不是治绩显著。即使是县令，曹操也能注意人选。《三国志·何夔传》说东南多变，曹操"以陈群为酂令，夔为城父令，诸县皆用名士以镇抚之，其后吏民稍定"。《三国志·刘晔传》说曹操"征晔及蒋济、胡质等五人，皆扬州名士……以四人为令"。可以这样说：用人无疑，唯才所宜，是曹操不同于东汉与汉末其他军阀的一个最大的特点，是曹操成功的法宝。这不仅因为他有较远的政治眼光，而且因为他有"天地间，人为贵"的思想。

第二节　九品官人法的制订，魏末在才性问题上的激烈交锋

《三国志·陈群传》记曹丕为魏王时，陈群徙尚书，"制九品官人之法"。《文献通考》卷二十八《选举考一》对此法作了具体的解释：

> 州、郡、县俱置大小中正，各取本处人在诸府公卿及台省郎吏有德充才盛者为之。区别所管人物，定为九等。其有言行修著，则升进之，或以五升四，以六升五。倘或道义亏缺，则降下之，或则自五退六，自六退七矣。是以吏部不能审、定、核天下人才士庶，故委中正铨第等级，凭之授受，谓免乖失。

照《通考》的解释，九品指人才的优劣，定品（定等）由中正，既定之后，复有升、降，升、降亦由中正。吏部根据中正所定品级（等级），决定给官或不给官，给官给多大的官。

中正定品级，根据什么标准呢？《通考》有"言行修著""道义亏缺"之语，这就是标准。《晋书·卫瓘传》记卫瓘等上疏论九品中正之制，"其

始造也，乡邑清议，不拘爵位，褒贬所加，足为劝励，犹有乡论余风"。《晋书·刘毅传》记刘毅上疏论九品八损，也说到"前九品诏书，善恶必书，以为褒贬，当时天下，少有所忌"。褒贬、劝励、善恶，都是就性行、道义、道德而言，这足以说明人的性行如何，是中正据之以决定品级高下的重要根据。但不是唯一的根据。在刘毅的九品八损疏中有这样几句话："为九品者，取下者为格，谓才德有优劣，伦辈有首尾。"可知除德之外，才与伦辈也是根据。中正评定某人，要"立品设状"。状上要包含德、才、伦辈三个内容，所定品级，是上品还是下品，是五品、六品还是七品，要与状上所写德、才、伦辈相符，主要是德才，或者说性行与才。要注意这已经不是唯才是举了，曹操的选举方针在九品中正创立之初，被改变了。可以这样说：陈群九品官人法创立之日，也就是曹操求才三令废止之时。

魏明帝时，卢毓为吏部尚书，"于人及选举，先举性行，而后言才"[1]。性行善恶本来就是九品中正制所强调的要求在状上写明的东西，本来就是定品级的依据。卢毓则明确地把性行摆到了第一位，而才则被他放到次要的位置上。他为此还提出了理论根据："才所以为善也，故大才成大善，小才成小善。今称之有才而不能为善，是才不中器也。"[2]因此，必须先性行而后言才。可卢毓忘记了东汉强调儒家道德，却变成"察孝廉，父别居，寒素清白浊如泥"。按照儒家道德标准选拔出来的官吏，办不好事，不能为善，这首先是因为他无才或者缺才。而按照曹操求才三令所选拔出来的官吏，却无不能把事情办好，无不能与人为善，受到吏民的称赞。这首先是因为他有才，多才。卢毓把被曹操颠倒的才性关系，作了再颠倒。这种再颠倒，反映了中正定品级，在德、才、伦辈三者中，已经是以德即以性行为主，非仅吏部据性行以选官而已。因为吏部选官是根据中正所定的品级。

---

① [晋]陈寿撰，[宋]裴松之注：《三国志》卷二十二《魏书·桓二陈徐卫卢传》，中华书局，1959年，第652页。

② [晋]陈寿撰，[宋]裴松之注：《三国志》卷二十二《魏书·桓二陈徐卫卢传》，中华书局，1959年，第652页。

当时的曹魏，拥护曹操求才三令的，还大有人在。如果说起初他们还看不清曹操死后，选举方针有什么变化，但到明帝以后，他们便明白曹操的唯才是举的方针，已被政治上某一个集团或派系所否定，代之而起的又是东汉的"唯德是举"，或者说先德后才。而这不仅是选举方针的变化，而且是大政方针的变化。政治上正在得势的某派力量，又将独尊儒术了。一场论争，显然已经不可避免。

即在明帝与齐王的时候，在才性问题上，出现了四种不同的看法，两两针锋相对。《世说新语·文学》"钟会撰《四本论》始毕"条注引《魏志》说：

> 会论才性同异传于世，四本者，言才性同，才性异，才性合，才性离也。尚书傅嘏论同，中书令李丰论异，侍郎钟会论合，屯骑校尉王广论离。文多不载。

这些言论没有流传下来。现在只有《艺文类聚》卷二十一所引魏晋时人袁准（袁涣之子）的一段《才性论》。此论的结语是："然则，性言其质，才名其用，明矣。"这是说，才性为一元，性是才的内涵，才是性的外见。这就是傅嘏的"才性同"。性行就是才，性行好就是才好，性行坏就是才坏。李丰的才性异，与傅嘏的才性同是针锋相对的。才性异是说才性为二元，有性行并不就是有才，不能把性行与才等同起来。钟会的"才性合"，可用标榜选举"先举性行而后言才"的卢毓的话来解释。卢毓说："今称之有才而不能为善，是才不中器也。""不中器"也就是才与性不合。才性合论者承认才与性非一物，但可以而且应该合到一起（中器）。大才成大善，小才成小善，有才而不能为善，实际上是不才，无才。反过来说，能成大善、小善的，便是有大才、小才。这种说法，本质上与傅嘏的才性同没有什么区别。王广的"才性离"是与钟会的才性合针锋相对的。才性离是说才性二者本来就是对立的，分离的，不能合二而一。

看一看他们四人的家世出身与政治态度，是十分有意思的。

傅嘏。《三国志·傅嘏传》说他是傅介子之后，祖父傅睿为代郡太守，伯父傅巽，魏文帝时为侍中尚书，父傅充为黄门侍郎。傅嘏本人由九品中正制的创立者陈群引进，是司马氏的死党。高贵乡公正元二年（255），毌丘俭、文钦在淮南起兵反对司马师，傅嘏力劝司马师亲征。司马师用傅嘏守尚书仆射，偕同傅嘏一起东行。毌丘俭的失败，傅嘏有参谋之功。司马师回兵，病死于许昌，高贵乡公命司马昭留屯许昌，命傅嘏率诸军还洛阳。傅嘏却一面上表请皇帝收回成命，一面与司马昭径自率军回到洛水南岸驻屯。高贵乡公不得不用司马昭为大将军，辅政。

钟会。《三国志·钟会传》说他是太傅钟繇的小子。毌丘俭起兵于淮南，他随司马师出征，"典知密事"。司马师死于许昌，圣旨命司马昭即在许昌屯驻。他与傅嘏一起径拥司马昭还军洛阳。诸葛诞在淮南起兵反对司马昭，钟会又随司马昭东征。

傅、钟二人都出身世族儒门，阶级与"伏膺儒教"[1]的河内世族儒门司马氏正同。在政治上，他们完全倒向了司马氏一边，极力支持司马氏向曹氏夺取政权。他们所标榜的"才性同""才性合"，实际上是司马氏的主张。他们是作为司马氏的理论家、喉舌被推到前台，来为儒家的道德教条讲话的。才性同、合之论，是为九品中正制度制造理论上的根据，为出身世族儒门的人物被中正定为上品，选入政府部门任高级官吏，敞开大门。既然性行和才是一个东西（才性同），既然性行和才可以合而为一（才性合），那么，选举根据性行儒教、门第伦辈，都是天经地义的了。

李丰。《三国志·夏侯玄传》记李丰"虽宿为大将军司马景王（司马师）所亲待，然私心在玄，遂结皇后父光禄大夫张缉，谋欲以玄辅政"，杀掉司马师。《三国志·毌丘俭传》记在淮南起兵反对司马师的毌丘俭，"与夏侯玄、李丰等厚善"。李丰之子李韬之妻又是皇家曹氏的公主。可知李丰在政治上，与曹氏、夏侯氏为一党。在曹爽被司马懿杀死以后，他内奉夏侯玄，外结毌丘俭，欲一举剪除司马氏集团，拯救曹魏。可是没有成

---

① ［唐］房玄龄等：《晋书》卷一《宣帝纪》，中华书局，1974年，第1页。

功，反与夏侯玄等一起，死于司马师之手。

王广。王广是王凌之子。王凌是"淮南三叛"（王凌、毌丘俭、诸葛诞）之一，自称他是个"固忠于魏之社稷者"[①]，欲"兴曹氏"[②]。王凌、王广父子都死在司马懿手上，王广在政治上属于曹氏一党，又不待言。

李丰、王广倡言"才性异""才性离"，正是反对九品中正制度的选举标准及其理论根据，正是坚持曹操求才三令的主张。他们与傅嘏、钟会在才性问题上的斗争，所反映的，是曹氏与司马氏两大政治集团之间的生死搏斗，是世族儒门夺回在曹操的时候失去的政治权力、恢复儒教地位的殊死战。

性行也就是刘毅所说"九品诏书"要求必书的善恶之性与行。善恶也就是是否遵奉儒家规定的、但曾被曹操否定的仁、孝等道德教条。这种道德又是为儒家规定的君臣、父子之间的名教效劳的。夏侯玄在论九品中正时，说过"夫孝行著于家门，岂不忠恪于在官乎"[③]的话。此即所谓求忠臣于孝子之门。而儒家体用一致及周孔道德堡垒，自汉武帝独尊儒术以来，就成了汉朝安邦立国的依靠及世族安身立命的依据。世族无不尊奉儒教。如弘农杨氏，自西汉以来，便以《欧阳尚书》传家。东汉的杨震，有"关西孔子杨伯起（杨震字）"[④]的美称。袁绍所属的汝南袁氏，以《孟氏易》传家[⑤]。袁绍被郭嘉视为"繁礼多仪"，"见人饥寒，恤念之形于颜

① ［晋］陈寿撰，［宋］裴松之注：《三国志》卷二十八《魏书·王毌丘诸葛邓钟传》注引《晋纪》，中华书局，1959年，第760页。

② ［晋］陈寿撰，［宋］裴松之注：《三国志》卷二十八《魏书·王毌丘诸葛邓钟传》注引《汉晋春秋》，中华书局，1959年，第759页。

③ ［晋］陈寿撰，［宋］裴松之注：《三国志》卷九《魏书·诸夏侯曹传》，中华书局，1959年，第295页。

④ ［宋］范晔撰，［唐］李贤等注：《后汉书》卷五十四《杨震传》，中华书局，1965年，第1759页。

⑤ ［宋］范晔撰，［唐］李贤等注：《后汉书》卷四十五《袁安传》，中华书局，1965年，第1517—1522页。

色"①。河内司马氏"伏膺儒教"。司马懿之父司马防官至京兆尹。此人以守礼法闻名，"闲居宴处，威仪不忒"，"父子之间肃如"②。既然如此，中正要选择性行好的人，便自然而然，要去叩世族儒门的朱红大门了。何况世族又有权，有势，有财。以此，选举由重性行又一变而为看门第。

此种变化来得很快，晋初即已完成。这当与王广、李丰等相继被杀，朝廷已无反对势力有关。《通典》写到曹魏九品之制，已有"若吏部选用，必下中正，征其人居及父祖官名"③的话。晋初的卫瓘等人在他们的论九品疏中，说到自九品中正制创立之后，"中间渐染，遂计资定品，使天下观望，唯以居位为贵"④。所谓"中间渐染"，指的是魏末。到西晋，已不是渐染，而变成"门选"了。《晋书·王戎传》记王戎"自经典选，未尝进寒素，退虚名，但与时浮沉，户调、门选而已"。门选在西晋已经形成一种制度，一种风气。既然是门选，刘毅指责的"上品无寒门，下品无势族"⑤，在当局者看来，乃理之当然。

那时的品状，诚如刘毅所说："况今九品，所疏则削其长，所亲则饰其短。徒结白论，以为虚誉。"⑥是寒门人物，即使有很多长处，在状上也被削去，被定成下品。是势族人物，即使"素庸下，无智策"⑦如司马伦，"神昏，不知书"⑧如司马颖，也被定为上品，而状上看不到他们还有什么短处，只吹得天花乱坠。刘毅为此忧心忡忡。这样的人去做官，"百揆何

①[晋]陈寿撰，[宋]裴松之注：《三国志》卷十四《魏书·程郭董刘蒋刘传》注引《傅子》，中华书局，1959年，第432页。

②[晋]陈寿撰，[宋]裴松之注：《三国志》卷十五《魏书·刘司马梁张温贾传》注引司马彪《序传》，中华书局，1959年，第466页。

③[唐]杜佑撰，王文锦等点校：《通典》卷十四《选举二》，中华书局，1988年，第328页。

④[唐]房玄龄等：《晋书》卷三十六《卫瓘传》，中华书局，1974年，第1058页。

⑤[唐]房玄龄等：《晋书》卷四十五《刘毅传》，中华书局，1974年，第1274页。

⑥[唐]房玄龄等：《晋书》卷四十五《刘毅传》，中华书局，1974年，第1276页。

⑦[唐]房玄龄等：《晋书》卷五十九《赵王伦传》，中华书局，1974年，第1600页。

⑧[唐]房玄龄等：《晋书》卷五十九《成都王颖传》，中华书局，1974年，第1617页。

以得理，万机何以得修"？①

中正这样做，难道就不怕人反对么？就无人持异议么？势族不会反对，也不会持异议。即使有人反对，中正也不怕。在九品中正制下，中正有大权。《文献通考》说："而九品中正者，寄雌黄于一人之口。"②中正说是白的，就是白的；说是黑的，就是黑的。中正定哪一品，就是哪一品。未做官的，做官要由中正定品级；已做官的，"自公卿以下，至于郎吏，功德材行所任"，也要由中正"差叙"③，即定品级，以作为黜陟的根据。如果为中正的"评论所不许，则司擢用者不敢违其言；擢用或非其人，则司评论者（中正）本不任其咎"④。经过擢用，就算发现中正推选上来的人是个白痴，中正也不负任何责任。刘毅说过："选中正而非其人，授权势而无赏罚。"⑤他的话表明中正办事办得再坏，也不会受到一点点处罚。因为朝廷对于中正，只授权势，不立赏罚。

第三节　两晋与南朝选官制度的变化

两晋与南朝做官的途径，基本上可划分为三类。第一类是中正定品第，由吏部或公府擢用。这一类在西晋最为重要。第二类是中正定品第，由州郡擢用或由州郡察举秀才、孝廉，再经策试做官。这一类到南朝宋、齐年间，变得非常重要。第三类是入国子学或太学，做国子生或太学生，结业时经过考试入仕。这一类与九品中正制度无关，在两晋之时最不重要，但却是最有生命力的一类，到梁朝时候，得到了引人注目的发展。还有一种"诏官"，由皇帝特选。

---

① [唐]房玄龄等：《晋书》卷四十五《刘毅传》，中华书局，1974年，第1276页。

② [元]马端临：《文献通考》卷二十八《选举一》，中华书局，1986年，第267页。

③ [晋]陈寿撰，[宋]裴松之注：《三国志》卷二十三《魏书·和常杨杜赵裴传》注引《魏略·清介传》，中华书局，1959年，第661页。

④ [元]马端临：《文献通考》卷二十八《选举志一》，中华书局，1986年，第267页。

⑤ [唐]房玄龄等：《晋书》卷四十五《刘毅传》，中华书局，1974年，第1277页。

一、"二品系资"与按门第直接授官的僵死性

两晋南朝的门选有一个特征,这就是沈约所说:"凡厥衣冠,莫非二品,自此以还,遂成卑庶。"①《晋书·李重传》记晋武帝《癸酉诏书》,有所谓"以二品系资"之言。传中记西郭汤、刘珩、霍原、吉谋等人之所以被用为秘书郎及诸王文学,都是因为他们被中正定作了二品。不然,不能做秘书郎与诸王文学。霍原或被认为是"寒素",不能以二品系资。经过李重奏请,才被定为二品。据此可见二品只有衣冠才能获得。由此逐渐形成一种固定的程式或原则:凡高门势族出身的人物,中正一律定为二品(上品中)。自此以下,"遂成卑庶"。

进入南朝,士族的分化很厉害。南朝有甲、乙、丙、丁四姓,都是士族(《南史·张绾传》有所谓"四姓衣冠士子")。南朝史料中常见"甲族"一词,甲族即四姓中的甲姓。而甲族又非地位均等,其中复有门第的区别。《唐书·柳冲传》说:"尚书、领、护而上者为甲姓。"又说:"制凡三世有三公者曰膏粱,有令、仆者曰华腴。"膏粱是甲族中最高的门第。凡为膏粱必须有三世为三公。宋武帝曾说王昙首与从弟王球"并膏粱盛德"②,这是因为王家自王导以来有丞相、司徒、太保三公之官。膏腴之下,有素族、素士,都是士族。素是相对于膏腴而言。素士之下,还有寒士,也是士族。

由于士族的分化,虽然在中正的品第上,"凡厥衣冠(所有士族),莫非二品",但这只是取得做官的基本条件,起家官就不一样了。"晋世名家身有国封者,起家多拜员外散骑侍郎"③。宋、齐以来,秘书郎"为甲族起家之选,待次入补,其居职例不数十日便迁任"④。到陈朝时候,起家官分得很细密。《隋书·百官志上》说:

① [梁]沈约:《宋书》卷九十四《恩幸列传》,中华书局,1974年,第2302页。
② [梁]沈约:《宋书》卷六十三《王昙首传》,中华书局,1974年,第1678页。
③ [梁]沈约:《宋书》卷五十八《谢弘微传》,中华书局,1974年,第1591页。
④ [唐]李延寿:《南史》卷五十六《张弘策传》,中华书局,1975年,第1385页。

> 其亲王起家则为侍中。……皇太子冢嫡者,起家封王,依诸王起
> 家。余子并封公,起家中书郎。诸王子并诸侯世子,起家给事。三公
> 子起家员外散骑侍郎,令仆子起家秘书郎。若员满,亦为板法曹,虽
> 高半阶,望终秘书郎下。次令仆子起家著作佐郎,亦为板行参军。此
> 外有扬州主簿、太学博士、王国侍郎、奉朝请、嗣王行参军,并起家
> 官,未合发诏。

至此,形成了两种固定的模式。一是中正定品级,凡是衣冠士子莫非二
品。二是擢用者根据门第的高低给予相应的官位。这二者表明九品中正制
度到南朝,已成为一种僵死的非革不可的东西了。如果要细分,那也只能
说公府辟召比之于朝廷(吏部)铨授,较能得才。那种被颜氏耻笑为"射
则不能穿札,笔则才记姓名"[①]的贵游子弟,大可由吏部授官,却很难进
入公府。

二、较有活力的州郡察举与朝廷策试制度

魏晋南北朝时代的州郡察举与汉朝不同的是,汉朝为乡举里选,此时
由中正一人评论。

如果说州所举的秀才都出身士族的话,那么,郡所举的孝廉就有出身
为寒素而非士族的人物。这一点很可注意。《宋书·孝义传》记会稽郭世
道之父无官爵,先世无闻,"家贫无产业",父死,"佣力以养继母"。"仁
厚之风,行于乡党。""太守孟顗察孝廉,不就"。又记其子郭原平"世禀孝
德","太守王僧朗察孝廉,不就"。后来,蔡兴宗来会稽当太守,"欲举山
阴孔仲智长子为望计,原平次息为望孝。仲智会土高门,原平一邦至行,
欲以相敌"。这二选因皇帝另外用了他人,才未做成。郭原平长子郭伯林,
则举了孝廉。无疑郭家是寒素之家,非士族。再如乌程潘综、吴逵,先世

---

① [北齐]颜之推撰,王利器集解:《颜氏家训集解》卷三《勉学》,上海古籍出版社,
1980年,第141页。

均无官爵。潘综曾"廉补左民令史,除遂昌长";吴逵曾"补功曹史,逵以门寒,固辞不就"。王韶之来吴兴当太守,二人"并察孝廉"。他们门寒身素,也非士族人物。

察举要根据中正所具品状。从沈约说的"凡厥衣冠,莫非二品,自此以还,遂成卑庶"来看,衣冠士子在举秀、孝之前,已取得二品之资。问题在于寒素。像郭世道、郭原平、郭伯林、潘综、吴逵这样的门寒身素的卑庶,在举孝廉之前,是不是也要取得二品之资呢?

刘毅说过:"以状取人,则为本品之所限。若状得其实,犹品状相妨。"[1]在九品中正制下,擢用或察举是看品,不是看状。铨受官职,察举秀、孝,要与中正所定品第相应。如果需要二品之资,则无论衣冠、寒素,都应当具有这个资格。

寒素人物是不是可以取得二品之资呢?按照晋武帝癸酉诏书之旨,是可以取得的。《晋书·李重传》记李重的话说:"如诏书之旨,以二品系资,或失廉退之士,故开寒素以明尚德之举。"这是说,以二品系资,本限于士族。但这样做,一些以德业著称的人,会因门寒身素,选不上来。"开寒素",即对寒素中某些特出的孝子仁人,特许与士族一样,以二品系资,以使他们取得做官或察举秀、孝的资格。《李重传》中所记的"燕国霍原",便是一个这样的人物。根据晋武帝开寒素之诏,他是"举寒素"、理"应为二品"。蔡兴宗欲令寒素郭原平的次息与会士高门孔仲智的长子相匹敌,是说不仅同以二品系资相匹敌,而且以一举望孝,一举望计相匹敌。郭原平次息如果不是二品,而是三品以下那是不能举为望孝的。

州郡察举秀、孝,所不同的是,被举为秀才与孝廉的人,不能直接做官,要做官还得通过朝廷的策试。这不包括被举为秀、孝以前他们在地方上曾经担负过的官职。因为秀、孝要经过策试才能做官,比起那些高门子弟被中正定为二品后,即可由吏部铨叙、公府辟召,直接做官,仕途要难得多。可因为在秀、孝与做官之间,树起了一座考试大关,使那些提笔才

_____

[1]〔唐〕房玄龄等:《晋书》卷四十五《刘毅传》,中华书局,1974年,第1276页。

记姓名，宴会假手赋诗的人，只能望关兴叹，掉头反走。

黄初二年（221），魏文帝曾"令郡国口满十万者，岁察孝廉一人；其有秀异，无拘户口"。三年，又令郡国所选计、孝，"勿拘老幼；儒通经术，吏达文法，到皆试用"[①]。二令只提到孝廉，且只云"到皆试用"，未言策试。东晋令"扬州岁举（秀才）二人，诸州举一人，或三岁一人，随州大小，并对策问"[②]。此令明言要策试，但东晋的策试并不正常。《通典》卷十四《选举二》记东晋之初，"远方孝、秀，不复策试，到即除署"。经略粗定，"乃诏试经，有才不中举者，免其（刺史）、太守"。这很严厉，以致"孝、秀莫敢应命"。被选送京师应试的，往往辞以疾病。大兴三年（320），尚书孔坦请将策试孝、秀的期限，"普延五岁，许其讲习"，然后再试[③]。元帝只同意将孝廉的策试，延至太兴七年（324），秀才如期考问。《宋书·武帝纪中》义熙七年（411）又记："先是诸州郡所遣秀才、孝廉，多非其人，公表天子，申明旧制，依旧策试。"这又表明秀、孝的策试，自东晋初年到末年，中间复有停顿，名为秀、孝，实不得人。因此，刘裕要求"申明旧制，依旧策试"。

秀、孝的策试，到南朝才被强调，才正常化。《通典》卷十四《选举二》说：

> 宋制：丹阳、吴会、会稽、吴兴四郡，岁举（孝廉）二人，余郡各一人。凡州秀才、郡孝廉，至皆策试，天子或亲临之。及公卿所举，皆属于吏部叙才铨用。凡举得失各有赏罚，失者其人加禁锢，年月多少，随部（郡）议制。

此制规定了州郡所举秀、孝，一到京城，便须策试。策试通过了，由吏部

---

① ［晋］陈寿撰，［宋］裴松之注：《三国志》卷二《魏书·文帝纪》，中华书局，1959年，第77—79页。

② ［梁］沈约：《宋书》卷四十《百官志下》，中华书局，1974年，第1257页。

③ ［唐］杜佑撰，王文锦等点校：《通典》卷十四《选举二》，中华书局，1988年，第332—333页。

叙才铨用。没有通过的、不中举的人,要受处罚——禁锢。孝建元年
(454),孝武帝为此又发布了一个诏令:

> 四方秀孝,非才勿举,献答允值,即就铨擢。若止无可采,犹赐
> 除署;若有不堪酬奉,虚窃荣荐,遣还田里,加以禁锢。[①]

这是重申宋初之制。可以注意的是,二制强调的,是禁锢那些虚窃荣荐,
实无才识的秀、孝本人,而非推荐秀、孝的刺史、太守。这与东晋不同。
后一个诏令且强调了才,提出了"非才勿举"四字,作为察举秀、孝的方
针。才又回到选举制度中来了,不过"非才勿举"不是曹操的唯才是举。

　　永初二年(421),宋武帝曾亲临延贤堂,"策试诸州郡秀才、孝廉。
扬州秀才顾练、豫州秀才殷朗所对称旨,并以为著作佐郎"[②]。孝武帝
"大明中举秀才",顾愿以"对策称旨,擢为著作佐郎,太子舍人"[③]。这
些记载可以说明秀、孝的考试制度到南朝得到了重视,赏与罚对于进贤
才,退不肖,无疑是有利的。

　　宋时,对于秀才对策的优劣标准,作出了具体的规定。《南齐书·谢
超宗传》记宋明帝泰始三年(467),尚书都令史骆宰"议策秀才考格,五
问并得为上,四、三为中,二为下,一不合与第"。这个意见被采纳了。
五问如果只答出二问,还可依孝武帝诏令,"若止无可采,犹赐除署"。如
果只答出一问,"不合与第",那就要"遣还田里,加以禁锢"。

　　齐时似更重视秀才。《宋书·孝义传》记被举为孝廉的包括不就的在
内,有郭世道、郭原平、郭伯林、吴逵、潘综五人。《南齐书·孝义传》
却连一个被举为孝廉的也没有,朝廷对那些孝义人物,只是"蠲租税,表
门闾"而已。

　　齐时策试秀才的方法与优劣标准,同于宋时。《文选》卷三十六载有

---

①　[梁]沈约:《宋书卷六《孝武帝纪》,中华书局,1974年,第114页。

②　[梁]沈约:《宋书》卷三《武帝纪下》,中华书局,1974年,第56页。

③　[梁]沈约:《宋书》卷八十一《顾颛之传》,中华书局,1974年,第2087页。

王融的《永明九年策秀才文五首》和《永明十一年策秀才文五首》。所谓"五首"即是五问。永明九年（491）策秀才文的第一问中，有两处值得注意。一是"问秀才高第明经"之句，李周翰注云："高第明经，谓德行高远，明于经国之道，第一者也。"齐时尚无明经之科，明经指"明于经国之道"，这里面就含有才字。五问都是问经国之道。二是"子大夫选名升学"之句，刘良注云："言当选名之秀，进于太学。"则秀才又与升太学挂上钩了。但从《南齐书》和《梁书》中找不到这种例子。又传记所见如庾杲之、王融、宗测、陆厥[1]、萧琛、陆倕、裴邃、张率、孔休源、丘迟、何逊、钟嵘、周兴嗣、伏挺[2]，都是秀才，竟看不到一个孝廉。丘巨源之为孝廉，是在宋时。这也可说明南齐重的是秀才，不是孝廉。重秀才更多的是重才，不是重性行。南齐这个变化，很可注意。

三、梁武帝时期中正的废除，学校的发展与科举的萌芽

梁武帝做皇帝凡四十八年（502—549），在这四十八年中，选举制度发生过极大的变化，首先是九品中正制度的废除。《通典》卷十四《选举二》写道：

> 梁初无中正制，年二十有五方得入仕。天监中（四年），制九流常选。年未三十，不通一经者，不得为官。若有才同甘、颜，勿限年次。至七年，州置州重，郡置郡崇，乡置乡豪，各一人，专典搜荐，无复膏粱寒素之隔。普通七年，诏凡州岁贡二人，大郡一人。敬帝太平二年，复令诸州各置中正，仍旧选举，皆须中正押上，然后量授，不然则否。

《梁书·敬帝纪》太平二年春正月壬寅诏云：

---

① 以上见《南齐书》。
② 以上见《梁书》。

> 诸州各置中正，依旧访举。不得辄承单状序官，皆须中正押上，然后量授。详依品制，务使精实。……其选中正，每求耆德该悉，以他官领之。

这两段文字讲得很清楚，自梁初（502）至敬帝太平二年（557），五十六年中无中正之官，亦无中正押上即定品之制。梁武帝用州重（州望）、郡崇（郡宗）、乡豪代替了大小中正；用"无复膏粱寒素之隔"代替了门选；用"不通一经者，不得为官"，代替了二品系资，即可以为官。这是选举制度的一次革命性的变化。只是到了太平二年（557）陈霸先操持梁朝政权的时候，才复命各州设置中正，典选定品。授官依旧"详依品制"。《梁书》传记仍有中正之官，证之以太平二年（557）的诏令，可知为州重、郡崇的误书。如果认为齐、陈有中正，梁便有中正，如果不细加考察，我们就让这场长达半个世纪以上的选举制度的变革，影响深远的变革，在眼皮底下溜过去了。

梁时另一个值得我们密切注意的变化，是学校的发展，科举的萌芽。

魏晋南北朝时代的学校，兴废无常，功效不著，学生的阶级性严格。真正得到发展，要到梁武帝的时候。建安二十二年（217），曹操作泮宫于邺城南。这是学校恢复的前奏。魏文帝黄初五年（224），立太学于洛阳，学校虽然恢复过来，但"二十余年，而成者盖寡。由博士选轻，诸生避役，高门子弟，耻非其伦，故无学者。虽有其名，而无其实，虽设其教，而无其功"[1]。这样的学校，有等于没有。

晋武帝泰始八年（272），太学生达到七千余人，有所发展。有司奏请"才任四品，听留"。此所谓"四品"，指中正的品第。晋武帝复旨："已试经者留之，其余遣还郡国。大臣子弟堪受教者，令入学。"[2]由此，太学生减到三千余人。

西晋在太学之外，另立国子学。时间，《宋书·礼志一》说是在咸宁

---

① ［梁］沈约：《宋书》卷十四《礼志一》，中华书局，1974年，第356页。
② ［梁］沈约：《宋书》卷十四《礼志一》，中华书局，1974年，第356页。

二年（276）。但这只是一个开端，规模不具，原则未立。真正办起来，要到惠帝元康三年（293）。《南齐书·礼志上》记国子助教曹思文上给东昏侯的表中说：

> 据臣所见，今之国学，即古之太学。晋初太学生三千人，既多猥杂，惠帝时欲辩其泾渭，故元康三年始立国子学，官品第五以上（子弟）得入国学。天子去太学入国学，以行礼也。太子去太学入国学，以齿让也。太学之与国学，斯是晋世殊其士庶，异其贵贱耳。然贵贱士庶，皆须教成，故国学、太学两存之也。

说得很明白，西晋在太学之外，又立国子学或国学，目的在"殊其士庶，异其贵贱"。想进国子学，父亲的官品必须在五品以上。晋时五品官有给事黄门侍郎、散骑侍郎、中书侍郎、羽林监、都督、护军、郡国太守相内史、都亭侯等①，五品以上的子弟，也就是这些官以上的子弟。要注意入学但据父亲的官品，不是由中正定品级入国子学或太学，上学与九品中正制度无关。国子学设有国子祭酒一人。

自东晋至南齐，学校兴废无常。《宋书·礼志一》记晋元帝太兴初年，议立学校，设置博士。逢王敦兵起，未曾实行。成帝咸康三年（337），才立国子学，征集学生。到穆帝永和八年（352），又因殷浩兴军西征，征集的学生被全部遣散回家。升平元年（357），一度于秦淮水北的中堂"权立行太学"。地方也有办学的，庾亮在武昌办学，"参佐大将子弟，悉令入学"。庾家子弟，亦令受业。但庾亮一死又废。淝水战后的第一年（太元九年），孝武帝因谢石之言，"选公卿二千石子弟为生，增造庙屋一百五十五间"，于中堂立起学校。有司奏请"应须二学生百二十人。太学生取见人六十，国子生权铨大臣子孙六十人，事讫罢"。孝武帝依从了。可因为"品课无章，士君子耻与其列"，二学虽然兴办，却迟迟不能发展。

---

① [元]马端临：《文献通考》卷六十六《职官志二十》，中华书局，1986年，第599—600页。

宋初无国子学。文帝元嘉十五年（438），征雷次宗至建康，"开馆于鸡笼山，聚徒教授，置生百余人。会稽朱膺之、颍川庾蔚之并以儒学监总诸生"。于是有了"儒学"。文帝又"使丹阳尹何尚之立玄学，太子率更令何承天立史学，司徒参军谢元立文学，凡四学并建"①。儒、玄、史、文四学不是国子学。国子学要到元嘉二十年（443）才建立。二十七年又废，寿命不过八年。明帝泰始六年（470），鉴于国学颓废，又"置总明观以集学士，或谓之东观，置东观祭酒一人，总明访举郎二人；儒、玄、文、史四科，科置学士十人，其余令史以下各有差"②。四科是承袭文帝的四学。明帝置总明观但集学士，不言学生，实际比不上有生徒的四学。总明观保持到齐武帝永明三年（485）才省掉。

齐高帝建元四年（482），一度建立国学，有学生一百五十人。高帝一死，国学作罢。武帝永明三年（485），又下诏立学，创立堂宇，"召公卿子弟下及员外郎之胤，凡置生二百人。其年秋中悉集"③。国学算是真正办起来了。武帝用王俭为国子祭酒，"省总明观，于俭宅开学士馆，以总明四部书充之"④。自此到永明十一年（493）武帝死，国学办了九年。可到武帝死后，又"以无太子故废"。曹思文认为"系废兴于太子者，此永明之巨失也"⑤。明帝建武四年（497），又下诏立学。东昏侯即位，复废。

正是由于国学与太学的兴兴废废，所以，两晋与宋时由国学与太学出身做官的人，寥若晨星。南齐较为重才，永明立学，维持的时间又较长，因此要好一些。那时的国学与太学二学，已经合而为一。从国学出身做官的都要经过考试。南齐叫做"举高第""射策高第""举明经"。如江蒨，"选为国子生，通《尚书》，举高第。起家秘书郎"⑥；徐勉，"起家国子生，太尉文宪公王俭时为祭酒，每称勉有宰辅之量。射策举高第，补西阳

①［梁］沈约：《宋书》九十三《隐逸列传》，中华书局，1974年，第2293—2294页。

②［唐］李延寿：《南史》卷二十二《王昙首传》，中华书局，1975年，第595页。

③［梁］萧子显：《南齐书》卷九《礼志上》，中华书局，1972年，第143页。

④［唐］李延寿：《南史》卷二十二《王昙首传》，中华书局，1975年，第595页。

⑤［梁］萧子显：《南齐书》卷九《礼志上》，中华书局，1972年，第145页。

⑥［唐］姚思廉：《梁书》卷二十一《江蒨传》，中华书局，1973年，第334页。

王国侍郎"[1]；萧洽，"齐永明中，为国子生，举明经，起家著作佐郎"[2]。要注意由国学出身做官的，仅仅是通过考试，明经高第一条途径，不需要中正定品级。学生入国学不由中正，结业通过策试做官，也不由中正，说明这条仕途，独立在九品中正制度之外。不过，即使到南齐永明之时，能入国学的，仍旧是"公卿子弟下及员外郎之胤"。阶级成分还是很高。这不能不说是九品中正制度的影响。

梁时不同，梁武帝做皇帝半个世纪，国学维持了半个世纪。学生入学的条件与结业考试做官的办法，都有了改变。因而取得了引人注目的成果。梁时由国学出身做官的人很多，形成一条极为重要的选官途径，其中已孕育着科举制度的新苗。

梁武帝天监四年（505），与制"九流常选"同时，"诏开五馆，建立国学，总以五经教授，置五经博士各一人"，以明山宾、陆琏、沈峻、严植之、贺场补博士，"各主一馆。馆有数百生"[3]。《严植之传》说他的馆在潮沟，他开讲时，"五馆生毕至，听者千余人"[4]。这一千多国子生都是什么出身呢？《隋书·百官志上》写道：

> 旧国子学生，限以贵贱，帝（梁武）欲招来后进，五馆生皆引寒门隽才，不限人数。

所谓"皆引"，表明梁时五馆生大都是寒门俊才，且不受人数限制。较之齐以前的国子生"限以贵贱"，这又是一个革命性的变化。

梁国子学生既有"明经生"[5]，又有《周易》《正言》等分科学生[6]。《孔子正言章句》为梁武帝所撰，大同七年（541）立《正言》博士一人，

---

① [唐]姚思廉：《梁书》卷二十五《徐勉传》，中华书局，1973年，第377页。
② [唐]姚思廉：《梁书》卷四十一《萧介传》，中华书局，1973年，第589页。
③ [唐]李延寿：《南史》卷七十一《儒林列传》，中华书局，1975年，第1730页。
④ [唐]李延寿：《南史》卷七十一《儒林列传》，中华书局，1975年，第1735页。
⑤ [唐]姚思廉：《梁书》卷四十二《傅岐传》，中华书局，1973年，第602页。
⑥ 见《陈书》王质、萧乾、袁宪、张讥等传。

位视国子博士①。虽然分了科,但不出经书范围,科目太狭。

值得注意的是,梁时出现了"甲科"之名。如萧孝俨,"射策甲科,除秘书郎"②。萧大临入国学,"明经射策甲科,拜中书侍郎"③。萧大连与萧大临同入国学,"射策甲科"④,亦被选为中书侍郎。天监八年(509)五月壬午,梁武帝下了一个关于国学的诏令,此令说:

> 朕思阐治纲,每敦儒术,轼间辟馆,造次以之。故负帙成风,甲科间出,方当置诸周行,饰以青紫。其有能通一经、始末无倦者,策实之后,选可量加叙录。虽复牛监羊肆,寒品后门,并随才试吏,勿有遗隔。⑤

这个诏令前面说到自开五馆,立国学以来,"负帙成风,甲科间出",后面强调授官一定要根据策试成绩,而不能根据门第。只要考得好,就是"牛监羊肆,寒品后门",也同样要"随才试吏"。这是提醒擢用部门不得把出身低但考得好的人排除出官场。

要取得甲科,并不容易。《陈书·袁宪传》记述袁宪应策试,国子博士周弘正:

> 将登讲坐,弟子毕集,乃延宪入室,授之麈尾,令宪树义。时谢岐、何妥在坐,弘正谓曰:"二贤虽穷奥赜,得无惮此后生耶!"何、谢于是递起义端,深极理致,宪与往复数番,酬对闲敏。弘正谓妥曰:"恣卿所问,勿以童稚相期(袁宪时年十五)。"时学众满堂,观者重沓,而宪神色自若,辩论有余。弘正请起数难,终不能屈。……及宪试,争起剧难,宪随问抗答,剖析如流。……寻举高第。

---

① [唐]魏征等:《隋书》卷二十六《百官志上》,中华书局,1973年,第724页。
② [唐]姚思廉:《梁书》卷二十三《长沙嗣王业传》,中华书局,1973年,第361页。
③ [唐]姚思廉:《梁书》卷四十四《太宗十一王传》,中华书局,1973年,第615页。
④ [唐]姚思廉:《梁书》卷四十四《太宗十一王传》,中华书局,1973年,第615页。
⑤ [唐]姚思廉:《梁书》卷二《武帝纪中》,中华书局,1973年,第49页。

这是口试，而且不止一个人问难。这种策试，将那些"顾人答策"的人关在大门之外。虽然也有"用钱为儿买第"的人，但真有学问的学生是不屑为的。如果不通一经，用钱买第也不行。

明经、甲科之称，汉虽有之，但在九品中正制下，湮没无闻。梁朝废除九品中正制，选举"无膏粱寒素之隔"，以"明经射策甲科"作为国子学生的入仕之途，并写进天监八年（509）五月壬午的诏令中。这种选法（可名之为"壬午选法"），与汉朝所谓明经、甲科不同，与唐朝科举制下的"明经"一科，则无多少区别。可以说，科举制在梁朝已经萌芽了。

历史的长河总是在流动的，梁时选举制度的变革，是历史进入南朝晚期必然要发生的东西。那时的九品中正制度，已经很难维持下去。梁武帝在齐中兴二年（502）二月上表萧宝融谈到：

> 良由乡举里选，不师古始（即寄雌黄于中正一人之口），称肉度骨，遗之管库。加以山河梁毕，阙舆征之恩；金、张、许、史，忘旧业之替。吁，可伤哉！且夫谱牒讹误，诈伪多绪，人物雅俗，莫肯留心。是以冒袭良家，即成冠族；妄修边幅，便为雅士；负俗深累，遽遭宠擢；墓木已拱，方被徽荣。[1]

在这段话里，梁武帝称中正的选举品第，是"称肉度骨"。那些士族，"旧业已替"，更何况冒充士族的人很多，"谱牒讹误"，谁再要根据谱牒上所谓"世胄"选举，那就要成为天大的笑料。梁武帝在表中又说：

> 设官分职，惟才是务。若八元立年，居皂隶而见抑；四凶弱冠，处鼎族而宜甄。是则世禄之家，无意为善；布衣之士，肆心为恶。岂所以弘奖风流，希向后进？此实巨蠹，尤宜刊革。[2]

---

[1] ［唐］姚思廉：《梁书》卷一《武帝纪上》，中华书局，1973年，第22—23页。
[2] ［唐］姚思廉：《梁书》卷一《武帝纪上》，中华书局，1973年，第23页。

他提出了"惟才是务"，与曹操的"唯才是举"，所差不多；比之于南齐的"非才勿举"，前进了一大步。在他当皇帝的时候，制九流常选，不再设中正掌握，而以州望、郡宗、乡豪代之，选举强调通经，不再有膏粱寒素之隔；制壬午选法，国子学生以明经射策甲科入仕。这便是刊革。敬帝时，陈霸先恢复九品中正制度，意在拉拢士族，支持他上台。这只能说是不合时宜的旧制度在退出历史舞台以前的一次挣扎。重门第是由重性行而来，性与才二者总是在较量中的，表现形式多样。有生命力的，又总是重人才，重考试，重考功。因为这比重性行门第，更能赢得地主阶级各阶层、各方面人物的支持，事情可以办好一些，政治也可以清明一些。

第四节　北朝选举上才与门资之争

一、北朝选举方针的变化

北朝选举上才与门资之争是非常剧烈的。从整个北朝来看，这种斗争可分为三个时期。一是崔浩时期，鲜卑贵族对重人伦识鉴的激烈反抗；二是孝文帝时期，官品与门第、鲜卑贵族与汉人士族的结合，"取士于门"制度的形成；三是北周苏绰时期，门资之制的废除，选举"不限资荫，唯在得人"方针的提出。这是一个由重才到重门资又到重才的过程，是方针的变化。

关于崔浩，陈寅恪先生曾有详尽、精辟的论述。这里只说崔浩重人伦的问题。

北魏太武帝时，崔浩为司徒。《魏书·卢玄传》记，其时：

> 浩大欲齐整人伦，分明姓族。玄劝之曰："夫创制立事，各有其时，乐为此者，讵几人也？宜其三思。"浩当时虽无异言，竟不纳。浩败颇亦由此。

按东汉以来评论人物标准有两条：一为人伦，一为姓族。人伦讲个人才智，姓族讲整个家族。《后汉书·郭太传》记郭太"虽善人伦，而不为危言覈论"。此所谓"人伦"，即个人才智。郭太奖掖士人，但看人伦如何。崔浩欲"齐整人伦"，即郭太以人伦取士之意；崔浩欲"分明姓族"，即东汉重势家豪族之意。崔浩是想二者并进，选士既重家世，又重人伦。崔浩理想中的人才，是出身于士族高门而又有满腹儒学文化的人物，尤其是后者。

《魏书·李䜣传》记太武帝时，

> 诏崔浩选中书学生器业优者为助教。浩举其弟子箱子与卢度世、李敷三人应之。给事高谠子祐、尚书段霸儿俛等以为浩阿其亲戚，言于恭宗（太子拓跋晃），恭宗以浩为不平，闻之于世祖（太武帝）。世祖意在于䜣，曰："云何不取幽州刺史李崇老翁儿也？"

《魏书·李顺传》记卢度世、李敷等人应选说：

> （李顺）长子敷，字景文。真君二年，选入中书教学（即《李䜣传》所记"为助教"）。以忠谨给事东宫。又为中散，与李䜣、卢遐、度世等并以聪敏内参机密，出入诏命。

崔浩之重人伦与姓族，可从《李䜣传》及《李顺传》看出。他所举李敷、卢度世，一则出自赵郡李氏，一则出自范阳卢氏，属于北方四姓崔、卢、李、郑之列，且堪称"器业优"异。后来都"内参机密，出入诏命"。拓跋晃因高祐等之言，以崔浩为不平，说明拓跋晃于人伦标准上，与崔浩有矛盾。至于太武帝所提幽州刺史李崇之子李䜣，非赵郡而为范阳李氏，不属于四姓之列。崔浩不选李䜣，原因不在人伦，而在姓族。这件事又说明太武帝于姓族标准上，也与崔浩有矛盾。

崔浩理想的政治是姓族与人伦、高官与儒学合一的贵族政治，鲜卑有政治势力而无学术文化，自必被排斥在崔浩所理想的贵族政治之外。因此，他几乎遭到了所有的原鲜卑部酋的憎恨。何况太武帝父子又站在鲜卑部酋一边。崔浩死于他所写的鲜卑《国记》，"尽述国事，备而不典"①。鲜卑本无文化可言，"不典"是很自然的。但这却触到了鲜卑部酋乃至皇帝的痛处，犯了大忌。不仅崔浩因此被杀，而且株连崔浩所出的清河崔氏，崔浩的姻亲范阳卢氏、太原郭氏、河东柳氏。这四姓皆被灭族。崔浩想要建立的姓族与人伦、高官与儒学合一的贵族政治，像梦一样幻灭了。

崔浩事件，说明了鲜卑如果不能向文化士族转化，就无法消除他们与北方汉人中文化高门之间的矛盾，北魏政权也就难以巩固。其后，孝文帝在鲜卑人中推行汉化，把重点放在如何使鲜卑贵族与汉人士族并驾齐驱上，就是看到了这个问题。在孝文帝的汉化政策中，有一个政策是定姓族。所谓定姓族，即以官爵的高下，定姓族的高下，据姓族的高下，定官品的高卑。《魏书·官氏志》说：

> 太和十九年诏曰："代人诸胄，先无姓族，虽功贤之胤，混然未分。故官达者位极公卿，其功衰之亲，仍居猥任。比欲制定姓族，事多未就，且宜甄擢，随时渐铨。其穆（丘穆陵）、陆（步六孤）、贺（贺赖）、刘（独孤）、楼（贺楼）、于（勿忸于）、嵇（纥奚）、尉（尉迟）八姓，皆太祖已降，勋著当世，位尽王公；灼然可知者，且下司州、吏部，勿充猥官，一同四姓。"

这里说的八姓即勋臣八姓或勋臣八族。这八姓自道武帝以来，"勋著当世，位尽王公"。除了皇族元（拓跋）氏以外，门第最高的就是这八姓了。出身于这八姓的人，做官一同四姓。由此已可看到孝文帝据官品以定姓族，据姓族以定选举的原则。所谓"四姓"，非如人们所云"崔、卢、李、郑"。这四姓做官的，极少"位尽王公"的人物。出身于这四姓的人，得

---

① [北齐]魏收：《魏书》卷三十五《崔浩传》，中华书局，1974年，第826页。

官也鲜能与出身于穆、陆等八族的人并比。须知孝文帝以官品定姓族包括"四海士族"崔、卢、李、郑等在内①。四姓是指甲、乙、丙、丁四姓。南朝已经出现"四姓衣冠士子"②之辞。《唐书·柳冲传》说道："尚书、领、护而上者为甲姓，九卿若方伯者为乙姓，散骑常侍、太中大夫者为丙姓，吏部正员郎为丁姓。凡得入者，谓之四姓。"这样的四姓完全由官品的高低来划分，符合孝文帝以官爵定姓族的原则。勋臣八姓不是完全等同，所谓"勿充猥官，一同四姓"，即出身于勋臣八姓的人，在做官上应同于出身于吏部正员郎以上四姓的人。南朝士族子弟做官，已有膏粱、华腴、尚书等出身之分。《官氏志》又说：

> 自此以外，应班士流者，寻续别敕。原出朔土，旧为部落大人，而自皇始已来，有三世官在给事已上，及州刺史、镇大将，及品登王公者为姓。若本非大人，而皇始已来，职官三世尚书已上，及品登王公而中间不降官绪，亦为姓。诸部落大人之后，而皇始已来官不及前列，而有三世为中散，监已上，外为太守、子都，品登子男者为族。若本非大人，而皇始已来，三世有令已上，外为副将、子都、太守，品登侯已上者，亦为族。……其此诸状，皆须问宗族，列疑明同，然后勾其旧籍，审其官宦，有实则奏，不得轻信其言，虚长侥伪。不实者，诉人皆加"传旨问而诈不以实之"坐，选官依"职事答问不以实"之条。……于是升降区别矣。

这就完全可证孝文帝之定姓族，是专以官爵的高下为姓族高卑的标准。他重姓族（或门第）也就是重官爵。定姓族不能单据询问，而必"勾其旧籍，审其官宦"。不实要办罪。姓族一定，鲜卑贵族与汉人士族门第的高低也就分出来了，官也就好选了。

姓族既定，北魏的选举便只问姓族的高卑。像勋臣八姓，孝文帝即明

① [北齐]魏收：《魏书》卷六十三《宋弁传》，中华书局，1974年，第1415页。
② [唐]李延寿：《南史》卷五十六《张弘策传》，中华书局，1975年，第1389页。

言"且下司州、吏部，勿充猥官，一同四姓"。《魏书·韩显宗传》记述了孝文帝与韩显宗等人关于选举问题的对话，很能说明问题。传中说：

> 显宗又上言曰："……今之州郡贡察，徒有秀、孝之名，而无秀、孝之实。而朝廷但检其门望，不复弹坐，如此则可令别贡门望，以叙士人，何假冒秀、孝之名也？"……（李）冲曰："若欲为治，陛下今日何为专崇门品，不有拔才之诏？"高祖（孝文帝）曰："苟有殊人之伎，不患不知，然君子之门，假使无当世之用者，要自德行纯笃，朕是以用之。"……冲谓诸卿士曰："适欲请诸贤救之。"秘书令李彪曰："师旅寡少，未足为援，意有所怀，不敢尽言于圣日。陛下若专以门地，不审鲁之三卿，孰若四科？"高祖曰："犹如向解。"显宗进曰："……且以国事论之。不审中、秘书监、令之子，必为秘书郎，顷来为监、令者，子皆可为不？"高祖曰："卿何不论当世膏腴为监、令者？"显宗曰："陛下以物不可类，不应以贵承贵，以贱袭贱。"高祖曰："若有高明卓尔、才具隽出者，朕亦不拘此例。"

所谓"朝廷但检其门望""今日何为专崇门品，不有拔才之诏？""专以门地""以贵承贵，以贱袭贱"，可以说明孝文帝取士，只有一条标准：根据官爵高下确定的门地、门望、门品的高下。

由崔浩的齐整人伦，分明姓族，到孝文帝的只重姓族，不重人伦，或者说专崇门品，不有拔才之诏，是观念、制度上一个很大的变化。要知鲜卑本无文化，要有文化，非一朝一夕所能办到。孝文帝迁都洛阳，推行汉化，只是为鲜卑贵族进入文化士族开了一扇门户而已。鲜卑贵族自不能等到有了学术文化，才取得与汉人士族同等的社会地位。孝文帝在选官上，只讲姓族，不讲个人才智如何，正是从鲜卑贵族尚无文化的实际情况出发的，目的在使鲜卑贵族的政治社会地位，能与北方汉人大姓崔、卢、李、郑、王等迅速一致起来。韩显宗等人的观念停留在北魏前期崔浩时代，因此才与孝文帝发生争论。但这种停留不是保守，而只是在重人才上，自崔浩被镇压以来，停滞不前地继续。斗争还在进行，韩显宗、李冲、李彪与孝文帝的辩论，便是表现。这种斗争，仍旧是魏晋以来，重性行或者重才能的斗争。到北周苏绰时期，重才一方，终于取得了胜利。

出身于武川镇人的宇文泰，由于六镇镇人尽入东魏高欢之手，不得不向关西汉人求助。他起用了"累世二千石"的武功人苏绰和"累世儒学"的范阳涿人卢辩，助他理政。苏绰提出了"六条诏书，奏施行之"。宇文泰对六条诏书非常重视，"常置诸座右，又令百官习诵之。其牧守令长非通六条及计账者，不得居官"。苏绰的六条诏书是西魏、北周的治国方针，一系列改革的总根据。它关系到北朝政治经济制度的变化，甚不可忽视。这六条诏书的第一条是"先治心"。所谓治心，照苏绰的解释，是"凡所思念无不皆得至公之理，率至公之理以临其民"。而北魏"以贵承贵、以贱袭贱"的制度，与"至公之理"，相距何止十万八千里。至于说"率至公之理以临民"，更非谋门第之私的官吏所能做到。因此他在第四条中，便提出了"擢贤良"。擢贤良既是至公之心的表现，又是把公字作为最高准则的保证。

《周书·苏绰传》记苏绰说："自昔以来，州郡大吏，但取门资，多不择贤良。……夫门资者，乃先世之爵禄，无妨子孙之愚瞽"。可见他是反对九品中正制下的门选的。他主张"今之选举者，当不限资荫，唯在得人。苟得其人，自可起厮养而为卿相"。他批驳了那些认为"邦国无贤"，不限资荫，就"莫知所举"的人的荒谬论点。他说：用人总是"常引一世之人，治一世之务，故殷、周不待稷、契之臣，魏晋无假萧、曹之佐"，哪有"万家之邦，而云无士"的道理？"但求之不勤，择之不审，或用之不得其所，任之不尽其材，故云无耳"。根据擢贤良诏书，西魏改革了选举法。《通典》卷十四《选举二》说：

> 初，霸府时，苏绰为六条诏书，其四曰擢贤良。绰深思本始，征魏齐之失，罢门资之制，其所察举，颇加精慎。……自后周以降，选无清浊。

所谓"罢门资之制",也就是废除九品中正制度。终北周之世,举士权一直归于州郡县,在北周六官中,是没有中正官的地位的。选举不问清浊。它与梁朝"无复膏粱寒素之隔"的选举法,同是南北朝晚期出现的新事物,所重为才而非门第。

二、北朝入仕与官吏的迁转问题

北朝入仕途径,仍不外魏晋以来的三途。一为吏部直接铨授。在有中正的魏、齐时代,先由中正评定品级。周无中正,由州郡县推举。二为州郡举秀才、孝廉,再经策试入仕。在魏、齐时代,秀、孝也先由中正评定品级。三为国子太学生明经入仕。这三条途径就北朝来说,重要的始终是第一条。

《通典》卷十四《职官二》记"后魏州郡皆有中正,掌选举,每以季月与吏部铨择可否。其秀才对策第居中上,表叙之"。崔浩为冀州大中正,曾"荐冀、定、相、幽、并五州之士数十人,各起家郡守"①。他是根据他的"齐整人伦""分明姓族"的原则来选的。与选举中书学生为助教一样,在这件事情上,他也曾与拓跋晃发生冲突。孝文帝之初,郭祚"举秀才,对策上第,拜中书博士"。宣武帝时,任吏部尚书。他授官"必徘徊久之,然后下笔,下笔即云:'此人便以贵矣。'"②对他是毁誉都有。但在他那个时候,选举的基本原则:专崇门品,以贵承贵,以贱袭贱,已经确定下来了。又其时州无大小,都有中正。而小州与郡相似,郡实际上已经没有设置中正的必要。正始元年(504)冬,罢掉了各个郡的中正官,只留州的大中正与县的中正。这是宣武帝时期对中正官的一个整顿,但无关选举大局。

孝文帝在选举上,虽然专崇门品,但对官吏的考绩黜陟,却很重视。《魏书·高祖纪下》太和十八年(494)九月壬申,记孝文帝下诏:

---

① [北齐]魏收:《魏书》卷四十八《高允传》,中华书局,1974年,第1069页。
② [北齐]魏收:《魏书》卷六十四《郭祚传》,中华书局,1974年,第1423页。

朕今三载一考，考即黜陟，欲令愚滞无妨于贤者，才能不壅于下位。各令当曹考其优劣，为三等。六品以下，尚书重问；五品以上，朕将亲与公卿论其善恶。上上者迁之，下下者黜之，中中者守其本任。

这个诏令是实行了的。《魏书·广陵王羽传》记述了孝文帝与公卿讨论某些五品以上官吏的功过，决定等次，进行黜陟的情况。有一段写得很具体。其言云：

又谓中庶子游肇等曰："自建承华，已经一稔，然东宫之官，无直言之士，虽未经三载，事须考黜。肇及中书舍人李平识学可观，可为中（中等但为一品）；安乐王诠可为下中，解东华之任，退为员外散骑常侍；冯凤可为下下，免中庶子，免爵两任，员外常侍如故；中舍人间贤保可为下下，退为武骑常侍。（上下二等，各为三品）"

这还不到三年，元诠等便因考绩没有过关，被降官了。中等如游肇、李平，不升不降。

考绩制度到宣武帝景明年间，发生了问题。《魏书·崔鸿传》有一则记载，很能说明问题。

延昌二年，将大考百僚，鸿以考令于体例不通，乃建议曰："……窃见景明以来考格，三年成一考，一考转一阶。贵贱内外万有余人，自非犯罪，不问贤愚，莫不上中，才与不肖，比肩同转。虽有善政如黄、龚，儒学如王、郑，史才如班、马，文章如张、蔡，得一分一寸，必为常流所攀，选曹亦抑为一概，不曾甄别。"

这时的三年一考，无论贤愚、才与不肖，都被评为上中（上等中品，即二品）。要升官大家一齐升。如果有人因为有善政、儒学、史才或文章写得好，多得了"一分一寸"，也必为常流包括那些愚者、不肖者所攀比。最后选曹还是顺从"常流"，把那些贤者、有才者压下来，或者把那些常流提上去。此之谓"抑为一概"。这种考绩，有不如无。

明帝时，张仲瑀"上封事，求铨别选格，排抑武人，不使预在清品"[1]。结果引发了羽林、虎贲几将千人的暴乱。暴乱之后，"灵太后令武官得依资入选"，算是对武人的一个让步。可是"官员既少，应选者多"，前尚书李韶循常规用人，不少人无官做，"大为嗟怨"。因此而有崔亮的"停年格"。《魏书·崔亮传》说：

> 亮乃奏为格制，不问士之贤愚，专以停解日月为断。虽复官须此人，停日后者终于不得，庸才下品，年月久者灼然先用。沉滞者皆称其能。

停年格又名"年劳之制"。选举唯取年劳，即以停罢后岁月长短为断。停罢久的，首先擢用。此制既行，遂使"贤愚同贯，泾渭无别"。当时人认为"魏之失才，从亮始也"。但崔亮有他自己的苦衷。《崔亮传》记有他答复刘景安的一封信，信中说道"昔有中正，品其才第，上之尚书，尚书据状，量人授职"。而"今日之选，专归尚书，以一人之鉴，照察天下"。又说：

> 今勋人甚多，又羽林入选，武夫崛起……武人至多，官员至少，不可周溥。设令十人共一官，犹无官可授，况一人望一官，何由可不怨哉？吾近面执，不宜使武人入选，请赐其爵，厚其禄。既不见从，是以权立此格，限以停年耳。……但令当来君子，知吾意焉。

说得很明白，因为大家都想做官，而朝廷也想满足他们的做官要求；因为

---

① ［北齐］魏收：《魏书》卷六十四《张彝传》，中华书局，1974年，第1432页。

官员至少，求过于供，不够分配，便只有排一个表，哪个停解年月久一些，就先给哪一个做官。这样一来，连名义上的考绩也没有了。

崔亮所说"况今日之选，专归尚书"，值得注意。此语是针对"昔有中正，品其才第，上之尚书，尚书据状，量人授职"而言。毫无疑问，北魏入仕是要经过中正评论与定品第的。但入仕之后，考核与黜陟，却不再经过中正了。孝文帝明言"各令当曹考其优劣，为三等"。六品以下官，由尚书重问；五品以上官，由他自己与公卿共论。崔亮在说道"今日之选，专归尚书"时，又缅怀"昔有中正"。而他所说的"昔"，从刘景安来信看，指的是魏晋。北魏中正所品，可以断言，不包括现职官吏。

北魏分裂为东、西魏以后，东魏、北齐与西魏、北周的选举之法分为二途。东魏、北齐继承了北魏的选举法，州与县都设置了中正，只是在举官上废除了崔亮的停年格（高澄时）。之所以废除，是因为在东西魏激烈竞争尚不知鹿死谁手的时候，选举法如果但令沉滞者、庸才称赞，就必然会在竞争中失败。西魏、北周则废除了九品中正之制，在选举法上，改革远比高澄只废年劳之制为彻底。北齐选举所重仍是门品，北周选举所重则为有才有识的"贤良"。在选举制度上，北齐也输给了北周。

不过，自北魏分裂以后，东西二方在选举上也有一个相同点，就是都较为重视州郡的察举。这比吏部直接选授更能得人。《通典》卷十四《选举二》记北齐"课试之法"说：

> 中书策秀才，集书策贡士，考功郎中策廉良。天子常服，乘舆出，坐于朝堂中楹，秀、孝各以班草对。字有脱误者，呼起立席后；书有滥劣者，饮墨水一升；文理孟浪者，夺席脱容刀。

又记北周宣帝大成元年（公元579年，时齐已亡），诏举秀、孝说：

> 州举高才博学者为秀才，郡举经明行修者为孝廉，上州上郡岁一人。

同是察举秀、孝，同须策试，但北齐察举秀、孝，仍须由中正定品级。北周无中正，到宣帝时期，州郡察举秀、孝，包括原北齐地区在内，都是由州郡推举了。这一点要区别清楚。不由秀、孝途径入仕，而由朝廷或地方官吏推举，直接做官，除现职及沉滞的官吏之外，在齐也须经过中正。周武帝平齐后，"诏山东诸州举明经干理者，上县六人，中县五人，下县四人。"①山东诸州为齐境，这时候举明经干理者，无论是白衣还是现职官吏，被选都与中正无干。

至于学校，在北朝没有得到什么发展。北魏道武帝曾于平城立国子学，设置五经博士，学生一度达到三千人。天兴四年（401），将国子学改为中书学。太武帝始光三年（426），别立太学于平城东。孝文帝太和中，又改中书学为国子学，别开皇子之学。迁都洛阳后，于洛阳立国子太学与四门小学。宣武帝时，学风较盛，可学校未立。《文献通考》卷四十一《学校二》写道：

> 宣武帝时，复诏营国学，树小学于四门。大选儒生以为小学博士，员四十人。虽黉宇未立，而经术弥显。时天下承平，学业大盛，故燕、齐、赵、魏之间，横经著录，不可胜数。大者千余人，小者犹数百。州举茂异，郡举孝廉，对扬王庭，每年逾众。正光三年，始置国子生三十六人。

"黉宇未立，而经术弥显"，是相矛盾的。由明帝"正光三年，始置国子生三十六人"的记载来看，宣武帝一直没有把国学办起来。小学也由于"黉宇未立"，徒具虚名。北齐国学学生同样只有数十人。北朝由国学出身做官的人极少。

在封建时代，学校教育被认为是可有可无的东西，得不到重视。这从魏晋以来，学校的时兴时废可以看出；从博士、助教地位之低也可以看

---

① ［唐］杜佑撰，王文锦等点校：《通典》卷十四《选举二》，中华书局，1988年，第342页。

出。国子博士的地位是较高的，梁陈为四品，北齐为五品。但在梁朝国学中设置的是五经博士，而五经博士为六品。至于太学博士、国子助教，在梁陈为八品，在北齐为从七品。而我们知道在梁陈为七品官的给事中、员外散骑侍郎、秘书著作佐郎，却是次尚书令、仆射子以上的起家官。这即是说太学博士的官品地位，连次尚书令、仆射子的起家官也不如。太学博士本身也是起家官之一，父亲不是尚书令、仆射的子弟可由此官起家。这实际上是对太学博士的嘲笑。至于魏齐的四门小学博士，官只九品；太学助教，官只从九品。七品尚被视为芝麻官，八品、九品何足道哉！

综上所述，可知从曹操公布求才三令，强调唯才是举起，才与性行、门第之争，经历了整个魏晋南北朝时代。这种斗争是封建社会地主阶级内部的斗争。世家大族总是强调性行、门第，强调求忠臣于儒家孝悌之门。地主阶级的中下层则强调才。在性行、门第被强调并被用于选举的时候，形成的将会是世族政治。如西晋与定姓族后的北魏。在才被强调并被用于选举的时候，这个政权则往往会得到地主阶级各个阶层人物的支持。后者政治比前者世族政治要好。如魏武、梁武及奉行六条诏书的周武帝统治之时，都是政治较好之时。地主阶级的一些较有眼光的政治家，之所以强调才，原因也在这里。当然，地主阶级不可能解决重才的问题，像国学的时兴时废，所学内容的狭隘，表明封建统治者并不懂人才培养的重要。

第三章　魏晋南北朝时期哲学与政治思想的发展

魏晋南北朝时期，由于天人合一思想的破产，独尊儒术观念的动摇，哲学与政治思想进入了一个新的发展阶段。首先是汉末三国时期，重天、重名教的思想为重人、重人谋、重人才的思想所代替。接着在魏末晋初，产生了以客观唯心主义为基础的玄学，而玄学一产生就有派别之分，斗争的焦点集中在自然与名教的同异上。鄙弃名教的一派，对儒家说教进行了猛烈的攻击，如嵇康。儒学的动摇，也就是封建专制理论的动摇。在这种背景下，两晋时期，出现了我国历史上所特有的、反对君主专制主义、主张废掉皇帝与国家机器的思想闪光。南北朝时期，封建阶级企图依靠宗教的神不灭论来维护他们的统治，进步思想家又高举神灭论的旗帜，同他们进行了激烈地交锋。可以这样说：魏晋南北朝时期，是我国政治与哲学思想的一个大放光彩的时代。其基本原因就在汉末的进步派的斗争打击了汉朝的神权统治，独尊儒术到这一个时代已经不能禁锢人心。

第一节　三国时期天（神）人合一与独尊儒术思想的衰微

东汉天（神）人合一与独尊儒术的思想的动摇，在北方，可用曹操与仲长统的思想来说明。

曹操在《自明本志令》中说他自己"性不信天命之事"①。在济南相任内，他毁坏了城阳景王刘章所有的祠屋，"止绝官吏民不得祠祀"。秉政之后，"遂除奸邪鬼神之事，世之淫祀由此遂绝"②。天命鬼神在他的头脑中，连阴影也是不存在的。曹操有一些"游仙诗"，他相不相信神仙呢？《文选》卷二十四曹植《赠白马王彪诗》李善注，引了他的《善哉行》二语："痛哉世人，见欺神仙。"可见他是不相信神仙的。他在《秋胡行》第二首中写过"赤松王乔，亦云得道，得之未闻，庶以寿考"③的话。意思是：说赤松、王乔得道成仙，我没有听说过有这样的事。寿命长一点，倒是可以相信的。这一思想，在他的另一些诗歌中，发挥得尤为透彻。他说：

> 厥初生，造化之陶物，莫不有终期。莫不有终期，圣贤不能免，何为怀此忧。……周孔圣徂（殂）落，会稽以坟丘。会稽以坟丘，陶陶谁能度，君子以弗忧。④
>
> 神龟虽寿，犹有竟时；腾蛇乘雾，终为土灰。⑤

诗中表明他认为长生不死是不存在的，有生就有死，死是圣贤如周公、孔子、禹所不能免，也是"神龟""腾蛇"所不能免。之所以不能免，是因为"造化之陶物，莫不有终期"。他说的"造化"也就是自然规律，"陶陶"也就是运动变化。这表明在他的思想中，唯物的成分是主要的。他是

① ［晋］陈寿撰，［宋］裴松之注：《三国志》卷一《魏书·武帝纪》注引《魏武故事》，中华书局，1959年，第33页。

② ［晋］陈寿撰，［宋］裴松之注：《三国志》卷一《魏书·武帝纪》注引《魏书》，中华书局，1959年，第4页。

③ ［梁］沈约：《宋书》卷二十一《乐志三》录魏武帝词《秋胡行》，中华书局，1974年，第611页。

④ ［梁］沈约：《宋书》卷二十一《乐志三》录魏武帝词《精列》，中华书局，1974年，第604页。

⑤ ［梁］沈约：《宋书》卷二十一《乐志三》录魏武帝词《龟虽寿》，中华书局，1974年，第619页。

汉末崛起的一个反对天命鬼神圣人之言的唯物论者。

曹操相信什么呢，相信"人"。他在《度关山》中写道："天地间，人为贵。"[①]在《秋胡行》中又写道："二仪合圣化（天地化育万物），贵者独人不。"[②]而他相信的人是有才能的人，是能"治国用兵"的人。他认为在他那个时代，"特求贤之急时"，而不是去求天，求神。可注意的是，在他的求才三令中，提出了一些这样的看法：

"孟公绰为赵、魏老则优，不可以为滕、薛大夫"。若必廉士而后可用，则齐桓其何以霸世！今天下……又得无盗嫂受金而未遇无知者乎？[③]

夫有行（德行）之士未必能进取，进取之士未必能有行也。陈平岂笃行，苏秦岂守信邪？而陈平定汉业，苏秦济弱燕。[④]

韩信、陈平负污辱之名，有见笑之耻，卒能成就王业，声著千载。吴起贪将，杀妻自信，散金求官，母死不归，然在魏，秦人不敢东向，在楚则三晋不敢南谋。今天下得无有……负污辱之名，见笑之行，或不仁不孝而有治国用兵之术，其各举所知，勿有所遗。[⑤]

这样激烈地反对因德（行、廉、信、仁、孝等）废才，是对汉朝独尊儒术的极大蔑视与否定。

曹操对天命、鬼神、儒学的否定，有重大的意义。在东汉章帝召集的

　①［梁］沈约:《宋书》卷二十一《乐志三》录魏武帝词《度关山》，中华书局，1974年，第605页。

　②［梁］沈约:《宋书》卷二十一《乐志三》录魏武帝词《秋胡行》，中华书局，1974年，第611页。

　③［晋］陈寿撰，［宋］裴松之注:《三国志》卷一《魏书·武帝纪》建安十五年（210）令，中华书局，1959年，第32页。

　④［晋］陈寿撰，［宋］裴松之注:《三国志》卷一《魏书·武帝纪》建安十九年（214）令，中华书局，1959年，第44页。

　⑤［晋］陈寿撰，［宋］裴松之注:《三国志》卷一《魏书·武帝纪》注引《魏书》建安二十二年（217）令，中华书局，1959年，第49页。

白虎观会议上，把儒学神学化，完成了神人合一的过程。神学与儒术的合一，是东汉封建君主专制统治的基石。以"三纲六纪"为核心的东汉神学唯心论，把君、父、夫以及诸父、兄弟、族人、诸舅、师长、朋友，抬到了"天地""六合"的地位。以为"以纲纪为化，若罗网之有纪纲而万目张也"①。似乎天地间除了这些东西，就再也没有别的东西了。一切都被"三纲六纪"一网打尽。圣人包括皇帝在内，"所以能独见前睹，与神通精者，盖皆天所生也"②。圣人就是神，它撒下的三纲六纪的罗网，就是神的意志。假如有谁起来反对天命、鬼神、儒学，那就是"疯子"，就是大逆不道，就要为天所镇（"天之为言镇也。"③）。在汉朝一切都被禁锢住了。对这种禁锢的最大的震撼是黄巾大起义。而曹操以他所取得的政治地位，起来反对天命、鬼神、儒学，则为魏晋南北朝时代，人们的思想从神学化的儒家三纲六纪的束缚下解放出来，起了首创的作用。此种解放，促进了这个时代文化的长足发展。

与曹操同时代的仲长统，一反汉朝的天道为本、人事为末的说教，提出了"人事为本，天道为末"的叛逆思想。他说："震威四海，布德生民，建功立业，流名百世"，由于人事；社会危机的造成，也由于人事，由于"王者所官者，非亲属则宠幸"。并"无天道之学"。他又说：

> 故审我已善，而不复恃乎天道，上也；疑我未善，引天道以自济者，其次也；不求诸己而求诸天者，下愚之主也。④

---

① [清]陈立撰，吴则虞点校：《白虎通疏证》卷八《三纲六纪》，中华书局，1994年，第374页。

② [清]陈立撰，吴则虞点校：《白虎通疏证》卷七《圣人》，中华书局，1994年，第341页。

③ [清]陈立撰，吴则虞点校：《白虎通疏证》卷九《天地》，中华书局，1994年，第420页。

④ [清]严可均校辑：《全上古三代秦汉三国六朝文·全后汉文》卷八十九仲长统《昌言下》所引《群书治要》，中华书局，1958年，第955页。

在他眼里，汉朝那些奉行天命的皇帝，都是下愚之主。对皇帝如此大不敬，他可说是第一人。

由否定天道到否定三纲，是仲长统思想上又一个光辉夺目之处。他说到父子关系问题：

> 父母怨咎人不以正，己审其不然，可违而不报也；父母欲与人以官位爵禄，而才实不可，可违而不从也；父母欲为奢泰侈靡，以适心快意，可违而不许也；父母不好学问，疾子孙为之，可违而学也；父母不好善士，恶子孙交之，可违而友也；士友有患，故待己而济，父母不欲其行，可违而往也。[①]

这是说父母做坏事、蠢事，子女可违而不从。父为子纲是三纲中的一纲，"三纲法天地"，父是天，子是地，子对父安可不从？孝悌为仁之本，"孝慈，则忠"[②]，忠臣出于孝子之门。虽然父为子纲只是三纲中的一纲，但是没有父为子纲，也就不会有君为臣纲。有绝对服从父亲之子，也才有绝对服从皇帝之臣。如果说子可以不顺从父亲，那就是反对父为子纲，而反对父为子纲也就是反对君为臣纲。连带三纲六纪一起发生动摇，汉朝皇帝用以统治人民的罗网就被撕毁了。仲长统这种思想有巨大的进步意义。对"王道之三纲"如此不敬，他也是第一人。

在西蜀则有诸葛亮举起反天道的旗帜。与汉代高唱天人合一、神人合一相反，诸葛亮声称"造化在乎手，生死在乎人"[③]，十分强调人的作用。重人不重天，不重神，可说是当时南北方的普遍的思想。在诸葛亮的重人

---

① [清]严可均校辑：《全上古三代秦汉三国六朝文·全后汉文》卷八十九仲长统《昌言下》所引《群书治要》，中华书局，1958年，第954—955页。

② 杨伯峻译注：《论语》卷二《为政》，中华书局，2006年，第21页。

③ [三国]诸葛亮著，段熙仲、闻旭初编校：《诸葛亮集》卷二《阴符经序》，中华书局，1960年，第59页。

的思想中，最光辉的是他的"治实而不治名"①的精神。他非常重视"多见多闻"，以为"多见为智，多闻为神"。为了求得对事物有一个比较正确的认识，他要求做到"万物当其目，众音佐其耳"②。这就是求实，求实而后可以治实。尤其值得注意的是他反对只知其一，不知其二。他认为"仰高者不可忽其下，瞻前者不可忽其后"③，"视微之几，听细之大"④，高下、前后、隐显、大小两方面是有关联的，都要留意。否则，就不能得实，也就不能治实。他的哲学唯物主义倾向也是十分明显的。用到政治上，他把"集众思广忠益"⑤（集思广益）当作了丞相参署的办事原则。集思广益是诸葛亮的一句带有民主性的名言。他要求做到"听察采纳众下之言，谋及庶士"⑥。

诸葛亮治蜀，是按照他的"治实不治名"的原则，而不是按照儒家的原则。在《论诸子》中，他曾经说到各家的优缺点，提出了"任长"之说，即要吸引各家所长，形成自己的一套思想主张。此之谓"任长之术"。这表明"独尊儒术"四字，在他的头脑中也是不存在的。

这一时代，在江南，唯物论思想也在孕育中。孙吴后期，吴人杨泉写出了他的著名篇章《物理论》。此论标志着我国江南唯物论的思想，带着它的特有的光彩，破土而出。

杨泉认为天上地下万事万物，都由"元气"的陶化、播流而产生。

---

①［晋］陈寿撰，［宋］裴松之注：《三国志》卷三十五《蜀书·诸葛亮传》注引《袁子》，中华书局，1959年，第935页。

②［三国］诸葛亮著，段熙仲、闻旭初编校：《诸葛亮集》卷三《便宜十六策》，中华书局，1960年，第64页。

③［三国］诸葛亮著，段熙仲、闻旭初编校：《诸葛亮集》卷三《便宜十六策》，中华书局，1960年，第77页。

④［三国］诸葛亮著，段熙仲、闻旭初编校：《诸葛亮集》卷三《便宜十六策》，中华书局，1960年，第64页。

⑤［晋］陈寿撰，［宋］裴松之注：《三国志》卷三十九《蜀书·董刘马陈董吕传》，中华书局，1959年，第979页。

⑥［三国］诸葛亮著，段熙仲、闻旭初编校：《诸葛亮集》卷三《便宜十六策》，中华书局，1960年，第64页。

他说：

> 夫天，元气也……皓然而已，无他物焉。（宇宙之间，但有元气）
>
> "星者，元气之英水之精也。""气发而升，精华上浮，宛转随流，名之曰天河，一曰云汉，众星出焉。"（河汉众星，元气之英）
>
> "激气成风，涌气成雨。""热气散而为电。"（风雨雷电，均自气来）

又说：

> "石，气之核也。""游浊为土。"（气之重浊为石为土）
>
> "所以立天地者水也，成天地者气也。""夫水，地之本也，吐元气，发日月，经星辰，皆由水而兴。九州之外皆水也。"（水与气有别，气为万物本源，水为气蕴藏之处。水也是气）
>
> "人，含气而生，精尽而死。犹渐也，灭也。譬如火焉，薪尽而火灭，则无光矣。故火灭之余，无遗炎矣；人死之后，无遗魂矣。"
>
> "土气和合，庶类自生。"（人与庶类亦由气构成）

由此可知杨泉认为天地之间只有元气而无他物，天地、星辰、云汉、风雨、电、石、水、土、庶类、人，都是由元气构成。人既是含气而生，所以人死并无遗魂。这已开神灭论之端。他又说：

> 惟阴阳之产物，气陶化而播流，物受气而含生，皆缠绵而自周。[①]

万物含气而生，其所以生，所以有千差万别，是因为气在那里陶化播流，

[①] [清]严可均校辑：《全上古三代秦汉三国六朝文·全三国文》卷七十五杨泉《蚕赋》，中华书局，1958年，第1453页。

即在运动中。而元气运动的形式又千差万别。上浮则为天，为日月星辰，相激则为风，和合则成庶类。如此等等。

杨泉的唯物的元气论，是江南的产物。杨泉又是江南唯物论的传播者。他的哲学思想在江南的出现，说明天命鬼神思想在南方也被打开了缺口。南方的唯物主义将由此得到发展。

由此看来，汉朝的立国基础：天命鬼神思想与独尊儒术的原则，到汉末三国时代，就像遭到了强烈的地震一样，在分崩离析中。新思想将层出不穷，旧思想将顽固抵制。这种较量，在魏末晋初的玄学思想与派别斗争中，已见端倪。

第二节　魏晋玄学的分派（何晏、王弼与竹林七贤）

魏齐王正始年间，"何晏、王弼等祖述《老》《庄》，立论以为'天地万物皆以无为本'"[①]。玄学由此产生。

从立论"皆以无为本"来说，玄学家们的思想似乎都是相同的。其实他们的思想从玄学一开始就有不同，本源与派生物讲得都不同。何晏、王弼这两个玄学的创始者，是各自根据自己所属的政治派别来说话的。正始之音应当说是两种声音，不是一种。

《世说新语·文学》注引何晏《道德论》说："自儒者论，以老子非圣人，绝礼弃学。晏说与圣人同，著论行于世也。"《三国志·钟会传》注引何劭《王弼传》又说："何晏以为圣人无喜怒哀乐怨，其论甚精。"儒道、孔老的结合，本来在汉代就已经形成。汉桓帝"立老子庙于苦县之赖乡，画孔子像于壁"[②]，就清楚地说明了这一点。不过汉代是把老子当作神来看待的。桓帝曾"祠黄、老于濯龙宫"，且曾两次派中常侍到苦县祠老子。玄学家心目中的老子则是人。玄学家立论以无为本，是唯心主义的本体

---

①［唐］房玄龄等：《晋书》卷四十三《王戎传》，中华书局，1974年，第1236页。

②［晋］陈寿撰，［宋］裴松之注：《三国志》卷十六《魏书·任苏杜郑仓传》注引《孔氏谱》，中华书局，1959年，第514页。

论。经汉末曹操、仲长统等人的斗争，神学已被逐出了哲学的范畴。玄学家把孔老结合起来，可在孔老的高低异同上，却不是无争论的。何晏说"自儒者论"（即自当时服膺儒教的司马氏等世族论），并不把绝礼弃学的老子当圣人。而他则认为老子"与圣人同"。这是在抬高老子的地位。在何晏心目中，孔丘之所以能成为"圣人"，是因为"无喜怒哀乐怨"。喜怒哀乐怨都是"有"，何晏认为"无"和"有"是相互排斥的。如果不是纯粹的"无"，而有喜怒哀乐怨这种"有"，就不称其为"圣人"。他正是在这一点上，才承认"圣人"与老子同等。他心目中的真正圣人是老、庄，而不是孔丘。

何晏标榜无、无为，但把"无"和"有"对立起来，倡言是圣人就无喜怒哀乐怨这种"有"，引申下去，就有败坏性行、名教（这也是"有"）的危险。所以主张才性同的傅嘏斥责他"言远而情近，好辩而无诚，所谓利口覆邦国之人也"[①]。

何晏是何进之孙，曹操纳其母为妾。何晏之妻为金乡公主。何晏在政治上属于曹氏集团。他对孔子的不尊重正是曹操以来，独尊儒术动摇、败坏的反映。

与何晏同时的王弼，也标榜无、无为，但说法与何晏有质的区别。何劭《王弼传》说何晏以为圣人无喜怒哀乐怨，"弼与不同，以为圣人茂于人者神明也，同于人者五情也，神明茂故能体冲和以通无，五情同故不能无哀乐以应物。然则，圣人之情应物而无累于物者也。今以其无累，便谓不复应物，失之多矣"。王弼所谓圣人"茂于神明""体冲和以通无"，也就是他在另一场合说的"圣人体无"[②]。易言之，即是说：孔丘本来就是把"无"当作本体，不待老庄而然。而"无"产生"有"，这就是"五情"喜怒哀乐怨。"无"和"有"不是对立的关系，而是原始本体和派生物的

---

①　[晋]陈寿撰，[宋]裴松之注：《三国志》卷二十一《魏书·王卫二刘傅传》注引《傅子》，中华书局，1959年，第624页。

②　[南朝宋]刘义庆撰，徐震堮著：《世说新语校笺》卷上《文学》，中华书局，1984年，第107页。

关系，是第一性和第二性的关系。圣人不可能像何晏说的那样，无喜怒哀乐怨。只是因为圣人能体无，故能不为五情所累而已。何晏是"无""有"二元论，王弼是"无""有"一元论（"无"生"有"）。

关于"无"生"有"的论点，在他的《老子》注中，曾经反复说明。无、无为、虚、虚静、一、本、朴、自然，这些概念在玄学家的口中是相等的，读他们的作品或考察他们的言论，要注意这一点。不然，就复杂纷纭，难于捉摸了。王弼在《老子》注中写过这样一些话：

> 凡有起于虚（虚无），动起于静，故万物虽并动作，卒复归于虚静，是物之极笃（本）也。①
>
> 万物万形，其归一也。何由致一？由于无也。由无乃一，一可谓无。②
>
> 一，数之始而物之极（物之极笃、本）也。各是一物之生，所以为主也。物皆各得此一（一可谓无）以成。③
>
> 譬犹以君御民，执一统众之道也。④
>
> 朴散则为器，圣人用之则为官长。⑤
>
> 圣人因其分散，故为之立官长，以善为师，不善为资，移风易俗，复使归于一也。⑥

---

① ［魏］王弼著，楼宇烈校释：《王弼集校释·老子道德经注》第十六章注，中华书局，1980年，第36页。

② ［魏］王弼著，楼宇烈校释：《王弼集校释·老子道德经注》第四十二章注，中华书局，1980年，第117页。

③ ［魏］王弼著，楼宇烈校释：《王弼集校释·老子道德经注》第三十九章注，中华书局，1980年，第105页。

④ ［魏］王弼著，楼宇烈校释：《王弼集校释·论语释疑》，中华书局，1980年，第622页。

⑤ ［魏］王弼著，楼宇烈校释：《王弼集校释·老子道德经注》第二十八章，中华书局，1980年，第75页。

⑥ ［魏］王弼著，楼宇烈校释：《王弼集校释·老子道德经注》第二十八章，中华书局，1980年，第75页。

举本统末，而示物于极者也。[1]

这里，虚、虚静、物之极笃、物之极、一、无、朴、本，都是宇宙精神的意思，它是万物的本源。所谓"有起于虚""物皆得此一以成""朴散则为器"是也。王弼特别提到"譬犹以君御民，执一统众"；"圣人因其（朴）分散，故为之立官长……复使归于一也"。则他并非单在哲学中游玩，而是把哲学用到政治上来了。官长之立，圣人之教，名教、性行这些东西，无一不自"一"或"无"来。一生多，故皇帝"执一统众"；多从一来，故皇帝执一统众，正是使众复归于一。"体无"，那就必须服从皇帝、官长、名教的统治。这是为君主专制主义服务的哲学唯心论。

王弼与王粲同出于一族。王粲的曾祖父王龚、祖父王畅，"皆为汉三公"[2]。王弼的祖父王凯是王粲的族兄[3]。何劭《王弼传》说王弼"为傅嘏所知""与钟会善"，而为曹爽所嗤[4]。他在政治上与傅、钟同属于司马氏集团，是十分明白的。他的言论所反映的正是以司马氏为首的旧世族儒门的要求。他为世族儒门圆满地解决了"有""无"关系的问题。

接着起来的是魏末晋初的"竹林七贤"：嵇康、阮籍、阮咸、刘伶、王戎、山涛、向秀。这七个人实际分成三派。要了解两晋玄学的本质或主流，要了解反对君主专制主义思想的兴起，必须把这三派不同的政治态度、不同的思想与不同的命运搞清楚。

嵇康，反对以司马氏为首的世族统治的儒道对立派。虞预《晋书》说："康家本姓奚，会稽人。先自会稽迁于谯之铚县，改为嵇氏。"[5]可见

---

① [魏]王弼著，楼宇烈校释：《王弼集校释·论语释疑》，中华书局，1980年，第633页。

② [晋]陈寿撰，[宋]裴松之注：《三国志》卷二十一《魏书·王卫二刘傅传》，中华书局，1959年，第597页。

③ [晋]陈寿撰，[宋]裴松之注：《三国志》卷二十八《魏书·王毌丘诸葛邓钟传》注引《博物记》，中华书局，1959年，第796页。

④ [晋]陈寿撰，[宋]裴松之注：《三国志》卷二十八《魏书·王毌丘诸葛邓钟传》注引何劭《王弼传》，中华书局，1959年，第795页。

⑤ [晋]陈寿撰，[宋]裴松之注：《三国志》卷二十一《魏书·王卫二刘傅传》注引虞预《晋书》，中华书局，1959年，第605页。

嵇康出身不高，是谯国人。《嵇氏谱》说："嵇康妻，（沛穆王曹）林子之女也。"①可见嵇康与曹氏宗室有亲戚关系。《世语》又说毋丘俭在淮南起兵反对司马氏，"康有力，且欲起兵应之"②。可见嵇康在政治上与谯国曹氏集团有千丝万缕的联系。但是，他的斗争与在斗争中形成起来的思想，超出了政治党派斗争的范围，远为何晏所不及。

王弼一派的玄学家把儒家名教说成是茫茫宇宙中的一种绝对精神：无、道或自然，是冥冥之中的昊天上帝的绝对命令。嵇康从两个方面同他们进行了斗争。首先是在本源问题上，宇宙中究竟有没有派生万事万物的绝对精神？嵇康在《养生论》中说到形和神的关系，"形恃神以立，神须形以存"③，即为相依关系，不是相生关系。在《声无哀乐论》中说道："天地之间"客观存在的"声音"是无哀乐的，与有哀乐的人的主观感情（"心"）是"二物"。这二物"殊途异轨，不相经纬"④。在《明胆论》中又说到"见物之明"与"决断之胆"，是"异气"的，"殊用"的，"不能相生"⑤。这都是二元论的观点。嵇康是用二元论来反对从天上掉下来的儒学。在《难自然好学论》中，他说到"仁义""廉让"，"非自然之所出"⑥，这就是他强调二元论的目的。从他强调二元来说，是承继何晏的"有""无"二元论。用二元论来反对唯心的一元论，力量是脆弱的。嵇康的可贵之处是：他没有停止在二元论的观点上，在斗争中，他最终变成了一个唯物论者。

嵇康最终认为万事万物出于一种正在运动着的元气。他说："元气陶

---

① [晋]陈寿撰，[宋]裴松之注：《三国志》卷二十《魏书·武文世王公传》注引《嵇氏谱》，中华书局，1959年，第583页。

② [晋]陈寿撰，[宋]裴松之注：《三国志》卷二十一《魏书·王卫二刘傅传》注引《世语》，中华书局，1959年，第607页。

③ 戴明扬校注：《嵇康集校注》卷三《养生论》，人民文学出版社，1962年，第146页。

④ 戴明扬校注：《嵇康集校注》卷五《声无哀乐论》，人民文学出版社，1962年，第217页。

⑤ 戴明扬校注：《嵇康集校注》卷六《明胆论》，人民文学出版社，1962年，第249页。

⑥ 戴明扬校注：《嵇康集校注》卷七《难自然好学论》，人民文学出版社，1962年，第261页。

铄，众生廪焉。"①"浩浩太素，阳曜阴凝，二仪陶化，人伦肇兴。"②"夫天地合德，万物贵生。寒暑代往，五行以成。故章为五色，发为五音。"③很明显，他认为万事万物的产生，是由于元气的陶铄，由于二仪的陶化，由于天地的合德、寒暑的代往。即由于物质的运动，而不是由于什么"无"，什么"道"。这是唯物的一元论。他还认为"推类辨物，当先求之自然之理（客观存在的规律）。理已定，然后借古义以明之"。反对把"古义""前言"即圣人的说教摆在第一位。这是强调客观实际的唯物主义的认识论。他这种思想实际上已经超出了玄学的范围。如果说他是一个玄学家，那也是"异端"。

随着哲学思想的发展，嵇康进一步看到了以司马氏为首的世族集团强调名教出于自然（无、精神本体）的政治用心。他不仅用他的唯物的元气论思想剥夺掉了世族阶级披在儒家名教身上的道家精神本体的外衣，而且对儒教本身进行了前所未有的最猛烈的攻击。嵇康的反儒思想，集中地表现在他的《难自然好学论》中。此文先从儒教的来源上，揭露了儒教的实质。他说儒教是"至人不存，大道凌迟"以后才有的，即是在历史上产生的，根本不是什么宇宙永恒精神（无）的显现，不是什么既神又圣的东西。"仁义""名分""六经"等，都是统治者"造立"的。统治者"造立仁义""制其名分（君臣父子等关系）"，目的在禁锢人们的思想（"以婴其心"），捆住人们的手足（"以检其外"），以便于他们"开荣利之途"。他还痛斥了世族的"六经为太阳，不学为长夜"的说教。把六经比太阳是西晋世族的发明，是独尊儒术动摇后，世族儒门的一种反常心理，似乎把经书捧得越高越好。嵇康提出了自己的完全相反的认识："今若以明堂为丙舍，以讽诵为鬼语，以六经为芜秽，以仁义为臭腐，睹文籍则目瞧，修揖让则变伛，袭章服则转筋，谭礼典则齿龋，于是兼而弃之，与万物为更

① 戴明扬校注:《嵇康集校注》卷六《明胆论》，人民文学出版社，1962年，第249页。

② 戴明扬校注:《嵇康集校注》卷十《太师箴》，人民文学出版社，1962年，第309页。

③ 戴明扬校注:《嵇康集校注》卷五《声无哀乐论》，人民文学出版社，1962年，第197页。

始……则向之不学，未必为长夜，六经未必为太阳也。"①

把包含反儒精神的曹操的求才三令拿来与嵇康的《难自然好学论》中反儒的激烈言词相比较，就知嵇康的反儒，是曹操的反儒思想的继续与发展。

嵇康反儒思想再向前发展，便变成了他的反对封建专制主义的思想，这放到第三节中再谈。

嵇康不是没有彷徨苦闷的时候，《卜疑》的写出，表现了这一点。但到最后还是坚持下来了，著名的《与山巨源绝交书》是他的宣言书，也是他的绝命书。山涛是竹林七贤之一。政治上站在世族一边。山涛为选曹郎，举嵇康自代，嵇康听到这个消息，立即写信与山涛绝交。信中写到他不肯出来做官，有"甚不可者二"：一是"每非汤、武而薄周、孔，在人间不止此事，会显世教所不容"；二是"刚肠疾恶，轻肆直言，遇事便发"。这封绝交信等于宣告：他是坚定地反对儒教的，要把反对儒教的斗争进行到底，绝不与世族儒门妥协、合作。以大将军司马昭为首的世族地主，本来还对嵇康抱有某种希望，听到他"答书拒绝，因自说不堪流俗，而非薄汤、武"②，十分恼怒，不久就借故把他杀害了。他可以说是至死也没有放弃自己的观点、改变自己的立场的人。

阮籍，偏向世族的中间派。阮籍虽然"以庄周为模则"③，不拘礼俗，并写过《大人先生传》，把"惟法是修，惟礼是克，手执圭璧，足履绳墨"的"君子"，讥笑为"裈中群虱"。但又在《乐论》中说："刑教一体，礼乐外内也。刑弛则教不独行，礼废则乐无所立。尊卑有分，上下有等，谓

---

① 戴明扬校注:《嵇康集校注》卷六《难自然好学论》,人民文学出版社,1962年,第262—263页。

② [晋]陈寿撰,[宋]裴松之注:《三国志》卷二十一《魏书·王卫二刘傅传》注引《魏氏春秋》,中华书局,1959年,第606页。

③ [晋]陈寿撰,[宋]裴松之注:《三国志》卷二十一《魏书·王卫二刘傅传》,中华书局,1959年,第604页。

之礼；人安其生，情意无哀，谓之乐。……礼乐正而天下平。"①这表明他虽然认为儒道有别，但又认为二者并不矛盾；虽然讥笑惟法是修、惟礼是克的儒家君子，但又声言刑教、礼乐都不能不要。他是脚踩两只船，重心在儒。

阮籍是阮瑀之子，阮瑀"少受学于蔡邕"②，可知是儒门出身。在政治上，阮籍虽然"纵酒昏酣，遗落人事""口不论人过"③，可是实际上偏向司马氏，偏向世族。魏陈留王曹奂景元元年，加司马昭九锡之礼，司马昭假意让九锡，"公卿将劝进，使籍为其辞。……辞甚清壮，为时所重"④。可知阮籍对司马氏是有功的。何曾劝司马昭杀阮籍，司马昭不仅不杀，且"常保持之"，遭逢与嵇康完全不同。这完全可以从阮籍的政治思想和政治态度得到说明。阮咸、刘伶与阮籍持同一立场。这一派因为内心矛盾大，苦闷多，在生活上表现为纵酒任情，刘伶的《酒德颂》颇具代表性。西晋的清谈家、贵游子弟纵酒任情，自认为"风流名士"，源自阮籍，但性质不同。

王戎，儒道同派，西晋世族的代言人。《晋书·阮籍传》附《阮瞻传》说："（瞻）见司徒王戎，戎问曰：'圣人贵名教，老庄明自然，其旨异同？'瞻曰：'将毋同。'"（《世说新语·文学》作王衍问阮修）认为老庄明自然（精神本体），孔孟贵名教（君君臣臣父父子子），旨意没有什么不同，正是两晋统治阶级玄学家"清谈"的基本内容。所谓"将毋同"，并不是半斤八两，而正是阐明本末、一多、无有、朴器关系。《通典》卷八十所载晋康帝奔丧诏说得明白："孝慈起于自然，忠厚发于天成。"这就是说：名教起于自然，或发之自天（道）。道（自然、天、无、一、朴）是

①〔清〕严可均校辑：《全上古三代秦汉三国六朝文·全三国文》卷四十六阮籍《乐论》，中华书局，1958年，第1314页。

②〔晋〕陈寿撰，〔宋〕裴松之注：《三国志》卷二十一《魏书·王卫二刘傅传》，中华书局，1959年，第600页。

③〔晋〕陈寿撰，〔宋〕裴松之注：《三国志》卷二十一《魏书·王卫二刘傅传》注引《魏氏春秋》，中华书局，1959年，第605页。

④〔唐〕房玄龄等：《晋书》卷四十九《阮籍传》，中华书局，1974年，第1360—1361页。

本体，儒家名教由这个本体产生，或者说是这个本体的体现。因此，儒与道，名教与自然"将毋同"。

《世说新语·伤逝》又说："王戎丧儿万子，山简往省之，王悲不自胜。简曰：'孩抱中物，何至于此？'王曰：'圣人忘情，最下不及情，情之所钟，正在我辈。'简服其言，更为之恸。"所谓"圣人忘情"，也就是王弼说的"圣人体无""应物而不累于物"。这与圣人贵名教，老庄明自然"将毋同"，出于同一个思想体系。王戎的思想来自王弼。

王戎可谓魏晋玄学家的真正代表。自魏末何晏、嵇康等人相继被杀，阮籍妥协，儒道对立派不复存在，所有玄学家或清谈家一律都和王戎一样，讲儒道同，名教与自然同。拿王戎来说，他本人就出身于琅邪的名族王氏，祖父王雄为幽州刺史，父王浑为凉州刺史、贞陵亭侯，自己是个"广收八方园田水碓""积实聚钱不知纪极"的官僚大地主。

底下，我们再把著名的玄学家郭象的思想略加分析。

郭象的《庄》注或以为向秀注（向秀为竹林七贤之一），二人思想实出于同一个体系。《庄》注的基本原则是用儒家思想去解释老庄思想，去阐明名教起于自然的道理。在《庄子序》中，郭象就开宗明义，说庄子"达生死之变，而明内圣外王之道"[①]。只有懂得这一点，才能懂得郭象的思想。郭象提出了两个概念："独化"和"玄冥"。这是郭象思想的集中表现，也是哲学界讨论最多的问题。究竟应如何解释呢？是不是单讲哲理呢？"独化"，用《秋水》注的话，是指"天下莫不相与为彼我""彼我皆欲自为，斯东西之相反也"[②]。"彼""我"也就是各个特殊的具体的事物，它们各有各的特殊性或个性，各有各的发展规律（自为或自生）。"玄冥"呢？《逍遥游》注："冥此群异"[③]。《齐物论》注："物有自然，理有至极，

①［晋］郭象注，［唐］成玄英疏：《南华真经注疏》序《南华真经序》，中华书局，1991年，第1页。

②［晋］郭象注，［唐］成玄英疏：《南华真经注疏》卷六《庄子外篇秋水》，中华书局，1991年，第223页。

③［晋］郭象注，［唐］成玄英疏：《南华真经注疏》卷一《庄子内篇逍遥游》，中华书局，1991年，第4页。

循而直往，则冥然自合。"①易言之，"玄冥"就是"群异"所共归的"终极真理"（物有自然，理有至极），或共同发展规律。"独化"与"玄冥"的关系是："神器独化于玄冥之境"②，"独化"逃不脱"玄冥"的制约，"群异"逃不脱天理自然的制约。如果到此为止，那郭象的思想还有某些合理性了。可是，郭象并非单在那里讲哲理，他讲玄冥和独化是为君主专制、为世族政治服务的。在《齐物论》注中有这样两段话：

> 若皆私之（独化），则志过其分，上下相冒，而莫为臣妾矣。臣妾之才而不安臣妾之任则失矣。故知君臣、上下、手足、外内乃天理自然（玄冥），岂直人之所为哉？③
>
> 夫时之所贤者为君，才不应世者为臣。（独化）若天之自高，地之自卑，首自在上，足自居下，岂有递哉？（玄冥）④

这即是说：君臣、上下、手足、外内之分（独化），在于天理自然（玄冥），统治者与被统治者之分（独化），在于"天之自高，地之自卑"（玄冥）。郭象的这种以儒家名教观念去解释老庄思想的语言，贯穿在整个《庄》注与其著作中。

西晋玄学家把儒学与老庄之学结合起来，在于使儒学能够更好地为当时的世族服务。郭象在《论语集解义疏》中，认为人民对统治阶级建立的政制，规定的名分，内心不一定服从（群异、独化），要服从一定要使人民"得其性""体其情"。他以为"得其性则本至，体其情则知耻（入玄冥

---

① ［晋］郭象注，［唐］成玄英疏：《南华真经注疏》卷一《庄子内篇齐物论》，中华书局，1991年，第37页。

② ［晋］郭象注，［唐］成玄英疏：《南华真经注疏》序《南华真经序》，中华书局，1991年，第1页。

③ ［晋］郭象注，［唐］成玄英疏：《南华真经注疏》卷一《庄子内篇齐物论》，中华书局，1991年，第19页。

④ ［晋］郭象注，［唐］成玄英疏：《南华真经注疏》卷一《庄子内篇齐物论》，中华书局，1991年，第20页。

之境）。知耻则无刑而自齐，本至则无制而自正"。换句话说，要使人们服从名教，服从皇帝，服从封建统治，最根本的办法是使人们明于天性（得性），知道封建统治者的意志、儒家的名教，就是天或自然的意志、规矩（本至）。如果人人都能知天、明本、得性、体情，即使无制，亦可自正。

只要一检查向秀、郭象二人的政治立场，就不难了解他们注《庄子》的用意所在了。向秀本与嵇康友善，嵇康被杀，"秀应本郡计入洛，文帝（司马昭）问曰：'闻有箕山之志，何以在此？'秀曰：以为巢、许狷介之士（指嵇康），未达尧心（指路人皆知的司马昭之心），岂足多慕。'帝甚悦"①。可知向秀是站在司马氏一边的，与王戎、山涛同调。郭象呢？他在东海王司马越当政之时，"甚见亲委，遂任职当权，熏灼内外"②。

七贤，就政治态度来说，嵇康原属于曹氏集团，在斗争中越出了党派的局限。王戎、向秀、山涛则站在以司马氏为首的旧世族的立场上。阮籍、阮咸、刘伶嗜酒放纵，矛盾苦闷，但基本上站在世族一边。他们不是一体，主流派是王戎一派。

或谓西晋"儒墨之迹见鄙，道家之言遂甚"③。如果从独尊儒术已不行时来看，这二语是正确的。如果从西晋玄学家王戎、向秀之辈利用道家来为儒家服务看，就不正确了。

第三节　反对封建君主专制主义的思想闪光
（嵇康、鲍敬言与陶潜）

两晋思想的主流是儒道同派的玄学。但这种思想并无多少生命力，特别是在八王之乱发生以后，反复重弹儒道同、名教与自然同的老调，没有多少人听了。甚至被指责为西晋乱亡的原因之一（"清谈误国"）。有生命力的是玄学左翼嵇康的思想。虽然嵇康被杀，但他的思想不仅仍旧存在，且从他的思想中发展出了我国中世纪史上最可注意的反对封建君主专

---

① ［唐］房玄龄等：《晋书》卷四十九《向秀传》，中华书局，1974年，第1374—1375页。

② ［唐］房玄龄等：《晋书》卷五十《郭象传》，中华书局，1974年，第1397页。

③ ［唐］房玄龄等：《晋书》卷四十九《向秀传》，中华书局，1974年，第1374页。

制主义的思想。先谈嵇康。

在对儒学发起的直接的、正面的、猛烈的攻击中，嵇康做到了对封建君主专制主义的抨击与批判。在《太师箴》中，他向"凭尊恃势"的人物特别是对封建君主提出了挑战。他认为仁、礼、刑、教都是这些人为了以天下"私其亲"，而被"造立"出来的。他们只知道"宰割天下，以奉其私"。尤其是君主，"昔为天下，今为一身"。如果"君位益侈"，祸害势必愈烈。而今"丧乱弘多""祸蒙丘山"，总根源就在君位之侈，就在君主被抬到了神圣的地位，拥有宰割天下的最大的权力。

不仅如此，嵇康还提出了他自己的带有民主性的政治思想——"以天下为公"①，这是他反对"割天下以自私"必然要得出来的结论。怎样才能以天下为公呢？在封建社会中，方案只有到远古去找。在《难自然好学论》中，嵇康说道"洪荒之世，大朴未亏，君无文于上，民无竞于下，物全理顺，莫不自得"②。在《惟上古尧舜》一诗中，说道"二人功德齐均，不以天下私亲，高尚简朴兹顺，宁济四海蒸民"③，这表现了他对原始社会公天下的向往。嵇康的理想是："穆然以无事为业，坦尔以天下为公。"④这当然是不可能实现的幻想，但从他反对专制的角度来看，从他所处的时代来看，从以天下为公为人类的理想来看，无疑有它的强烈的进步意义。

嵇康是一个预言家，他的预言"君位益侈""祸蒙丘山"，在司马氏夺取政权建立西晋以后，在以皇帝为首的达官贵人的骄奢淫逸中，在诸王无休止地争夺皇帝宝座的战争中，完全表现出来了。到东西晋之交，产生了

---

① 戴明扬校注：《嵇康集校注》卷四《答难养生论》，人民文学出版社，1962年，第171页。

② 戴明扬校注：《嵇康集校注》卷六《难自然好学论》，人民文学出版社，1962年，第259页。

③ 戴明扬校注：《嵇康集校注》卷一《惟上古尧舜》，人民文学出版社，1962年，第41页。

④ 戴明扬校注：《嵇康集校注》卷四《答难养生论》，人民文学出版社，1962年，第171页。

一个著名的政治思想家、世界最早的无政府主义者鲍敬言。他要求把皇帝连同国家机器一齐废掉。要了解他的思想，首先须了解西晋专制政治的腐朽性。

世族地主自将政权掌握到自己手上之后，即放手"广收八方园田、水碓""积实聚钱"，穷奢极欲，唯恐后人，而口中却在侈谈儒道同，名教出于自然，万古长存。这是西晋封建君主专制政治的显著特点。

晋武帝"博选良家以充后宫，先下书禁天下嫁娶"[1]。武帝"掖庭殆将万人"[2]，直追秦始皇"后宫列女万余人"[3]之数。士族官僚"奢侈之费，甚于天灾"[4]。何曾日食万钱，"犹云无下箸处"。而此人却是西晋三大孝之一。其子何劭日食二万钱，超过乃父一倍，可谓"不孝"[5]。洛阳贵族妇女"皆不耻淫泆之过，不拘妒忌之恶。父兄不之罪也，天下莫之非也"[6]。班昭《女诫》至此也不起作用了。可注意的是皇帝对这种奢侈淫逸之风，不是压制而是纵容。《世说新语·汰侈》"石崇与王恺争豪"条，记"武帝，恺之甥也，每助恺"。《晋书·惠贾皇后传》记武帝明知"贾家种妒"，而要娶作皇太子妃。贾南风与妹贾午，是贵族妇女不耻淫泆之过、不拘妒忌之恶的代表人物。皇帝的纵容与支持，遂使西晋朝野上下奢侈淫逸之风狂吹不止。

西晋官吏有种种特权。《晋书·食货志》说西晋之官可以"各以品之高卑荫其亲属，多者及九族，少者三世"。根据这个规定，所有官吏和他们的亲属可免除一切课、役，多者达到九族全免。难怪达官贵人纵情极欲，毫无顾惧。

西晋的国家机器又怎样？要知西晋设官分职，考虑的也是专制的利

---

① [唐]房玄龄等：《晋书》卷三十一《武元杨皇后传》，中华书局，1974年，第953页。

② [唐]房玄龄等：《晋书》卷三十一《胡贵嫔传》，中华书局，1974年，第962页。

③ [汉]司马迁撰，[宋]裴骃集解，[唐]司马贞索隐，[唐]张守节正义：《史记》卷六《秦始皇本纪》正义引《三辅旧事》，中华书局，1959年，第241页。

④ [唐]房玄龄等：《晋书》卷四十七《傅咸传》，中华书局，1974年，第1324页。

⑤ [唐]房玄龄等：《晋书》卷三十三《何曾传》，中华书局，1974年，第998—999页。

⑥ [唐]房玄龄等：《晋书》卷五《孝愍帝纪》，中华书局，1974年，第136页。

益、官吏的利益。西晋专制政治有一个很大的特点是机构多，官属多，兼职多，"望空署名"者多。以此，"机事之失，十恒八九"^①。而在皇帝看来，一个机构多、官多、无效率的政府，既可满足世族做官的要求，又对君主集权于一身有利。

《晋书·职官志》说：晋武帝即位之初，"以安平王（司马）孚为太宰，郑冲为太傅，王祥为太保，义阳王（司马）望为太尉，何曾为司徒，荀颛为司空，石苞为大司马，陈骞为大将军，凡八公同时并置……所谓八公同辰，攀云附翼者也"。而八公"皆萧然自放，机尔无为，名称摽著，上议以正朝廷者，则蒙虚谈之名"^②，等同虚设。这种无事可做的官，属官倒不少。"晋初凡位从公以上，置长史、西阁东阁祭酒、西曹东曹掾、户曹仓曹贼曹属各一人"，而"凡诸曹皆置御属、令史、学干，御属职录事也"^③。保卫诸"公"的，各有"武贲二十人"^④。这都是不必要的机构和不必要的人员。八公之置，只是为了尊崇世族中门望特高的人而已。

八公外，"晋初又置左右光禄大夫，而光禄大夫如故"^⑤。置"庶子四人，职比散骑常侍、中书监令"，置"舍人，十六人。职如散骑、中书侍郎"^⑥。这都是重复的职务。

尚书列曹由魏明帝时期的二十五曹，增为三十五曹，而职务未见增加，反有减少之嫌。如魏有考功，晋无。（参见第一章第一节）

至于地方官吏和武官，傅咸于咸宁之初，上言说道：

旧都督有四，今并监军，乃盈于十。夏禹敷土，分为九州，今之

①［梁］萧统编，［唐］李善等注：《六臣注文选》卷四十九《晋纪总论》，中华书局，1987年，第932页。
②［梁］萧统编，［唐］李善等注：《六臣注文选》卷四十九《晋纪总论》注，中华书局，1987年，第932页。
③［梁］沈约：《宋书》卷三十九《百官志上》，中华书局，1974年，第1222页。
④［唐］房玄龄等：《晋书》卷二十四《职官志》，中华书局，1974年，第726页。
⑤［梁］沈约：《宋书》卷三十九《百官志上》，中华书局，1974年，第1230页。
⑥［梁］沈约：《宋书》卷四十《百官志下》，中华书局，1974年，第1254页。

刺史，几向一倍。户口比汉十分之一，而置郡县更多。空校牙门，无益宿卫，而虚立军府，动有百数。五等诸侯，复坐置官属。……以为当今之急，先并官省事，静事息役。①

傅咸看出了机构多、官属多的弊端，故要求并官省事。西晋也曾"议省州郡县半吏以赴农功"。可荀勖却认为"省吏不如省官，省官不如省事，省事不如清心"②。干宝《晋纪总论》还说到西晋"秉钧当轴之士，身兼官以十数，大极其尊，小录其要，机事之失，十恒八九"③。像王祥既做太保，又被"加置七官之职"④。他做太保，本来就"萧然自放"，再加七官，这七官也都变成萧然自放了。

《晋纪总论》在评论西晋官场风气时，说道：

进仕者以苟得为贵，而鄙居正；当官者以望空为高，而笑勤恪。……刘颂屡言治道，傅咸每纠邪正，皆谓之俗吏；其倚仗虚旷，依阿无心者，皆名重海内。……由是毁誉乱于善恶之实，情愿奔于货欲之涂，选者为人择官，官者为身择利。……悠悠风尘，皆奔竞之士，列官千百，无让贤之举。⑤

官本位是封建君主专制制度的依靠，官多，机构多，"选者为人择官，官者为身择利"，是专制制度下，职官制度发展的必然规律，只不过呈现波浪形而已。东汉差，曹操时期要好一些，西晋又差。而差的时候，总是用重名教、重性行来掩护，好的时候则总是重才。这也是规律。西晋统治阶

---

① [唐]房玄龄等：《晋书》卷四十七《傅咸传》，中华书局，1974年，第1324页。

② [唐]房玄龄等：《晋书》卷三十九《荀勖传》，中华书局，1974年，第1154—1155页。

③ [梁]萧统编，[唐]李善等注：《六臣注文选》卷四十九《晋纪总论》，中华书局，1987年，第932页。

④ [唐]房玄龄等：《晋书》卷三十三《王祥传》，中华书局，1974年，第988页。

⑤ [梁]萧统编，[唐]李善等注：《六臣注文选》卷四十九《晋纪总论》，中华书局，1987年，第932页。

级一方面大讲儒道同、孔老同、名教与自然同，一方面列官千百，奔竞于货欲之途。而官吏的总头领皇帝，则成了最大的剥削者与压迫者，拥有全国最大的财富、最好的离宫、最多的妾侍以及生杀予夺的权力。专制政治的弱点都暴露出来了。官多，机构多，做官的但知"择利"，而又以"望空为高"，国家机器必然要转动不灵，觊觎皇帝宝座的人也就有机可乘，战乱又将要发生了。西晋的八王之乱，归根结底，是封建专制政治的产物。

这就是鲍敬言提出他的光辉的无君无司论的时代背景。何况在他以前，嵇康已经认识到了"君位益侈"，将"祸蒙丘山"。且嵇康的预言，已经为西晋八王之乱所证实。

鲍敬言可贵之处是，他既看到西晋世族"壅崇宝货，饰玩台榭，食则方丈，衣则龙章，内聚旷女，外多鳏男。采难得之宝，贵奇怪之物，造无益之器，恣不已之欲"[①]，又看到农民"田芜仓虚，杼柚之空，食不充口，衣不周身"，于是发出了一个疑问：统治者"非鬼非神，财力安出哉？"结论是很明白的，出自统治者对人民的"劳之不休，夺之无已"。在统治阶级中，谁是最大的劳之者，夺之者呢？鲍敬言看出了"人君"。他抨击"人君采难得之宝，聚奇怪之物，饰无益之用，厌无已之求"。看出了"屠割天下，由于为君，故得纵意也"。看出了"有君"是一切祸害的总根源。

鲍敬言为什么能把矛头指向皇帝呢？如果联系到西晋世族的总代表晋武帝"后宫列女万余人"，公然帮助王恺与石崇比富，联系到西晋世族王戎、何曾、石崇等人在武帝的鼓励下，"纵意"屠割天下，就不难明白，鲍敬言抨击的"人君"，正是西晋世族的总头目晋武帝等人腐朽面貌在他的头脑中的概括。

富于财力既然不在鬼神，那么，推演下去，贵之所以能为贵，人君之所以能为人君，也就不是鬼神所能决定的了。君权岂为神授？"人君后宫三千岂皆天意"？然则，人君何由产生？鲍敬言说：君臣之道所以起，隶

---

① 杨明照：《抱朴子外篇校笺》（下册）卷四十八《诘鲍》载鲍敬言语，中华书局，1991年，第539页。

属役御所以生，是"由乎争强弱而校愚智"。这是基于西晋政治现实得出的"暴力论"。西晋一朝，正是以司马氏为首的世族集团同曹氏集团"争强弱而校愚智"，取得胜利后才出现的。八王也正是通过"争强弱而校愚智"，轮流上台执政的。正是这种现象，才使鲍敬言看清了"君权神授"，连后宫列女万人也是天意的谎言。人君的出现，不过是由于彼此间的争夺，胜则为王，"彼苍天果无事也"。

鲍敬言还说有君就有司，"有司设则百姓困，奉上厚则下民贫"。有司为"奉上"即为皇帝（为君）屠割天下服务，下民安得不困不贫？不仅如此，"夫役彼黎烝，养此在官，贵者禄厚，而民亦困"。下民除了养皇帝，还得养官，这就更加贫困。这些话是西晋国家机器在他的头脑中的反映。西晋世族国家是一架只知压榨下民血汗，而在其他方面运转不灵的机器。这架机器使上厚下贫。操纵这架机器的是皇帝，一切弊害的发生，都在皇帝身上。这架机器应当取消，而要取消这架机器，就要取消皇帝和各级官吏。

鲍敬言还从哲学与历史两个方面论证了君主与官吏本来就不存在。他说：

> 夫天地之位，二气范物，乐阳则云飞，好阴则川处，承柔刚以率性，随四八而化生。各附所安，本无尊卑也。[①]

这些话表明鲍敬言在哲学上持的是唯物主义的观点。阴阳二气化生万物并决定了万物的属性。天地是物质的自然存在，天在上，地在下，并不表示有什么尊卑之别。只要拿郭象所说"君臣、上下、手足、外内乃天理自然"，"若天之自高，地之自卑"来相比较，就知鲍敬言的话是针对那些侈谈名教与自然同的玄学家而发。他这些话进一步戳穿了君权神授、等级贵贱来自于天的虚妄。"本无尊卑"，也就是本无骑在下民头上的皇帝与官

---

① 杨明照：《抱朴子外篇校笺》（下册）卷四十八《诘鲍》载鲍敬言语，中华书局，1991年，第538页。

吏。他还说：

> 曩古之世，无君无臣，穿井而饮，耕田而食，日出而作，日入而息，泛然不系，恢尔自得。①

这是说人类历史上，本来就没有皇帝，没有有司。"无君无臣"的时代好得很。

鲍敬言的"贵上古无君之论"，实质上是要把封建帝王连同封建国家统统取消掉。"君为臣纲"，是封建思想的核心。君主专制是封建政治制度的骨髓，在我国中古时代，产生这样一种有君有司为害，无君无司为利的思想，无疑是封建长夜中出现的一颗明星。国家的出现，帝王的产生，是一种历史现象，有其必然性。但我们不必因为这种必然性来否定鲍敬言思想的进步意义。历史进入魏晋时代，"三纲"特别是君臣之道，已成为封建统治阶级束缚人民手足的大铁锁、压榨人民膏血的绞肉器。鲍敬言猛烈地攻击君臣之道，倡导无君无司，这在历史上尚是首创。那时没有新的生产关系、新的阶级，鲍敬言当然不可能找到变有君有司为无君无司的途径，而只能"贵上古无君"之治。这颗闪亮的明星也只能是在封建夜空中暂时存在。他的言论能在《抱朴子》中保存一二，使我们知道古代还有这么一位反对君主专制主义贵无君与无司的思想家，就很不容易了。

东晋末年，在陶潜的思想中，又闪起了反对封建专制主义的思想光芒。

陶潜的思想集中地表现在《桃花源诗并记》中。应该如何看待《桃花源诗并记》？论者纷纭，中肯者几许？只有王安石的《桃源行》点出了陶潜所痛恨的，是"望夷宫中鹿为马，秦人半死长城下"；所追求的，是"虽有父子无君臣"。我感到《桃花源诗并记》表现的陶潜思想，可用一言以蔽之——反对君主专制主义及其所维护的封建制度。从《桃花源记》全

---

① 杨明照：《抱朴子外篇校笺》（下册）卷四十八《诘鲍》载鲍敬言语，中华书局，1991年，第498页。

文可以看出，陶潜心目中的"桃花源"，是一种保留家庭组织、私有财产，但人人劳动，无君，无司，无地主的农民的乌托邦。它既不是保留国家组织的老子"小国寡民"的世界，也不是中小地主的世界，而是鲍敬言无君无司世界的具体描述。

《桃花源记》描写的桃花源："土地平旷，屋舍俨然，有良田美池桑竹之属，阡陌交通，鸡犬相闻。其中往来耕作，男女衣着悉如外人，黄发垂髫，并怡然自乐。"除了往来耕作的男女以外，再无他人。君、臣、胥吏、地主全无。"见渔人……便要还家，设酒杀鸡作食，村中闻有此人，咸来问讯。……余人各复延至其家，皆出酒食。"家庭是桃花源里的一个个社会单位。各家都有自己的财产。客人来了，具酒食接待。"自云先世避秦时乱（'嬴氏乱天纪'），率妻子邑人来此绝境，不复出焉，遂与外人间隔。问今是何世，乃不知有汉，无论魏晋。"秦是封建皇帝专制政治的建立者，避乱是避嬴氏之乱，即避封建专制制度。桃花源中人为找到这样一个避专制之乱的世界而怡然自乐。

在《桃花源诗》中，陶潜写明了"嬴氏乱天纪，贤者避其世"。在《咏荆轲》中，他又盛赞荆轲刺秦始皇。"避秦时乱"意义何在，是非常明白的。他称赞荆轲"飞盖入秦庭，凌厉越万里"；惋叹"惜哉剑术疏，奇功遂不成"；追思"其人虽已没，千载有余情"；是因为荆轲第一个对以秦始皇为代表的封建专制制度，投出了匕首。

在《桃花源诗》中，他还说道"淳薄既异源，旋复还幽蔽。……愿言蹑清风，高举寻吾契"。淳、薄异源，也就是封建专制的世界和农民的乌托邦桃花源异源。"高举寻吾契"，则表白了他向往的是农民的乌托邦，而不是封建地主的专制之邦。

陶潜的这种思想，在其他诗文中，也是可以看到的。如《感士不遇赋》写道"自真风告逝，大伪斯兴，闾阎懈廉退之节，市朝驱易进之心。""真风"与"淳"同义，"大伪"与"薄"同义。大伪指封建专制及其所维护的封建制度。"咨大块之受气，何斯人之独灵。……密网裁而鱼骇，宏罗制而鸟惊。"大块受气而生，人受气而生，表现了陶潜的哲学思想中含有唯物的成分（第四节再谈）。陶潜重人，人独灵而却为罗网所罩。罗网之来，由于"大伪斯兴"。如果说《桃花源记》是陶潜的政治设想，《感士不遇赋》则直斥封建专制及其所维护的封建制度，为桎梏人民的网罗。

陶潜在《劝农》诗中还写道"舜既躬耕，禹亦稼穑"。他说："相彼贤达，犹勤陇亩""矧（况）兹众庶"，何能"曳裾拱手"？站在封建专制的对立面，主张人人劳动，在这首诗中，又得到了证明。

陶潜所理想的世界，是一个无君长、无官吏的世界。这种思想，与鲍敬言的无君无司论正同。又是一个保持私有财产的、各个家庭独立存在的、人人劳动的、农民的世界，这正是"农民的乌托邦"。这种乌托邦，根据列宁在《两种乌托邦》中所说，在经济上虽是错误的，在历史上却是正确的。

在独尊儒术动摇的基础上，在反对儒术、名教、三纲六纪的斗争越来越激烈的过程中，在唯物思想的发展中，魏晋时代出现这种反对君主专制主义的思想，是不奇怪的。陶潜以后封建统治阶级抛弃了玄学，利用佛教的神不灭论来为儒术说法。这时的进步思想家又展开了反对神不灭论的斗争。

第四节　在反对神不灭论的斗争中发展起来的神灭论与物种变异学说

（陶潜、何承天、范缜、刘峻、邢邵）

《魏书·释老志》说：佛教经旨"大抵言生生之类，皆因行业而起，有过去、当今、未来，历三世识神常不灭。凡为善恶必有报应。渐积胜业，陶冶粗鄙，经无数形，澡练神明，乃致无生（泥洹）而得佛道。""神常不灭"，是佛教的理论基础。南北朝时期是佛教大盛的时代，神不灭论影响深远。南北统治者都利用佛教特别是利用它的神不灭论，来劝善罚恶，使之归依名教，服从君父统治。这个时代出现的神不灭论，意义不单在哲学上，而有浓重的政治色彩。由于反复论证神灭，也由于不能停留在神灭上，而应对物种转化作出答复，以打倒神不灭论与报应之说，神灭论者探索了物种变异的原因，遂使这一时代的神灭论，发出了前所未有的光彩。

首先起来反对神不灭论，提出神灭学说的，是君主专制主义的反对者、农民乌托邦的提出者陶潜。陶潜有《形影神三首》：《形赠影》《影答形》和《神释》。形、影、神问题，是当时佛教僧徒常常提及的问题。释慧远有《佛影铭》，铭中有云："廓矣大象，理玄无名。体神入化，落影离形。"释慧远又有《形尽神不灭论》。神可以"落影离形"而存在，也就是形尽而神不灭。陶潜的《形影神三首》是针对佛教僧徒所讲的形影神三者关系而发的。此诗有序，序云：

> 贵贱贤愚，莫不营营以惜生，斯甚惑焉。故极陈形影之苦，言神辨自然以释之。好事君子，共取其心焉。

所谓"神辨自然"，即以自然辨之。谁去辨，不是神而是陶潜。辨什么？"惜生"。

在《形赠影》和《影答形》二诗中，陶潜借形和影之言，说明人虽最为灵智，但却有死。"适见在世中，奄去靡归期。""惜生"是没有用的，"存生不可言，卫生每苦拙"。"腾化"之术是没有的。形影不离，可"此同既难常，黯尔俱时灭"。怎么办呢？形主张"得酒莫苟辞"，影认为不如"立善有遗爱"。于是而有第三首《神释》。

在《神释》中，陶潜认为"得酒莫苟辞"是不对的，"日醉或能忘，将非促龄具"。"立善"以为"有遗爱"，也是不对的。"立善常所欣，谁当为汝誉"？陶潜的结论是：

> 甚念伤吾生，正宜委运去。纵浪大化中，不喜亦不惧。应尽便须尽，无复独多虑。

"甚念伤吾生"，是说饮酒、立善都是因为惜生而来，但都不免于伤神。陶潜的主张是："正宜委运去"。委运也就是要做到："纵浪大化中，不喜亦不惧，应尽便须尽，无复独多虑"。委运任化即随顺自然，把自身当作自然的一部分。此之谓"神辨自然"。神自云与形影"生于相依附"，"结托"相同。委运是形影神一齐委运任化。"应尽便须尽，无复独多虑"，是形影神一尽俱尽。尽期总是有的，无须再为惜生劳神。

陈寅恪先生曾经指出："然观此首结语'应尽便须尽，无复独多虑'之句，则渊明固亦与范缜同主神灭论者。"他还说过：

> 子真（范缜）所著《神灭论》云："若知陶甄禀于自然，森罗均于独化，忽焉自有，恍尔而无，来也不御，去也不追，乘乎天理，各安其性。"则与渊明《神释》诗所谓"纵浪大化中，不喜亦不惧。应尽便须尽，无复独多虑"，及《归去来辞》所谓"聊乘化以归尽，乐夫天命复奚疑"等语旨趣符合。惟渊明生世在子真之前，可谓"孤明先发"（慧皎《高僧传〈赞美道生〉》之语）耳。①

这是一个卓见，惜乎论神灭论者，除陈先生以外，无人注意过陶潜。而陶潜却是反对神不灭、主张神灭的最早的一个思想家。

陶潜之后，元嘉历的制定者何承天，在《答宗居士书》中，提出了"形神相资"之说。他说："形神相资，古人譬以薪火，薪弊火微，薪尽火灭，虽有其妙，岂能独存？"②在《达性论》中，他又说："生必有死，形毙神散，犹春荣秋落，四时代换，奚有于更受形哉？"③这是针对佛教徒所谓"经无数形，澡练神明"而发。在《报应问》中，他又说："夫欲知日月之行，故假察于璇玑，将申幽明之信，宜取符于见事。……是知杀生者

---

① 陈寅恪：《金明馆丛稿初编》，上海古籍出版社，1980年，第200页。

② ［清］严可均校辑：《全上古三代秦汉三国六朝文·全宋文》卷二十三《答宗居士书》，中华书局，1958年，第2561页。

③ ［清］严可均校辑：《全上古三代秦汉三国六朝文·全宋文》卷二十四《达性论》，中华书局，1958年，第2568页。

无恶报，为福者无善应。"①这是针对佛教徒"凡为善恶必有报应"而发。他说认识取决于"假察于璇玑"，"取符于见事"，是唯物的。

何承天提出的"形毙神散"，即范缜的"形谢则神灭"。他是由陶潜到范缜《神灭论》的过渡人物。

范缜生活于齐、梁时代。《梁书·儒林传·范缜传》与《南史·范云传》附《范缜传》都说他的《神灭论》写于齐时，竟陵王萧子良曾"集僧难之而不能屈"。萧子良曾叫王融去对他说："神灭既自非理，而卿坚执之，恐伤名教。"②可见当时神灭与神不灭论的斗争，实际上仍旧是一场破坏名教与维护名教的斗争。现行哲学史却说范缜《神灭论》写于梁代。按《弘明集》载有梁武帝《敕答臣下神灭论》，内云："欲谈无佛，应设宾主，标其宗旨，辩其短长，来就佛理，以屈佛理，则有佛之义既遗，神灭之论自行。"现《梁书》所记《神灭论》，正是"自设宾主"的《神灭论》。此论当系他在齐时所作的《神灭论》的改写。写成以后，梁武帝发动了"王公朝贵"六十四人写反驳文章，达七十五篇之多，进行了一场大论战。梁武帝本人认为神灭之论"违经背亲，言语可息"③。"缜既背经以起义，乖理以致谈。灭圣难以圣责，乖理难以理诘"④。这再次说明神灭之论，意义不仅在于反对佛教的神不灭论，而且在于反对儒家的名教之术。以梁武帝为首的王公朝贵对范缜《神灭论》的围剿，来势汹汹，可无以折其锋锐。这是梁初的事。

范缜在齐官至宜都太守，在梁先后任晋安太守、尚书左丞。一度因王亮之故，贬徙广州。后追还京师，以为中书郎、国子博士。看来齐梁统治者并没有因为范缜发表违经灭圣的《神灭论》，给他以政治迫害。这一点很重要。它是这个时代学术思想发展的原因之一。

---

① [清]严可均校辑：《全上古三代秦汉三国六朝文·全宋文》卷二十四《报应问》，中华书局，1958年，第2565页。

② [唐]李延寿：《南史》卷五十七《范云传》，中华书局，1975年，第1421页。

③ [清]严可均校辑：《全上古三代秦汉三国六朝文·全梁文》卷五《敕答臣下神灭论》，中华书局，1958年，第2973页。

④ [梁]僧祐：《弘明集》卷九《难范中书神灭论》，上海古籍出版社，1991年，第60页。

范缜的《神灭论》之所以遭到王公朝贵的围攻，是因为他不仅阐明并发展了神灭的观点，而且对物质的变化提出了自己的辩证看法。

《神灭论》一开头是讲形神一元："神即形也，形即神也，是以形存则神存，形谢则神灭也。"[1]这是批驳神不灭论的形、神为二元，形灭神不灭的荒唐论点。接着便说："形者神之质，神者形之用，是则形称其质，神言其用，形之与神，不得相异也。"这把物质第一性，精神第二性的唯物论的根本原理阐发出来了。"质"即本质的东西，第一性的东西；"用"即受到本质作用的东西，亦即本质派生的东西，第二性的东西。以往还没有一个哲学家这样清晰准确地讲到形和神的关系。

如果说形谢神灭过去还有哲学家讲到过，则《神灭论》中提出的物质的特殊性与这一事物转化为它一事物，物质也就不同的论点，渐变与欻变的论点，则是过去的哲学家所未讲到过的，论中说："人之质非木质也，木之质非人质也。""生形之非死形，死形之非生形，区已革矣，安有生人之形骸，而有死人之骨骼哉？"这就是说，人质和木质不同，活人和死人不同，活人的形骸和死人的形骸不同，物物各殊，本质各异，不能混同。

但是，一物可以转化为另一物。转化之后，性质也就改变。论中说："生者之形骸"，可以"变为死者之骨骼"，这种变化如同"荣木变为枯木"一样。但"荣木变为枯木，枯木之质，宁是荣木之体"。也就是说，枯木的性质与荣木的性质不同了。如何转化呢？论中又说：

> 生灭之体，要有其次故也。夫欻而生者必欻而灭，渐而生者必渐而灭。欻而生者，飘骤是也；渐而生者，动植是也。有欻有渐，物之理也。[2]

"渐"的意思是明白的，"欻"是忽然或突然的意思。范缜不可能认识到物质是由量变到质变，由渐变到突变的，但他看到了一事物变化为性质不同

---

① ［唐］姚思廉：《梁书》卷四十八《儒林列传》，中华书局，1973年，第665页。

② ［唐］姚思廉：《梁书》卷四十八《儒林列传》，中华书局，1973年，第667页。

的它一事物，有欻生欻灭和渐生渐灭两种变化，这是很了不起的。渐生渐灭也就是渐变，欻生欻灭则有突变之义。只是他把这两种变化分割开了。佛教根据它的形尽神不灭的理论，有六道轮回之说，轮回也是转化。要击破佛教的神不灭论，必须对一物转化为它一物，作出科学的解释。范缜在这一方面作了努力。

除此以外，范缜还看到了事物变化的偶然性的原因。萧子良曾问范缜："君不信因果，世间何得有富贵，何得有贱贫?"范缜回答道：

> 人之生譬如一树花，同发一枝，俱开一蒂，随风而堕，自有拂帘幌坠于茵席之上，自有关篱墙落于粪溷之侧。坠茵席者，殿下是也，落粪溷者，下官是也。贵贱虽复殊途，因果竟在何处? [1]

此即偶然论。范缜虽然未看到贵贱的、阶级的、政治的原因，但他能揭出偶然的原因，对佛教的神不灭论、因果论也都是打击。

略后于范缜的刘峻，又看到了事物变化的必然性的原因。他写有《辨命论》。此论说到"自然"。自然是什么呢? 他说：

> 自然者物见其然，不知所以然，同焉皆得不知所以得。鼓动陶铸而不为功，庶类混成而非其力。生之无亭毒之心，死之岂虐刘之志? 坠之渊泉非其怒，升之霄汉非其悦。荡乎大乎，万宝（物）以之化，确乎纯乎，一作而不易。化而不易则谓之命。[2]

十分明显，他说的"自然"，指的是无意志的自然规律或法则。在这条规律的作用下，万物以之化生。规律是客观存在的，是无意志的，所以"鼓动陶铸而不为功，庶类混成而非其力"。要你生，不是因为有"亭毒（均

---

① [唐]姚思廉:《梁书》卷四十八《儒林列传》,中华书局,1973年,第665页。

② [梁]萧统编,[唐]李善等注:《六臣注文选》卷五十四《辨命论》,中华书局,1987年,第1003—1004页。

养）之心"；要你死，不是因为有"虔刘（杀）之志。"

"命"又是什么呢？他说"化而不易则谓之命"。不易也就是"不变"。李善注解此文，引魏文帝《典论》说："夫生之必死，天地所不能变也。"①由此可知刘峻所谓"化而不易"（"命"），实指事物变化的必然性而言。有生必有死，这是自然规律，无可逃脱。由生到死，这叫"化"。死是必然的，为"天地所不能变"，这叫"不易"。"化而不易"，表明事物变化的必然性原因，被刘峻发现了。

事物变化之有必然性，是因为自然规律在那里起作用。这种作用，这种必然性，为鬼神所不能预，圣哲所不能谋。刘峻所讲的"命"是没有给鬼神、圣哲留地盘的。

《辨命论》最后写道"君子居正体道，乐天知命（必然性），明其无可奈何，识其不由智力，逝而不召，来而不距（拒），生而不喜，死而不戚"②。这与陶潜所说"纵浪大化中，不喜亦不惧，应尽便须尽，无复独多虑"，感情上相通。刘峻说的"命"，也就是陶潜说的"运"，同指自然规律。他们讲的自然与玄学家讲的作为精神本体能够产生名教的自然，性质不同。这要区别清楚。陈寅恪先生曾用"旧自然说"与"新自然说"来区分③。旧自然说指精神本体，新自然说指自然界的规律。

在反对佛教神不灭论与因果报应说的斗争中，为范缜、刘峻所揭示出来的事物变化的偶然性和必然性的原因，是我国哲学的又一个光辉成就。

在北方，在反对神不灭论的斗争中，则出现了一种物种"类化"之说。

魏齐之际，北方也出现过一些反对佛教的著名人物，如邢邵、樊逊即其人。邢邵曾与杜弼共论名理。这在《北齐书·杜弼传》中有详细的记载。邢邵以为"死之言澌，精神尽也"。"神之在人，犹光之在烛，烛尽则

①［梁］萧统编，［唐］李善等注：《六臣注文选》卷五十四《辨命论》李善注引魏文帝《典论》，中华书局，1987年，第1004页。

②［梁］萧统编，［唐］李善等注：《六臣注文选》卷五十四《辨命论》，中华书局，1987年，第1011页。

③见陈寅恪：《陶渊明之思想与清谈之关系》。

光穷，人死则神灭。"①如果说"人死还生"，那是"为蛇画足"。这是神灭论。神灭论并非南方独有。邢邵的突出成就，还不在于神灭，而在于"类化"。他说："鹰化为鸠，鼠变为鴽，黄母为鳖，皆是生之类也。类化而相生，犹光去此烛，复然彼烛。"又说："欲使土化为人，木生眼鼻，造化神明，不应如此。"②这即是说，只有同类事物，才能转化；不同类的，不能转化。物种类化，这是在与佛教形灭神不灭论的斗争中，在与人死为鬼之说的斗争中，产生的又一个光辉思想。

现行中国哲学史著作在论述南北朝神灭论思想的时候，不著录邢邵的言论，未免令人遗憾。汤用彤谓邢邵奉佛与否不明，范祥雍校《洛阳伽蓝记》举邢邵见于《广弘明集》卷七《叙历代王臣滞惑解》中，证明邢邵不奉佛。又举《北齐书·邢邵传》中"颇省永宁土木之功，并减瑶光材瓦之力，兼分石窟镌琢之劳"③等语，证明邢邵不满于当时因奉佛而刮起的奢侈之风。其实，《北齐书·杜弼传》之言，不仅可以说明邢邵不奉佛，而且可以说明邢邵是一个神灭论者、物种类化论者。博如汤、范二先生，独不见《杜弼传》之言乎？类化推演下去，便是猴子可以变人，而它类动物，绝对不能变人。苹果可以变成它种苹果，劣种可以变成良种，而它类果品绝对不能变成苹果。意义之重大可想而知，哲学史又安能不给予邢邵以一席之地？

---

① [唐]李百药：《北齐书》卷二十四《杜弼传》，中华书局，1972年，第352页。
② [唐]李百药：《北齐书》卷二十四《杜弼传》，中华书局，1972年，第352页。
③ [唐]李百药：《北齐书》卷三十六《邢邵传》，中华书局，1972年，第477页。

第四章　魏晋南北朝时期社会组织与经济思想的变化发展

　　魏晋南北朝时代是社会组织大变动的时代。我指的是社会的基本单位由宗族分解为个体家庭。这是当时人们的一种共同的社会要求。经济思想在这一时代也有显著的发展，无限制扩大私有财产的思想与"不患寡而患不均"的思想同时并存，表现突出。农商并重的思想取代了重农抑商，农业中的多种经营冲淡了"民以食为天"但知种五谷的观念。这对经济的发展特别是对南方的开发，起着深远的影响。

　　下分三节论述。

第一节　大家族制度的消亡及其影响

　　汉魏田庄主是聚族而居的，社会经济的基本单位，是一个个名宗大族。这种宗族或大家族，内部虽有阶级的区分，但却是原始社会氏族制度的孑遗。恩格斯说过："作为社会经济单位的个体家庭"是"文明时代"的"特征"之一。[①]可是，中国在进入阶级社会之后，氏族制度的孑遗——大家族（宗族）制度作为社会经济的基本单位，却长期留存下来。殷、周自不待论，即使到了汉朝末年，遍布于南北的社会基本组织，仍然

---

　　① ［德］恩格斯著,中共中央马克思恩格斯列宁斯大林著作编译局编译:《家庭、私有制和国家的起源》,人民出版社,1972年,第174页。

是大家族或宗族。"族大兵强"①"安居族党"②"独将宗族"③"率举宗族"④"吴名宗大族皆有部曲"⑤，在三国史料中常见。这是中国历史的特殊性。但它必将为个体家庭所代替。

可注意的是，汉魏社会基本单位虽然是宗族，但时代毕竟进到了汉魏，宗族的纽带，已不像先前坚固。我们从崔寔《四民月令》中，可以看到汉末宗族组织有两个显著特征。

一是土地为宗族所有（宗族共有），生产由选出的"任田者"指挥进行。此可由《四民月令》十二月所记"请召宗族、婚姻、宾旅，讲好和礼，以笃恩纪；休农息役，惠必下洽。……遂合耦田器，养耕牛，选任田者，以俟农事之起"⑥，得到证明。此外，《四民月令》中，尚有"命典馈酿春酒""命缝人浣冬衣""命蚕妾治蚕室""命女红织缣缚""命治曲室""命典馈渍曲"等语⑦，"命"的主语是族长或宗主，"命"字也反映了共有的性质。

二是宗族以家庭为单位组成，各个家庭有各个家庭的财产（土地除外），贫富不同，亲疏有别。从这方面来看，宗族又是松散的。《四民月令》写族中助葬："同宗有贫窭久丧不堪葬者，则纠合宗人，共与举之，

①［宋］司马光编著，［元］胡三省音注：《资治通鉴》卷第六十三汉献帝建安五年（200）冬十月条，中华书局，1956年，第2036页。

②［晋］陈寿撰，［宋］裴松之注：《三国志》卷六《魏书·董二袁刘传》注引《九州春秋》，中华书局，1959年，第196页。

③［晋］陈寿撰，［宋］裴松之注：《三国志》卷十《魏书·荀彧荀攸贾诩传》，中华书局，1959年，第308页。

④［晋］陈寿撰，［宋］裴松之注：《三国志》卷十一《魏书·袁张凉国田王邴管传》，中华书局，1959年，第341页。

⑤［晋］陈寿撰，［宋］裴松之注：《三国志》卷二十八《魏书·王毌丘诸葛邓钟传》，中华书局，1959年，第777页。

⑥［东汉］崔寔著，缪启愉辑释，万国鼎审订：《四民月令辑释》十二月，农业出版社，1981年，第109页。

⑦分见《四民月令》正月，二月，三月，六月，七月，十月。

以亲疏贫富为差，正心平敛，毋或逾越；务先自竭，以率不随。"①这可说明族中财产是分开的，族人有亲疏贫富之分，一个宗族是由很多亲疏贫富不同的家庭组成的。《四民月令》中有"室家""家长"之词，宗主及其一家，不过是族中最富有、最有权势的家长、室家而已。在这种情况下，硬要把全族各个家庭绑在一起，维持宗族共有形式的土地制度，只能阻碍生产力的发展。

两晋"五胡乱华"之际，社会经济的基本单位仍是宗族。为抵御外敌，宗人往往纠合在一起，筑坞壁以自保。一个坞壁基本上就是一个宗族。生产普遍采用了屯垦的方式。《晋书·李矩传》说李矩"为乡人所爱，乃推为坞主，东屯荥阳，后移新郑"。石勒来袭，李矩"遣老弱入山，令所在散牛马"。又说李矩"表郭诵为扬武将军、阳翟令，阻水筑垒，且耕且守"②。所谓"散牛马""且耕且守"，便表明坞中生产，采用了屯垦办法。《晋书·邵续传》更说曹嶷"破续屯田，又抄其户口"③，明白点出了"屯田"二字。既然采用屯田方式，坞中土地便仍然具有共有的性质。这是由"屯聚"以御外难决定。但要注意即使在这种坞壁中，各个家庭仍旧是分开的，且有行动的自由。《晋书·孝友传·庾衮传》记禹山坞主庾衮后来"携其妻子适林虑山"④。与林虑父老"登于大头山，而田于其下"，表明庾衮（阳翟人）是以一个家庭独立存在于大头山坞中的，他的同族留在阳翟禹山坞。而他家离开禹山坞到大头山去，可以反证禹山坞的基本组织为个体家庭，非整个宗族。庾衮是坞主尚可自由行动，携带家庭成员，由禹山坞到林虑大头山坞中，其他个体家庭无疑都有行动的自由。这表明进入两晋，宗族关系纽带更松散了。屯田又是以什么为单位进行的呢？《邵续传》将"屯田"与"户口"连称，表明屯田以家庭为单位进行。这是曹魏以客户进行屯田的办法，与汉朝宗族田庄中"选任田者以俟农事之

①［东汉］崔寔著，缪启愉辑释，万国鼎审订：《四民月令辑释》十月，农业出版社，1981年，第98页。

②［唐］房玄龄等：《晋书》卷六十三《李矩传》，中华书局，1974年，第1706—1709页。

③［唐］房玄龄等：《晋书》卷六十三《邵续传》，中华书局，1974年，第1704页。

④［唐］房玄龄等：《晋书》卷八十八《孝友列传》，中华书局，1974年，第2283页。

起"，以族为单位，进行集体耕种，已经不同了。个体家庭到这时也并不是连一点土地也没有。《庾衮传》说到庾衮在禹山坞时，曾以坞主的身份，要求坞中人"无暴邻，无抽屋，无樵采人所植"。这说明人户所盖的房屋、所种的土地和所栽的作物，又具有私有的性质。须知宗族的纽带既然更松，集体耕种的方式既然改变，在向家庭私有制转化上，便迈出了一大步。一旦屯聚不需要了，各户所种土地的共有性就将丧失。

到南北朝的时候，大家族作为社会经济单位的组织形式，首先在南方消亡。《宋书·周朗传》有一段话：

> 今士大夫以下，父母在而兄弟异计，十家而七矣。庶人父子殊产，亦八家而五矣。凡甚者，乃危亡不相知，饥寒不相恤，又嫉谤谗害，其间不可称数。[①]

这是一条极为重要的史料。它说明：到刘宋，南方分家已经成风。包括士大夫和庶人在内，异计、殊产的，十家就有七八家之多。个体家庭在南方，已经替代大家族成了社会组织的基本单位。我们可以从南朝史料中，举出很多实例，来证明《周朗传》中的话。下以过江士族王氏、谢氏，南方士族张氏、沈氏为例。

琅邪王氏：《南史·王弘传》附《远子僧祐传》记有赠王俭诗一首，诗云："汝家在市门，我家在南郭，汝家饶宾侣，我家多鸟雀。"《南齐书·王僧虔传》说："甲族向来多不居宪台，王氏以分枝居乌衣者，位官微减，僧虔为此官，乃曰：'此是乌衣诸郎坐处，我亦可试为耳。'"同书《王延之传》说王延之的生父王升之，官至都官尚书，很有财产，但王延之因为"出继伯父秀才粲之"，家境非常清贫，"居宇穿漏"。证明名族琅邪王氏，到了南朝，便不再是聚族而居，同宗共财，而是"分枝"为一个个独立的个体家庭了，各家有升沉贫富的不同。

---

① [梁]沈约：《宋书》卷八十二《周朗传》，中华书局，1974年，第2097页。

陈郡谢氏：《宋书·谢弘微传》说：谢弘微的父亲谢思为武昌太守，"家素贫俭"。谢弘微出继叔父谢混，"所继丰泰""资财巨万，园宅十余所"。可知谢思、谢混兄弟各自成为个体家庭，贫富也有不同。这种不同是宗族消亡以后的不同，而不是宗族内部各个家庭贫富不同。

或说西晋永嘉之乱，宗人南北分飞，过江士族宗族解散，大家族制度在过江士族中的破坏是可理解的，但南方士族的宗族组织还不能说破坏了。到底破坏没有呢？且看——

吴郡张氏：《南齐书·张融传》记宋孝武帝说："融殊贫，当序以佳禄，出为封溪令。"又记"融家贫愿禄"，写信给"从叔征北将军（张）永"求禄。信中虽说："融昔称幼学，早训家风，虽则不敏，率以成性。布衣苇席，弱年所安，箪食瓢饮，不觉不乐。……实以家贫累积，孤寡伤心"，可这封信未发生作用。张融从兄张绪，官至金紫光禄大夫、南郡王师，领中正、国子祭酒[1]。这三张：张融、张永、张绪之家，是三个独立的个体家庭，贫富升沉各异。说明大家族制度在著称于孙吴时期的吴郡四姓之一——张氏中也消失了。

吴兴沈氏：《陈书·沈炯传》记沈炯说过："臣……母子零丁，兄弟相长，谨身为养，仕不择官，官成梁朝。……臣叔母姜丘（属于吴兴丘氏）七十有五，臣门弟侄故自无人，姜丘儿孙又久亡泯，两家侍养，余臣一人。"沈炯的叔母丘氏是一个独立的个体家庭。因为她的儿孙亡故，才由沈炯兄弟两家侍养；而沈炯兄弟也各自成为个体家庭，因为弟家后来无人了，才由沈炯一家侍养。

由此可知南北朝时期，南方大家族制度无论在侨姓士族或南方士族中，都已分崩离析，个体家庭已经成为社会经济的基本单位，士族已经有了升沉、穷富的区别，是无可怀疑的。

大家族分化为"危亡不相知，饥寒不相恤"的个体家庭，带来了土地所有制的变化，即由宗族所有转到个体家庭所有。任昉《奏弹刘整》说到

---

① ［梁］萧子显：《南齐书》卷四十一《张绪传》，中华书局，1972年，第601页。

刘寅、刘整兄弟"未分财之前"，田属兄弟二家共有。后来分了家，田也分了。刘寅的"第二庶息师利"，曾"往整田上，经十二日"，刘整便要他的寡嫂范氏交"米六斗"（时刘寅已死），以资补偿①。这是土地由宗族所有变为个体家庭所有的明证。不仅田分了，奴婢也分了。不仅分而且抢。刘整即曾"夺寅息逡婢绿草私货得钱，并不分逡"。这又何止"危亡不相知，饥寒不相恤"而已。

大家族或宗族制度这个氏族制度的孑遗，是社会发展的赘疣，到南北朝时期，在南方毕竟割除。这一变化的影响是深远的。首先可以看到的，是南朝庄园中部曲组织的消亡。

南朝的庄园是在个体家庭所有制的基础上形成的，与汉魏在宗族共有的基础上形成的田庄不同。汉魏宗族所有制下的田庄，是聚族而居。田庄中有部曲，由本宗佃客担任。南朝时候，宗族组织解散，本宗部曲随着宗族组织的解散而解散，是自然之理。《陈书·沈众传》记侯景之乱，沈众上表给梁武帝，"称家代所隶故义部曲并在吴兴，求还召募以讨贼"。部曲被称为"故义"，有事且须"召募"，说明他们已不再是部曲。

南朝史料中所见的"部曲"二字，性质完全变了，它不是庄园主的家兵，而是国家的军队。不妨析之如下。

《南齐书·李安民传》说："宋泰始以来，内外频有贼寇，将帅已下，各募部曲，屯聚京师。"这种部曲便是国家的军队。将帅能不能据为己有呢？不能，否则要被视为犯罪。《宋书·沈演之传》记载宋明帝宣布沈勃的罪状。其中一条是："又辄听募将，委役还私，托注病、叛，遂有数百。"把国家允许他招募来的部曲的一部分，为他私人充役，被宋明帝视为犯法。将帅死了，或者不当将帅了，不能像孙吴那样，由子弟世袭领兵。鲍照在《东武吟》中写道："将军既下世，部曲亦罕存。"我们可用《南齐书·萧景先传》来笺证这两句诗。萧景先率军镇压雍、司二州蛮人，军未还都，萧景先病死，死前遗言：他的"部曲还都，理应分张"，而不

---

① ［梁］萧统编，［唐］李善等注：《六臣注文选》卷四十《奏弹刘整》，中华书局，1987年，第742页。

能由他的儿子世袭领兵。如果需要一些"久旧劳勤"的人来料理家事，可以"随宜启闻乞恩"。即要上奏皇帝，乞恩批准。梁时部曲人数很多。梁朝擢用旧勋，此种勋人在被擢用之前，"但有一身，及被任用，皆募部曲"①。何之元《梁典总论》说：梁"大半之人，并为部曲，不耕而食，不蚕而衣"。即由国家负担他们的衣食。毫无疑问，南朝史料所见部曲，都是国家的军队，而不是不脱离生产的庄园主的家兵。募虽由将领募，但将领不能据为己有。

南朝庄园主有没有另外的家兵呢？没有。宋前废帝时，太尉沈庆之深虑危祸，住在娄湖园舍，闭门谢客。在他的建康娄湖园舍中，一个部曲兵也没有，他的"诸旧部曲，布在宫省"②。"门义"是不是部曲或是不是有私兵的性质呢？《宋书·殷琰传》说："琰素无部曲，门义不过数人。"这里，"门义"和"部曲"对举，可知门义决非私人部曲。说南朝庄园主有私人部曲的，大都根据《梁书·处士传·张孝秀传》所记的一段话：张孝秀"去职归山，居于东林寺，有田数十顷，部曲数百人，率以力田，尽供山众"。须知其一，张孝秀去职之前，他的部曲是"不耕而食"的国兵；去职之后，虽然据有部曲数百人，但不是据为私兵，而是据为"力田"的劳动人手，而一经据为劳动人手，性质也就不再是部曲，而是门义或佃客，只不过仍然名之为"部曲"罢了。我们应当据其实而不能惑其名。其二，宋明帝允许沈勃召募部曲，沈勃"委役还私，托注病、叛"；萧景先遗言需要一些久旧劳勤的部曲料理家事，可"随宜启闻乞恩"，情况与张孝秀类似。

家兵的国家化，是历史发展的必然趋势。这种趋势，在南朝比北朝来得要早，转折点便是南方宗族部曲组织，随着大家族制度的消亡，宗族所有制的解体而解散。客户不再充当部曲，是社会的又一个变动。它不仅意味着客户的义务和人身束缚减轻，而且意味着皇权的加强。

宗族解散后，庄园主的劳动人手从何而来呢？《宋书·袁湛传》附

---

① [唐]李延寿：《南史》卷七十《循吏列传》，中华书局，1975年，第1722页。

② [梁]沈约：《宋书》卷五十七《蔡廓传》，中华书局，1974年，第1580页。

《袁豹传》说："居位无义从之徒，在野靡并兼之党，给赐非可恩致，力役不入私门，则游食者反本，肆勤自权。""游食"即丧失土地的农民，被居位的和在野的并兼之党，搞去当"义从之徒"，以致"力役"入于私门。义从之徒即《宋书·殷琰传》中的"门义"，亦即南朝史料中常见的"义故门生""附隶""客"或客户，他们为庄园主提供力役。然而，他们是异姓，而不是本宗同姓佃客了，这又是社会的一个变动。这个变动预示着原来剥削本宗佃客的方式，将不适用，改变势将不可避免。东晋初年剥削佃客的方式是："其佃谷，皆与大家量分"[1]。南朝庄园不全是种谷食，"山作水役"，种类很多。即由单一种粮食变成利用平地、山间、水面，进行多种经营。再用"佃谷与大家量分"的剥削方式，显然不合时宜。《南齐书·顾宪之传》说到税役之害："蚕事弛而农业废，贱取庸而贵举责。"农业既废，农民变成"游食"，去替庄园主干活，"为役"入于私门。"贱取庸"三字，表明他们是去替庄园主当雇佣农民。梁武帝在大同七年（541）十一月的一道诏令中还有"富室给贫民种粮共营作"[2]的话，即雇贫民耕种。据此来看谢灵运《山居赋》中所说的话："山作水役，不以一牧，资待各徒，随节竞逐"，我以为"资"字当如《说文》的解释，是"货"或"资货"的意思。《仪礼·聘礼》"问几月之资"注："资，行用也。"与《说文》所释同义。唯其为"资待"，所以能"竞逐"。如果说剥削方式仍同汉魏，"资待"就是"有待"，"资"为助词不是名词，"竞逐"二字就不好解。事实上，在南朝，"夫日""夫力""夫直"等名词都出现了[3]，雇佣劳动有很大的发展。

南朝的分家之风影响到了北朝。《魏书》卷七十一《裴植传》说："植虽自州送禄奉母及赡诸弟，而各别资财，同居异爨，一门数灶，盖亦染江南之俗也。"所谓"亦染江南之俗"，说明分家在江南已成为一种风俗习惯了。其流风所及，连北方士族也不能不受熏染。《魏书·杨播传》附《杨

---

① [唐]魏征等：《隋书》卷二十四《食货志》，中华书局，1973年，第674页。

② [唐]姚思廉：《梁书》卷三《武帝纪下》，中华书局，1973年，第86页。

③ 见《宋书》和《南史》之《孝义传》。

元让传》说过："一家之内，男女百口，缌服同爨，庭无间言，魏世以来，唯有卢渊兄弟及播昆季，当世莫逮焉。""唯有"二字，表明大家族到魏世已寥寥无几，宗族正在瓦解为一个个独立的个体家庭。分家是要分土地的，这在北方也无例外。《魏书·崔挺传》说崔挺、崔振兄弟"家始分析，挺与弟振推让田宅旧资，惟守墓田而已"。这表明土地的宗族所有制，在北方也正在变为个体家庭的所有制。随之而来的私家部曲与劳动人手的性质，也必将发生变化。只是在北方，这种变化的进程，较南方要晚，要缓。

在分家之风盛行中，朝廷能表"三世同居""四世同居""五世同居""累世同爨"①，目的在"劝孝"。这是逆历史潮流而动，难起到什么作用。分家，分财，自谋生计，自创事业，是当时社会思想的主流。几世同居，同堂，同炊，只能成为思想落伍的人们的一种追恋了。

第二节 "王者之法不得制人之私"与"不患寡而患不均"

"不得制人之私"与"患不均"，是矛盾的东西，但这二者却是魏晋南北朝时期经济上的指导思想。关于"不得制人之私"，《晋书·李重传》记李重引历史为证，说过一席话：

> 《周官》以土均之法，经其土地井田之制，而辨其五物九等贡赋之序，然后公私制定，率土均齐。自秦立阡陌，建郡县，而斯制已没。降及汉魏，因循旧迹，王法所峻者，唯服物车器有贵贱之差，令不僭拟以乱尊卑耳。至于奴婢私产，则实皆未尝曲为之立限也。

这是说历史，他以为先秦讲"均"，秦以后讲"私"，奴婢私产未尝为之立限。他又说：

---

① 参见《南史·孝义传上》董阳、陈玄子等传。

八年己巳诏书申明律令，诸士卒百工以上，所服乘皆不得违制。若一县一岁之中，有违犯者三家，洛阳县十家已上，官长免。如诏书之旨，法制已严。

前面他说到"王法所峻"只有一条，即在"服物车器"上分出贵贱，以不乱尊卑。本朝太康八年（287）己巳诏书既已申明律令，"服乘皆不得违制"，则法制已严，就不能再立他法，限人私产。他接着明确地提出了自己的主张：

今如（恬）和所陈而称（孔）光、（徐）幹之议（使王公已下制奴婢限数，及禁百姓卖田宅），此皆衰世逾侈，当时之患。然盛汉之初不议其制，光等作而不行，非漏而不及，能而不用也。盖以诸侯之轨既灭，而井田之制未复，则王者之法不得制人之私也。人之田宅既无定限，则奴婢不宜偏制其数，惧徒为之法，实碎而难检。方今圣明垂制，每尚简易，法禁已具（指己巳诏书），和表无施。

他反对恬和提出的、孔光徐幹曾经提过但未采用的制定奴婢田宅限数之议，声称"王者之法不得制人之私"。他所说的"人"，指己巳诏书中提到的"诸士卒百工以上"。对他们的私产都不应作出限制。须知这不仅是在替士族说话，而且是在替庶人说话；不仅是在替地主说话，而且是在替工商业者说话。他的思想可以一言以蔽之：放手发展私有制，增殖私有财产。对象包括各色人等。

李重的思想是符合私有制发展的规律的，一旦所有制的主要形态由共有转到私有，由地主所有转到工商业者所有，社会性质也就变了。

李重的思想又是与封建国有制思想特别是与农民的平均主义思想相冲突的。均平世界是农民的乌托邦，在经济学上虽然是错误的，但在历史上却是正确的。私有制在封建社会的过度发展，要引起农民起义。这是封建统治者所害怕的。因而，"有国有家者，不患寡而患不均，不患贫而患不安"，这样一种古已有之的思想，总是在封建统治者的脑海中浮现。"贫"是与"寡"（生产不发达）相连的，"不安"是与"不均"相连的。生产不发达，人们贫穷并不可怕，怕的是不平均，会引起人们的骚动，社会的不安。既然如此，搞一点平均，在封建统治者看来，很有必要。

在私有制的基础上，搞一点平均，是魏晋南北朝时代封建统治者的主要的经济思想形态。这与农民的人人劳动的均平世界的理想有本质的不同，与李重发展私有制，"不得制人之私"的思想也不相同。但却吸取了他们的东西。封建统治者所说的"均"，主要是指"均赋役"，但也包括"均田"。何谓均田，后面再解释。在魏晋南北朝时代，首先把私有制与均平二者结合起来的是曹操。不妨来看一下建安九年（204），曹操在河北发布的抑兼并令。

> 有国有家者，不患寡而患不均，不患贫而患不安。袁氏（袁绍父子）之治也，使豪强擅恣，亲戚兼并；下民贫弱，代出租赋，衒鬻家财，不足应命。审配宗族，至乃藏匿罪人，为逋逃主；欲望百姓亲附，甲兵强盛，岂可得邪！其收田租亩四升，户出绢二匹、绵二斤而已，他不得擅兴发，郡国守相明检察之，无令强民有所隐藏而弱民兼赋也。[①]

此令首先引了"不患寡而患不均"之语，中间把袁绍父子在河北的统治贬了一顿，后面提出了均赋税的主张。这种均一是要叫强民出赋税，无令弱民兼赋；二是据《三国志·曹洪传》注引《魏略》之言："每岁发调，使本县平赀"，可知在发调绢绵上，为"九品相通"。二匹、二斤是一个平均数，即中中户（九品户等中的中间一等）应交之数。可注意的是此令只提赋税，未提土地问题。这就可说明曹操的经济思想即是在维护地主私有制

---

① [晋]陈寿撰，[宋]裴松之注：《三国志》卷一《魏书·武帝纪》注引《魏书》，中华书局，1959年，第26页。

的基础上搞一点平均。当然，减轻农民的负担，对保护小块土地所有制也有利，但这是客观的效果。

至于屯田制度，范围太狭，主要的屯田区只有许昌与淮南两块。曹操推行屯田，目的在解决急需的军粮问题，不含限制兼并的意义。

西晋是世族统治的时代，私有制得到了很大的发展。像王戎，"园田水碓，周遍天下。积实聚钱，不知纪极"，可知其多。石崇的河阳别业，"桓木几于万株，流水周于舍下"①，可见其大。李重的"王者之法不得制人之私"的思想主张，出现在这一个时代，不是偶然的。在赋役上，曹操时候，官吏要与农民一样交税，连曹操的家赀也要结评②，西晋却规定官吏可"各以品之高卑荫其亲属，多者及九族，少者三世"③。造成了一个可以免除赋役的特权阶级。这个阶级包括各级官吏及其亲属。全部税役负担都落到了农民头上。其目的在发展官僚地主的私有制，表现极为不均。

西晋是不是也讲一点均呢？也讲。

《晋书·食货志》记西晋占田："男子一人占田七十亩，女子三十亩。"又"其官品第一至于第九，各以贵贱占田，品第一者占五十顷（依次递减五顷）"。怎样理解占田呢？一，这应与《李重传》所说"人之田宅既无定限""王者之法不得制人之私"，联系起来理解。占田法是在"王者之法不得制人之私"的基础上颁布的，所以一品官虽然规定占田为五十顷之数，而王戎的园田"周遍天下"并不受妨碍。超过者不问，没有超过的可以按占田法规定的可占数去占有，是占田法的精神所在。二，这应与西晋之初人口与土地的比例去理解。晋初全国的户数是一百四十六万六千四百二十三，口数是七百六十七万二千八百九十一④。东汉顺帝建康元年（144）垦田达六百八十九万多顷⑤，以七百万人口和七百万顷可垦田计算，

① [梁]萧统编，[唐]李善等注：《六臣注文选》卷四十五《思归引序》，中华书局，1987年，第860页。

② 见《三国志》卷九《魏书·诸夏侯曹传》注引《魏略》。

③ [唐]房玄龄等：《晋书》卷二十六《食货志》，中华书局，1974年，第790页。

④ 见《文献通考》卷十《户口考》。

⑤ [元]马端临：《文献通考》卷二《田赋二》，中华书局，1986年，第37页。

晋初全国每一个人约可占田一顷。公布男子一人占田七十亩，女子一人占田三十亩，是完全可行的。三，这应从魏晋时小块土地所有制的发展去理解。魏明帝时，杜恕说过：冀州"户口最多，田多垦辟"①。蜀末益州地区，也号称"男女布野，农谷栖亩"②。西晋公布的占田法，正是适应这个情况。尚不足的可以去更占，已超过的，"不得制人之私"。从不足者可以补足而又有条件补足来看，多少带一点均的意义。这是就农民而言。至于官吏各以品级占田，九品官吏可以占到十顷（一千亩），则无疑含有鼓励土地不足的低级官吏去增殖私产的意义。

西晋又有所谓"课田"。傅玄说过："近魏初课田，不务多其顷亩，但务修其功力，故白田收至十余斛，水田收数十斛。自顷以来，日增田顷亩之课"，而"功不能修理，至亩数斛以还，或不足以偿种"③。西晋接受了这个教训，并不要求农民种好全部可以去占有之田，而只要求丁男之户种好五十亩。此之谓"丁男课田五十亩"④。或"凡民丁课田，夫五十亩"⑤。课有课耕、课税之义。《晋故事》将"收租四斛，绢三匹，绵三斤"，都置于"凡民丁课田，夫五十亩"下。绢三匹、绵三斤，《晋书·食货志》说是"户调之式"，推之可知租四斛也是按户征收。亦可推知"夫五十亩"，实为丁男之户五十亩。西晋是一户以一丁计。西晋是要用课税之法，要求丁男之户"务修其功力"，种好五十亩。至于是不是能种好，是不是能种到五十亩，官府并不过问。而租调则不能少。这是因为减少租调，将不能起到课督耕种五十亩的作用。

或谓租是亩税。这种说法并不正确。马端临说过："今晋法如此，则

---

① [晋]陈寿撰，[宋]裴松之注：《三国志》卷十六《魏书·任苏杜郑仓传》，中华书局，1959年，第499页。

② [晋]陈寿撰，[宋]裴松之注：《三国志》卷四十四《蜀书·蒋琬费祎姜维传》，中华书局，1959年，第1060页。

③ [唐]房玄龄等：《晋书》卷四十七《食货志》，中华书局，1974年，第1321页。

④ [唐]房玄龄等：《晋书》卷二十六《食货志》，中华书局，1974年，第790页。

⑤ [唐]徐坚等：《初学记》卷二十七宝器部《绢第九》引《晋故事》，中华书局，1962年，第657页。

似合二赋（田赋与户口之赋）而为一。然男子一人占田七十亩，丁男课田五十亩，则无无田之户矣。此户调所以可行欤？"①他的意思是至晋田赋也变成了户口之赋。因为西晋规定了男子一人可以占田七十亩，对丁男之户要求他们种好五十亩，"无无田之户"，故可以将田租并入户调，与绵、绢一起按户征收。

《晋故事》还讲了王国上交的租、调。"九品相通，皆输入于官。"②这也表明租是户租。九品相通，曹魏已经用过，但魏时只用在户调绵绢上，西晋则扩大到了田赋上。九品相通，又表明租四斛、绢三匹、绵三斤，是中中户应交的数额，或一个平均数。以上户等交的要超过这个数目，以下户等则可低于此数。这也有均的含义。《晋书·食货志》所说"是时天下无事，赋税均平，人咸安其业而乐其事"，指此而言。不要忘记西晋官吏是可享受免税与荫亲属的特权阶级。

西晋这种"均"既是在"王者之法不得制人之私"的基础上实行的，又是在曹魏小块土地所有制有所发展的条件下实行的，因而很难维持下去，随着西晋士族广收园田水碓，随着奢侈之风朝野狂吹，有甚于天灾，农民便"孤贫失业"了。八王之乱一起，流民跟着起义。这又需要后来的封建统治者作出考虑。

西晋灭亡之后，在北方产生了一种均田思想，而在南方是不存在均田的想法的。北方的均田思想仍旧是在"王者之法不得制人之私"的基础上形成的。如果不明白这个道理，就不会懂得北方的均田制度。南方在东晋曾经反复禁止霸占山泽，并曾叫王公以下官吏交税。到南朝时候，颁布了占山格，承认了豪门对山泽的占有。南朝还出现了免役免税的"复土"。在这种情况下，为个体家庭所有的大庄园，或者说个体家庭的大土地所有制遂在南方出现。北方也出现了庄或庄园，但北方的庄园是与均田制并存的，而南方无均田制，庄园成了驾凌于一切的土地所有制形态。北方的均

---

① ［元］马端临：《文献通考》卷二《田赋二》，中华书局，1986年，第38页。

② ［唐］徐坚等：《初学记》卷二十七宝器部《绢第九》引《晋故事》，中华书局，1962年，第658页。

田思想以均田制的建议者李安世为代表。南方个体家庭大土地所有制的思想，以占山格的建议者羊希为代表。先说南方。

南方大土地所有制在孙吴时期已经出现，但主要在三吴地区，不普遍，且那时的所有制为宗族共有，非个体家庭所有。《抱朴子》外篇卷三《吴失篇》说吴末名宗大族"僮仆成军，闭门为市，牛羊掩原隰，田池布千里"。这是宗族所共有。两晋执行"王者之法不得制人之私"的原则（亦可名之为李重原则），南方的宗族大土地所有制延续了下来。西晋永嘉之乱，"洛京倾覆，中州士女避乱江左者十六七"[1]。他们也要在江南"行田视地利"[2]，建立自己的庄园。从此，土地兼并特别是占山护泽，在南方变得剧烈起来。为了缓和矛盾，稳定东晋政权，抵抗北方匈奴各族的南侵，王导采取了两项措施。一是通过"咸和土断"，废除西晋的荫亲属制，把侨民变为土著，把王公以下官吏变成持黄籍的纳税户[3]。二是通过《壬辰诏书》，禁止占山护泽，"赃一丈以上，皆弃市"[4]。从东晋反复进行土断，禁止占山护泽来看，这种"均"只能起到暂时的作用，很难长期贯彻，"不得制人之私"的思想与大土地所有制，仍在演进之中。

南朝是宗族或大家族制度瓦解的时代，分家包括分土地及其他财产，成了一种社会思想与要求。土地在重新组合，个体家庭在急剧分化。有的士人成了"无奴客"[5]之士，有的则成了大庄园主。在"王者之法不得制人之私"的思想支配下，善于经营的庄园主，无不在占山护泽，以求扩大自己的庄园。宋谢灵运的《山居赋》描写他的始宁山庄，东窗近田"阡陌纵横，塍垺交经，导渠引流，脉散沟并"。西馆崖下"密竹蒙径，从北直南，悉是竹园"。北山二园，南山三苑，"百果备列，乍近乍远，罗行布株，迎早候晚"。加工造纸"剥芨岩椒""采以为纸"。孔灵符的永兴墅

---

① [唐]房玄龄等:《晋书》卷六十五《王导传》,中华书局,1974年,第1746页。

② [唐]房玄龄等:《晋书》卷八十《王羲之传》,中华书局,1974年,第2102页。

③ 参见万绳楠:《论黄白籍、土断及其有关问题》,收入中国魏晋南北朝史学会编:《魏晋南北朝史研究》,四川省社会科学院出版社,1986年,第274—287页。

④ [梁]沈约:《宋书》卷五十四《羊玄保传》,中华书局,1974年,第1537页。

⑤ [梁]沈约:《宋书》卷四十二《王弘传》,中华书局,1974年,第1321页。

“周回三十三里，水陆地二百六十五顷，含带二山，又有果园九处”[①]。谢是北来士族，孔是南方士族。再要禁止占山护泽，“制人之私”，已无可能。于是而有羊希的“占山格”。

羊希（宋人）的思想是：“壬辰之制，其禁严刻，事既难遵，理与时违”，与其禁止占山护泽，不如承认占有事实。这对生产有利。他提出了五条：一，“凡是山泽先常熂爈种养竹木杂果为林，又陂湖江海鱼梁鳅鮆场，常加功修作者，听不追夺”。即庄园主已占并正在加功修作的山泽，听归庄园主所有，以保证生产照常进行。二，“官品第一、第二，听占山三顷；第三、第四品，二顷五十亩；第五、第六品，二顷；第七、第八品，一顷五十亩；第九品及百姓，一顷”。三，“若先已占山，不得更占，先占阙少，依限占足”。先占的山，指正在加工修作的山，超过第二条规定，不追夺，但也不得更占。先占少于第二条的规定，可以依限占足。这二条实际上是满足尚未占到多少山的低级官员及庶族地主的要求。四，“皆依定格，条上赀簿”。这是说要按照税制规定，完纳赀税。五，“若非前条旧业，一不得禁。有犯者，水土一尺以上，并计赃，依常盗律论”[②]。所谓“若非前条旧业”，指一、二、三条规定的可不追夺的旧业及少占阙少，依限占足的“新业”。“一不得禁”，指不得禁人樵采渔钓。“有犯者”指超过前条旧业多占、禁人樵采渔钓者，无论水、土，一尺以上都要计赃，按常盗律论处。

此即“占山格”，精神在承认既成事实，使占山合法化而又略加限制，以兼顾山泽的开发和樵采渔钓的进行。

“占山格”的颁布，标志着南方个体家庭的大土地所有制的正式形成。那个时候的个体家庭的大土地所有制处在发展的阶段，庄园对山泽的经营，无疑有利于多山的江南地区的开发。我们经常说江南在南朝的时候，基本开发出来，须知开发江南的主要力量，便是庄园中的门义、附隶或客户。以李重为代表的“王者之法不得制人之私”的思想，是南朝个体家庭

①［梁］沈约：《宋书》卷五十四《孔季恭传》，中华书局，1974年，第1533页。

②［梁］沈约：《宋书》卷五十四《羊玄保传》，中华书局，1974年，第1537页。

大土地所有制形成的理论基础。不过，一点也不考虑均的要求，不作一些规定也不行。在维护并发展私有制的基础上，作出某些限制的设想，即使是承认山泽可以私有的占山格，也不例外。

与南方大土地所有制发展同时，北方在反复推行均田制。但北方的均田仍然是在承认"王者之法不得制人之私"的前提下实行的，只不过均的色彩较之南方更浓而已。这是那个时代的时代精神。

还在李成之时，李班曾经提出过他的均田思想。他以为"古者垦田均平，贫富获所，今贵者广占荒田，贫者种植无地，富者以己所余而卖之，此岂王者大均之义乎？"①李班的思想是：不能让贵者把荒田都占了，自己种不过来，再把多余的卖出去，而应把荒田均给贫者。注意他说的是"荒田"，不是把已经属于私人所有的土地拿来均给。还要注意他说的"富者以己所余而卖之"，指富者占荒占得太多，又无力量去开垦，只得卖掉。二者表明"均田"（均荒）不是行不通的。李成没有实行均田，但李班的思想却是那个时代均田思想的核心内容。

我们再来看北魏均田制的倡议者李安世的经济思想。

《魏书·李安世传》记李安世说到过争田的问题，他主张"所争之田，宜限年断，事久难明，悉属今主"。可见他从来没有想到夺有余以补不足。他所主张的均田是建立在私有制的基础上的。拿什么田来"均量"呢？马端临说过："然观其立法……意桑田必是人户世业，是以栽植桑、榆其上，而露田不栽树，则似所种者皆荒闲无主之田，必诸远流配谪无子孙及户绝者，墟宅桑榆，尽为公田，以供授受。则固非夺富者之田，以予贫人也。"②马端临所说是可信的，因为主张过均田的李班，他所想的便是把荒闲无主之地或公田均给农民。马端临还说："又……是令其从便买卖以合均给之数，则又非强夺之以为公田而授无田之人。"李班曾经看到"富者以己所余而卖之"，买卖田地以合均给之数，也是可行的一个办法。

如此说来，北魏所均之田，有三种土地，一为"人户世业"，即原来

---

① [唐]房玄龄等：《晋书》卷一百二十一《李班传》，中华书局，1974年，第3041页。

② [元]马端临：《文献通考》卷二《田赋二》，中华书局，1986年，第40页。

占有的土地；二为"荒闲无主之田（公田）"；三为"从便买卖以合均给之数"的田，即买来的田。人户世业与买进的田都是私有，只有荒闲无主的田，才有国有的性质。但一经分给个人，即可终身使用。此之谓"均田三法"。须知即使把这三种田加到一起，也难达到均给之数。

均田三法是李安世均田思想的具体实施。从这三法中可以看出均田本质上的私有性。这与当时时代精神相合。

或谓桑田为私有，而露田则为国有，不能买卖。可是，《魏书·食货志》说道，授田"恒从见口。有盈者无受无还（承认私有），不足者受种如法（如法补足）。盈者得卖其盈（"富者以己所余而卖之"），不足者得买所不足。不得卖其分，亦不得买过所足（这是有所限制）"①。这里说的"有盈者无受无还，不足者受种如法"，包括露田在内。因为只有露田才有还受的问题。接下者便是"盈者得卖其盈，不足者得买所不足，不得卖其分，亦不得买过所足"，买卖就包括露田了。买进来的露田，毫无疑问，为私人所有，不含国有性。买卖包括露田与桑田，非单指桑田，《魏书》说得本来很明白，马端临解释得也很清楚，可却论来论去，纠缠了许多年，迷惑了很多人。

均田三法不仅是北魏均田精神实质之所在，而且是北齐、北周、隋、唐均田精神实质之所在。

贯穿在整个魏晋南北朝时代的经济领域中的思想，"王者之法不得制人之私"，与"宜更均量"（李安世语）相结合，对于南方与北方经济的发展与恢复，起到过有益的作用。因此，应当肯定。王莽曾经试验"王田""私属"，结果使生产遭到大破坏。东汉曾经无限制地发展壮大宗族田庄主的政治经济势力，结果导致虎狼政治。两相比较，我们就可知魏晋南北朝时代"不得制人之私"与"宜更均量"相结合的思想的意义了。

---

① ［北齐］魏收：《魏书》卷一百一十《食货志》，中华书局，1974年，第2854页。

第三节　重农抑商思想的退隐与商品经济的发展

农业与地主土地所有制，是封建专制政治的经济基础，商品经济则是封建专制政治的克星。因此封建皇帝与官僚总是要强调重农抑商。甚者乃至把商人尽驱之于南亩，叫他们去务农。李重说的"王者之法不得制人之私"，是包括工商业者在内的。他说历史上曾无制人之私的现象，但他忘了汉武帝虽未制人之私，可官营工商业的政策与"杨可告缗"，却使得"商贾中家以上大抵破（产）"①。王莽的山泽六管之禁，穷了工商②。魏晋南北朝时代是封建君主专制政治被削弱的时代。而重农抑商政策的张与弛、商业的进与退，往往决定于封建专制政治的强与弱。当专制主义相对削弱时，重农抑商政策便相对松弛，商业贸易也便相对获得了一个自由发展的环境。纵观魏晋南北朝一代，商业不是后退了，而是前进了。这与专制政治的削弱、重农抑商思想的退隐、政策的松动，是相适应的。下面我们先来考察一下此时代的商品经济思想。

一般认为曹魏政权只知务农，不问商业，这是不正确的。曹操的《步出夏门行》有"逆旅整设，以通商贾"的话，反映出他在思想上就认为农闲季节是开设旅舍，进行商业活动的好时候。曹魏典农部民所受的人身束缚是严重的，可在他们中间，也出现了"末作治生，以要利人"的现象。黄初以后，更向前发展一步，政策规定"听诸典农治生，各为部下之计"③。延康元年（220），魏文帝还下过一道这样的命令："关津所以通商旅，池苑所以御灾荒，设禁重税，非所以便民；其除池御之禁，轻关津之税，皆复什一。"④这不是抑商而是放松对商业的限制，便利民间的贸易

---

① 详见《文献通考》卷十九《征榷考·杂征敛》。

② 见《汉书·王莽传下》公孙禄奏。

③ ［晋］陈寿撰，［宋］裴松之注：《三国志》卷十二《魏书·崔毛徐何邢司马传》，中华书局，1959年，第388页。

④ ［晋］陈寿撰，［宋］裴松之注：《三国志》卷二《魏书·文帝纪》注引《魏书》，中华书局，1959年，第58页。

来往。

再如南方的孙吴，在孙权时有过一桩吕壹案。吕壹、秦博为中书，"造作榷酤障管之利，举罪纠奸，纤介必闻"①。这本来对官家有利。但不利于私家。在顾雍等人的反对下，孙权把吕壹杀了。官府对工商业任何部门的管制、经营，在孙吴都是不可能的。官营的后退意味着抑商政策在江东行不通，意味着民间商业的发展。

西晋时期，武帝曾于泰始四年（268）、五年下诏："使四海之内，弃末返本，竞农务功"；"敕戒郡国计吏、诸郡国守相令长，务尽地利，禁游食商贩"②。而据李重提及的《己巳诏书》，只是在工商等人的"服乘"上作出规定，以求不乱尊卑贵贱之差而已，并未制商人之私。所谓"弃末返本"，无异官样文章。那个时代，"豪人富商，挟轻资，蕴重积，以管其利"的太多了。社会思想不是晋武帝的"弃末返本"，而是李重的"王者之法不得制人之私"。商人都在"挟轻资"增殖私产。所谓"轻资"即钱币。西晋产生过成公绥、鲁褒两篇《钱神论》，可见当时的货币经济或者说商品经济有一个相当大的发展。货币在魏时一度废止，孔琳之说得好："钱之不用，由于兵乱积久，自致于废，有由而然，汉末是也。"魏明帝更立五铢钱，其后用之不废。那时"精才达政之士莫不以宜复用钱"③，代表了社会上对钱币性能、作用的看法。

东晋以后，江左有劝农之诏，无抑商之令。事实上私营工商业尤其是商业，在东晋南朝受到了关注。这可从三个方面得到说明。

一是商税方面，《隋书·食货志》说："晋自过江，凡货卖奴婢马牛田宅，有文券，率钱一万，输估四百入官，卖者三百，买者一百。无文券者，随物所堪，亦百分收四，名为散估。历宋、齐、梁、陈，如此以为常。以此人竞商贩，不为田业。"魏时"什一"之税谓之"轻"。江左"百

---

① [晋]陈寿撰，[宋]裴松之注：《三国志》卷五十二《魏书·张顾诸葛步传》，中华书局，1959年，第1226页。

② [唐]房玄龄等：《晋书》卷二十六《食货志》，中华书局，1974年，第786页。

③ [唐]房玄龄等：《晋书》卷二十六《食货志》，中华书局，1974年，第796页。

分收四"，就更轻了。这是鼓励人们去经商，所以"人竞商贩，不为田业"。

二是折课市取。"课"为"三课"或"三调"：调粟、调帛与杂调。折为折收钱币。周朗说："桑长一尺，围以为价，田进一亩，度以为钱"[1]，便是这个意思。市取是官府用折收来的钱币，从民间购买军国所需的物资。即官民做生意。南朝史料中关于市取的材料颇多。《宋书·武帝纪下》永初元年（420）秋七月记有："台府所须，皆别遣主帅，与民和市，即时裨直，不复责租民求办。"和市也者，官民公平交易也。《后废帝纪》元徽四年（476）记有："敕令给赐，悉仰交市。"[2]之所以要悉仰交市，是因为粟、帛与杂物均已折钱，敕令给赐，必须向民间购买。《南齐书·武帝纪》记有："可见直和市""其和价以优黔首"。此令是针对往常的强买而发。这种交市、和市或市取，唐朝称之为"和买"。和买不是唐朝首创，南朝早已如此。和市或和买的出现，说明到南朝官商已经退居次要地位，占主要地位的是民间商业。

三是手工业者的相对自由。齐明帝建武元年（494）十一月丁亥下诏："细作中署、材官、车府，凡诸工，可悉开番假，递令休息。"[3]官府工匠可以轮番休假，自建武元年（494）开始。到梁时，"凡所营造，不关材官，及以国匠，皆资雇借，以成其事"[4]。雇借，唐称"和雇"。营造工人"皆资雇借"，而不再是征发而来，是役法上的一个大进步。这对农业和民间手工业的发展，都有好处。陈太建二年（570），宣帝又下诏："巧手于役死亡及与老疾，不劳订补。"[5]官府仍然拥有的"国匠"，从此只减不增，雇借势将成为唯一的方法。手工业者既在极大程度上得到了自由，民间手工业的发展速度将会加快。而民间手工业只要"和农业分离，它的产品一

① ［梁］沈约：《宋书》卷八十二《周朗传》，中华书局，1974年，第2094页。

② ［梁］沈约：《宋书》卷九《后废帝纪》，中华书局，1974年，第185页。

③ ［梁］萧子显：《南齐书》卷六《明帝纪》，中华书局，1972年，第86页。

④ ［唐］姚思廉：《梁书》卷三十八《贺琛传》，中华书局，1973年，第548页。

⑤ ［唐］姚思廉：《陈书》卷五《宣帝纪》，中华书局，1973年，第79页。

开始就是商品，因而它的产品的出售就需要有商业作为媒介"①。民间商业发展的速度也将会加快。

北朝怎样？北魏的甄琛说过："今伪弊相承（指南朝），仍崇关廛之税，大魏恢博，唯受谷帛之输。"②他的话说出了南北二方经济侧重点的不同，南方重商，北方重农。当然他的话只有相对的意义。北魏除了在食盐上，官营、私营有过反复外，对商业并无限制。《洛阳伽蓝记》卷四《城西法云寺》记洛阳大市以东有通商、达货二里，"里内之人，尽皆工巧，屠贩为生，资财巨万"。内中有个刘宝，在一些"州郡都会之处，皆立一宅，各养马一匹"，通报、操纵各地"盐粟贵贱，市价高下"，很有"信息"思想。他经营的范围甚广，"舟车所通，足迹所履，莫不商贩"。经营商品的种类亦甚多，"海内之货，咸萃其庭"。因此，他的资本越来越雄厚，"产匹铜山，家藏金穴"。刘宝的产生，说明北魏在迁都洛阳以后，虽有重农政策，但不抑商。商业贸易因而能有所发展。对于手工业工人，到北周时期，也作出了"匠则六番"③的规定。总起来看，北方的商业也在发展中，但速度较南方要慢。这是由于农业在北方几遭破坏，手工业者自魏初以来，所受的人身束缚迟迟没有摆脱，无经营的自由造成。

魏晋南北朝时代不抑商，表现了李重的"王者之法不得制人之私"的思想，在工商业特别是商业领域，也取得了支配的地位。而这导源于封建专制主义在这一时代受到的震撼。

下面我们再来看一下这个时代商品经济的面貌，以明抑商思想一旦被抛弃，将对商品经济的发展起到何种作用。先说国内贸易。

商品经济是不是发展，主要看城市经济与交通运输是不是发展。因为，"商业依赖于城市的发展，而城市的发展也要以商业为条件"④。交通

---

① [德]马克思、[德]恩格斯著,中共中央马克思恩格斯列宁斯大林著作编译局编译:《马克思恩格斯全集》第二十五卷上,人民出版社,1974年,第371页。

② [北齐]魏收:《魏书》卷六十八《甄琛传》,中华书局,1974年,第1510页。

③ [唐]魏征等:《隋书》卷二十四《食货志》,中华书局,1973年,第680页。

④ [德]马克思、[德]恩格斯著,中共中央马克思恩格斯列宁斯大林著作编译局编译:《马克思恩格斯全集》第二十五卷上,人民出版社,1974年,第371页。

运输如何又是能不能冲破闭锁的前提。下面举一些城市为例说明。

建康：

建康在孙吴时期已有三市。山谦之《丹阳记》记晋时建康四市："建康大市，孙权所立；建康东市，同时立；建康北市，永安中立；秣陵斗场市，（晋安帝）隆安中，发乐营人交易，因成市也。"①建康大市、东市、北市均始于孙吴之时。尤其值得注意的，是破岗渎的开凿。赤乌八年（245），"遣校尉陈勋将屯田及作士三万人凿句容中道，自小其至云阳西城，通会市，作邸阁"②。此即沟通秦淮水与江南河的破岗渎，是建康与东南地区商旅往来、交通运输、经济联系的主要干线。

南朝时期，建康"淮水北有大市百余，小市十余所。大市备置官司"③，税敛虽重，要知秦淮河北岸的大市，已不是孙吴时的一所，也不是十所数十所，而是百余所了。这时期除大市、小市外，建康还出现了一种草市。《资治通鉴》卷第一百四十四齐和帝中兴元年（501）胡三省注说到建康"台城六门之外，各有草市，置草市尉司察之"。草市具有自然形成的性质，不同于官府人为设置的市肆；草市尉只有监察之责，不同于大市官司。它为城市商业贸易的发展开拓了新市场。

南朝建康城内的秦淮河，西端至石头城与长江连结，东端在方山与破岗渎连结。两端都有津的设置。"都西有石头津，东有方山津，各置津主一人，贼曹一人，直水五人，以检察禁物及亡叛者。其获炭鱼薪之类过津者，并十分税一以入官。其东路无禁货，故方山津检察甚简。"④建康水路可谓四通八达，商旅往来很盛。晋安帝元兴三年（404）二月庚寅之夜，发生过一次"涛水入石头。商旅方舟万计，漂败流断，骸胔相望"⑤的惨

---

①［宋］李昉等：《太平御览》卷第八百二十七《资产部七》，中华书局，1960年，第3688页。

②［晋］陈寿撰，［宋］裴松之注：《三国志》卷四十七《吴书·吴主传》，中华书局，1959年，第1146页。

③［唐］魏征等：《隋书》卷二十四《食货志》，中华书局，1973年，第689页。

④［唐］魏征等：《隋书》卷二十四《食货志》，中华书局，1973年，第689页。

⑤［唐］房玄龄等：《晋书》卷二十七《五行志上》，中华书局，1974年，第817页。

剧。单石头一处，商旅舟船停泊的即有万计，商业贸易之盛，商品经济的发达，可以想见。

山阴：

山阴是会稽郡的首府。晋王彪之《整市教》说道："近检校山阴市，多不如法，或店肆错乱，或商估没漏，假冒豪强之名，拥护贸易之利，凌践平弱之人，专固要害之处。属城承宽，亦皆如之。"[①]从这个记载可知山阴及其属城店肆商估之多、之盛。《南齐书·陆慧晓传》附《顾宪之传》记西陵戍主杜元懿之言，还说到"吴兴无秋，会稽丰登，商旅往来，倍多常岁。西陵牛埭税，官格日三千五百。……浦阳南北津及柳浦四埭，乞为官领摄，一年格外长四百许万"。西陵牛埭在萧山钱塘江畔。立牛埭是因为"风涛迅险，人力不捷，屡致胶溺，济急利物"。埭有埭司，征收牛埭税。这说明山阴与外地有水路相连。风涛险恶尚有官府所立牛埭，协助商船通过。

从钱塘江经江南河、破岗渎、秦淮河，可以与长江连结。这是三吴一条极为重要的水上通道。

北方兵戈扰乱，城市几经劫难，但到北朝时期，也在恢复和发展之中。这里不妨看一下洛阳。

《晋书·地理志上》司州条谓洛阳有三市。《水经注》卷七六《谷水注》引陆机《洛阳记》说："洛阳旧有三市，一曰金市，在宫西大城内，二曰马市在城东，三曰羊市在城南。"但到北魏时期不同了。《洛阳伽蓝记》记孝文帝迁都洛阳以后，作为商业区域的市，在洛阳有很大的发展。《洛阳伽蓝记》记洛阳城西有大市，城东有小市，城南有四通市，还有闾里自立的"巷市"。城西的大市周围又有十里，"多诸工商货殖之民"。大市以东有通商、达货二里，"里内之人，尽皆工巧"。其中不少人已因经商而成为拥有"资财巨万"的富商大贾。前面提及的刘宝，是最富有的一个。大市以西有退酤、治觞二里，"里内之人多酝酒为业"，为酿酒及贩酤

---

① [唐]徐坚等：《初学记》卷二十四居处部《市第十五》引晋王彪之《整市教》，中华书局，1962年，第593页。

的工商业者的居住区，大市以北有慈孝、奉终二里，"里内之人以卖棺椁为业，赁辆车为事"。为制造、赁售殡仪之器的工商业者居住区。大市以南有调音、乐律二里，"里内之人，丝竹讴歌，天下妙伎出焉"。为卖唱艺伎及制作丝竹乐器者的居住区。大市东北别有准财、金肆二里，《洛阳伽蓝记》但谓"富人在焉"。金肆从字面上看，是出售贵金属的商店，或者是经营借贷业务的"钱庄"。果尔，则洛阳的商品经济，在魏时已有相当大的发展。

洛阳地处中原，"得土之中，赋贡所均"[1]。水路有洛水与黄河连结，陆路西经长安、河西，衔接丝路。宣武帝景明之初，已是"蕃贡继路，商贾交入。诸所献贸，倍多于常"[2]。

这一时代的对外贸易，较之于前代，也有显著的发展。海路最突出的新进展是与大秦的交通。黄武五年（226），大秦商人秦论从交趾来到建康，孙权会见了他，并询问"方土谣俗"[3]。这是我国首次接待来自大秦的商人。大秦，据《三国志》卷三十注引《魏略·西戎传》，"一号犁靬，在安息、条支西大海之西"，故又谓之"海西"。"海西有迟散城（一作乌迟散城）"，此城或谓即罗马帝国的亚历山大城。"大秦道既从海北陆通，又循海而南，与交趾七郡外夷比。"秦论来到中国，正是循海而南，经交趾到建康。《魏略》的记载可以帮助我们了解南北朝时期的"昆仑舶"。

《南齐书·荀伯玉传》说到齐武帝为太子时，他的左右张景真"度丝锦与昆仑舶营货，辄使传令防送过南州津"。《北齐书》卷三十七《魏收传》说到魏收"又以托附陈使封孝琰，牒令其门客与行，遇昆仑舶至，得奇货：猭然褥表、美玉盈尺等数十件"。昆仑，据《晋书·后妃传下·孝武文李太后传》："时后为宫人，在织坊中，形长而色黑，宫人皆谓之昆仑。"又《文献通考》卷三百三十九《四裔考》大食条，记宋"太平兴国二年，（大食）遣使贡方物，其从者目深体黑，谓之昆仑奴"。从前条可知

---

① ［唐］魏征等：《隋书》卷三十《地理志中》，中华书局，1973年，第843页。

② ［北齐］魏收：《魏书》卷六十五《邢峦传》，中华书局，1974年，第1438页。

③ ［唐］姚思廉：《梁书》卷五十四《诸夷列传》，中华书局，1973年，第798页。

早在东晋时期，我国已与昆仑有来往。从后条可知昆仑实为非洲，随从大食（阿拉伯）使臣的"目深体黑"或"形长而色黑"的昆仑奴，实为大食人从非洲掳来的黑人。除此不可能有别的解释。我国南朝不仅有昆仑舶，而且有"昆仑诸夷"①，说明早在东晋南北朝时期，我国已与非洲黑人有了交往。这是不奇怪的，大秦商人秦论既然能来中国，非洲船舶与非洲人自然也能在那个时代来中国。

大秦商人秦论与昆仑舶的东来，是这个时代海外贸易获得重大发展的标志。陆路对外贸易与前代比较，也是有发展的。这集中表现在西方商人至洛阳的定居上。

丝绸之路在汉代有南北二道，至曹魏，辟为三道。自玉门关西出，向鄯善、于阗、葱岭，为南道；自玉门关西出，向故楼兰、龟兹、葱岭，为中道；自玉门关西北出，到高昌转西，与中道合龟兹，为新道。"其三道诸国，亦各自有路，南北交通。"②

曹魏时期，"西域虽不能尽至，其大国龟兹、于阗、康居、乌孙、疏勒、月氏、鄯善、车师之属，无岁不奉朝贡，略如汉氏故事"③。前秦统一北方的时候，"鄯善王、车师前部王来朝，大宛献汗血马，肃慎贡楛矢，天竺献火浣布，康居、于阗及海东诸国，凡六十有二王，皆遣使贡其方物"④。可见虽在分裂时期，丝绸之路未断行人。到北魏在洛阳建都，进展到"自葱岭已西，至于大秦，百国千城，莫不款附，商胡贩客，日奔塞下。所谓尽天地之区已，乐中国土风，因而宅者，不可胜数。……天下难得之货，咸悉在焉"⑤。商胡贩客住在洛阳城南的，多到"万有余家，门巷修整，阗阓填列，青槐荫陌，绿树垂庭"⑥。这种情况为以往所未有。

---

① [唐]李延寿：《南史》卷七十七《恩幸列传》，中华书局，1975年，第1942页。

② [唐]魏征等：《隋书》卷六十七《裴矩传》，中华书局，1973年，第1580页。

③ [晋]陈寿撰，[宋]裴松之注：《三国志》卷三十《魏书·乌丸鲜卑东夷传》，中华书局，1959年，第840页。

④ [唐]房玄龄等：《晋书》卷一百十三《苻坚载记》，中华书局，1974年，第2904页。

⑤ 范祥雍校注：《洛阳伽蓝记校注》卷三《城南》，上海古籍出版社，1978年，第161页。

⑥ 范祥雍校注：《洛阳伽蓝记校注》卷三《城南》，上海古籍出版社，1978年，第161页。

　　总起来说，魏晋南北朝时代，是人们的社会与经济思想从传统的大家族主义、重农抑商主义摆脱出来的时代。分家分产，王者之法不得制人之私的思想要求得到了发展。官田、官工、官商思想与同堂共居，被抛弃或正在被抛弃。此时代的另一种思想"患不均"表现得也较突出。均税役，将荒闲无主的土地均给农民，不断付诸实施。"王者之法不得制人之私"与"宜更均量"的结合，是这个时代经济领域的精神所在。由此而有商品经济的发展。究其根源，在于封建专制主义的削弱。

第五章　儒教动摇下风俗的变化

第一节　对礼法的否定与对人性的追求
（名士风流与女性的相对解放）

自黄巾大起义以来，人们不仅发现了儒教而且发现了君主专制主义都是束缚人们心灵与个性的东西。曹操的求才三令，嵇康激烈的反对儒家名教、反对君主以天下私亲的言论，不啻为人们个性的解放，提供了政治的与理论的依据。西晋的统治者以司马氏为首的世族集团，虽然力图维护住名教的地位。但连世族本身也不像汉朝那样，赤裸裸地利用迷信化的儒学孔教来进行统治。他们宁可讲自然与名教"将毋同"，而不讲君臣、父子、夫妻三纲来自天。他们宁愿放荡一点，而不想用礼法、名教来约束自己的性情与欲望。即使是那些标榜礼法的"君子"，如何曾之流，在口腹之欲上，也是"任自然"的。世风在变。这种变化，如果用辩证法的眼光去看，就会知道，是对汉朝独尊儒术的一种否定与反动，是向前的变化，是进步。

魏晋时期，出现了所谓"名士"。如正始名士、竹林名士、中朝名士、江左名士等。究竟是哪一种人才可以被叫做名士呢？或者说，要当名士，须具备何种条件呢？

《世说新语·容止》王夷甫条写道：

> 王夷甫（王衍）容貌整丽，妙于谈玄。恒捉白玉柄麈尾，与手都无分别。

王衍是"老庄明自然"与"圣人贵名教"二者"将毋同"的两晋玄学理论的倡导人，是西晋著名的名士。《世说新语》说道的"妙于谈玄"是名士必备的条件。但并非有这一条就可以作名士。他如"容貌整丽"，也是不可缺少的条件。

谈玄不仅有内容，如自然与名教同异，而且有形式，捉麈尾便是名士谈玄的一种形式。但非主要形式。王隐《晋书》有一段话：

> 魏末，阮籍嗜酒荒放，露头散发，裸袒箕踞。其后贵游子弟阮瞻、王澄、谢鲲、胡毋辅之之徒，皆祖述于籍，谓得大道之本。故去巾帻，脱衣服，露丑恶，同禽兽。甚者名之为"通"，次者名之为"达"也。[1]

这种"荒放""任放"，才是谈玄的主要形式。不如此，不能谓之为"通达"，也就不能被目之为名士。只是，阮籍处在司马氏大肆诛杀异己的时代，他"嗜酒荒放"，是逃避现实。而王澄等人以"任放为达"，则在攀附阮籍，作东施效颦，把自己粉饰成为"风流名士"。

这个问题，只要一读《世说新语·任诞》便可明白。"王孝伯问王大"条云：

> 王孝伯问王大，阮籍何如司马相如？王大曰："阮籍胸中垒块，故须酒浇之。"

阮籍嗜酒荒放，正是浇胸中之垒块。"阮浑长成"条记阮籍反对阮浑任

---

[1]［南朝宋］刘义庆撰，徐震堮著：《世说新语校笺》卷上《德行》注引王隐《晋书》，中华书局，1984年，第14页。

放云:

> 阮浑长成，风气韵度似父，亦欲作达。步兵曰："仲容（阮咸）已预之，卿不得复尔。"[1]

注引《竹林七贤论》谓"籍之抑浑，盖以浑未识己之所以为达也"。说得很好，子不懂父，胡毋辅之等人当然更不懂得阮籍。阮籍嗜酒荒放，是有所为而发，他并不同意别人学他荒放。《竹林七贤论》还曾称赞乐广讥笑胡毋辅之之徒以任放为达:

> 乐广讥之曰："名教中自有乐地，何至于此！"乐令之言有旨哉！谓彼非玄心，徒利其纵恣而已。[2]

这真是一针见血。胡毋辅之之徒的以任放为达，纯粹是"利其纵恣"，并无玄心。

阮籍未闻他裸袒过。"去巾帻，脱衣服"，竹林七贤之一刘伶做过这种事。"刘伶恒纵酒放达"条说:

> 刘伶恒纵酒放达，或脱衣裸形在屋中。人见讥之，伶曰："我以天地为栋宇，屋室为裈衣，诸君何为入我裈中！"[3]

"诸君何为入我裈中"，注引邓粲《晋纪》作"诸君自不当入我裈中，又何恶乎？"这是刘伶个人的行为。他是有所寄托的。他不满诸君"入我裈

---

① ［南朝宋］刘义庆撰，徐震堮著：《世说新语校笺》卷下《任诞》，中华书局，1984年，第394页。

② ［南朝宋］刘义庆撰，徐震堮著：《世说新语校笺》卷下《任诞》注引《竹林七贤论》，中华书局，1984年，第394页。

③ ［南朝宋］刘义庆撰，徐震堮著：《世说新语校笺》卷下《任诞》，中华书局，1984年，第392页。

中"，是因为诸君并不懂得他的寄托，而胡毋辅之等人的裸祖，却不过是"利其纵恣"而已。

然而任放又不可一概否定。须知以谈玄为内容，以任放为形式，在西晋已成为一种社会风气。干宝说：

> 学者以老庄为宗而黜六经，谈者以虚荡为辨而贱名检，行身者以放浊为通而狭节信，进仕者以苟得为贵而鄙居正，当官者以望空为高而笑勤恪。[1]

则不仅社会，而且官场都为这种谈玄、任放之风所浸染。猛一看似乎是邪气蔓延，细思却可发现，这是自汉武帝独尊儒术以来，久为儒家名教思想束缚的人们借任放形式表现出来的个性的一次解放。

再说此时代的名士，都好修饰容貌。儒家以"妇容"为妇女四德之一，只提倡妇女为丈夫打扮。从魏末正始以来，情况有了变化。讲究打扮，是男女对于"美"的一种共同的需求、共同的爱好。那些死抱住儒家教条不放的大人君子们，只能徒唤奈何。美有修饰美和自然美两种。玄学的倡始者何晏便是个非常喜欢修饰的人。《魏略》说："晏性自喜，动静粉白不去手，行步顾影。"[2]这个正始名士的爱美，同他立论"以无为为本"一样，在名士间也起了首创的作用。竹林名士嵇康，"长七尺八寸，伟容色，土木形骸，不加饰厉，而龙章凤姿，天质自然"[3]。这是一种天然美，不像何晏"妖丽本资外饰"[4]。但要注意修饰美和天然美二者是相通的，禀赋天然美的并不排斥修饰。中朝名士王衍"容貌整丽"，过江名士卫玠

①［唐］房玄龄等：《晋书》卷五《孝愍帝纪》，中华书局，1974年，第135—136页。

②［晋］陈寿撰，［宋］裴松之注：《三国志》卷九《魏书·诸夏侯曹传》注引《魏略》，中华书局，1959年，第292页。

③［南朝宋］刘义庆撰，徐震堮著：《世说新语校笺》卷下《容止》注引《康别传》，中华书局，1984年，第335页。

④［南朝宋］刘义庆撰，徐震堮著：《世说新语校笺》卷下《容止》注引《魏略》，中华书局，1984年，第333页。

被他的舅父王济叹为"珠玉在侧，觉我形秽"，他二人的美，便是天然美和修饰美的统一。

"妙于谈玄"，属于才的方面，"容貌整丽"，属于貌的方面，才与貌二者又是结合在一起的。

那时，人们对于美的欣赏能力也大有提高，《世说新语·贤媛》记嵇康、阮籍与山涛在山涛家夜谈，山涛妻韩氏"夜穿墉以视之，达旦忘返"。山涛入内问她嵇、阮二人何如，她说："君才致殊不如，正当以识度相友耳。"①才致包括才学与风致二者。韩氏如此赞赏丈夫的朋友嵇、阮二人，既反映了当时人对美的爱好与审美能力的提高，又反映了当时妇女不避嫌疑，相当自由。《世说新语·轻诋》记谢安刘夫人不欣赏孙绰兄弟，与此同风。

如果再把眼光扩大一点，放到整个妇女世界，就会发现，那时妇女对异性的欣赏与追求，十分大胆。《世说新语·容止》记"潘岳妙有姿容，好神情，少时挟弹出洛阳道，妇人遇者，莫不连手共萦之"。这种现象在汉朝和唐朝以后的京城道路上，是很难看到的。干宝在《晋纪总论》中骂道当时的妇女，"先时而婚，任情而动，故皆不耻淫泆之过，不拘妒忌之恶……父兄不之罪也，天下莫之非也。又况责之闻四教（妇德、妇容、妇工、妇言）于古，修贞顺于今，以辅佐君子者哉！"②这说明当时的妇女曾经打碎所谓"四教"的枷锁，自由表达自己的个性。父兄不之罪，天下莫之非，表明妇女这种自由，得到了社会的承认。

名士"以任放为达"，妇女"任情而动"，都可名之为"任自然"。这是一种带有普遍性的社会风气。它的出现，归根结底，是由于束缚人们个性自由的儒学，在汉末遭到了农民起义与具有眼光的政治家的打击与否定。

---

① [南朝宋]刘义庆撰，徐震堮著：《世说新语校笺》卷下《贤媛》，中华书局，1984年，第369页。

② [梁]萧统编，[唐]李善等注：《六臣注文选》卷四十九《晋纪总论》，中华书局，1987年，第933页。

流风未已，到南北朝时期，我们犹可看到妇女界的"不耻淫泆之过，不拘妒忌之恶"。《南史·宋前废帝纪》记帝姊"山阴公主淫恣过度"，谓帝："妾与陛下虽男女有殊，俱托体先帝，陛下后宫万数，妾惟驸马一人，事不均平，一何至此！"帝遂为山阴公主"立面首左右三十人"。这是一种末流。"面首"产生于宋孝武帝之时。《南史·恩幸传·茹法亮》记"孝武末年，鞭罚过度，校猎江右，选白衣左右百八十人，皆面首富室，从至南州，得鞭者过半"。面首也者，美男子也。面首的出现，可以追源于魏晋时代名士对于外形美的追求。爱美本是一种情性，面首则是封建统治阶级的玩物，它的存在，是对人们人格的侮辱、个性的扼杀、爱美的嘲弄。面首如此之多，山阴公主一次要来三十人，真可谓"不耻淫泆之过"。

《宋书·后妃传·孝武文穆王皇后传》又记："宋世诸主，莫不严妒，太宗（明帝）每疾之。湖熟令袁慆妻以妒忌赐死，使匠臣虞通之撰《妒妇记》。"这便是"不拘妒忌之恶"。《妒妇记》产生于南朝，有社会与历史的原因。

礼教的突破，个性的解放，是不是就表现在"淫泆"——两性关系的相对自由方面呢？非也。我们还能看到"女子无才便是德"的格言，在这个时代，并不行时。才女很多，尤其是同禀才华的兄妹并不止一对，很能说明这时代的姊妹可以与兄弟一样，读书识字。

《玉台新咏》收有《甄皇后乐府塘上行一首》《刘勋妻王氏杂诗二首并序》《周夫人赠车骑一首》《鲍令晖杂诗六首》《范靖妇四首》《徐悱妻刘令娴答外二首》《徐悱妻杂一首》《王叔英妻杂诗一首》《王叔英妻赠答一首》《贾充与妻李夫人联句三首》《孙绰情人碧玉歌二首》《桃叶答王团扇歌三首》《鲍令晖寄行人一首》《丹阳孟珠歌一首》《钱塘苏小歌一首》《范静妇诗三首》《徐悱妇诗三首》《王叔英妇暮寒绝句一首》。所收并不完全，但即从这个收集，便可看出此时代女诗人之多，非汉、唐所能比拟。

宋朝的苏氏兄妹以能诗闻名于后世，也许是时代远了，魏晋南北朝同以诗文著名的兄妹，虽然对数多，也被人们遗忘了。《诗品》卷下《齐鲍令晖齐韩兰英》说道：

令晖歌诗，往往断绝清巧，《拟古》尤胜，唯《百愿》淫矣。鲍昭常答孝武云："臣妹文自亚于左芬，臣才不及太冲尔。"

这是两对：西晋的左思、左芬兄妹与南朝宋齐时的鲍照、鲍令晖兄妹。《南史·刘勔传》附《刘孝绰传》又说：

孝绰辞藻为后进所宗……兄弟及群从子侄当时有七十人，并能属文，近古未之有也。其三妹，一适琅邪王叔英，一适吴郡张嵊，一适东海徐悱，并有才学。悱妻文尤清拔，所谓刘三娘者也。悱为晋安郡卒，丧还建业，妻为祭文，辞甚凄怆。悱父勉本欲为哀辞，及见此文，乃阁笔。

将刘氏兄弟姊妹群从子侄并以诗文著名于梁朝，拿来与左思兄妹著名于西晋、鲍照兄妹著名于宋齐同看，就更可知魏晋南北朝时期，男女正有同等的读书与求知的权利或机会。

《晋书·左贵嫔传》记有左芬的《离思赋》《元杨皇后诔》《悼后颂》三文。《离思赋》写她与家人离别，"岂相去之云远兮，曾不盈乎数寻。何宫禁之清切兮，欲瞻睹而莫因。仰行云以欷歔兮，涕流射而沾巾"。这真有贾元春入宫后的悲伤与感慨，风力直追建安时期的抒情的小型赋。鲍令晖的《拟古诗》，如《拟客从远方来》："客从远方来，赠我漆鸣琴，木有相思文，弦有别离音。终身执此调，岁寒不改心，愿作阳春曲，宫商长相寻。"才力不减擅长《拟古》的陆机。鲍照也长于《拟古》，兄妹二人真可称为宋齐诗坛的双璧。他们兄妹二人在诗文上互有影响。《玉台新咏》所收刘孝绰妹王叔英妻的诗歌，有《杂诗》《赠答》《暮寒绝句》三首，徐悱妻（刘令娴、刘三娘）的诗歌，有《答外》《杂诗》等六首。且看她们写的《杂诗》。

日落应门闭，愁思百端生，况复昭阳近，风传歌吹声。宠移终不恨，谗枉太无情，只言争分理，非妒舞腰轻。①

一生竟何定，万事良难保，丹青失旧图，玉匣成秋草。相接辞关泪，至今犹未燥，汉使汝南还，殷勤为人道。②

苍凉慷慨，一唱三叹，堪称当时女界杰作。

如果当时的妇女还为汉儒的《女诫》所束缚，如果没有个性的相对自由，就不可能涌现这样多有名有姓的才女。

至于北朝，情况有些特殊。北魏是恒、代鲜卑人建立的朝代。在社会风俗上，虽然有过移风易俗的时期，但仍旧保持着少数民族的很多遗风。《颜氏家训》卷一《治家》说：

邺下风俗，专以妇持门户，争讼曲直，造请逢迎，车乘填街衢，绮罗盈府寺，代子求官，为夫诉屈。此乃恒、代之遗风乎？……河北人事，多由内政。

看来少数民族受儒教的熏陶毕竟要少一点，没有像汉儒鼓吹的那样，把丈夫看成"天"，妇女的地位比较高，争讼、造请、逢迎以至为子求官，代夫诉屈，都由妇女。但这种现象只是在北朝才能见到。随着儒教地位的稳定，三纲网罗的收紧，妇女又会坠入深渊。

总而言之，在魏晋南北朝时期，无论在南在北，人们的个性，表现出相对自由的状态。这是与汉末建安以来，儒学独尊地位的崩溃，重才代替重德，封建专制主义的削弱，反对君主专制主义的思想的发展，恒、代鲜卑民族的风俗习惯的带入，等等，互相适应的。历史的发展是曲折的，但

---

① [陈]徐陵编，[清]吴兆宜注，[清]程琰删补，穆克宏点校：《玉台新咏笺注》卷八《徐悱妻刘氏和婕妤怨》，中华书局，1985年，第359页。

② [陈]徐陵编，[清]吴兆宜注，[清]程琰删补，穆克宏点校：《玉台新咏笺注》卷八《王叔英妻刘氏和昭君怨》，中华书局，1985年，第360页。

封建的东西必定要被民主的东西所取代，却是一条客观的规律。

第二节　婚嫁的相对自由

在汉朝，自《女诫》出现以后，对妇女的限制极严。结婚必须秉承父兄之命，媒妁之言。这在建安时期出现的《孔雀东南飞》一诗中，已有清晰的反映。离婚对男方来说，不是"离"而是"休"；对女方来说，则只能是"不二天"，连寡妇改嫁，也被认为大逆不道。不过，如果女方年轻美貌，被有权有势的人物看中，如《孔雀东南飞》中的刘兰芝，父兄也会逼迫她改嫁。这是例外。

魏晋南北朝时期，由于儒术的独尊地位被冲垮，婚姻制度发生了变化。在"不耻淫泆之过"的时代，择偶相对自由，不是都由父母包办。早婚的现象比较严重，干宝谓之为"先时而婚，任情而动"①。门第的界限，即使一再强调，也难防止溃决。那时，士庶联姻即所谓"婚宦失类"的现象，广泛存在，甚至把女儿卖钱的买卖婚姻也产生了。那些顽固强调门第，不是门当户对，便不能成为亲家的人，却被内婚所困扰。像王谢二姓，由于互相通婚，结果变成表兄妹、表姐弟之间的血缘婚姻。这是士族人物往往早死的原因之一。离婚在这个时代，代替从一而终，得到了社会的承认。北朝则由于受到鲜卑民族风俗习惯的影响，婚姻制度又有所不同。先说结婚。

一、择偶的相对自由

《晋书·王濬传》记载了平吴名将王濬是怎样结婚的。当王濬做河东郡从事的时候，河东所属司州"刺史燕国徐邈有女才淑，择夫未嫁。邈乃大会佐吏，令女于内观之。女指濬告母，邈遂妻之"。可见当时的女子有择偶的权利。《世说新语·惑溺》还记载了韩寿结婚的经过。

---

① [唐]房玄龄等：《晋书》卷五《孝愍帝纪》，中华书局，1974年，第136页。

　　韩寿美姿容，贾充辟以为掾，充每聚会，贾女于青璅中看见寿，说之，恒怀存想，发于吟咏。后婢往寿家，具述如此，并言女光丽，寿闻之心动，遂请婢潜修音问，及期往宿。寿跷捷绝人，逾墙而入，家中莫知。自是充觉女盛自拂拭，说畅有异于常。……充乃取女左右婢考问，即以状对。充秘之，以女妻寿。

这是晋朝的"西厢记"。所不同的是老夫人拷问红娘，得知真情之后，不肯以莺莺妻张生，而贾充考问婢女，得知实情之后，却以女贾午妻于韩寿。西晋婚姻比元朝自由。刘孝标注引《郭子》谓"与韩寿通者，乃是陈骞女，即以妻寿，未婚而女亡；寿因娶贾氏。故世因传是充女"[1]。无论是陈女或贾女，陈骞或贾充，其于婚姻，尊重女意，陈贾一致。

这是女子择偶。男子择偶，也有相对的自由。《世说新语·贤媛》记王湛"少无婚，自求郝普女"。其父司空王昶"以其痴，会无婚处，任其意，便许之。既婚，果有令姿淑德"。刘孝标注引《汝南别传》说郝普"门至孤陋，非其所偶也，君（王湛）尝见其女，便求聘焉。果高朗英迈，母仪冠族，其通识余裕皆此类"[2]。可见一个男子看中了一个女子，父亲也会尊重他的选择。郝氏"门至孤陋"，太原名族司空王昶允许他的儿子娶郝氏女，不仅可以说明当时的婚姻具有相对的自由性，而且可以说明当时的婚姻阶级界限也不是很严。这是由婚姻的相对自由性决定。

《世说新语·贤媛》还记载了一个故事，从中更可看出当时婚姻不重阶级。故事说：

　　王浑妻钟氏生女令淑，武子（王济）为妹求简美对而未得，有兵

---

①［南朝宋］刘义庆撰，徐震堮著：《世说新语校笺》卷下《惑溺》注引《郭子》，中华书局，1984年，第492页。

②［南朝宋］刘义庆撰，徐震堮著：《世说新语校笺》卷下《贤媛》注引《汝南别传》，中华书局，1984年，第371页。

家子有隽才，欲以妹妻之，乃白母。曰："诚是才者，其地可遗，然要令我见。"武子乃令兵儿与群小杂处，使母帷中察之。既而母谓武子曰："如此衣形者，是汝所拟者非邪？"武子曰："是也。"母曰："此才足以拔萃，然地寒，不有长年，不得申其才用，观其形骨必不寿，不可与婚。"武子从之，兵儿数年果亡。

魏晋兵家地位极低，王济出于太原名族王氏，而欲将妹嫁给兵家之子，且王济的母亲也未拒绝。后来没有许嫁，是因为觉得那个兵家子形骨不寿，不能"申其才用"，而非因为兵家地寒。这最能说明当时的婚姻讲的是"才"，不是门第。须知自曹操发布求才三令以来，重才的思想随着儒教的衰颓已经深入人心，即使是在世族统治的厉行九品中正制的西晋，也很难将重才的思想从人们的头脑中抹掉。

二、"婚宦失类"与买卖婚姻

东晋时，出现了"婚宦失类"一词。前人都以为"婚宦失类"是"五胡乱华"造成的现象，殊不知择偶相对自由，是此时代婚姻的一个显著的特征，要说"失类"，则王湛娶"门至孤陋"的郝氏女为妻、王济欲将妹子嫁给兵家之子，早就失类了。"婚宦失类"是过江士族提出来的，目的在于排斥压制晚些时候来到江左的士族，保障他们已经取得的政治权利。实际上他们自己在婚嫁方面，便不惜"失类"。王源嫁女，不问士庶，但问钱财，是个很好的例子。此例并非个别。

《晋书·杨佺期传》记杨佺期为汉太尉杨震的后代，"自震至准，七世有名德"。祖父杨林，"值乱没胡。父亮，少仕伪朝"，后归江左，终于梁州刺史。杨佺期"自云门户承籍，江表莫比，有以其门地比王珣者，犹恚恨。而时人以其晚过江，婚宦失类，每排抑之"。江东政治舞台已为永嘉渡江名族所据，晚过江的名族想分一杯羹，是已经取得政治特权的名族所不能容许的，"婚宦失类"，只不过是他们排抑晚过江士族的一个借口罢了。晚过江的士族人数不少，像与孙恩一同起兵的卢循，也是个士族，因为过江晚，遭到排抑，从而与孙恩结合在一起。如果要满足众多的过江较晚的士族的政治要求，江东政权是办不到的。

沈约在《奏弹王源》中写道："自宋氏失御，礼教雕衰，衣冠之族，日失其序。姻娅沦杂，罔计厮庶。贩鬻祖曾，以为贾道。明目腼颜，曾无愧畏。"[1]这是婚嫁失类，而沈约所指却是江左士族，包括永嘉渡江士族在内。他们说别人婚宦失类，其实自己便"姻娅沦杂，罔计厮庶。贩鬻祖曾，以为贾道"。这真是恬不知耻！王源嫁女与富阳满氏，满氏"下钱五万，以为聘礼。源先丧妇，又以所聘余直纳妾"，不正可说"唯利是求"吗？

类似的话，南北朝末年的颜之推也说过。他在《颜氏家训·治家》中写道："近世嫁娶，遂有卖女纳财，买妇输绢，比量父祖，计较锱铢，责多还少，市井无异。"读了沈文，再读颜文，便可知婚姻"罔计厮庶"，但计钱财的现象，带有普遍的性质。这种现象，在此时的文籍中，是常常可以见到的。如谢朓娶王敬则女为妻，谢超宗为其子娶张敬儿女为妻。二谢出自一流士族陈郡谢氏，王敬则、张敬儿则出自寒门。谢朓是著名的永明体诗人，王敬则则是"屠狗商贩，遍于三吴"[2]。再如王融与高平薛氏、庐江朱氏联姻[3]，王乂与乐安任氏联姻[4]，二王出自一流士族琅邪王氏，薛氏、朱氏、任氏则均非显族。为什么会出现这种现象呢？一言以蔽之曰：在于魏晋以来择偶的相对自由。

三、内婚与早婚

诚然，当时也不乏强调门当户对，并身体力行的人，特别是在王、谢等侨姓中。可这又造成什么结果呢？由于强调门第，婚姻范围不能不变得很狭窄，不能不走上血缘异辈婚、中表婚的道路。《晋书·王珣传》道

---

① [梁]萧统编，[唐]李善等注：《六臣注文选》卷四十《奏弹王源》，中华书局，1987年，第745页。

② [唐]李延寿：《南史》卷四十五《王敬则传》，中华书局，1975年，第1127页。

③ 见《世说新语·德行》。

④ 见《世说新语·规箴》注引《永嘉流人名》。

"珣兄弟皆谢氏婿"。除王珣兄弟外，王凝之娶谢奕女①，王道琰娶谢宣惠女，王肃妻也娶自谢氏②。王家也有女儿出嫁于谢家。如王静之之女出嫁于谢涛，王泰女出嫁于谢蔺③。这种互婚，势必给王谢二姓带来血统上的混合。由于婚姻范围的狭窄，血缘异辈婚在那些强调门第的人们当中，也发生了。《宋书·蔡兴宗传》记兴宗"以女适（袁）彖"，而袁彖为蔡兴宗的外甥袁颛之子。这既是血缘婚，又是异辈婚。《宋书·徐湛之传》记徐湛之为宋文帝姊会稽公主之子。于文帝为外甥，文帝之女于徐湛之为中表姊妹，而徐湛之之子徐恒之乃娶文帝女南阳公主。徐湛之之女又嫁文帝子隋郡王刘诞。这也是血缘婚、异辈婚。这种婚姻的范围更加狭小。内婚或近亲结婚是南朝后期士族"肤脆骨柔，不堪行步，体羸气弱，不耐寒暑"④，智力低下，"笔则才记姓名"⑤的重要原因之一。士族的衰落与此有关。

　　早婚现象在这个时代也是存在的。主要也是见于士族之中。干宝说到西晋的妇女"先时而婚"的，不乏其人。他指的是洛阳士族的女儿。这种风气一直延续下来，早婚的不仅有女子，而且有男子。梁张缵年仅十一岁，便娶了武帝第四女富阳公主为妻⑥。这种早婚同样将给士族带来灾难。

四、离异与改嫁

　　我们今天说的离婚，在古代是不存在的。但古代不是没有离，只是这种离出之于君父。《晋书·王珣传》记载王谢猜嫌，太傅谢安"既与珣绝婚，又离（王）珉妻"，这也是"离"，可是王珉与妻离异，出于谢安之命。虽然如此，这个时代毕竟是婚姻相对自由的时代，女子"不二天"的

---

　　① 见《世说新语·言语》注引《王氏谱》。

　　② 分见《南齐书·王融传》《北史·王肃传》。

　　③ 分见《六朝事迹编类》《陈书·孝行传》。

　　④ [北齐]颜之推撰，王利器集解：《颜氏家训集解》卷四《涉务》，上海古籍出版社，1980年，第295页。

　　⑤ [北齐]颜之推撰，王利器集解：《颜氏家训集解》卷三《勉学》，上海古籍出版社，1980年，第141页。

　　⑥ 见《南史·张缵传》。

桎梏还是被打碎了。改嫁的现象屡见不鲜。《世说新语·伤逝》记：

> 庚亮儿（庚会）遭苏峻难遇害，诸葛道明女为庚儿妇，既寡，将
> 改适，与亮书及之。亮答曰："贤女尚少，故其宜也。感念亡儿，若
> 在初没。"

所谓"既寡将改适"，表明在那个时代，寡妇改嫁是顺理成章的事，是社
会上存在的普遍的也是普通的现象。诸葛道明（诸葛恢）和庚亮对这件事
所持的态度，是当时做父母公婆的对儿女所持的共同的态度。诸葛恢的女
儿听说将改适，还发誓"不复重出"，哭喊她的第二个丈夫"江郎（江彪）
莫来"。可江郎来就她，她又"默然而惭，情义遂笃"[1]。

《南史·谢混传》又记"混以刘毅党见诛，混妻晋陵公主改适琅邪王
练。公主虽执意不行，而诏与谢氏离绝"。这倒是个执意不肯改嫁的女子。
这个例子又可以说明改不改嫁，做女儿的虽然有她的自由，但改嫁是合情
合理的，所以连宋武帝刘裕也要他的女儿晋陵公主改嫁，并为她选择了对
象。"离绝"也可以用诏命。

由此可以得出结论：魏晋与南朝在婚姻上，有择偶与改嫁的自由。儿
女可以自己选择对象，父母同意，即可结婚，而父母往往总是同意的，如
徐邈女之择王濬、贾充女贾午之择韩寿。丈夫死了，妻子都可以改嫁。丈
夫未死，妻子如感到不能与丈夫一同生活下去，根据谢安离绝王珉夫妻来
推断，女方可以通过父母与丈夫离异。

五、北朝婚姻的特点

北朝是少数民族鲜卑统治的朝代，在婚姻制度上，既有魏晋的遗风，
又受到鲜卑习俗的浸染，既有与南朝相同之处，也有不同之处。

北朝皇子早娶的习俗非常严重。赵翼《廿二史札记》卷十五"魏齐诸

---

[1]［南朝宋］刘义庆撰，徐震堮著：《世说新语校笺》卷下《假谲》，中华书局，1984年，
第459页。

帝皆早生子"条说过：

> 魏道武帝十五岁生明元帝，景穆太子十三岁生文成帝，文成十五
> 岁生献文帝，献文十三岁生孝文帝。北齐后主纬十四岁生子恒，纬弟
> 俨被诛时年十四，已有遗腹子四人。按高澄年十二尚魏孝静帝妹冯翊
> 长公主，盖魏、齐之间，皇子皆早娶，故生子亦早。

赵翼说对了，《魏书·高允传》记高允上表文成帝谈到："今诸王十五，便
赐妻别居。"还语及："然所配者，或长少差舛，或罪人掖庭，而作合宗
王，妃嫔藩懿。"北朝皇子早婚现象的普遍、时间的持久，可以说明早婚
是鲜卑的旧俗，与南朝某些士族的早婚原因不同。高欢是鲜卑化的汉人，
北齐是六镇鲜卑建立的朝代，高氏皇子所以同样早婚，原因在此。早婚不
问女方年龄与出身，一般说，女方年龄偏大，出身偏低。这也是鲜卑人原
有的习俗，与南朝士庶通婚性质亦有不同。北朝婚姻上强调阶级，是孝文
帝厘定姓族以后的事。早婚是北朝婚姻风俗的第一个特点。

　　第二个特点是买卖婚姻的盛行。颜之推所说："近世嫁娶，遂有卖女
纳财，买妇输绢，比量父祖，计较锱铢"，是指南北双方的婚嫁而言。赵
翼在早婚上，没有说到根源，但在"财婚"上，却说到魏、齐之时婚嫁之
所以"以财币相尚"，是因为"其始高门与卑族为婚，利其所有财贿纷遗，
其后遂成风俗，凡婚嫁无不以财币为事，争多竞少，恬不为怪"。赵翼还
指出北魏文成帝在诏令中说过贵族之门，"或贪利财贿，无所选择"，可知
"财婚由来久矣"[①]。他说到了阶级的原因，卑族卖女纳财，高门买妇输
绢。《文中子》则认为当时婚姻论财，为"夷虏之道"。也就是说，财婚为
鲜卑人的风俗。这个见解又把南北二方财婚源流的不同剖析出来了。鲜卑
财婚的习俗，影响到了汉人。到孝文帝实行汉化政策，提倡鲜卑人与汉人
通婚之后，嫁娶论财之俗，变得更加严重。《北齐书·封述传》记封述为

---

　　① ［清］赵翼著，王树民校证：《廿二史札记校证》卷十五《财婚》，中华书局，1984年，
第317页。

其一子娶陇西李士元女，"大输财娉"。到即将成礼的时候，所欠犹多，封述竟取供养像向李士元"打像作誓"，绝不短少分文。另一子娶范阳卢庄女，封述"径府诉云：'送骡乃嫌脚跛，评田则云卤咸薄，铜器又嫌古废。'"买妇输财竟到如此程度，真是可悲可叹。

第三个特点是妻妾嫡庶界限之严，盛行多妻或有妻无妾之制，而前娶与后娶之间，争嫡的斗争又极为剧烈。

按鲜卑本无妻妾之制，《魏书·皇后传》记自神元至昭成"妃嫱嫔御，率多阙焉，惟以次第为称。而章、平、思、昭、穆、惠、炀、烈八帝，妃后无闻。太祖（道武）追尊祖妣，皆从帝谥为皇后"①，这也就是说，他们女宠虽多，但都是妻，都是"皇后"，是一种多妻制。

我们还发现在北方汉人中，也存在多妻的现象。崔僧琛"元妻房氏，生子伯麟、伯骥，后薄房氏，纳平原杜氏，与俱徙。生四子，伯凤、祖龙、祖螭、祖虬"。房、杜二氏都是妻，以致祖龙竟与伯骥"讼嫡庶"②。李洪之"微时，妻张氏助洪之经营资产，自贫至贵，多所补益"。后来李洪之又娶刘芳的从妹"而疏薄张氏，为两宅别居，偏厚刘室。由是二妻妒竞，互相讼诅，两宅母子，往来如仇"③。按西晋武帝曾下诏"嫡庶之别，所以辨上下，明贵贱""皆不得登用妾媵，以为嫡正"④。武帝为贾充"置左右夫人"⑤是特例。汉士族本无多妻之制。北朝汉人如崔僧琛、李洪之娶二妻，无疑也是受到鲜卑习俗的影响。

颜之推说到河北婚姻风俗时，曾经慨叹：

河北鄙于侧出，不预人流，是以必须重娶，至于三四，母年有少于子者。后母之弟，与前妇之兄，衣服饮食，爰及婚宦，至于士庶贵贱之隔，俗以为常。身没之后，辞讼盈公门，谤辱彰道路，子诬母为

① ［北齐］魏收：《魏书》卷十三《皇后列传》，中华书局，1974年，第321页。

② ［唐］李延寿：《北史》卷四十四《崔亮传》，中华书局，1974年，第1640页。

③ ［北齐］魏收：《魏书》卷八十九《酷吏列传》，中华书局，1974年，第1919页。

④ ［唐］房玄龄等：《晋书》卷三《武帝纪》，中华书局，1974年，第63页。

⑤ ［唐］房玄龄等：《晋书》卷四十《贾充传》，中华书局，1974年，第1171页。

妾，弟黜兄为佣，播扬先人之辞迹，暴露祖考之长短，以求直己者，往往而有。悲夫！①

其实"讼嫡庶"，如崔僧琛二妻房氏、杜氏母子，李洪之二妻张氏、刘氏母子，何待乎崔僧琛、李洪之身没之后？二妻同存，又何待乎前妻没后重娶？颜之推只说过一个问题，"河北鄙于侧出"，所以只娶妻，不纳妾。到北齐，"举朝略是无妾，天下殆皆一妻"②。如果联系北魏以来"重娶"的风俗来看，北齐这种现象的出现，也就无足为怪了。

多妻较之于一妻多妾，是落后的婚姻形态。多妻则"与讼嫡庶"，势不能免。反不如"江左不讳庶孽，丧室之后，多以妾媵终家事"。虽然"疥癣蚊虻，或未能免"，但是"限以大分，故稀斗阋之耻"③，多妻不是魏晋南北朝汉人的风俗。北朝所以出现这种现象，毫无疑问，与鲜卑人入主中原有关。北齐时"天下殆皆一妻"，应是一个进步。

第三节　文人集会活动的产生与发展

在魏晋南北朝时期，出现了文人的集会活动。这是汉朝独尊儒术的局面被打破，专制主义遭到削弱的结果。这种集会，对此时代文化尤其是文学的发展，是有好影响的。

一、邺宫西园之会④

建安诗人常在邺城邺宫西园会聚，饮酒赋诗，进行文学活动。《六臣注文选》卷二十《公宴》，载有曹植的《公宴诗》一首，王粲的《公宴诗》

---

① ［北齐］颜之推撰，王利器集解：《颜氏家训集解》卷一《后娶》，上海古籍出版社，1980年，第47页。

② ［唐］李延寿：《北史》卷十六《太武五王传》，中华书局，1974年，第610页。

③ ［北齐］颜之推撰，王利器集解：《颜氏家训集解》卷一《后娶》，上海古籍出版社，1980年，第47页。

④ 参见第六章第一节。

一首、刘桢的《公宴诗》一首、应玚的《侍五官中郎将（曹丕）建章台集诗》一首。卷二十二《浏览》又载有曹丕的《芙蓉池作》一首。这都是在邺宫西园之作。吕延济注曹植《公宴诗》说："此宴在邺宫与兄丕宴饮。"诗中写道：

> 公子敬爱客，终宴不知疲，清夜游西园，飞盖相追随。……飘飘放志意，千秋长若斯。[1]

这是由曹丕作主人的西园文士的集会。曹丕所敬爱的客人，主要是曹植、王粲、刘桢等人。他们既在一起集会，必有佳作。曹植的《公宴诗》便是其中的一首。

张铣注王粲的《公宴诗》说："此侍曹操宴。"刘良注刘桢的《公宴诗》又说："此宴与王粲同于邺宫作也。"这是由曹操作主人的文士集会。集会地点仍是西园。王粲诗云：

> 高会君子堂，并坐荫华榱，嘉肴充园方，旨酒盈金罍。管弦发徽音，曲度清且悲。合坐同所乐，但诉杯行迟。常闻诗人语，不醉且无归。[2]

我在艺术一章中说古人曾云清商曲始于铜雀台，根据王粲《公宴诗》"管弦发徽音，曲度清且悲"之句，又可知始于邺宫西园文士饮宴曾奏清商。西园之会不仅推进了诗歌而且推进了音乐的发展。

刘桢诗写道："月出照园中，珍木郁苍苍，清川过石渠，流波为鱼防，

---

① ［梁］萧统编，［唐］李善等注：《六臣注文选》卷二十《公宴诗》，中华书局，1987年，第369—370页。

② ［梁］萧统编，［唐］李善等注：《六臣注文选》卷二十《公宴诗》，中华书局，1987年，第370页。

芙蓉散其华，菡萏溢金塘。"①西园美，诗也美，可谓"人杰地灵"。

应玚《侍五官中郎将建章台集诗》所反映的也是一次诗人的集会。应玚诗中有"公子敬爱客，乐饮不知疲"②之句，与曹植诗"公子敬爱客，终宴不知疲"之句正同。曹植、应玚参加的当是同一次宴会，建章台亦疑筑于西园中。"集诗"也者，主人以下都有诗作也。

建安二十三年（218），曹丕《与吴质书》云：

> 昔年疾疫，亲故多罹其灾，徐（幹）、陈（琳）、应（玚）、刘（桢），一时俱逝（四人均以二十二年卒），痛何可言邪！昔日游处，行则同舆，止则接席，何尝须臾相失！每至觞酌流行，丝竹并奏，酒酣耳热，仰而赋诗。当此之时，忽然不自知乐也。谓百年已分，长共相保，何图数年之间，零落略尽，言之伤心。顷撰其遗文，都为一集。观其姓名，已为鬼录，追思昔游，犹在心目，而此诸子化为粪壤，可复道哉！③

前人读曹丕《与吴质书》，不知"昔日游处"何指。殊不知曹丕所说"行则同舆，止则接席，何尝须臾相失！每至觞酌流行，丝竹并奏，酒酣耳热，仰而赋诗"，舍邺宫西园之游外，别无他处。这个问题，只要读一读曹植、王粲、刘桢、应玚写的《公宴诗》，便可明白。可以注意的是："何尝须臾相失"之语，不仅写出了"西园诸友"之间的感情，而且告诉我们西园之游或西园集会，即使不是天天进行，次数的频繁也可想而知。"觞酌流行，丝竹并奏，酒酣耳热，仰而赋诗"，则为我们勾画出了西园之游，以诗会友的图画。令人痛惜的是：建安二十二年（217）徐幹、陈琳、应

---

① ［梁］萧统编，［唐］李善等注：《六臣注文选》卷二十《公宴诗》，中华书局，1987年，第370页。

② ［梁］萧统编，［唐］李善等注：《六臣注文选》卷二十《公宴诗》，中华书局，1987年，第371页。

③ ［晋］陈寿撰，［宋］裴松之注：《三国志》卷二十一《魏书·王卫二刘傅传》注引《魏略》，中华书局，1959年，第608页。

旸、刘桢等人"一时俱逝",不能与他们再作西园之游了,可遗文犹存,得到了曹丕的整理。这也可以告慰于泉下诸友。

建安二十三年（218）的曹丕《与吴质书》,写的是我国文人最早的文学集会活动。在文学史上,是一篇有重要价值的文献。惜乎治文学史者极少提及。

对于建安时期文人的邺宫西园的集会活动,我们可用两句话来概括:它既是建安文学艺术发展的摇篮,又是后世文人进行集会活动的滥觞。

二、西晋"二十四友"与金谷之会

韩寿、贾午有子贾谧,"好学有才思""喜延士大夫"[①]。"渤海石崇欧阳建（石崇甥）,荥阳潘岳,吴国陆机、陆云,兰陵缪徵,京兆杜斌、挚虞,琅邪诸葛铨,弘农王粹,襄城杜育,南阳邹捷,齐国左思,清河崔基,沛国刘环,汝南和郁、周恢,安平牵秀,颍川陈眕,太原郭彰,高阳许猛,彭城刘讷、中山刘舆、刘琨皆傅会于谧,号曰二十四友"[②]。这是魏晋南北朝时代文士的第二次会聚。

贾谧曾领秘书监,掌国史,确定晋史"从泰始为断"。后为常侍,"侍讲东宫",确有才华。陆机、陆云、潘岳、左思都是著名的太康体诗人。如果说潘、陆好游权门,则左思之友于贾谧,并非因为贾谧是权门。他的思想在文学一章中,我作了分析。贾谧为秘书监时,曾请左思讲《汉书》。贾谧死后,左思"退居宜春里,专意典籍"[③]。后来举家迁往冀州。他与贾谧的结识是出于对文史的共同的爱好。石崇是《王明君辞》的作者,曲也是他所作。我国歌咏王昭君的辞曲,以石崇所作为最早。石崇的外甥欧阳建,"雅有理想,才藻美赡,擅名北州"[④]。他是哲学名作《言尽意论》

①［宋］司马光编著,［元］胡三省音注:《资治通鉴》卷第八十二晋惠帝元康元年（291）春三月条,中华书局,1956年,第2609页。

②［唐］房玄龄等:《晋书》卷四十《贾充传》,中华书局,1974年,第1173页。

③［唐］房玄龄等:《晋书》卷九十二《文苑列传》,中华书局,1974年,第2377页。

④［唐］房玄龄等:《晋书》卷三十三《石苞传》,中华书局,1974年,第1009页。

的作者。挚虞"才学通博,著述不倦"[①]。牵秀"博辩有文才,性豪侠,弱冠得美名"[②]。刘琨不仅有文才,而且有武略。"五胡乱华",他在并州坚持抵抗,一时成为名将。这二十四友的结合完全是文学的结合,而非政治的结合。

贾谧等二十四友,是不是有集会活动?据《晋书·刘琨传》,这二十四友不仅有集会活动,而且很频繁。但活动场所不在贾谧府上,而在石崇的金谷园中。传中写刘琨:

> 年二十六,为司隶从事。时征虏将军石崇河南金谷涧有别庐,冠绝时辈,引致宾客,日以赋诗。琨预其间,文咏颇为当时所许。

据此可知金谷园为西晋文士集会赋诗的胜地。"日以赋诗"之言,表明二十四友的集会活动无日不在金谷举行,盛况可以想见。

《世说新语·品藻》记谢安说过:"金谷中,苏绍最胜,绍是石崇姊夫,苏则孙,愉子也。"刘孝标注引石崇《金谷诗叙》写石崇自云"有别庐在河南县界金谷涧中,或高或下,有清泉茂林,众果竹柏药草之属,莫不毕备。又有水碓鱼池土窟"。真可谓"其为娱目欢心之物备矣"。王诩还长安,他"与众贤共送,往涧中,昼夜游宴"。他携有琴、瑟、笙、筑,"及住,令与鼓吹递奏,遂各赋诗以叙中怀。或不能者,罚酒三斗"。他具列了"时人官号,姓名、年纪,又写诗著后"[③]。凡有三十人,苏绍为首。这是金谷园中诗人的一次盛大的集会活动。苏绍不在二十四友之列,表明参加集会活动的,尚不限于二十四友。

《文选》卷二十著录潘岳的《金谷集作诗》一首,吕向注谓石崇"出为城阳太守,潘安仁送之"。在政治风云变幻莫测的西晋时代,二十四友

---

① [唐]房玄龄等:《晋书》卷五十一《挚虞传》,中华书局,1974年,第1419页。

② [唐]房玄龄等:《晋书》卷六十《牵秀传》,中华书局,1974年,第1635页。

③ [南朝宋]刘义庆撰,徐震堮著:《世说新语校笺》卷中《品藻》注引石崇《金谷诗叙》,中华书局,1984年,第291页。

不可能常作金谷之游，但送往迎来，必有诗作，而金谷则是他们迎送赋诗抒怀的场地。金谷之会是继建安诗人西园之会的又一次诗人的集会，在文学史上，同样有不可忽视的价值与意义。

金谷为水名，《水经注·穀水》写道："金谷水出太白原，东南流历金谷，谓之金水，东南流径晋卫尉石崇之故居也。"今洛阳市有金谷园路。这个地方是一个值得纪念的地方。

三、东晋兰亭之会与曲水诗

《世说新语·企羡》写道："王右军（王羲之）得人以《兰亭集序》方《金谷诗序》，又以己敌石崇，甚有欣色。"可知晋人已有将王羲之兰亭之会，比方石崇的金谷之会的。刘孝标注引王羲之《临河叙》记兰亭之会云：

> （穆帝）永和九年，岁在癸丑，莫春之初，会于会稽山阴之兰亭，修禊事也。群贤毕至，少长咸集。此地有崇山峻岭，茂林修竹，又有清流激湍，映带左右，引以为流觞曲水，列坐其次。是日也，天朗气清，惠风和畅，娱目骋怀，信可乐也。虽无丝竹管弦之盛，一觞一咏，亦足以畅叙幽情矣。故列序时人，录其所述。右将军司马太原孙丞公等二十六人赋诗如左，前余姚令、会稽谢胜等十五人不能赋诗，罚酒各三斗。[1]

参与这次兰亭集会的，达四十一人之多。赋诗的有二十六人，被罚酒的有十五人。这真是金谷诗会赋诗与罚酒的重演。

兰亭之会有它本身的特点。王羲之说这次诗会在永和九年（353）暮春之初，与引清流"以为流觞曲水""修禊事"，联系在一起。按《宋书·礼志二》说：

---

[1] [南朝宋]刘义庆撰，徐震堮著：《世说新语校笺》卷下《企羡》注引王羲之《临河叙》，中华书局，1984年，第346页。

《周礼》女巫掌岁时被除衅浴，如今三月上巳如水上之类也。衅浴谓以香薰草药沐浴也。《韩诗》曰："郑国之俗，三月上巳，之溱、洧两水之上，招魂续魄。秉兰草，拂不祥。"

此之谓"禊祠"或"修禊事"。禊者，于水边举行除去所谓不祥的祭祀也。自郑国以来，每于三月上巳进行。《晋书》卷二十一《礼志下》又说：

汉仪，季春上巳，官及百姓皆禊于东流水上，洗濯祓除去宿垢。而自魏以后，但用三日，不以上巳也。晋中朝公卿以下至于庶人，皆禊洛水之侧。

则自汉至晋，于每年三月三日修禊事，成了举国通行的风俗。

禊祠原来只是在水上"秉兰草，拂不祥""洗濯祓除去宿垢"。魏明帝于"天渊池南，设流杯石沟，宴群臣"[①]，于是而有"流觞"。但未言"曲水"。《晋》《宋》二书《礼志》都提到东晋废帝海西公于建康钟山立"流杯曲水，延百僚"。似"流觞曲水"，始于海西。可是王羲之《临河叙》已经有"引以为流觞曲水"之句。则"曲水"之名，海西以前即已有之。

三月三日修禊事，只要条件许可，均必设"流杯池"。引水分流，因流设席，激水推杯，至席前取而饮之。此即"禊饮"。由于曲折分流，故有"曲水"之称。禊饮之际，伴以乐舞。酒阑赋诗，所赋的诗也就叫做"曲水诗"。《文选》卷二十载有颜延年的《应诏宴曲水作诗》一首，卷四十六又载有颜延年的《三月三日曲水诗序》一首、王融的《三月三日曲水诗序》一首。由此三月三日又变成文人曲水流杯，以诗会友的盛大节日。王羲之说的兰亭"又有清流激湍，映带左右，引以为流觞曲水，列坐其次""一觞一咏"，正是此义。

---

① ［梁］沈约:《宋书》卷十五《礼志二》,中华书局,1974年,第386页。

　　将以诗会友与三月三日禊饮之礼"流觞曲水"相结合，是我国文人集会活动的一个发展。即由不定期进入定期。至少每年都可举行一次了。这种结合的最早的记载便是东晋永和九年（353）王羲之的《临河叙》，亦称《兰亭集序》。

四、乌衣之游与谢灵运四友

《南史·谢弘微传》写到谢混时说：

　　　　混风格高峻，少所交纳，唯与族子灵运、瞻、晦、曜、弘微以文义赏会，常共宴处，居在乌衣巷，故谓之乌衣之游。混诗所言"昔为乌衣游，戚戚皆亲姓"者也。

　　乌衣之游是南朝初年文人的又一次集会活动。乌衣集会是谢家家人的"以文义赏会"，集会活动从此进入家族了。谢混风华，号称"为江左第一"[1]。谢灵运是元嘉三大家之一，山水诗的开创者。谢瞻"六岁能属文，为《紫石英赞》《果然诗》，为当时才士叹异"。"尝作《喜霁诗》，灵运写之，混咏之。王弘在坐，以为三绝。"[2]谢晦为谢瞻之弟，"涉猎文义，博赡多通"[3]。人们把他比作杨修。谢曜为谢弘微之兄，小字阿多。谢混曾说："阿多标独解，弱冠纂华胤，质胜诚无文，其尚又能峻。"[4]看来谢曜文章以质胜。谢弘微有似乃兄谢曜，文章以"言约理要"为胜。谢"瞻等才辞辩富，弘微每以约言服之"，为谢混所特敬重，被谢混称为"微子"。《红楼梦》贾府中有诗会，导源于乌衣之游。

　　《宋书·谢灵运传》又写道"灵运既东，与族弟惠连、东海何长瑜、颍川荀雍、泰山羊璿之以文章赏会，共为山泽之游，时人谓之四友。"这

---

①［唐］李延寿：《南史》卷十九《谢晦传》，中华书局，1975年，第522页。

②［唐］李延寿：《南史》卷十九《谢晦传》，中华书局，1975年，第525页。

③［唐］李延寿：《南史》卷十九《谢晦传》，中华书局，1975年，第522页。

④［梁］沈约：《宋书》卷五十八《谢弘微传》，中华书局，1974年，第1591页。

是乌衣之游，以文章赏会的外延。四友中有何长瑜、苟雍、羊璿之，不是"戚戚皆亲姓"了。

《诗品》记谢惠连"工为绮丽歌谣，风人第一"[1]。又引《谢氏家录》，谓谢灵运"每对惠连，辄得佳语。后在永嘉西堂，思诗竟日不就，寝寐间忽见惠连，即成'池塘生春草'。故常云：'此语有神助，非吾语也。'"这个故事所反映的，是谢灵运与谢惠连友爱之深，相互影响之大。《六臣注文选》卷二十二著录谢惠连《泛湖归，出楼中玩月》一首，李善注云："灵运《山居赋》注曰：大小巫湖。"此语实际上将灵运四友共为山泽之游说出来了。谢惠连所游的湖与所居的楼，都在谢灵运的始宁山居之中。诗中有"辍策共骈筵，并坐相招要""晤言不知罢，从夕至清朝"的话。与谢惠连并坐晤言，从夕至晨者，谢灵运、何长瑜、苟雍、羊璿之四友也。这诗把五人不知疲倦，以文章赏会，共为山泽之游，写得很生动，也很具体。

何长瑜是教谢惠连读书的人，谢灵运要求谢惠连之父谢方明把何长瑜给他，竟"载之而去"。四友之才，以谢惠连为第一，何长瑜次之，苟雍、羊璿之殊为不及。但他们与谢灵运以文章赏会，共作山泽之游，与乌衣之游一样，都是古代文坛的佳话、盛举。

五、鸡笼山西邸之会与竟陵八友

刘宋刘义庆好招聚文学之士，但似未形成一个学术团体。像鲍照、何长瑜、陆展、袁淑都是他的佐史国臣，未见他们有什么文学活动。刘义庆是《世说新语》的作者与《集林》二百卷的撰集者。是否得到过鲍照等人的协助，不可得而知。

南齐竟陵王萧子良就不同了。《南齐书》本传说齐武帝永明五年(487)，萧子良"移居鸡笼山（西）邸，集学士抄《五经》、百家，依《皇览》例为《四部要略》千卷。招致名僧，讲语佛法，造经呗新声，道俗之

---

① [梁]钟嵘著，曹旭集注：《诗品集注》中《宋法曹参军谢惠连诗》，上海古籍出版社，1994年，第284页。

盛，江左未有"①。这是一个庞大的真正的学术团体。"讲语佛法"之言，表明他们有集会活动。《四部要略》虽为依《皇览》之例编纂，但《皇览》是由魏文帝下命令编辑的，《四部要略》则为私人学术团体编撰，性质不同。

特别值得注意的是"竟陵八友"的出现。《梁书·武帝纪上》说："竟陵王子良开西邸，招文学，高祖（梁武帝萧衍）与沈约、谢朓、王融、萧琛、范云、任昉、陆倕等并游焉，号曰八友。"八友竟陵西邸之游，是以文章赏会，与谢灵运四友山泽之游，谢混等人乌衣之游，情形类似。

在这八友中，沈约、谢朓、王融是诗歌永明体的创立者。沈约对谢朓诗极为称赞，"常云'二百年来无此诗也'"②。永明体是诗歌与声韵学相结合的产物，那时印度三声传入，竟陵王西邸"造经呗新声"，无疑对印度声韵学进行了研究。将四声运用于诗歌的永明体，我疑即在萧子良建康西邸出笼。《南齐书·陆厥传》讲永明体的产生，所提到人物，即竟陵八友中的沈约、谢朓与王融，这绝非偶然的现象。由此亦可知西邸文学活动的活跃。

《梁书·萧琛传》记萧琛"常言少壮三好，音律、诗、酒。年长以来，二事都废，惟书籍不衰"。萧琛少壮三好，尤其是音律，显然也与西邸萧子良、沈约等人对声律的研究有关。萧琛是参预者之一。

八友友情很深。《六臣注文选》卷六十载有任昉《齐竟陵文宣王行状》一首。卷三十八载有任昉《为范始兴（范云）作求立太宰（萧子良）碑表》一首、《为范尚书（范云）让吏部封侯第一表》一首。至于诗歌往还就更多了。《文选》记有《谢玄晖（谢朓）新亭渚别范零陵（范云）诗》一首，《任彦升（任昉）出郡传舍哭范仆射（范云）》一首，谢朓《在郡卧病呈沈尚书（沈约）》一首，范云《古意赠王中书（王融）》一首，谢朓《和王著作（王融）八公山诗》一首，沈约《和谢宣城（谢朓）诗》一

---

① ［梁］萧子显：《南齐书》卷四十《武十七王传》，中华书局，1972年，第698页。

② ［梁］萧子显：《南齐书》卷四十七《谢朓传》，中华书局，1972年，第826页。

首①。诗文中写到他们之间的友谊关系，"策名委质，忽焉二纪（二十四年）"；"结欢三十载，生死一交情"；"神交疲梦寐，路远隔思存"②。《梁书·范云传》还写道："初，云与高祖（梁武帝萧衍）遇于齐竟陵王子良邸，又尝接里闬，高祖深器之。"又《梁书·沈约传》："高祖在西邸，与约游旧。"《梁书·萧琛传》："高祖在西邸，早与琛狎。"《梁书·陆倕传》："倕与乐安任昉友善，为《感知己赋》以赠昉。"在他们之间，关系也甚好。

竟陵王与竟陵八友彼此之间，相从有的达二纪或三十年之久。他们所进行的学术与文学活动时间之长、贡献之大，又非以前文人的集会活动所能比。

总起来看，魏晋南北朝时代是一个相对自由的时代。这种自由导致了对礼教之防的突破，对美的追求，导致了婚姻的相对自由，导致了文人学士集会活动的产生，各方面都显得颇有生机、颇为活跃。它促进了我国文化的发展。而这种自由，归根结底，来自独尊儒术的崩溃、专制政治的削弱、人独为贵的发现。

---

① 上述诗作分见《文选》卷二十,卷二十三,卷二十六,卷二十九。
② 上引诗句分见《为范始兴作求立太宰碑表》《任彦升(任昉)出郡传舍哭范仆射》《和谢宣城诗》。

第六章　魏晋南北朝时代文学的蓬勃发展（一）

第一节　建安时代文学的振兴

东汉桓、灵二帝时期的党锢人物的斗争与黄巾大起义，改造了很多事物，其中一项是对文学的改造。两汉自汉武帝独尊儒术、儒学与天、与神相结合以来，人们的思想受到了严重的束缚，文学也走上了气息奄奄之途。钟嵘对两汉诗歌的评价，是有代表性的。他说："自王（褒）、扬（雄）、枚（乘）、司（司马相如）之徒词赋竞爽而吟咏靡闻。从李都尉（李陵）迄班婕好，将百年间，有妇人焉，一人而已。诗人之风，顿已缺丧。东京二百载中，惟有班固《咏史》，质木无文。"①这虽然讲的是诗，但却反映了有汉一代整个文学的状况。除了王、扬、枚、司少数几个作家以外，在汉代四百年中，很难再找到几个有创造性成就的文学家。词赋是两汉文学的主流，虽然出过枚、司这样的大手笔，但总起来看，显得内容贫乏，形式呆板。写来写去，不过是一些歌颂皇家功德、宫宇壮丽、狩猎声势的作品而已。这与汉朝统治阶级用天人、神人合一的儒学思想来加强控制，有密切的关系。汉朝真正有生命力的文学在民间，但也只产生过《古诗十九首》寥寥可数的少量篇章，这些篇章只是些突破儒学迷雾，喷

---

① [梁]钟嵘著,曹旭集注:《诗品集注·诗品序》,上海古籍出版社,1994年,第11页。

射出光辉的天边疏星，要想星光灿烂，必须打碎儒学的枷锁。

这样的"打碎"终于来临了。党锢之狱与184年的黄巾起义，把人们从儒学的迷梦中唤醒。人们不相信汉朝统治者广为散播的天人合一与三纲六纪之辞，变得"唯物"起来，"人"被发现了，地位超过了天。读了曹操的"性不信天命之事"与求才三令，仲长统的"人事为本，天道为末"，诸葛亮的"造化在乎手，生死在乎人"，再看看汉朝董仲舒的《春秋繁露》、班固的《白虎通》，有谁能不感到建安时期的思想界在大变？以迷信化的儒学为指导思想的汉代文学界，挣脱了身上的锁链，走上了革新的道路。"文艺复兴"时代来临了，建安文学无论在内容或形式上，都出现了飞跃。

一、邺城建安文坛的形成①

建安是我国古典文学特别是五言诗的蓬勃发展时代，作家很多，钟嵘在《诗品》中写道：

> 降及建安，曹公父子，笃好斯文；平原兄弟（建安十六年，曹植被封为平原侯），郁为文栋；刘桢、王粲，为其羽翼。次有攀龙托凤，自致于属车者，盖将百计。彬彬之盛，大备于时矣！②

除了曹操、曹丕、曹植、刘桢、王粲以外，还有谁呢？曹丕在《典论·论文》中提到"七子"，他说：

> 今之文人，鲁国孔融文举，广陵陈琳孔璋，山阳王粲仲宣，北海徐幹伟长，陈留阮瑀元瑜，汝南应玚德琏，东平刘桢公幹。斯七子者，于学无所遗，于辞无所假，咸以自骋骥騄于千里，仰齐足而并驰。

---

① 见第五章第三节第一部分。
② [梁]钟嵘著，曹旭集注：《诗品集注·诗品序》，上海古籍出版社，1994年，第17页。

　　此即人们熟知的"建安七子"。《三国志·王粲传》提到"颍川邯郸淳、繁钦，陈留路粹，沛国丁仪、丁廙，弘农杨修，河内荀纬等亦有文采，而不在此七人之例"。惜未提及女诗人蔡琰（蔡文姬）。她在文学史上的地位，比钟嵘提及的班婕妤高多了。

　　建安时代是一个需要和产生新的文人的时代，而这种文人毕竟产生了。

　　建安文人游息之地为冀州魏郡的邺县县城。邺城既是冀州州治与魏郡郡治，又是魏都。在建安时期，它是我国的文学中心。了解这个文学中心的形成，是很重要的。下面对这个政治与文化中心的形成作一些考察。

　　曹操打败袁绍在建安五年（200），攻占邺城在建安九年（204）。此年汉献帝以曹操领冀州牧。此后曹操便住在邺城，不再到许都去了。曹操为丞相在建安十三年（208），于邺城造铜雀台在建安十五年（210），受命称魏公在建安十八年（213），称魏王在建安二十一年（216）。无论是称魏公或魏王，他始终以丞相领冀州牧；始终不离邺城，除了打仗。曹操死于建安二十五年（220），自建安九年（204）至二十五年十七年中，邺城崛起为北方的一个新的政治中心。这个政治中心在方针政策上，大异于以洛阳为都城的东汉朝廷。著名的只问才能不问儒家道德的求才三令，便是曹操分别于建安十五年（210）、十九年、二十二年，于邺城发布的。文人纷纷来到这个城市，经常在这个城市集会，一个新的文坛——邺城文坛也就应运而生了。但他们来到邺城的时间有先有后。

　　陈琳、阮瑀。据《资治通鉴》卷第六十四汉献帝建安十年（205）记载：

　　　　郭嘉说操多辟青、冀、并名士以为掾属，使人心归附，操从之。官渡之战，袁绍使陈琳为檄书，数操罪恶，连及家世，极其丑诋。及袁氏败（建安九年），琳归操，操曰："卿昔为本初移书，但可罪状孤身，何乃上及父祖邪！"琳谢罪，操释之，使与陈留阮瑀俱管记室。

陈琳归附曹操，与阮瑀同为司空军祭酒，管记室，见《三国志·王粲传》。按照《通鉴》的记述，陈琳归附曹操当在建安九年（204），与阮瑀被用为司空军祭酒，管记室，当在建安十年（205）。地点是在邺城，不是在许都。

又《王粲传》注引《典略》谓路粹"后为军谋祭酒，与陈琳、阮瑀等典记室"。路粹于建安初年已从曹操，为尚书郎。他至邺城，与陈、阮同时。

刘桢、应场。《王粲传》说："场、桢各被太祖（曹操）辟为丞相掾属。"曹操为丞相在建安十三年（208）六月。又《文选》卷二十三载有刘桢《赠五官中郎将四首》，其一有云："昔我从元后，整驾至南乡。"李善注云："元后，谓曹操也；至南乡，谓征刘表也。"曹操征刘表在建安十三年（208）七月。则在建安十三年（208）以前，刘桢、应场，已至邺城。按刘桢之父刘梁为野王令，应场之父应珣为曹操任司空时的掾属，早随曹操①。

王粲。《王粲传》说建安十三年（208）刘表死，王粲"劝表子琮，令归太祖"。此年九月，刘琮以荆州归降曹操，曹操辟王粲"为丞相掾，赐爵关内侯"。曹操于荆州襄阳汉水之滨设宴，王粲奉觞祝贺。则王粲归附曹操在建安十三年（208）。他写有《英雄记》②，记赤壁之战汉水之役。他北还至邺城，当在此年十二月赤壁战后，即在十四年。

又《王粲传》注引《魏略》记邯郸淳于"初平时，从三辅客荆州。荆州内附，太祖素闻其名，召与相见，甚敬异之"。则邯郸淳之归曹操，时间与王粲相同。

徐幹。《王粲传》记"幹为司空军谋祭酒掾属"。曹操为司空在建安十三年（208）任丞相之前。注引《先贤行状》又记徐幹："建安中，太祖特加旌命，以疾休息。后除上艾长，又以疾不行。"他先当随曹操在许都，

---

① 分见《王粲传》注引《文士传》和《续汉书》。

② ［唐］欧阳询撰，汪绍楹校：《艺文类聚》卷八十《火部·火》，上海古籍出版社，1982年，第1365页。

后当随曹操在邺城。

七子中唯有孔融在许都任九卿中的少府一职，建安十三年（208）为曹操所杀，未到过邺城，不属于邺城文士集团之列。此人文学才能也并不佳。

蔡琰。《后汉书·列女传·陈留董祀妻传》记"兴平中，天下丧乱，文姬为胡骑所获，没于南匈奴左贤王，在胡中十二年"。按兴平只有二年（194—195），如以兴平元年（194）没于胡中，则"文姬归汉"当在建安十年（205）；如以兴平二年（195）没于胡中，则归汉应在建安十一年（206）。而建安十年（205）归汉是不可能的，因为匈奴胡人所居之地，此年仍为袁绍外甥高干所占。到建安十一年（206）三月，曹操平定并州高干，以梁习为并州刺史，"单于恭顺，名王稽颡"①，这时候曹操派使者至并州，以金璧向匈奴赎回蔡琰，便是意中的事了。以此"文姬归汉"，必为建安十一年（206）无疑。郭沫若谓在建安十三年（208）归汉有误。所谓"归汉"，是到曹操所居之地邺城，而不是到许都。蔡琰虽改嫁屯田都尉董祀，但一直在邺城为曹操写她所诵忆的亡父蔡邕赐给她的书籍。

总起来看，建安十四年（209），三曹与建安诸子，还有女诗人蔡琰，已在邺城会齐。他们在邺城所进行的文学活动，是建安文坛也是历史上文坛的盛事。当时他们的活动，我们从《文选》所载，仍可得知一二。

《文选》卷二十《公宴诗》刘公幹（刘桢）一首六臣注云："此宴与王粲同于邺宫作也。"王仲宣（王粲）一首六臣注云："此侍曹操宴时，操未为天子，故云公宴。"②曹子建（曹植）一首六臣注云："此宴在邺宫与兄丕宴饮。"均注明邺宫。又刘桢诗写道"月出照园中，珍木郁苍苍"，曹植诗写道"清夜游西园，飞盖相追随"③，刘桢说的"园"，即曹植说的邺宫

---

① ［晋］陈寿撰，［宋］裴松之注：《三国志》卷十五《魏书·刘司马梁张温贾传》，中华书局，1959年，第469页。

② ［梁］萧统编，［唐］李善等注：《六臣注文选》卷二十《公宴诗》注，中华书局，1987年，第370页。

③ ［梁］萧统编，［唐］李善等注：《六臣注文选》卷二十《公宴诗》，中华书局，1987年，第369页。

西园。此园有芙蓉池①，刘诗："芙蓉散其华，菡萏溢金塘。"②描写的正是此池。这个风景优美的西园，是建安时代著名的文学家游览、宴聚、吟咏的场所。王诗云："管弦发徽音，曲度清且悲，合坐同所乐，但诉杯行迟，常闻诗人语，不醉且无归，今日不极欢，含情欲待谁？"③这是当时诗人欢聚一堂，感情相通的写照。

此外，应玚有《侍五官中郎将建章台集诗》一首。曹丕为五官中郎将，在建安十六年（211）。刘桢有《赠五官中郎将》四首。六臣注："魏文帝初为五官中郎将，副丞相。文帝来视桢疾，去后，桢赋诗以赠之。"④又有《赠徐幹》一首。六臣注："是时徐在西掖，刘在禁省，故有此诗。"⑤诗云："谁谓相去远，隔此西掖垣。"此指同在邺都，唯隔西掖一垣而已，非指洛阳。此诗当作于建安十八年（213）曹操称魏公之后。曹植有《赠徐幹》《赠丁仪》《赠王粲》《又赠丁仪、王粲》等诗⑥。凡此可见建安文人之间感情的深厚。这是因为他们都是现实主义的作家，文学思想相通。

《王粲传》又说：王粲以建安"二十二年春道病卒"。"瑀以十七年卒。幹、琳、玚、桢二十二年卒。文帝书与元城令吴质曰：'昔年疾疫，亲故多离其灾，徐、陈、应、刘，一时俱逝。'"⑦到建安二十二年（217），阮瑀、王粲、徐幹、陈琳、应玚、刘桢六子都不存在了，徐、陈、应、刘死

---

① 见《文选》卷二十二魏文帝《芙蓉池作》。

② ［梁］萧统编，［唐］李善等注：《六臣注文选》卷二十《公宴诗》，中华书局，1987年，第370页。

③ ［梁］萧统编，［唐］李善等注：《六臣注文选》卷二十《公宴诗》，中华书局，1987年，第370页。

④ ［梁］萧统编，［唐］李善等注：《六臣注文选》卷二十三《赠五官中郎将四首》注，中华书局，1987年，第439页。

⑤ ［梁］萧统编，［唐］李善等注：《六臣注文选》卷二十三《赠徐幹》吕延济注，中华书局，1987年，第440页。

⑥ ［梁］萧统编，［唐］李善等注：《六臣注文选》卷二十四，中华书局，1987年，第442—443页。

⑦ ［晋］陈寿撰，［宋］裴松之注：《三国志》卷二十一《魏书·王卫二刘傅传》，中华书局，1959年，第602页。

于建安二十二年（217）的疾疫，良可慨叹。自建安十四年（209）到二十二年九年间，是邺城文坛发出奇光异彩的时代。

经过长时期的沉寂，到建安时代，由于曹氏父子与王粲、刘桢等人的共同努力，我国文学终于获得了新生。

二、建安文学的现实主义精神（释建安风力）

钟嵘《诗品》卷上序提出了"建安风力"四字。他说的风力是指什么呢？如曹植，钟嵘说他的五言诗"骨气奇高，词彩华茂，情兼雅怨，体被文质，粲溢今古，卓尔不群"[①]。刘桢，钟嵘说他的五言诗"仗气爱奇，动多振绝，贞骨凌霜，高风跨俗。但气过其文，雕润恨少。然自陈思已下，桢称独步"[②]。可见钟嵘说的风力，包含骨气与词彩二者，而以骨气或气为主。这与刘勰《文心雕龙》所说的"风骨"正同。不过刘勰将"风"和"骨"分开了，他说的"风"为文章风力，"骨"为文章骨髓。《风骨篇》说："（司马）相如赋仙，气号凌云，蔚为辞宗，乃其风力遒也。"[③]而"潘勖锡魏，思摹经典，群才韬笔，乃其骨髓峻也。"风力赖气而遒，骨髓赖词而峻。这不正是钟嵘对风力所要求的骨气与词彩吗？在刘勰不过是骨与词通，气为风主罢了。

曹丕在《典论·论文》中，说道"文以气为主，气之清浊有体，不可力强而致"。他认为徐幹"时有齐气"，刘桢"有逸气，但未遒耳。至其五言诗，妙绝当时"[④]。曹丕所说的"文以气为主"，正是钟嵘所说的"建安风力"精神之所在。不过钟嵘要求的是情文并茂，骨气与词彩兼胜，而这只有建安诗文才足以当之。

---

① [梁]钟嵘著，曹旭集注：《诗品集注·魏陈思王植诗》，上海古籍出版社，1994年，第97页。

② [梁]钟嵘著，曹旭集注：《诗品集注·魏文学刘桢诗》，上海古籍出版社，1994年，第110页。

③ 郭晋稀：《文心雕龙注译》，甘肃人民出版社，1982年，第339页。

④ [晋]陈寿撰，[宋]裴松之注：《三国志》卷二十一《魏书·王卫二刘傅传》注引《魏略》，中华书局，1959年，第608页。

　　这是古人的评论。古人看到了建安诗文所具有的风力或风骨，看到了建安诗文比起汉赋，是一个重大的发展。至于建安风力的由来，则无人去作探讨。刘勰只说过风骨必从经典子史中出（所谓"熔铸经典之范，翔集子史之术"）。学力无疑是一个原因，但是连他也不懂得建安风力来自建安诗文的现实主义精神。没有这种精神，也就没有建安文学，没有文学的振兴。

　　建安文人从汉代迷信化的儒学思想束缚中解脱出来，从无病呻吟、内容贫乏、徒知雕润文字的辞藻堆中走了出来，运用五言诗和小型赋的形式，描写社会的现状，政治的腐败，抒发个人的思想与情怀，这就是建安风力的由来，也是我国古典文学到建安时期，所以能获得飞跃发展的根本原因。不过也要有人提倡，因势利导。鲁迅说过："汉末魏初的文章是清峻，通脱。在曹操本身，也是一个改造文章的祖师"[①]。这话不假。曹操诗虽不多，且被钟嵘列入下品，但他在文学上，确起了"收束汉音，振发魏响"的作用。在曹操的影响下，曹丕、曹植，尤其是曹植，"以公子之尊，博好文采，同声相应，才士并出"[②]，遂蔚为一代诗文之盛。

　　建安时期揭露社会现状及其政治背景的诗歌很多，曹操的《蒿里》，曹植的《送应氏诗》，王粲的《七哀诗》，蔡琰的《悲愤诗》，都是这一类诗歌的名篇。

　　曹操在《蒿里》诗中，把"铠甲生虮虱，万姓以死亡，白骨露于野，千里无鸡鸣"[③]的悲惨景象，同关东军阀袁绍、袁术等兴兵讨董卓，"军合力不齐，踌躇而雁行，势利使人争，嗣还自相戕"，作了联系。这不仅写出了人民的苦难，而且指出了政治原因。曹植、王粲、蔡琰也是如此。曹植的《送应氏诗二首》，写洛阳和洛阳一带的残破，"垣墙皆顿擗，荆棘上参天。不见旧耆老，但睹新少年。侧足无行径，荒畴不复田。游子久不

---

　　① 鲁迅：《鲁迅全集·而已集》，人民文学出版社，1973年，第784—785页。

　　② [晋]陈寿撰，[宋]裴松之注：《三国志》卷二十一《魏书·王卫二刘傅传》，中华书局，1959年，第629页。

　　③ [三国]曹操：《曹操集》，中华书局，1974年，第6页。

归，不识陌与阡，中野何萧条，千里无人烟"①，是与董卓以来军阀的罪恶，"宫室尽烧焚"联系在一起的。王粲的《七哀诗》，把"出门无所见，白骨蔽平原。路有饥妇人，抱子弃草间。顾闻号泣声，挥涕独不还。'未知身死处，何能两相完?'"②，人间悲剧的造成，同李傕、郭汜混战于关中，"西京乱无象，豺虎方遘患"，联在一起。蔡琰被曹操迎回之后，感伤乱离，写过《悲愤诗》二章。她把个人的感伤乱离，人民的苦难，军阀的罪恶，都融入了诗中。如她写董卓兵："来兵皆胡羌，猎野围城邑，所向悉破亡，斩截无孑遗，尸骸相撑拒，马边悬男头，马后载妇女"；写从南匈奴归来："既至家人尽，又复无中外。城郭为山林，庭宇生荆艾。白骨不知谁，从横莫覆盖。出门无人声，豺狼号且吠。茕茕对孤景，怛咤糜肝肺。"③现实主义的精神洋溢于纸上。蔡琰实为建安诗人中的女杰，远非钟嵘极力称赞的《怨诗》的作者班婕妤所能比拟。

建安时期抒情的诗歌也很多，内容也是多方面的。或抒发求贤若渴的思想感情，如曹操的《短歌行·对酒》；或抒发老当益壮的志趣，如曹操的《龟虽寿》；或抒发对统一战争的怀抱，如曹操的《观沧海》；或抒发对亲人，对友人的真挚情怀，个人的情操，如曹植的《赠白马王彪》，刘桢的《赠徐幹》《赠从弟》。这也是现实主义的作品，不过比描写社会现状的诗歌，包含了更多的浪漫主义色彩。其中名句："山不厌高，海不厌深。周公吐哺，天下归心"④；"老骥伏枥，志在千里，烈士暮年，壮心不已"⑤；"苍蝇间白黑，谗巧令亲疏"⑥；"丈夫志四海，万里犹比邻。恩爱

---

① [三国]曹植撰，赵幼文校注:《曹植集校注》卷一《建安》，人民文学出版社，1984年，第3页。

② 俞绍初点校:《王粲集》卷一《七哀诗》，中华书局，1980年，第6页。

③ [宋]范晔撰，[唐]李贤等注:《后汉书》卷八十四《列女传》，中华书局，1965年，第2802页。

④ [三国]曹操撰:《曹操集》，中华书局，1974年，第9页。

⑤ [三国]曹操撰:《曹操集》，中华书局，1974年，第21页。

⑥ [三国]曹植撰，赵幼文校注:《曹植集校注》卷二《赠白马王彪》，人民文学出版社，1984年，第297页。

苟不亏，在远分日亲"①；"凤凰集南岳，徘徊孤竹根，于心有不厌，奋翅凌紫氛"②。今日读之，仍感生气盎然。

辞赋在建安时期，也进入了一个新的发展阶段。一篇辞赋，文字不多，但写情，情见其挚；状物，物见其真。字句如行云流水。读过汉赋，再读建安小型赋，耳目为之一新。曹丕曾在《典论·论文》中称赞王粲的《初征》《登楼》《槐赋》《征思》，徐幹的《玄猿》《漏卮》《团扇》《橘赋》，"虽张（衡）、蔡（邕）不过也"。

如王粲的《登楼赋》写荆州客居之美，可是"虽信美而非吾土兮，曾何足以少留？"③他怀念北方的家乡，"凭轩槛以遥望兮，向北风而开襟"。可"平原远而目极兮，蔽荆山之高岑；路逶迤而修迥兮，川既漾而济深"。他想到北方战乱无已，"俟河清其何极"？由家而国，感情升华。在他眼前，忽然变得"天惨惨而无色。兽狂顾以求群兮，鸟相鸣而鼓翼。原野阒其无人兮，征夫行而未息"。日已暮矣，"循阶除而下降兮，气交愤于胸臆"。这天晚上，他怎么也不能入睡。夜已参半，犹在"怅盘桓以反侧"。这篇赋写于襄阳，是王粲乡愁国恨的结晶。这种赋，现实主义同样强烈，在汉赋中很难找到。

三、谈《孔雀东南飞》

著名的《古诗无名人为焦仲卿妻作》（《孔雀东南飞》），是建安文学的奇珍。论建安文学，不能忽略这篇民间名作。

此诗有序，序曰："汉末建安中，庐江府小吏焦仲卿妻刘氏为仲卿母所遣，自誓不嫁。其家逼之，乃没水而死。仲卿闻之，亦自缢于庭树。时人伤之，为诗云尔。"④"时人"即当时的人。"时人伤之，为诗云尔"，说

---

① [三国]曹植撰，赵幼文校注：《曹植集校注》卷二《赠白马王彪》，人民文学出版社，1984年，第299页。

② [梁]萧统编，[唐]李善等注：《六臣注文选》卷二十三《赠从弟》，中华书局，1987年，第441页。

③ 俞绍初点校：《王粲集》卷二《登楼赋》，中华书局，1980年，第19页。

④ [宋]郭茂倩：《乐府诗集》卷七十三《焦仲卿妻》，中华书局，1979年，第1034页。

明此诗产生的时间，就在汉末建安中刘兰芝、焦仲卿双双殉情之时。产生的地点，就在庐江。按后汉庐江郡辖有舒、皖等十四县①，皖有小吏港，据《怀宁县志》记载："小吏港者，以汉庐江小吏焦仲卿得名。汉庐江郡治小吏港，隶皖。今县境跨舒、皖之交。"其实非因焦仲卿得名，而是因《孔雀东南飞》得名。这首无名氏的长诗，实际出自庐江郡舒、皖民间，即出自今安徽省怀宁县西北的小市。

建安共有二十五年。这二十五年战乱频繁，特别是庐江，地当曹操和孙权交兵之处，在这样一个时期，在庐江地方，何以会产生《孔雀东南飞》这首名诗呢？前人尚未谈过这个问题。

从全诗看，没有一句涉及汉末建安中庐江的丧乱。诗中写了刘兰芝母亲的话："十三教汝织，十四能裁衣，十五弹箜篌，十六知礼仪，十七遣汝嫁"；又写了刘兰芝和庐江府吏焦仲卿"共事二三年"后，被焦母逼遣还家，庐江太守为其子迎娶刘兰芝的盛况。这反映了故事发生在庐江的一个"和平时代"中，反映了当时的庐江，经济和文化都比较发达，未受战乱之害。如果能把庐江这个和平时代找出来，此诗产生的具体年代，也就可以解决了。

按汉末刘繇为扬州刺史，治寿春。袁术赶走刘繇，建安二年（197），于寿春称帝。史称："是岁饥，江淮间民相食。"②袁术用他的故吏刘勋为庐江太守，居皖（在合肥以南）。建安四年（199），袁术死去，孙策袭取庐江，刘勋投降曹操。孙策以李述为庐江太守，李述攻杀曹操所署扬州刺史刘象，"庐江梅乾、雷绪、陈兰等聚众数万，在江淮间，郡县残破"。建安五年（200），曹操与袁绍交兵官渡，认为刘馥"可任以东南之事，遂表为扬州刺史"。刘馥受命之后，"单马造合肥空城，建立州治，南怀（雷）绪等，皆安集之"③。自建安元年（196）至建安五年（200），江淮间"民

① 见《后汉书·郡国志四》。

② [宋]范晔撰，[唐]李贤等注:《后汉书》卷九《孝献帝纪》，中华书局，1965年，第380页。

③ [晋]陈寿撰，[宋]裴松之注:《三国志》卷十五《魏书·刘司马梁张温贾传》，中华书局，1959年，第463页。

相食""郡县残破",合肥城空,与《孔雀东南飞》所述和平景象迥异。由此可见,故事和诗不可能产生于这五年中。

刘馥到合肥后,"数年中恩化大行,百姓乐其政,流民越江山而归者以万数。于是集诸生,立学校,广屯田,兴治芍陂及(茄)陂、七门、吴塘诸堨以溉稻田,官民有畜。……建安十三年卒"[1]。自建安五年(200)刘馥任扬州刺史,到建安十三年(208)刘馥死,是庐江郡以至江淮间得到安宁与休养生息的九年,庐江经济、文化都有发展。刘兰芝的故事和无名人的诗,是可能产生在这九年中的。

再看,建安十三年(208),刘馥死。这年底,孙权率众十万,攻围合肥城,为张辽击退。曹操和孙权之间,从此在江淮打了起来。战争的影响很大,《三国志·孙权传》建安十八年(213)记有:"初,曹公恐江滨郡县为权所略,征令内移,民转相惊,自庐江、九江、蕲春、广陵户十余万,皆东渡江,江西遂虚。合肥以南,惟有皖城。"由此可知建安十三年(208)以后,庐江郡又陷入战乱中。到建安十八年(213),民户跑光,城邑都虚。曹操派了一个叫朱光的做庐江太守,朱光"屯皖,大开稻田"[2]。可是,建安十九年(214),孙权便来打皖城,俘虏了"庐江太守朱光及参军董和,男女数万口"[3]。皖城又虚了。后来,曹操又几次兴兵来打孙权,孙权坚守濡须坞。庐江成了孙、曹两军进出之地。反映了庐江一个和平安宁时代的《孔雀东南飞》,也不可能产生在建安十三年(208)底至二十五年这个战乱频繁、民户都空的时期。

然则,刘兰芝的成长和悲剧的发生,必在建安五年(200)到十三年刘馥任扬州刺史的九年中。诗中写刘兰芝"十三能织素,十四学裁衣,十五弹箜篌,十六诵诗书",正是刘馥到合肥后,"聚诸生立学校,广屯

---

① [晋]陈寿撰,[宋]裴松之注:《三国志》卷十五《魏书·刘司马梁张温贾传》,中华书局,1959年,第463页。

② [晋]陈寿撰,[宋]裴松之注:《三国志》卷五十四《吴书·周瑜鲁肃吕蒙传》,中华书局,1959年,第1276页。

③ [晋]陈寿撰,[宋]裴松之注:《三国志》卷四十七《吴书·吴主传》,中华书局,1959年,第1119页。

田……官民有畜"，庐江获得一个安宁休养时期的写照。

诗中又说刘兰芝十七岁为庐江府吏焦仲卿妇，与焦"共事二三年"，被迫还家，拒绝再婚，"举身赴青池"。从十三岁学织素到十七岁出嫁是五年，从出嫁到殉情是二三年，共七八年时间。这与刘馥任扬州刺史的时间（九年）相当。可以断定：刘兰芝、焦仲卿被迫殉情，"时人伤之，为诗云尔"，当在刘馥最后两三年任期内，即建安十一年（206）到十三年间。这个时间与诗序说的"建安中"正合。

再说此诗的价值所在。

诗中展现了封建儒教和反封建儒教两种思想的斗争，这与汉末思想界的斗争息息相通。

按建初四年（79），汉章帝召开白虎观会议，把三纲（君臣、父子、夫妇）与六纪（诸父、兄弟、族人、诸舅、师长、朋友）抬到日、月、星三光与六合的地位。会议记录由班固整理成《白虎通》一书。班固的妹妹班昭又作《女诫》七篇，这七篇是：卑弱第一，夫妇第二，敬慎第三，妇行第四，专心第五，曲从第六，和叔妹第七。《卑弱篇》宣称："古者生女三日，卧之床下，弄之瓦砖，而斋告焉。卧之床下，明其卑弱，主下人也；弄之瓦砖，明其习劳，主执勤也。"[1]《妇行篇》宣称："女有四行"：妇德，妇言，妇容，妇功。"专心纺绩，不好戏笑，洁齐酒食，以奉宾客，是谓妇功。"[2]妇功是"主执勤"的引申。《曲从篇》宣称："舅姑之心，岂当可失哉?! ……勿当违戾是非，争分曲直。"[3]舅姑之心都不可失，不得违戾，父兄、公婆之心就更不可失，更不可违戾了。这是"主下人"的引申。《白虎通》和《女诫》把妇女抛入了被残酷奴役而又不得有丝毫反抗表现的阴森的封建罗网中。

<hr>

[1] [汉]班昭撰,梅侣注释:《女诫注释》第一《卑弱》,上海医学书局,1916年,第5页右。

[2] [汉]班昭撰,梅侣注释:《女诫注释》第四《妇行》,上海医学书局,1916年,第9页左。

[3] [汉]班昭撰,梅侣注释:《女诫注释》第六《曲从》,上海医学书局,1916年,第12页右。

建初八年（83），王景任庐江太守，"教用犁耕"，又"铭石刻誓，令民知常禁"，"为作法制，皆著于乡亭"①。从此，《白虎通》《女诫》中的封建说教，与牛耕一起，被带到了庐江。

黄巾大起义后的建安时代，是人们的思想获得某种解放的时代。人们开始反对三纲六纪的说教，力图挣脱封建罗网。仲长统极力反对父为子纲②，是有代表性的。《孔雀东南飞》的极其珍贵之处，是通过刘兰芝、焦仲卿的悲剧故事，用诗的语言，反映了这一时代封建纲纪思想和反封建纲纪思想的冲突，歌颂了一对青年男女反抗三纲六纪的至死不屈的精神，堪与《红楼梦》前后相辉映。

班昭的《女诫》强调女子生下来就是"主执勤"的，强调"妇功""专心纺绩"。刘兰芝既嫁之后，"昼夜勤作息，伶俜萦苦辛"，"鸡鸣入机织，夜夜不得息"，简直是苦不堪言。而这，却被视为理所当然。就是这样，大人还"嫌迟"缓。刘兰芝是不是逆来顺受，"曲从"大人呢？不是的。

刘兰芝对她的丈夫焦仲卿说："妾不堪驱使，徒留无所施，便可白公姥，及时相遣归。"可见刘兰芝是自己要求回家的。而她所以要求回家，是反对焦母的压迫、驱使。焦母遣她归去，焦仲卿嘱她"复来还"，她又说："仍更被驱遣，何言复来还？"可见刘兰芝决心与压迫她的焦家公姥断绝关系。这不仅表现了她的反抗奴役的精神，而且表现了她对三纲六纪的蔑视。

焦母遣她归去，并不是因为她"织作迟"，焦母对焦仲卿说过："此妇无礼节，举动自专由，吾意久怀忿，汝岂得自由？"可见刘兰芝历来就不肯"下人"，不肯"曲从"。她是向往自由的，这与封建纲纪大相径庭。

焦仲卿送刘兰芝归家时，"誓天不相负"。刘兰芝自比蒲苇，把焦仲卿比作"磐石"，说"蒲苇纫如丝，磐石无转移"，焦仲卿心不变，她的心也

①［宋］范晔撰，［唐］李贤等注：《后汉书》卷七十六《循吏列传》，中华书局，1965年，第2466页。

②见第三章《魏晋南北朝时期哲学与政治思想的发展》。

不变。刘、焦的爱情是坚贞的，可刘兰芝并没有因为爱情就甘心待在焦家，忍受封建奴役。爱情是爱情，反抗是反抗，刘兰芝分得很清楚。

刘兰芝不仅是一个能织素，裁衣，弹箜篌，读诗书的才女，而且是一个"指如削葱根，口如含朱丹，纤纤作细步，精妙世无双"的美人。被遣回家后，问题来了，先是县令，后是太守，托媒来为他们的儿子说亲。刘兰芝忠于她的爱情，守约拒婚。她的母亲未说什么，可兄长却说她"作计何不量？"还说什么"先嫁得府吏，后嫁得郎君，否泰如天地，足以荣汝身。不嫁义郎体，其往欲何云？"兄弟是六纪之一，兄要嫁妹，做妹的是反抗不得的。

但是，刘兰芝不同，她视太守、郎君及聘金三百万、杂彩三百匹、金车玉轮、青骢马、金缕鞍如粪土，视兄命如敝屣。这一次是抗婚，是反对太守、兄长。封建压力太大了，她出门与焦仲卿诀别，"举身赴青池"，用死来表示了她与封建纲纪、封建势力绝不妥协的精神。

诗中也歌颂了焦仲卿对封建纲纪的反抗。借仲长统的话来说，他的母亲"怨咎人不以正"，赶走了他的妻子，要为他娶"窈窕艳城郭"的东家女。他却誓死要与刘兰芝相守。在刘兰芝自沉后，他"自挂东南枝"，同样用死来表示了他的叛逆性。

仲长统声言对父母坏的东西，应当违抗，应违而不违，不是孝，好违才是孝。刘兰芝、焦仲卿却用行动来证明他们没有被三纲、六纪、封建孝顺观念所压倒，他们冲破了封建罗网。

刘、焦死后合葬，无名人写到墓旁的松柏、梧桐，"枝枝相覆盖，叶叶相交通，中有双飞鸟，自名为鸳鸯，仰头相向鸣，夜夜达五更。行人驻足听，寡妇赴徬徨"。这表达了人民的思想：正义总是要战胜邪恶的。

《孔雀东南飞》是我国第一首五言长篇叙事诗。它在3世纪初产生，充分体现了我国人民运用文学形式反对封建压迫的优良传统。

建安诸子作品，吸收了民间文学的成就作为养料。像曹操便善于写民间乐府。我们不应当把建安诸子的作品和民间文学对立起来，而应当认识到吸收民间文学的长处，紧扣时代的脉搏，正是建安文学的特色。

第二节　魏末晋初文学的演进

魏末晋初，以司马氏为首的"伏膺儒教"的世家大族，掌握了政权，文学的政治环境不同于建安时期。然而，自建安以来，讲求风力，风骨，骨气与词彩，或者说讲究情文并茂，思想性与文学性、现实主义与浪漫主义兼胜，已成为我国文学的优秀传统，不是政治压力、儒教统治所能掩抑得了的。此其一。这时候的儒学是一种披着老庄外衣，即讲自然与名教"将毋同"的儒学，与汉朝神学化的儒学有所差别。与容忍"任自然"一样，世族统治者也不能不容忍某种程度的文学自由。此其二。世族对文学的要求，也不是一无可取。例如他们要求"绮丽"，这有助于文学所主张的美学的发展。此其三。持此以看正始文学与太康文学，就可知它不是退步，而是在建安文学的基础上，继续演进。

一、正始文学

正始文学家以嵇康、阮籍为代表，要了解他们的诗，必先了解他们所处的政治环境。

魏齐王正始时期，是以司马氏为首的世族集团与以曹氏为首的皇族集团激烈斗争时期。司马懿乘曹爽陪齐王参谒魏明帝陵寝——高平陵，发动了著名的高平陵政变，一举将皇族势力打垮。在这次政变中，曹氏集团中一大批有力量的人物如大将军曹爽、吏部尚书何晏都被杀死，族也被灭了。此后曹魏洛阳朝廷便落入了司马氏掌握之中。这个集团标榜自然与名教"将毋同"的儒学；将魏文帝时陈群创立的九品中正制度变成"门选"，独占做官的权利，出现了所谓"世胄"；对反对派采取高压政策。那个时候的文官武吏，分成三种人物。占绝大多数的，是跟着司马氏走的人。少数人站在曹氏集团一边，坚持曹操定下来的鄙薄儒学、唯才是举的政治方针，甚至走得更远。嵇康在这类人物中，是一个佼佼者。还有一些人苦闷彷徨，思想上反对儒学、礼法，行动上谨慎小心，特别在嵇康等人被杀之后，更加谨慎。像被司马昭称为"至慎"的阮籍，便是这类人的代表。但他们的内心始终像是压了一块大石头，想喊喊不出来。因此假托狂放，避世遁世。如果不懂这种政治背景，那么就不会懂正始文学，就将重弹古人老调，以为"正始明道（玄学），诗杂仙心"①。

先说嵇康。钟嵘说嵇康诗"颇似魏文（曹丕）。过为峻切，讦直露才，伤渊雅之致。然托谕清远，良有鉴裁，亦未失高流矣。"②刘勰说："嵇志清峻。"③他们看出了嵇康诗的风格，可却未看出嵇诗"峻切""清峻"从何而来。刘勰以"明道""仙心"评之，自非的论。须知嵇康既是文学家，又是思想家，他的诗文融会了他的思想。径遂直陈，思想感情自然流出，是他的诗文最显著特点。所谓"伤渊雅之致"，不过是以孔学中庸之道来评诗而已。

嵇康在文学上的突出成就是在四言诗方面。陈祚明在《采菽堂古诗选上》卷八中说他的四言诗"饶隽语，以全不似《三百篇》，故佳"。这话说对了。嵇康在文学发展史上，有一个重大的功绩，即在《诗经》三百篇之外，另行开辟了一条四言诗的途径，使四言诗重新获得了生命力。而他之所以能使四言诗重放光彩，是因为他用四言诗来写自己的思想、怀抱与情操，不是承袭。这正是陈祚明所不懂的。嵇康四言诗的代表作品是他在监狱中写的长达八十六句的《幽愤诗》，古今解释这首诗的人不少，但对诗中"抗心希古""托好老庄"等句的解释，往往坠入刘勰抽象的"明道"一语中而不能自拔，因而对嵇康何以被捕入狱，原因也深挖不了。这就是不了解当时历史的实际造成的。

此诗先写出身"少遭不造"，继写思想"抗心希古"，任其高尚之志，后写因为"好善闇人"所罹的不幸的遭遇与所持的情操。读来使人深感无疑是一篇四言《离骚》，与三百篇大异其趣。

① 郭晋稀：《文心雕龙注译》，甘肃人民出版社，1982年，第58页。

② ［梁］钟嵘著，曹旭集注：《诗品集注·魏中散嵇康诗》，上海古籍出版社，1994年，第210页。

③ 郭晋稀：《文心雕龙注译》，甘肃人民出版社，1982年，第59页。

诗云："抗心希古，任其所尚。"此二语是全诗的心脏。何谓"希古"？这只有用嵇康自己的话才能作出正确的解答。《惟上古尧舜》云："二人功德齐均，不以天下私亲，高尚简朴兹顺，宁济四海蒸民。"[1]《答难养生论》云："穆然以无事为业，坦尔以天下为公。"[2]他说的"希古"，也就是向往或主张"以天下为公"，反对"以天下私亲"，以求"宁济四海蒸民"。他说的"任其所尚"，是对所主张的东西从不动摇、从不后悔之意。

诗云："托好老庄，贱物贵身。"之所以"托好老庄"，正是因为他"抗心希古"，主张以天下为公。而今则"造立仁义，以婴其心；制其名分，以检其外"[3]。其目的不过是要"宰割天下，以奉其私"[4]罢了。"托好老庄"，亦即"越名教而任自然"。此语在他含有强烈的反对司马氏集团利用儒教进行统治的意义。他声称"以明堂为丙舍，以诵讽为鬼语，以六经为芜秽，以仁义为尸腐"，这就是他说的"贱物"。他对自己的主张至死不变，这就是他说的"贵身"。

诗云："曰余不敏，好善闇人……理弊患结，卒致囹圄。"世人每以为嵇康为吕安一案，牵连收系，"暗人"指暗于吕安。反而不如注《文选》的六臣之一吕向所说，暗人为"暗于人事"。嵇康曾以为阮籍"至为礼法之士所绳，疾之如仇，幸赖大将军（司马昭）保持之"[5]。此为暗于司马昭。他料想不到山涛会请他出来到司马昭底下做官，愤怒之下，写信给山涛（山巨源）绝交。此为暗于山涛。吕安有"济世志力"，被诬"不孝"，

---

① 戴明扬校注：《嵇康集校注》卷一《惟上古尧舜》，人民文学出版社，1962年，第41页。

② 戴明扬校注：《嵇康集校注》卷四《答难养生论》，人民文学出版社，1962年，第171页。

③ 戴明扬校注：《嵇康集校注》卷六《难自然好学论》，人民文学出版社，1962年，第260页。

④ 戴明扬校注：《嵇康集校注》卷十《太师箴》，人民文学出版社，1962年，第312页。

⑤ 戴明扬校注：《嵇康集校注》卷二《与山巨源绝交书》，人民文学出版社，1962年，第118页。

为司马昭监禁。嵇康为吕安辩诬，"保明其事"[1]。何暗于吕安之有乎？司马昭借这件事杀嵇康，倒真使嵇康知道了自己"暗"之所在。

诗云："予独何为，有志不就？！……采薇山阿，散发岩岫。"李周翰注"散发"云："谓不为冠冕所拘束。"他讲对了。散发是绝不做官之谓，与山涛劝他做官，他回信拒绝一致。"采薇"是借用伯夷、叔齐"义不食周粟"，隐于首阳山，采薇而食，比喻自己绝不与司马氏集团妥协。这里只有"希古"的"抗心"，并无"仙心"；只有"以天下为公"，反对"以天下私亲"之志，并无"明道"的抽象之志。虽然这是一种幻想，但此诗充满了现实感，充满了斗争精神、理想主义，不是很明白的吗？

嵇康诗不仅"饶隽语"，而且"托谕清远"，其高操有人所不能描摹处。东晋著名画家顾恺之最重嵇康的四言诗，曾为嵇康四言诗作画。嵇康的《赠秀才入军诗》有"目送归鸿，手挥五弦"之句，顾恺之"恒云：'手挥五弦易，目送归鸿难。'"[2]他为什么说"目送归鸿"难画呢？因为这句诗蕴藏了嵇康遥念远方人的全部琴思。要将嵇康的琴思入画，是很不容易的。"目送归鸿，手挥五弦"，这两句诗格调高，情意深，语言自然、秀气，很能代表嵇康诗的风格。

散文是嵇康用来反对士族儒门利用贵名教，"以天下私亲"的锐利武器。凡是读过他的《与山巨源绝交书》的人，很难不为他思想的明快、语言的尖锐所吸引。此文表达了他始终不渝的反名教的精神，痛骂了山涛的趋炎附势，揭露了司马氏统治下的虐政。鲁迅先生很欣赏嵇康的散文，曾专门为之校刊。

阮籍为阮瑀之子，父子都擅长诗文，被称为"大小阮"。《三国志·王粲传》写阮籍"才藻艳逸，而倜傥放荡，行己寡欲，以庄周为模则"。阮籍有《咏怀诗》八十余篇，是五言诗的名作。钟嵘列其诗于上品，并说他的

---

① [晋]陈寿撰，[宋]裴松之注：《三国志》卷二十一《魏书·王卫二刘傅传》，中华书局，1959年，第606页。

② [唐]房玄龄等：《晋书》卷九十二《文苑列传》，中华书局，1974年，第2405页。

  《咏怀》之作，可以陶性灵，发幽思。言在耳目之内，情寄八荒之表。洋洋乎会于《风》《雅》，使人忘其鄙近，自致远大。颇多感慨之词，厥旨渊放，归趣难求。[1]

这与刘勰所说"阮旨遥深"[2]是一个意思。阮籍的《咏怀》，旨意何以显得"渊放""遥深"，使人难于求索呢？古人是有解释的。南朝宋颜延年谓："说者阮籍在晋文代，常虑祸患，故发此咏耳。"唐人李善亦谓："人情怀籍于魏末晋文之代，常虑祸患及己，故有此诗。多刺时人无故旧之情，逐势利而已。观其体趣，实谓幽深，非夫作者不能探测之。"[3]阮籍的《咏怀诗》写他个人的思想倾向与政治环境实有不可分离的关系。须知阮籍所处的时代是司马氏接连发动三次政变的时代，第一次是高平陵事件，由司马懿制造，剪除了曹爽等一大批拥戴曹氏皇室的人物；第二次是夏侯玄事件，由司马师制造，又剪除了一大批拥戴曹氏皇室的人物；第三次是高贵乡公事件，由司马昭制造，把曹魏皇帝也杀掉了。"亡魏成晋"，至此再难逆转。"竹林七贤"中的嵇康被司马昭杀死，王戎、山涛、向秀站到了司马氏一边。那时，正如《晋书·阮籍传》所说："天下多故，名士少有全者。"在阮籍的思想中，有两种东西在交战。《咏怀诗》之一说他"昔年十四五，志尚好《书》《诗》，被褐怀珠玉，颜（回）、闵（子骞）相与期"。可知少年时代的阮籍与儒学结上了因缘。可他长大又好《老》《庄》，"以庄周为模则""不拘礼教"，痛骂"世人所谓君子，惟法是修，惟礼是克"，

---

  ① ［梁］钟嵘著，曹旭集注：《诗品集注》上《晋步兵阮籍诗》，上海古籍出版社，1994年，第123页。

  ② 郭晋稀：《文心雕龙注译》，甘肃人民出版社，1982年，第59页。

  ③ ［梁］萧统编，［唐］李善等注：《六臣注文选》卷二十三《咏怀诗十七首》注，中华书局，1987年，第419页。

"何异夫虱之处裈中"①。他以"青眼"看嵇康，骂王戎为"俗物"②，表明他的思想倾向于"任自然"的嵇康，而不倾向于自然与名教"将毋同"的王戎。但是《诗》《书》、颜、闵在他的头脑中，并未被清除。何晏、夏侯玄、嵇康等名士先后被杀，毫无疑问在阮籍心头留下了阴影。不过，他不像山涛、王戎投靠司马氏，也不像向秀看风使舵。他虽然出来做了从事中郎、步兵校尉等官，也为司马昭受九锡写过劝进文，但"酣饮为常"，基本上"遗落世事"。他虽以"言皆玄远，未尝臧否人物"③，"至慎"以避祸害，可内心却极为苦闷。他既不能做嵇康，又不能做王戎、山涛，只好以"毁顿"了此一生。明乎此，始可懂得他的《咏怀诗》。

《文选》录有阮籍《咏怀诗》十七首。诗云："孤鸿号野外，翔鸟（鸷鸟）鸣北林，徘徊将何见，忧思独伤心。"④此正是写以司马氏为首的奉行礼法的世族集团，即所谓"君子"，发动三次政变，"名士少有全者"。

"膏沐为谁施，其雨怨朝阳，如何金石交，一旦更离伤！"按《世说新语·任诞》：阮籍、嵇康等"七人常集于竹林之下，肆意酣畅，故世谓'竹林七贤'。"注引《晋阳秋》谓："于时风誉扇于海内，至于今咏之。"七人中以嵇、阮、山、刘四人交情为好，《排调》记"嵇、阮、山、刘在竹林酣饮，王戎后往"，阮籍发话道："俗物已复来，败人意。"⑤四人中又以嵇、阮二人交情为最好。《晋书·阮籍传》记嵇康"赍酒挟琴"往访阮籍，"籍大悦，乃见青眼"。《世说新语·贤媛》记嵇、阮常联袂往访山涛。"膏沐为谁施"者，嵇康被杀也；"其雨怨朝阳"者，名士多故，交不常也；"如何金石交，一旦更离伤"者，就"金石交"来说，指嵇康，亦可

①[唐]房玄龄等：《晋书》卷四十九《阮籍传》，中华书局，1974年，第1362页。

②[南朝宋]刘义庆撰，徐震堮著：《世说新语校笺》卷下《排调》，中华书局，1984年，第418页。

③[南朝宋]刘义庆撰，徐震堮著：《世说新语校笺》卷上《德行》，中华书局，1984年，第10页。

④[梁]萧统编，[唐]李善等注：《六臣注文选》卷二十三《咏怀诗十七首》，中华书局，1987年，第419页。

⑤[南朝宋]刘义庆撰，徐震堮著：《世说新语校笺》卷下《排调》，中华书局，1984年，第418页。

指山涛、刘伶。这些人或被杀，或嗜酒佯狂，或投靠司马氏集团做大官，正可谓"一旦更离伤"！

"秋风吹飞藿，零落从此始……一身不自保，何况恋妻子。"前二语正是写"天下多故，名士少有全者"。后二语正是写他为什么"言皆玄远，未尝臧否人物"。

"北临太行道，失路将如何？"按《晋书·阮籍传》谓阮籍"时率意独驾，不由径路，车迹所穷，辄恸哭而返"。此所谓"失路"不知所从也。写自己的矛盾心理。

"膏火自煎熬，多财为患害，布衣可终身，宠禄岂足赖。""小人计其功，君子道其常，岂惜终憔悴，咏言著斯章。"这是写志。阮籍看到名士零落，多财（多才）为害，不知布衣终身，守正道以为常。阮籍没有嵇康那种反抗精神，所谓常道，也只能是与司马氏保持距离，不合作而已。

《咏怀诗》"言在耳目之内，情寄八荒之表"，就文学要求来说，亦不愧为上乘之作。

从嵇、阮二人诗歌来看，正始文学是抒情的，是有感于现实政治而发，保持了建安文学骨气与词彩兼胜的现实主义精神。风骨峻绝，当称嵇诗。用五言之体写《咏怀》，则阮籍是第一人。

二、太康文学

钟嵘《诗品》卷上序说：晋武帝"太康中，三张（张载、张协、张亢）、二陆（陆机、陆云）、两潘（潘岳、潘尼）、一左（左思），勃尔复兴，踵武前王，风流未沫，亦文章之中兴也。"钟嵘未讲到太康文风比之建安如何。刘勰说了，《文心雕龙·明诗》说："晋世群才，稍入轻绮，张、潘、左、陆比肩诗衢，采缛于正始，力柔于建安。或析文以为妙，或流靡以自妍。此其大略也。"刘勰所说力柔于建安，流靡以自妍，是太康文风的共同特点。这种特点的形成，与西晋士族政权下，奢侈之风盛行有关。

西晋著名文学家陆机作《文赋》，提出了他的文艺理论。他主张"诗，缘情而绮靡；赋，体物而浏亮；碑，披文以相质；诔，缠绵而凄怆；铭，博约而温润；箴，顿挫而清壮；颂，优游以彬蔚；论，精微而朗畅；奏，平彻以闲雅；说，炜烨而谲诳。"陆机出身于江东名族吴郡四姓之一的陆氏。祖父陆逊，父陆抗，为吴国的名相与名将。他自己又出仕于西晋，为贾谧的二十四友之一。他对诗、赋、碑、诔、铭、箴、颂、论、奏、说的主张，反映了当时士族对文学的要求，影响着西晋一代文风。"诗，缘情而绮靡，赋，体物而浏亮"，正是刘勰说的"稍入轻绮""流靡以自妍"。西晋的诗赋比之于建安诗赋，风格的差异是很显著的。但要知陆机把"情"字放在第一位，诗是"缘情"而绮靡，诔要"缠绵以凄怆"，重情，不做无病呻吟，仍然是建安文学的好传统，与歌功颂德的汉朝辞赋不同。陆机《文赋》所主张的，是既有时代的背景，又有历史的背景。

事物除了共性之外，总是有它的个性的。西晋各家文风，有共同之处，也有不同之处。在三张、二陆、两潘、一左中，不是无继承建安风力的人，也不是无继承建安风力的诗赋。这又表现了太康文风与建安文风的同一性。先说左思。

西晋诗文最富有生命力的，无过于左思的《咏史诗》。说它最富生命力，是因为矛头直指世族政治。左思为齐国临淄人，"父雍，起小吏，以能擢授殿中侍御史"[①]，出身不高，非世族。在西晋世族政治下，这种人总是被压在底层。左思的《咏史诗》，借咏史抒发了他的愤懑之情，起到了用诗歌打击世族政治的作用。如第二首："郁郁涧底松，离离山上苗，以彼径寸茎，荫此百尺条。世胄蹑高位，英俊沉下僚，地势使之然，由来非一朝。金、张籍旧业，七叶珥汉貂，冯公岂不伟，白首不见招。"第七首："何世无奇才，遗之在草泽。"感情明朗，不仅是反对当时的门选制度，而且对历代草泽奇才，深致同情。第六首："高眄邈四海，豪右何足陈？贵者虽自贵，视之若尘埃；贱者虽自贱，重之若千钧。"是对世族权门的高度蔑视。建安诗歌风力来自描写社会现实，左思《咏史诗》敢于直

---

① ［唐］房玄龄等：《晋书》卷九十二《文苑》，中华书局，1974年，第2375—2376页。

指西晋政治弊端，蔑视豪右鼎贵，风力何减建安？较之于"质木无文"的班固《咏史》，则远为优胜。

左思赋三都（蜀、吴、魏），"构思十年，门庭藩溷皆著纸笔"，用心良苦。左思认为"美物者贵依其本，赞事者宜本其实"①。他赋三都，"山川城邑则稽之地图，鸟兽草木则验之方志，风谣歌舞各附其俗，魁梧长者莫非其旧"，这种求实态度，冲破了陆机所谓"赋体物而浏亮"的范围。建安风力来自现实主义，左思则把写实用到赋中去，风力又何减建安辞赋？正是因为他写的是三都的实际情况，文字优美，所以三赋被"竞相传写，洛阳为之纸贵"②。

三张的思想与左思有相通之处。张载在《榷论》中写道："今士循常习故，规行矩步，积阶级，累阀阅，碌碌然以取世资。若夫魁梧俊杰，卓跞倜傥之徒，直将伏死嵚岑之下，安能与步骤共争道里乎？"③读过这段文字，可以想见张载也是一个反对九品中正制下门选的人。左思写《三都赋》，他提供过材料，后来又为《魏都赋》作注④。他与左思不仅是文友，而且在政治上也志同道合。张协有《咏史诗》一首，诗中有"昔在西京时，朝野多欢娱，蔼蔼东都门，群公祖二疏。朱轩曜金城，供帐临长衢"之句，李善注云："见朝廷贪禄位者众，故咏此诗以刺之。"⑤可见他与兄长张载的思想一致。张载"见世方乱，无复进仕意"⑥。张协见天下已乱，"屏居草泽，守道不竞，以属咏自娱"⑦。二人出处亦复相同。张亢解音乐、技术、律历，东晋初年过江，出仕于东晋。

三张诗文以张协为最有名。钟嵘把张协的五言诗列入上品之中，说他

① [梁]萧统编，[唐]李善等注：《六臣注文选》卷四《三都赋序》，中华书局，1987年，第91页。

② [唐]房玄龄等：《晋书》卷九十二《文苑列传》，中华书局，1974年，第2377页。

③ [唐]房玄龄等：《晋书》卷五十五《张载传》，中华书局，1974年，第1518页。

④ 见《晋书·文苑·左思传》。

⑤ [梁]萧统编，[唐]李善等注：《六臣注文选》卷二十一《咏史诗》注，中华书局，1987年，第390页。

⑥ [唐]房玄龄等：《晋书》卷五十五《张载传》，中华书局，1974年，第1518页。

⑦ [唐]房玄龄等：《晋书》卷五十五《张载传》，中华书局，1974年，第1519页。

"文体华净，少病累。又巧构形似之言。雄于潘岳，靡于太冲（左思）。风流调达，实旷代之高才。词彩葱倩，音韵铿锵，使人味之，亹亹不倦"①，这个评论是恰当的。就风力来说，左思以下，应让张协。他的风力，在内容上表现为现实主义，在形式上表现为"词彩葱倩"。这正是建安风力所要求的骨气与词彩。例如《苦雨》，先写雨势："云根临八极，雨足洒四冥，霖沥过二旬，散漫亚九龄，阶下伏泉涌，堂上水衣生，洪潦浩方割，人怀昏垫情。"笔力遒劲，而在遒劲中，用"人怀昏垫情"一语作结。接着便转到苦雨："沈液漱陈根，绿叶腐秋茎。里无曲突烟，路无行轮声，环堵自颓废，垣闾不隐形，尺烬重寻桂，红粒贵瑶琼。"②从大雨带来的灾害中，联想到一尺之烬重于一寻之桂，红粮贵过瑶琼，这就不是写个人的苦雨，而是写人民的苦雨了。风力直追建安，而又词彩缤纷，音韵铿锵，堪称太康名作。

二陆。《晋书》卷五十五传论说："二陆入洛，三张减价。"这只是因为二陆诗文比三张更加得到洛阳豪贵的赞赏罢了。陆机诗文，就其艺术成就来说，既未超过左思，亦未超过张协。钟嵘说陆机"才高辞赡，举体华美。气少于公干，文劣于仲宣。尚规矩，不贵绮错，有伤直致之奇。然其咀嚼英华，厌饫膏泽，文章之渊泉也"③。刘勰说陆机"才欲窥深，辞务索广，故思能入巧，而不制繁"④。二家对陆机的看法基本相同，评价不是很高。只有葛洪盛称陆机"文犹玄圃之积玉，无非夜光焉，五河之吐流，泉源如一焉。其弘丽妍赡，英锐飘逸，亦一代之绝乎！"⑤评价极高。恰当的应是钟、刘二家的评论。陆机与弟陆云、陆耽投身于成都王司马颖

①［梁］钟嵘著，曹旭集注：《诗品集注》上《晋黄门郎张协诗》，上海古籍出版社，1994年，第149页。

②［梁］萧统编，［唐］李善等注：《六臣注文选》卷二十九《杂诗十首》，中华书局，1987年，第559页。

③［梁］钟嵘著，曹旭集注：《诗品集注》上《晋平原相陆机诗》，上海古籍出版社，1994年，第132页。

④郭晋稀：《文心雕龙注译》，甘肃人民出版社，1982年，第547页。

⑤［唐］房玄龄等：《晋书》卷五十四《陆机传》，中华书局，1974年，第1481页。

底下，参预八王之乱，后来为司马颖所害。孙惠写信给朱诞说："不意三陆相携暗朝，一旦湮灭，道业沦丧，痛酷之深，荼毒难言。国丧俊望，悲岂一人！"①这确实是令人痛惜。陆机兄弟相携暗朝，托身非所，虽有出身方面的原因，但更重要的是思想认识方面的原因。三张的出处胜似三陆。

陆机的五言诗被钟嵘列入"篇章之珠泽，文采之邓林"的"警策者"之列的，是《拟古诗》十二首。这十二首有十首是明闺妇、情人之思；述思好之情；劝人仕进，以趋欢乐；戒人易老，不知早为行乐；自伤，自况。只有第十首《拟西北有高楼》，是"明贤才不见用"；第十二首《拟明月皎夜光》，是"喻权臣用事，时气迅速，人情渐坏，在贵忘贱"②。《拟明月皎夜光》从"岁暮凉风发，昊天肃明月"，写道"畴昔同宴友，翰飞戾高冥，服美改声听，居愉遗旧情，织女无机杼，大梁不架楹"，多少接触到了某些社会问题。这些诗确如陆机自己所说："缘情而绮靡。"走的是汉朝民间诗歌《古诗十九首》之路，也有建安文学的影响。可是陆机的思想与交游，无疑限制了他在文学上的成就。

潘岳是荥阳中牟人，世族出身。祖父潘瑾为安平太守，父潘芘为琅邪内史。潘岳"早辟司空太尉府，举秀才。"③后来做了黄门侍郎。赵王司马伦之乱，潘岳与石崇一起被杀。从子潘尼"性静退不竞，唯以勤学著述为事"④。洛阳陷落前，潘尼东奔，病死于坞壁之中。刘勰说："潘岳敏给，辞自和畅，钟美于《西征》，贾余于哀诔（指《悼亡诗》）。"⑤钟嵘说："陆才如海，潘才如江。"⑥潘不及陆。然而潘岳也有名篇为陆机所不及。人们往往因为《晋书·潘岳传》有"性轻躁，趋世利"，"美姿仪……少时

①［唐］房玄龄等：《晋书》卷五十四《陆机传》，中华书局，1974年，第1486页。

②［梁］萧统编，［唐］李善等注：《六臣注文选》卷三十《拟明月皎夜光》注，中华书局，1987年，第578页。

③［唐］房玄龄等：《晋书》卷五十五《潘岳传》，中华书局，1974年，第1500页。

④［唐］房玄龄等：《晋书》卷五十五《潘岳传》，中华书局，1974年，第1507页。

⑤郭晋稀：《文心雕龙注译》，甘肃人民出版社，1982年，第547页。

⑥［梁］钟嵘著，曹旭集注：《诗品集注》上《晋黄门郎潘岳诗》，上海古籍出版社，1994年，第141页。

挟弹出洛阳道，妇人遇之者，皆连手萦绕，投之以果"之言，进而压低他的诗歌价值，殊不知他是一个有深情的人。他忠于爱情，《悼亡诗》是他首创。此诗写他怀念亡妻：

> 望庐思其人，入室想所历，帏屏无仿佛（不见形象），翰墨有余迹，流芳未及歇，遗挂犹在壁……寝息何时忘？沉忧日盈积。
>
> 岂曰无重纩，谁与同岁寒。岁寒无与同，朗月何胧胧。展转眄枕席，长簟竟床空。床空委清尘，室虚来悲风。独无李氏灵，仿佛睹尔容。抚衿长叹息，不觉泪沾胸。沾胸安能已，悲怀从中起。寝兴目存形，遗音犹在耳。[①]

诗内感情何等深挚，何等缠绵，又何等感人！

西晋文风就其基本方面说，是世族所追求的绮靡文风，陆机《文赋》所主张的文风。但如左思、张协，仍保持其独特的风格，他们是建安风力的继承者。其他各家也不能抹煞。陆机的《拟古诗》，潘岳的《悼亡诗》充分表现了"诗缘情而绮靡"的风格特征，是有它的价值的。如果说建安是五言诗的发展时期，那么，太康便是五言诗的进一步发展时期。这个时期，五言体裁被广泛运用，日臻成熟。文学应当情文并茂的理论主张，也日益为人们所接受。

除三张、两潘、二陆、一左外，西晋尚有其他一些诗家，用五言写诗，如石崇、何劭、曹摅、刘琨、刘湛、傅云、傅咸、缪袭、夏侯湛、王济、杜预等人的诗。其中，石崇的《王明君辞》是第一首歌咏王昭君的诗。《文选》卷二十七《乐府上》收有石季伦《王明君辞并序》，《玉台新咏》卷二亦收有石崇《王明君辞一首并序》。明君即昭君，为避司马昭讳而改。此诗序云："昔公主嫁乌孙。令琵琶马上作乐，以慰其道路之思，其送明君，亦必尔也。其造新之曲，多哀怨之声，故述之于纸耳。"据

---

① [陈]徐陵编，[清]吴兆宜注，[清]程琰删补，穆克宏点校：《玉台新咏笺注》卷二《悼亡诗二首》，中华书局，1985年，第85—87页。

《乐府诗集》卷二十九《古今乐录》："明君歌舞者，晋太康中，季伦所作也。"则石崇不仅作了辞，而且作了曲，可歌可舞。辞是第一首，曲也是第一首。后世昭君辞曲，源之于此。

这个时期已经注意到了音韵在文学上的使用问题。钟嵘说张协诗"音韵铿锵"，《隋书·经籍志四》更说："爰逮晋氏，见称潘、陆，并黼藻相辉，宫商间起。"这为以后诗文与五音、四声的结合，起了先导的作用。

第七章　魏晋南北朝时代文学的蓬勃发展（二）

第一节　晋宋之际五言诗的完全成熟

钟嵘和刘勰都曾说到晋宋时期文学的变迁。钟嵘说晋怀帝永嘉"时，贵黄、老，稍尚虚谈。于时篇什，理过其辞，淡于寡味。爰及江表（东晋），微波尚传：孙绰、许询、桓、庾诸公诗，皆平典似《道德论》。建安风力尽矣"[①]。刘勰也说："江左篇制，溺乎玄风。"[②]诗歌至东晋，走的是一条由建安风力到平典似《道德论》的下坡路。晋末宋初则不同，钟嵘说："逮（晋安帝）义熙中，谢益寿（谢混）斐然继作。（宋文帝）元嘉中，有谢灵运，才高词盛，富艳难踪，固已含跨刘（琨）、郭（璞），陵轹潘（岳）、左（思）。"[③]他认为自谢混、谢灵运出，东晋平典似道德论的文风才被革除。刘勰说道"宋初文咏，体有因革，庄老告退，而山水方滋。俪采百字之偶，争价一句之奇，情必极貌以写物，辞必穷力而追新，此近世之所竞也"[④]。他认为自宋初到他所处的梁代，是诗文中，庄老玄风告退，山水诗歌滋长，练字锤句，写物必极其貌，追新不遗余力的时代。这

---

① ［梁］钟嵘著，曹旭集注：《诗品集注·诗品序》，上海古籍出版社，1994年，第24页。

② 郭晋稀：《文心雕龙注译》，甘肃人民出版社，1982年，第59页。

③ ［梁］钟嵘著，曹旭集注：《诗品集注·诗品序》，上海古籍出版社，1994年，第28页。

④ 郭晋稀：《文心雕龙注译》，甘肃人民出版社，1982年，第59页。

是钟、刘二人对南朝文学的卓见。他们认识到了南朝又是我国文学的一个发展时期。可这种发展的原因何在，他们却没有认识到。

文学之所以在南朝又获得一次较大的发展，是因为南朝是个变革的时代。社会组织变了，社会的基本单位由大家族变成了一个个独立的个体家庭；经济结构变了，随着江南的开发，商业在发展，以夫力、夫日、夫值为计算单位的雇佣劳动也在滋生；政治状况变了，寒门在兴起，士族在衰落，士庶在合流，三省制在走上完善，君权受到了一定的限制，用考试制度来选拔人才的办法日益显得重要；思想也在变化，玄学日薄西山，反对君主主义的民主思想、反对神不灭论的神灭思想很活跃。加上中印文化的交流，遂使这一时代的文学，形成百花争艳的局面。新内容、新形式、新体裁不断出现。

晋末宋初，在文坛上勃起的人物很多，而最重要的无过于陶潜、谢灵运、颜延之、鲍照等人。

钟嵘但提"逮义熙中，谢益寿斐然继作"。而《诗品》中不列谢益寿品级。只在下品论殷仲文诗时，语及"义熙中，以谢益寿、殷仲文为华绮之冠，殷不竞矣"。实际上崛起于晋末宋初诗坛上的最重要的人物是陶潜，而不是谢混、殷仲文。《文选》卷二十二录有谢混《游西池》一首，为思友之作。诗中亦有"白云屯曾（层）阿（陵）"这样的颇见风力之句。然而在成就上，谢混远逊于同时代的陶潜。是陶潜以他崭新的风貌，振起了一代诗风。钟嵘但从"华绮"立论，而称陶潜为"古今隐逸诗人之宗"①，因而不懂得陶诗在文学史上所占的地位。

与钟嵘同为梁人的萧统在《陶渊明集·序》中说："吾观其意不在酒，亦寄酒为迹者也。……语时事则指而可想，论怀抱则旷而且真。"萧统的评论与钟嵘绝然不同，按他的评论，陶潜根本不是什么"隐逸诗人"，而是寓怀抱于时事的现实主义诗人。他的出现，是建安诗文的现实主义精神在晋末的重振。

①［梁］钟嵘著，曹旭集注：《诗品集注·宋征士陶潜诗》，上海古籍出版社，1994年，第260页。

南宋初年的《苕溪渔隐丛话》的作者胡仔，驳斥过钟嵘以陶潜为"隐逸诗人之宗"的话。他在该书卷三中说："陋哉斯言，岂足以尽之。"他认为钟嵘对陶诗的评论，远远不如萧统的评论。胡仔是正确的，古人了解陶诗的，无过于萧统。

我们要了解陶诗，先要明白他的思想。他的思想在第三章中已有论述，陶潜的全部诗文表现的是一种积极的精神，而不是消极的遁世思想。他在《桃花源诗并记》《饮酒》等诗文中，直斥"嬴氏乱天纪"。"诗书复何罪，一朝成灰尘"，具体提出了他的无君无臣无剥削压迫的理想王国——桃花源。在《读〈山海经〉》《拟古》等诗中，写出了他的"精卫衔微木，将以填沧海，刑天舞干戚，猛志故常在"；"饥食首阳薇，渴饮易水流"的怀抱。这样的诗不全是"隐逸"或"田园"二字所能解释的，也不是反对个别皇帝如所谓"刘裕"能够解释的，它是我国古典文学中，反对君主专制主义的民主性的精华。

正如萧统说的那样，陶潜饮酒，意不在酒。他写田园，意亦不在田园，更非如近人所云甘心于中小地主的生活。不妨把人们讲得较多的陶潜的"田园诗"再作些分析。

"清晨闻叩门，倒裳往自开。问子为谁欤？田父有好怀。壶浆远见候，疑我与时乖。褴缕茅檐下，未足为高栖。一世皆尚同，愿君汩其泥。深感父老言，禀气寡所谐。纡辔诚可学，违己讵非迷！且共欢此饮，吾驾不可回。"[①]

此为陶潜《饮酒》诗之一。这首诗不就是屈原的名篇《渔父》吗？"田父"即"渔父"。"愿君汩其泥"，即"何不汩其泥而扬其波"。"违己讵非迷"，即"安能以身之察察，受物之汶汶"；"安能以皓皓之白，蒙世俗之尘埃"。"吾驾不可回"即"宁赴湘流，葬于江鱼腹中"，也不与世合作，随俗浮沉。这是明志，非写田园生活。

《归园田居》："久在樊笼里，复得返自然。"这诗说的"返自然"，也

---

① [晋]陶渊明著，逯钦立校注：《陶渊明集》卷三《饮酒二十首》，中华书局，1979年，第91—92页。

就是《神释》中说的"正宜委运去"。"委运"是"一任自然"的意思。"任自然"是嵇康、阮籍所坚持的思想主张，意义在于不与统治者合作。陶潜的"返自然"，也正是这种精神。如果把它解释成回到田园过隐居生活，那就太贬低此诗的品格了。诗中的"暧暧远人村，依依墟里烟，狗吠深巷中，鸡鸣桑树巅"之句，写景手法高超，结之以"复得返自然"之句，遂使全诗立起。美景之中见高操，是陶诗的杰出成就。

陶诗极其丰富多彩地展现了它的民主性思想，与东晋平典似道德论的诗风形成鲜明的对照。因此，我们说，把古体诗推进到一个新的发展阶段的人，不是别人，正是陶潜。

陶潜卒于宋初。到宋文帝元嘉时期，出现了所谓"元嘉体"。其实元嘉诗人成就各有不同，不是一个体裁。他们的共同功绩是把五言诗推进到了完全成熟的阶段，并且注意了声律和对偶的运用。近体诗在孕育之中。

元嘉时期的谢灵运，开创了山水诗派。这是人们所了解的。至于山水诗何以能在这时兴起，则鲜见论述。须知一，山水诗的兴起与江南的开发密切相关。当时不仅兴起了山水诗，而且兴起了山水画。东晋顾恺之的《雪霁望五老峰图》，开山水画的先声。刘宋宗炳是一个山水画家。二，谢灵运是始宁山庄的主人，而庄园经济在南朝初年，尚处在发生、发展阶段，谢诗反映了江南庄园经济的发展，不能认为是纯粹的山水诗。像《于南山往北经湖中瞻眺》，写的是他自己的山居。在此诗中，他以秀逸的笔锋，写出了"俯视乔木杪，仰聆大壑淙，石横水分流，林密蹊绝踪，解作（天地解而雷雨作）竟何感，升长皆丰容"之句。要分别这是写江南山水还是写他自己的江南山居的"丰容"，是很困难的。

还要看到谢灵运不仅开创了山水诗，而且把山水诗和"新声"结合在一起。钟嵘说：谢诗"名章迥句，处处间起；丽典新声，络绎奔发"[1]。他的山水诗就不仅为古体诗别开生面之作，而且孕育着近体诗的萌芽。"俯视乔木杪，仰聆大壑淙，石横水分流，林密蹊绝踪"之句，已经很像

---

[1] [梁]钟嵘著,曹旭集注:《诗品集注》上《宋临川太守谢灵运诗》,上海古籍出版社,1994年,第160页。

律诗了。

　　谢灵运之所以能被称为山水诗的开创人，是因为他写的游览诗、行旅诗较多，虽然不尽是写山水，但都对山水有所描绘，而且艺术水准较高，数量与质量上超越了前人。举例以见。

　　远岩映兰薄，白日丽江皋，原隰荑绿柳，墟囿散红桃。①（《从游京口北固应诏》）

　　连障叠巇嶤，青翠杳深沉，晓霜枫叶丹，夕曛岚气阴。②（《晚出西射堂》）

　　池塘生春草，园柳变鸣禽。③（《登池上楼》）

　　扬帆采石华，挂席拾海月，溟涨无端倪，虚舟有超越。④（《游赤石进帆海》）

　　林壑敛暝色，云霞收夕霏，芰荷迭映蔚，蒲稗相因依。⑤（《石壁精舍还湖中作》）

　　疏峰抗高馆，对岭临回溪，长林罗户穴，积石拥基阶，连岩觉路塞，密竹使径迷。⑥（《登石门最高顶》）

　　猿鸣诚知曙，谷幽光未显。岩下云方合，花上露犹泫。⑦（《从斤竹涧越岭溪行》）

　　岩峭岭稠叠，洲萦渚连绵。白云抱幽石，绿筱媚清涟。⑧（《过始宁墅》）

　　石浅水潺湲，日落山照曜。荒林纷沃若，哀禽相叫啸。⑨（《七

① 顾绍柏校注：《谢灵运集校注》，中州古籍出版社，1987年，第157—158页。
② 顾绍柏校注：《谢灵运集校注》，中州古籍出版社，1987年，第54页。
③ 顾绍柏校注：《谢灵运集校注》，中州古籍出版社，1987年，第64页。
④ 顾绍柏校注：《谢灵运集校注》，中州古籍出版社，1987年，第78页。
⑤ 顾绍柏校注：《谢灵运集校注》，中州古籍出版社，1987年，第112页。
⑥ 顾绍柏校注：《谢灵运集校注》，中州古籍出版社，1987年，第178页。
⑦ 顾绍柏校注：《谢灵运集校注》，中州古籍出版社，1987年，第121页。
⑧ 顾绍柏校注：《谢灵运集校注》，中州古籍出版社，1987年，第41页。
⑨ 顾绍柏校注：《谢灵运集校注》，中州古籍出版社，1987年，第51页。

里濑》）

乱流趋正绝，孤屿媚中川。云日相辉映，空水共澄鲜。①（《登江中孤屿》）

野旷沙岸净，天高秋月明，憩石挹飞泉，攀林搴落英。②（《初去郡》）

洲岛骤回合，圻岸屡崩奔，乘月听哀狖，浥露馥芳荪，春晚绿野秀，岩高白云屯。③（《入彭蠡湖口》）

江山之美，首次落入他的眼中、笔下。

谢灵运之外，谢家尚有一个很有名气的诗人谢惠连。他是谢灵运的堂弟，二人合称"大小谢"。《诗品》卷中《宋法曹参军谢惠连诗》说：

小谢才思富捷，恨其兰玉夙凋，故长辔未骋。《秋怀》《捣衣》之作，虽复灵运锐思，亦何以加焉！又工为绮丽歌谣，风人第一。《谢氏家录》云：康乐（谢灵运）每对惠连辄得佳语。后在永嘉西堂，思诗竟日不就，寤寐间忽见惠连，即成"池塘生春草（见《登池上楼》）"。故常云：此语有神助，非吾语也。

谢灵运的"丽典新声"，谢惠连的"绮丽歌谣"，是直承太康情文并茂的文风而来，与陶诗风力直追建安异趣。小谢《捣衣》之作有云：

栏高砧响发，楹长杵声哀，微芳起两袖，轻汗染双题。……盈箧自余手，幽缄俟君开。腰带准畴昔，不知今是非？④

① 顾绍柏校注：《谢灵运集校注》，中州古籍出版社，1987年，第84页。
② 顾绍柏校注：《谢灵运集校注》，中州古籍出版社，1987年，第98页。
③ 顾绍柏校注：《谢灵运集校注》，中州古籍出版社，1987年，第191页。
④ ［梁］萧统编，［唐］李善等注：《六臣注文选》卷三十《捣衣》，中华书局，1987年，第562页。

陆机说："诗缘情而绮靡"，此诗足以当之。诗歌中捣衣之作，这是第一首。

同时代的颜延之，则进一步着意于古体诗中用对偶。颜诗较之于谢灵运诗，与近体诗更加接近。

钟嵘说颜诗"尚巧似。体裁绮密。然情喻渊深，动无虚发；一句一字，皆致意焉。又喜用古事，弥见拘束。虽乖秀逸，固是经纶文雅"①。如《应诏观北湖田收》，从开头"周御穷辙迹，夏载历山川"，到结尾"疲弱谢凌遽（捷速），取累非缠牵（马辔）"，差不多全用对偶的古事，一字一句，无不推敲。可注意的是，这种风格，几乎见于颜延之的每一首诗中，形成一种独特的体裁。下面再举一个例子。

> 江、汉分楚望，衡、巫奠南服，三湘沦洞庭，七泽霭荆牧。经涂延旧轨，登阅访川陆，水国周地险，河山信重复。却倚云梦林，前瞻京台圃，清雾霽岳阳，曾晖薄澜澳。凄矣自远风，伤哉千里目。万古陈往还，百代劳起伏。②

这是颜延之的行旅诗。颜延之不愧是"经纶文雅才"，但诗确乖秀逸，弥见拘束，较之谢灵运，又逊一等。然而，他却是第一个在诗文中大量运用典故和对偶的文人，为以后的律体诗文开了一条道路。

颜延之虽被称为谢灵运之辅③，但与陶潜私人关系很好。他"在寻阳，与潜情款。后为始安郡，经过，日日造潜，每往必酣饮致醉"④。陶潜死

---

①[梁]钟嵘著,曹旭集注:《诗品集注·宋光禄大夫颜延之诗》,上海古籍出版社,1994年,第270页。

②[梁]萧统编,[唐]李善等注:《六臣注文选》卷二十七《始安郡还都与张湘州登巴陵城楼作》,中华书局,1987年,第503页。

③[梁]钟嵘著,曹旭集注:《诗品集注·诗品序》,上海古籍出版社,1994年,第28页。

④[梁]沈约:《宋书》卷九十三《隐逸列传》,中华书局,1974年,第2288页。

于元嘉四年（427），颜延之写有《陶征士诔》①，深致痛悼之情。

稍后又有鲍照，与谢灵运、颜延之合称元嘉三大家。钟嵘说鲍照"善制形状写物之词""驱迈疾于颜延"。又说："嗟其才秀人微，故取湮当代，然贵尚巧似，不避危仄，颇伤清雅之调。故言险俗者，多以附照。"②鲍诗的"驱迈""危仄"，正来自他的"才秀人微"，而这却使他的诗风别具一格。

鲍诗的一个显著特点，是运用乐府、拟古、咏史的形式，来写社会现实，这是颜、谢所不能及的。例如乐府《白头吟》：

> 人情贱恩旧，世议逐衰兴，毫发一为瑕，丘山不可胜。食苗实硕鼠，玷白信苍蝇，免鹄远成美，薪刍前见陵，申黜褒女进，班去赵姬升。周王日沦惑，汉帝益嗟称。心赏犹难恃，貌恭岂易凭，古来共如此，非君独抚膺。③

这其实不是写以新间旧，夫妇之间不能至于白首，而是在斥责像硕鼠、苍蝇那样的统治阶级的人物，包括他诗中所谓的"周王""汉帝"。

再如《拟古》："岁暮井赋讫，程课相追寻……答击官有罚，呵辱吏见侵。"（第六首）用的是"井赋"，写的是当时横税虐人。

我们要注意五言古风到鲍照时完全成熟了。而在鲍照诗中，对偶句也不少。申黜、班去、食苗、玷白，官有罚、吏见侵，都用对偶。鲍诗对声律也很注意，他开创了"危仄"一派诗风，他的诗是唐朝孟郊、韩愈一派诗风的滥觞。

鲍照有一个妹妹叫鲍令晖，她的诗被钟嵘称为"往往崭绝清巧，《拟

---

① ［梁］萧统编，［唐］李善等注：《六臣注文选》卷五十八《晋陶征士诔》，中华书局，1987年，第1060页。

② ［梁］钟嵘著，曹旭集注：《诗品集注·宋参军鲍照诗》，上海古籍出版社，1994年，第290页。

③ ［梁］萧统编，［唐］李善等注：《六臣注文选》卷二十八《白头吟》，中华书局，1987年，第531—532页。

古》犹胜"①。如《拟客从远来》："客从远方来，赠我漆鸣琴，木有相思文，弦有别离音。终身执此调，岁寒不改心。愿作阳春曲，宫商长相寻。"写得确实清巧。风格与鲍照不同，而与谢惠连接近。

《诗品》卷上对五言古诗的发展，作过一个总结。"陈思（曹植）为建安之杰，公幹（刘桢）、仲宣（王粲）为辅；陆机为太康之英，安仁（潘岳）、景阳（张协）为辅；谢客（谢灵运）为元嘉之雄，颜延年（颜延之）为辅。斯皆五言之冠冕，文词之命世也。"②五言诗经建安、太康、元嘉三个时期的发展，达到了它的巅峰。接下去便是诗歌与声韵学的结合，近体诗应期而生了。七言，经鲍照采用隔句用韵与自由换韵（如《行路难》），也在发展中。元嘉时期在文学上，可以说是一个承先启后的时期。

第二节　南朝四声与近体诗文的创立

一、永明体与四声

齐武帝永明时期，我国声韵学得到了发展，这种发展又影响到了文学，出现了所谓"永明体"。《南齐书·文学传·陆厥传》说道：

> 永明末，盛为文章。吴兴沈约、陈郡谢朓、琅邪王融以气类相推毂，汝南周颙善识声韵，约等文皆用宫商，以平、上、去、入为四声，以此制韵，不可增减，世呼为"永明体"。

这是一段极重要的文字，它表明我国文学到齐武帝永明之时，有一个引人注目的演变，即与四声结合起来。这种结合，影响深远。

我国早有"反语"（切音），《颜氏家训·音辞》说道"孙叔言（孙炎）

_____

① [梁]钟嵘著，曹旭集注：《诗品集注·齐鲍令晖齐韩兰英》，上海古籍出版社，1994年，第444页。

② [梁]钟嵘著，曹旭集注：《诗品集注·诗品序》，上海古籍出版社，1994年，第28页。

创《尔雅》音义，是汉末人犹知反语"，反语的进一步发展即正五音。《魏书·江式传》记晋时吕忱之兄吕静，"别放（仿）故左校令李登声类之法，作《韵集》五卷，宫、商、角、徵、羽各为一篇"。五音早已被运用到了文学之上。陆厥说："前英已早识宫徵，但未屈曲指的"①而已。"大旨钧使'宫羽相变，低昂舛节，若前有浮声，则后须切响，一简之内，音韵尽殊，两句之中，轻重悉异'（此为沈约语）。"并非暗于此理。沈约亦说："降及元康，潘、陆特秀，律异班、贾，体变曹、王，缛旨星稠，繁文绮合。缀平台之逸响，采南皮之高韵，遗风余烈，事被江右。"②西晋潘岳、陆机已经在文章中注意运用音声之辨。宋谢灵运写诗，"丽典新声，络绎奔会"，更进一步注意到了诗歌与新声的结合。

《南齐书·陆厥传》称"汝南周颙善识声韵"。周颙是宋齐时人。《南齐书》卷四十一本传说他"音辞辩丽，出言不穷，宫商朱紫，发口成句"。"每宾友会同，颙虚席晤语，辞韵如流，听者忘倦。"《南史·周颙传》说"太学生慕其风，争事华辩。始著《四声切韵》行于时"。从正五音发展到辨四声，是周颙的巨大功绩。

沈约晚于周颙。《梁书·沈约传》说他"又撰《四声谱》，以为在昔词人，累千载而不寤。而独得胸衿，穷其妙旨，自谓入神之作"。其实四声并非沈约的发明，在他以前，周颙已有《四声切韵》。沈约的功绩主要是把四声用到诗文上去，为新体（永明体）创造人之一。近体诗（相对于古体诗而言，如律诗、绝句）由此诞生。

四声在此时出现，与咏经有关。四声可以轻读，例如东、董、送（入声字缺）三字即包含了平、上、去三声的转读。按《高僧传》卷十三《释慧忍传》论云：

　　天竺方俗，凡是歌咏法言，皆称为"呗"。至于此土，咏经则称为"转读"，歌赞则号为"梵呗"。

① [梁]萧子显：《南齐书》卷五十二《文学列传》，中华书局，1972年，第899页。
② [梁]沈约：《宋书》卷六十七《谢灵运传》，中华书局，1974年，第1778页。

《南齐书·竟陵文宣王子良传》又说萧子良:

> 移居鸡笼山西邸,集学士抄《五经》、百家,依《皇览》例,为
> 《四部要略》千卷。招致名僧,讲语佛法,造经、呗新声。道俗之盛,
> 江东未有。

所谓"经、呗新声",即咏经、歌赞新声,而咏经新声,即转读四声之声。由此可见周颙、沈约发明四声转读,与南朝僧徒用声阶转读佛经关系甚密。沈约为"竟陵八友"之一,他对鸡笼西邸讲论佛法,造经、呗新声,是记忆犹新。

陈寅恪先生《四声三问》据《高僧传》详细列举了东晋以来善于转读佛经三声的僧徒,指出"中国当日转读佛经之三声又出于印度古时《声明论》之三声";而"竟陵王子良大集善声沙门于京邸,造经、呗新声。实为当时考文审音之一大事"[①]。由此而有永明之世四声说的成立,而周颙、沈约之徒,又适为此新学说之代表。诗文也由此发生变化。陈先生的这个见解,是中国于五音之外,何以又产生四声的最卓越的见解。

关于四声的应用,顾炎武有一段话值得注意。"江左之文,自梁天监以前,多以去、入二声同用,以后则若有界限,绝不相通。是知四声之论,起于永明而定于梁陈之间也。"[②]照他所说永明之时"多以去、入二声同用",则适为三声,与僧徒转读佛经三声暗合。此更可见四声起源与僧徒转读佛经声阶的关系。入声含有 d、t、k 等声,是容易区别出来的。梁陈之间,入声被分出,去入不相通,便成为四声了。

至于永明体的内容,可用钟嵘所说"工丽"二字概括[③]。这与永明诗人对声韵的要求是一致的。永明诗人写山水清丽绝俗,像沈约的《早发定

---

① 陈寅恪:《金明馆丛稿初编》,上海古籍出版社,1980年,第328—329页。

② [清]顾炎武:《音学五书·音论》卷中,中华书局重印观稼楼仿刻本,1982年,第38页下。

③ [梁]钟嵘著,曹旭集注:《诗品集注》中《梁左光禄沈约诗》,上海古籍出版社,1994年,第321页。

山》:"标峰彩虹外,置岭白云间。倾壁忽斜竖,绝顶复孤园。归海流漫漫,山浦水溅溅。野棠开未落,山樱发欲然。"《新安江水至清,浅深见底,贻京邑游好》:"洞彻随深浅,皎镜无冬春。千仞写乔树,百丈见游鳞。"用采笔、淡墨第一次把新安江一带美丽的风光,推到了人们眼前。同时代的谢朓,写山水诗与谢灵运齐名。从他的山水诗中,不仅可以看到江南山水的秀丽,而且可以看到江南生产的发展。例如在宣城之作:"寒城一以眺,平楚正苍然。山积陵阳阻,溪流春谷泉。威纡距遥甸,巉岩带远天。切切阴风暮,桑柘起寒烟。"①给人描绘了一幅自宣城到春谷桑柘一片,流水潺潺的图画。谢朓诗奇章秀句,往往而有。"天际识归舟,云中辨江树。"②既是写景,又是写人。"余霞散成绮,澄江静如练。"③写景入于肌理,最为李白所欣赏。这些诗句既萧疏淡远(如"天际识归舟"),又五彩缤纷(如"余霞散成绮")。水光山色,经他一描,更加如碧似玉。

永明体也有清怨之作。像沈约的《咏桃》:"风来吹叶动,风去畏花伤,红英已照灼,况复含日光。歌童暗理曲,游女夜缝裳,讵减当春泪,能断思人肠。"谢朓的《玉阶怨》:"夕殿下珠帘,流萤飞复息,长夜缝罗衣,思君此何极!"这些诗既给人以情的激荡,又给人以美的感受。在《玉阶怨》中,情与美浑然融为一体,人物呼之欲出,艺术手法是高超的。如果放到诗歌发展史上去考察,就可知已开梁陈"徐庾体""宫体"的先声。《玉阶怨》近于五绝,把诗歌与四声之学结合起来的永明体,是由古体诗通向近体诗的桥梁。这座桥既然架起,彼岸也就到达。

梁陈文苑是一个百花盛开的文苑,作品具有总结前代诗文,向隋唐文学过渡的性质。在梁陈时代,各种体裁的诗文都出现了,如"徐庾体""宫体""吴均体""阴何体""古体"(五言与七言)、"近体"(绝句与律

①[南朝齐]谢朓著,曹融南校注:《谢宣城集校注》卷三《宣城郡内登望》,上海古籍出版社,1991年,第225页。

②[南朝齐]谢朓著,曹融南校注:《谢宣城集校注》卷三《之宣城出新林浦向板桥》,上海古籍出版社,1991年,第219页。

③[南朝齐]谢朓著,曹融南校注:《谢宣城集校注》卷三《晚登三山还望京邑》,上海古籍出版社,1991年,第278页。

诗），还有"选体"，乐府，真可谓繁花似锦。而最富有生命力的东西，无过于近体，因为它是新事物。各家体裁中都包含了这个新事物。

二、徐庾体与宫体

人们往往把徐庾体和宫体混为一谈，实际二者并不相同。按《梁书·徐摛传》说徐摛"属文好为新变，不拘旧体"。后来他做了萧纲的"家令，兼掌管记，寻带领直"。徐摛"文体既别，春坊尽学之，宫体之号，自斯而起"。这里只说徐摛为文"好为新变"，并未说徐摛创宫体；只说宫体名称的由来，是因为春坊学徐摛的新变，并未说学他的内容。《梁书·简文帝纪》说萧纲"雅好题诗，其序云：'余七岁有诗癖，长而不倦。'然伤于轻艳，当时号曰宫体"。如果取《隋书·经籍志四》的话："梁简文（萧纲）之在东宫，亦好篇什，清辞巧制，止乎衽席之间，雕琢蔓藻，思极闺闱之内，后生好事，递相放习，朝野纷纷，号为宫体"，来印证《梁书·简文帝纪》的话，就可知创宫体诗的实为简文帝。所以被称为宫体，主要在内容。

"徐庾体"一名，见于《周书·庾信传》。传中说："东海徐摛为左卫率。摛子陵及信并为抄撰学士。父子在东宫，出入禁闼，恩礼莫与隆比。既有盛才，文并绮艳，故世号为徐庾体焉。"[1]如果单从"绮艳"二字看问题，似乎徐庾体就是宫体了。但徐庾体和宫体两个名词，在当时就是分开的，无人把它们等同起来。《周书》用"绮艳"二字概括徐庾体，并不正确。据《玉台新咏》宋陈玉父《后叙》：

> 若其他变风化雅，谓"岂无膏沐，谁适为容？""终朝采绿，不盈一匊"之类，以此集揆之，语意未大异也。……其措词托兴高古，要非后世乐府所能及。

---

① [唐]令狐德棻:《周书》卷四十一《庾信传》，中华书局，1971年，第733页。

《玉台新咏》为徐陵所编，他编选的诗歌集子与徐庾体的风格是一致的，完全可以反映徐庾体诗歌的风貌。陈玉父说得好，以《玉台新咏》与《诗经》比较，"变风化雅"语意未大异；与后世乐府比较，"托兴高古，要非后世乐府所能及"。我们不妨来看看保存在《玉台新咏》中的庾信早期的《七夕》一诗：

> 牵牛遥映水，织女正登车。星桥通汉使，机石逐仙槎。隔河相望近，经秋离别赊。愁将今夕恨，复著明年花。

这与宫体诗有何相同之处呢？这不正是变风化雅吗？再看徐陵的《关山月》：

> 关山三五月，客子忆秦川。思妇高楼上，当窗夜未眠。星旗映疏勒，云阵上祁连，战气今如此，从军复几年。[1]

托兴高古，已经近乎唐诗了。

由此可见徐庾体虽被称为"绮艳"，继承的却是《三百篇》以来我国诗歌变风化雅的优良传统；是永明体以来，诗歌与声韵学相结合，"好为新变，不拘旧体"的最新成就。

前人曾盛赞徐陵、庾信，尤其是庾信。张溥曾说："夫唐人文章，去徐、庾最近，穷形写态。模范是出。"[2]陈祚明在《采菽堂古诗选》卷三十三中以为庾信诗"六季（六朝）鲜俪"。刘熙载在《艺概·诗概》中说道"庾子山（庾信）《燕歌行》开唐初七古，《乌夜啼》开唐七律。其他体为唐五绝、五律、五排所本者，尤不胜举"。可以这样说，庾信吸收并消化

---

① [宋]郭茂倩：《乐府诗集》卷二十三《横吹曲辞三·关山月》，中华书局，1979年，第335—336页。

② [北周]庾信撰，[清]倪璠注，许逸民点校：《庾子山集注》序，中华书局，1980年，第1页。

了南北朝以来，诗歌形式和内容两方面的成就，出之以自己的风格，是在南北朝诗到唐诗的演进上，有过直接影响的诗人。如《乌夜啼》：

> 侬柱繁弦非《子夜》，歌声舞态异《前溪》。御史府中何处宿？洛阳城头那得栖？弹琴蜀郡卓家女，织锦秦川窦氏妻。讵不自惊长泪落，到头啼乌恒夜啼。[①]

此诗在内容上并不惊人，但对唐朝七律的发展，确如刘熙载所说，有开创作用。又如《狭客行》：

> 狭客重连镳，金鞍被桂条。细尘障路起，惊花乱眼飘。酒醺人半醉，汗湿马全骄。归鞍畏日晚，争路上河桥。[②]

只需把平仄调整一下，便是一首五律了。再看《重别周尚书》：

> 阳关万里道，不见一人归。惟有河边雁，秋来南向飞。[③]

这已是一首五言绝句。近体诗经庾信的发展，对唐人来说，称得起"模范是出"。

可是前人对庾信在文学上的成就，每从庾信后来为西魏所俘，"身堕殊方"立论。陈祚明便是这样看的。他们把庾信诗分成两个时代，在南朝是一个时代，诗"绮艳"；到北朝又是一个时代，诗"六季鲜俪"。殊不知庾信原来并非宫体诗人，他的诗变风化雅，托兴高古，好为新变，不拘旧

---

① [北周]庾信撰,[清]倪璠注,许逸民点校:《庾子山集注》卷五《乌夜啼》,中华书局,1980年,第405页。

② [北周]庾信撰,[清]倪璠注,许逸民点校:《庾子山集注》卷四《狭客行》,中华书局,1980年,第386页。

③ [北周]庾信撰,[清]倪璠注,许逸民点校:《庾子山集》卷四《重别周尚书二首》,中华书局,1980年,第370页。

体，在南朝时如此，在北朝时也是如此。如果他本是宫体诗人，即使身堕殊方，也难望有什么成就。

至于宫体，特点便在"清辞巧制，止乎衽席之间，雕琢蔓藻，思及闺闱之内"。宫体不能完全否定。《玉台新咏》卷十所载梁简文帝《杂题二十一首》，全用五言四句，受乐府民歌影响至为明显。如《绝句赐丽人》一首："腰肢本独绝，眉眼特惊人，判自无相比，还来有洛神"，与《隋书》所说特点完全符合，声律上合于五绝，风格与南朝乐府相似。

《隋书》还说自梁简文帝创宫体诗，"流宕不已，讫于丧亡。陈氏因之，未能全变"①。如陈后主所制《玉树后庭花》："丽宇芳林对高阁，新妆艳质本倾城。映户凝娇乍不进，出帷含态笑相迎。妖姬脸似花含露，玉树流光照后庭。"旨在美张贵妃、孔贵嫔的容色。辞属于宫体，曲为清乐。三、四、五、六句独立出来，便是一首七绝。

三、阴何体

胡应麟《诗薮外编》说："阴（铿）、何（逊）并称久矣。何擅写情素，冲淡处往往颜、谢遗韵。阴惟解作丽语，当时以并仲言（何逊），后世以方太白，亦太过。然近体之合，实阴兆端。"②评语基本正确。但近体之合，兆端者多矣，岂止阴铿一人？庾信无须再论，即如何逊，他的《临行与故游夜别》：

> 历稔共追随，一旦辞群匹。复如东注水，未有西归日。夜雨滴空阶，晓灯暗离室。相悲各罢酒，何时促同膝。③

中间四句用对偶，是五律的写法。此诗风格清新，不仅有颜、谢遗韵，而

---

① [唐]魏征等：《隋书》卷三十五《经籍志四》，中华书局，1973年，第1090页。
② [明]胡应麟：《诗薮》外编卷二，上海古籍出版社，1958年，第154页。
③ 刘畅、刘国珺注：《何逊集注·临行与故游夜别》，天津古籍出版社，1988年，第106页。

且后四句很容易使人联想起唐人李义山的名诗："君问归期未有期，巴山夜雨涨秋池。何当共剪西窗烛，却话巴山夜雨时。"

阴诗风格与何逊基本相同，不能说他"惟解作丽语"。如《江津送刘光禄不及》：

> 依然临江渚，长望依河津，鼓声随听绝，帆势与云邻。泊处空余鸟，离亭已散人，林寒正下叶，钓晚欲取纶。如何相背远，江汉与城闉。[①]

三四、五六、七八句是律诗的写法。就风格来说，清丽与何诗相似。"帆势与云邻"之句，很容易使人联想起李白的名句"孤帆远影碧空尽，惟见长江天际流"。杜甫说："李侯有佳句，往往似阴铿"（《与李十二白同寻范十隐居》）；杜甫是懂得李诗与阴诗之间的关联的。胡应麟以"惟解作丽语"评阴诗，似未深究杜甫何以说李白佳句"往往似阴铿"，也未深究杜甫何以说他自己"颇学阴、何苦用心"（《解闷十二首》）。

阴、何二人的诗，上承颜、谢遗韵，下启唐人风格，与徐、庾同是南朝晚期诗坛的奇葩，近体诗歌的推进者。

四、四六文

把四声之学用到文章上去，便有了"四六文"。

在文章中用排偶之辞，汉魏已然。刘师培《论文杂记》写到东汉以来，"论辩诸作，往往以单行之语，运排偶之辞，而奇偶双生，文体迥异于西汉。建安之世，七子继兴，偶有撰著，悉以排偶易单行"[②]。但这不关乎声律的运用，不是六朝的四六文。程杲《识孙梅四六丛话》说："四六盛于六朝，庾（信）、徐（陵）推为首出，其时法律尚疏，精华特

---

① [陈]阴铿：《阴常侍诗集·江津送刘光禄不及》，中华书局，1985年，第2页。
② 刘师培：《论文杂记》，人民文学出版社，1959年，第116页。

浑……唐兴以来，体备法严，然格亦未免稍降矣。"①他说得对，四六文虽说盛于六朝，实则到庾信、徐陵，才被推为首出。且法律尚疏，要到唐朝才体备法严。今举徐陵《玉台新咏序》及庾信《哀江南赋》以见。

《玉台新咏序》云："夫凌云概日，由余之未窥；千门万户，张衡之所曾赋。……亦有颍川、新市，河间、观津，本号娇娥，曾名巧笑。楚王宫里，无不推其细腰；卫国佳人，俱言讶其纤手。阅诗敦礼，岂东邻之自媒；婉约风流，异西施之被教。"②

《哀江南赋》云："信年始二毛，即逢丧乱，藐是流离，至于暮齿。……雪暗如沙，冰横似岸。逢赴洛之陆机，见离家之王粲。莫不闻陇水而掩泣，向关山而长叹。况复君在交河，妾在清波。石望夫而逾远，山望子而逾多。"③

庾、徐四六文之所以推为首出，正是因为他们"好为新变"，正是因为四声已经创制，并已经用到文章中去。沈约的《郊居赋》六字句特多，不类四六。赋中有"驾雌蜺（霓）之连卷"一句，王筠读"霓"为五激反（仄声中的入声），沈约"抚掌欣抃"，说他曾恐人读"霓"为五鸡反（平声）④，认为王筠"知音"。可见沈约已把四声与文章结合起来。

五、吴均体

这里要说一下近体诗文虽在发展，但不是说古体诗文便无人问津了。如梁朝的吴均，"文体清拔有古气，好事者或学之"⑤，竟成为一体——"吴均体"。《玉台新咏》收吴均诗达二十六首之多。吴均诗源自古风与乐府，但能出之以新意，风格颇高。像"妾本倡家女，出入魏王宫。……独

---

① [清]孙梅辑：《四六丛话》程杲序，光绪七年刻本，第8页左。

② [陈]徐陵编，[清]吴兆宜注，[清]程琰删补，穆克宏点校：《玉台新咏笺注·玉台新咏序》，中华书局，1985年，第11页。

③ [北周]庾信撰，[清]倪璠注，许逸民点校：《庾子山集注》卷二《哀江南赋》，中华书局，1980年，第94、162页。

④ [唐]姚思廉：《梁书》卷三十三《王筠传》，中华书局，1973年，第485页。

⑤ [唐]姚思廉：《梁书》卷四十九《文学列传上》，中华书局，1973年，第698页。

言不得意，流涕忆辽东"①，是从古诗《青青河畔草》："昔为娼家女，今为荡子妇。荡子行不归，空床难独守"②，脱颖而出。他笔下的倡家女虽然出入于魏王宫，但并不得意，一心想念辽东的征人，比古诗中"空床难独守"的倡家女，情操、形象高多了。因为吴均不是仿旧，而是创新，写诗立意颇高，故他的诗才能自成一体，与当时的徐庾体、宫体相颉颃。

正是由于南朝不仅近体诗在兴起，而且古体诗也在创新，才汇成了唐诗的海洋。

第三节　南北朝乐府诗歌的新发展

此节所谈主要是南北朝的乐府民歌。

一、南朝乐府民歌

南朝的乐府民歌有《吴歌》《西曲歌》《神弦歌》等类。每一类中有不同的曲调，每一曲调又有不同的歌词。南朝乐府民歌产生的时期不一，但可注意梁朝有它自己的特出的贡献，主要是在更造新声方面。属于音乐的部分，将在艺术史一章详论，这里要指出的是：吴声十曲中有六曲《上声》《欢闻》《欢闻变》《阿子》《丁督护》《团扇郎》为梁人王金珠所制，并作了词。《前溪》一曲为梁人包明月所制，也作了词③。《西曲歌》中的《襄阳白铜蹄》④出于梁武帝。《隋书·音乐志上》记梁武帝"自为之词，三曲；又令沈约为三曲，以被弦管"。这是文人乐府了。

南朝乐府诗歌主要是民歌，在产生的地点上，说法不一致。郭茂倩说

---

① [陈]徐陵编，[清]吴兆宜注，[清]程琰删补，穆克宏点校：《玉台新咏笺注》卷六《和萧洗马子显古意六首》之二，中华书局，1985年，第227—228页。

② [梁]萧统编，[唐]李善等注：《六臣注文选》卷二十九《古诗十九首》，中华书局，1987年，第538页。

③ 见《乐府诗集》卷四十四《吴声歌曲》。

④ 一作《襄阳蹋铜蹄》。

"自永嘉渡江之后，下及梁、陈，咸都建业，《吴声歌曲》起于此"①。沈约说"吴歌杂曲，并出江东"②。《晋书·乐志下》又谓"吴歌杂曲并出江南"。按两书《乐志》都提到《子夜歌》，说是女子子夜所造。又说晋孝武帝太元中，琅邪王轲之家"有鬼歌子夜"；豫章侨人庾僧度家也"有鬼歌子夜"。豫章属于江南之地，看来说吴歌杂曲产于江东或江南是比较合适的，不宜限于建业。《西曲歌》依郭茂倩之说，"出于荆、郢、樊、邓之间"③。按《西曲歌》中有《寻阳乐》，《宋书·州郡志二》江州寻阳太守条说："寻阳本县名，因水名县，水南注江（则寻阳县本在江北），二汉属庐江，吴立蕲春郡，寻阳县属焉。晋武帝太康元年，省蕲春郡，以寻阳属武昌。……二年，以武昌之寻阳复属庐江郡。惠帝永兴元年，分庐江、武昌立寻阳郡。"又说："柴桑男相，二汉属豫章，晋属武昌。郡既立，治此。"寻阳本在江北，晋惠帝分江北的庐江郡与江南的武昌郡立寻阳郡，以柴桑（今江西九江市）为寻阳郡治，从此，寻阳搬到了江南。《寻阳乐》的产地不在荆、郢、樊、邓之间，是显而易见的。《西曲歌》应该是相对于吴歌杂曲而言，说它产生于"江西"（长江以西，相对于江东而言）才更贴切。

《吴歌》《西曲歌》的形式多用五言四句，内容并非单纯地写男女相悦之情，而是织情入景，用比喻的方法，形象地反映出劳动人民的情操。这对后来五言绝句的发展产生过深远的影响。

例如《吴歌》："朝日照北林，初花锦绣色。谁能春不思，独在机中织。"④春日，春花，春闺，春情融成了一体。"渊冰厚三尺，素雪复千里，我心如松柏，君心复何似？"⑤以素雪和松柏反映了作诗人的高尚情操。

①［宋］郭茂倩：《乐府诗集》卷四十四《吴声歌曲》，中华书局，1979年，第640页。

②［梁］沈约撰：《宋书》卷十九《乐志一》，中华书局，1974年，第549页。

③［宋］郭茂倩：《乐府诗集》卷四十七《西曲歌上》，中华书局，1979年，第689页。

④［陈］徐陵编，［清］吴兆宜注，［清］程琰删补，穆克宏点校：《玉台新咏笺注》卷十《春歌》，中华书局，1985年，第480页。

⑤［陈］徐陵编，［清］吴兆宜注，［清］程琰删补，穆克宏点校：《玉台新咏笺注》卷十《冬歌》，中华书局，1985年，第481页。

又如《西曲歌》："莫愁在何处，莫愁石城西（此石城在郢州竟陵郡），艇子打两桨，催送莫愁来。"①写得何等清新活泼。"春蚕不应老，昼夜常怀丝，何惜微躯尽，缠绵自有时。"②《玉台新咏》把此诗列入《近代杂歌》中，题名《蚕丝歌》，以蚕丝比喻情丝，昼夜常怀，虽死何惜，多么富于表现力。

除了民歌，南朝乐府中的文人的作品，也不可忽视。《玉台新咏·清商曲辞》所载梁王金珠乐府诗有《子夜四时歌八首》，《子夜变歌》一首，《上声歌》一首，《欢闻歌》一首，《欢闻变歌》一首，《阿子歌》一首，《丁督护歌》一首，共十四首之多。《秋歌》第二首写道："紫茎垂玉露，绿叶落金樱，著锦如言重，衣罗始觉轻。"《冬歌》写道："寒闺周黼帐，锦衣连理文。怀情入夜月，含笑出朝云"。③这是五绝。《秋歌》写得金碧辉煌而又注入儿女爱好轻装的情怀。《冬歌》虽云寒闺，而夜月、朝云使全诗无冬寒之感，却只有儿女的情思与喜迎朝阳的笑靥。似乎红云影中，那人正在奔来。这诗情与景写得既成为一体，而又简洁有层次。

王金珠所作是吴声歌曲，西曲歌如梁武帝所作《襄阳蹋铜蹄》三首。

> 陌头征人去，闺中女下机。含情不能言，送别沾罗衣。
> 草树非一香，花叶百种色。寄语故情人，知我心相忆。
> 龙马紫金鞍，翠眊白玉羁。照耀双阙下，知是襄阳儿。④

梁武帝自襄阳起兵，东下建业，夺了萧齐的天下。这三首第一首写襄阳女送别出征人；第二首写襄阳花树飘香，触景生情，寄语征人，以表思念之心；第三首是想象，建业打下了，出征的襄阳儿龙马金鞍，照耀在建业双

---

① [宋]郭茂倩:《乐府诗集》卷四十八《莫愁乐》,中华书局,1979年,第698页。

② [陈]徐陵编,[清]吴兆宜注,[清]程琰删补,穆克宏点校:《玉台新咏笺注》卷十《蚕丝歌》,中华书局,1985年,第485页。

③ [宋]郭茂倩:《乐府诗集》卷四十四《子夜四时歌八首》,中华书局,1979年,第651页。

④ [宋]郭茂倩:《乐府诗集》卷四十八《襄阳蹋铜蹄》,中华书局,1979年,第708页。

阙之下。诗写得有情，有景，有想象力。

总起来说，南朝乐府诗清新、秀气，与近体诗互有影响。吴声歌曲与西曲歌在乐府中都属于清商曲辞，西曲歌舞诗很多，能歌能舞。无疑乐府诗到南朝进入了它的一个辉煌时代。这与江南的开发，美学的进入诗文，歌与舞的要求，都有关系。

二、北朝乐府民歌(谈《木兰诗》产生的时代)

北朝乐府民歌原来大都是北方少数民族的鲜卑语歌词。《乐府诗集》卷二十五《横吹曲辞·企喻歌辞》说："《古今乐录》曰：……企喻本北歌。《唐书·乐志》曰：北狄乐其可知者鲜卑、吐谷浑、部落稽三国，皆马上乐也。后魏乐府始有北歌……此歌是燕、魏之际鲜卑歌也。"又如《敕勒歌》，《乐府诗集》卷八十六《杂歌谣辞》引《乐府广题》说："其歌本鲜卑语，易为齐言，故其句长短不齐。"如果联系孝文帝"断诸北语，一从正音"来看，便可知收集在《乐府诗集》中的一大部分北朝汉语民歌，是在孝文帝断诸北语以后译成的歌词。汉语民歌的发展，主要也在孝文帝推行汉化之后。

北朝乐府民歌豪放爽朗，与清新秀丽的南朝乐府民歌，风格各有千秋，难分轩轾。从鲜卑语翻译过来的民歌最可注意的一首，是《敕勒歌》。《北齐书·神武纪下》武定四年（546）十一月记述高欢在晋阳病危，"勉坐见诸贵，使斛律金作《敕勒歌》，神武（高欢）自和之，哀感流涕"。此歌歌词是：

> 敕勒川，阴山下。天似穹庐，笼盖四野。天苍苍，野茫茫，风吹草低见牛羊。[1]

二十七字，把塞北风光极为形象地勾画了出来。斛律金是铁勒人，敕勒即

---

① [宋]郭茂倩：《乐府诗集》卷八十六《敕勒歌》，中华书局，1979年，第1213页。

铁勒，这首诗原来虽是鲜卑语，但为铁勒民歌。铁勒民族是一个能歌善舞的民族。《北史·高车（铁勒）传》说道铁勒有数十万落，被北魏徙置于漠南千里之地，"乘高车，逐水草，畜牧蕃息"①。文成帝时，五部铁勒"合聚祭天，众至数万。大会，走马，杀牲，游绕歌吟忻忻"。铁勒民族产生《敕勒歌》这样一首名歌，毫不希奇。漠南铁勒人疑后来已鲜卑化，操鲜卑语。斛律金即其人。

在北朝汉语乐府民歌中，最有名的一首是《木兰诗》。《乐府诗集》将这首诗收在横吹曲辞梁鼓角横吹曲中。这首诗究竟产生于何时，是文学史上一个长久未解决的问题。要解决这个问题，不能就诗论诗，而必须将文史二者结合起来，互相发明。下面试作探求。

先看此诗所说的打仗地点和时间。《木兰诗》云：

> 旦辞黄河去，暮至黑山头。不闻爷娘唤女声，但闻燕山胡骑声啾啾。……将军百战死，壮士十年归。……"同行十二年，不知木兰是女郎"。②

表明木兰是在黑山、燕山打仗，仗打了十年、十二年。黑山在今北京昌平区。燕山即燕山山脉，自蓟北逶迤至于辽西之地。"燕山胡骑"是木兰的作战对象。

前人与今人说木兰是同柔然、突厥或契丹打仗。柔然、突厥在北方，说木兰同柔然或突厥打仗的，连诗中说的地点黑山与燕山也未顾及。说木兰同契丹打仗的，倒是考虑到了黑山与燕山的问题，但未深究契丹历史与所在地点。考《北史·契丹国传》："契丹国在库莫奚东。"又说：自北魏第一个皇帝道武帝打过一次契丹之后，便未与北魏打过仗。直到北齐文宣帝"天保四年九月"，才再"犯塞"。在北魏与契丹之间，既然隔着一个库莫奚，北魏既然长期未同契丹打仗，说"燕山胡骑"是契丹也就不对了。

---

① [唐]李延寿：《北史》卷九十八《高车传》，中华书局，1974年，第3273页。

② [宋]郭茂倩：《乐府诗集》卷二十五《木兰诗》，中华书局，1979年，第374页。

那么，燕山胡骑有无可能指奚人（即库莫奚人）？这要看合不合诗中所说打了十年、十二年的时间。

《北史·奚传》说奚人于孝文帝太和"二十年，入寇安州，时营、燕、幽三州兵数千人击走之"[1]。孝文帝死后，继位的宣武帝又在一道诏令中说：奚人"至（太和）二十二年叛逆以来，遂尔远窜"。现在虽然"款附，犹在塞表，每请入塞，与百姓交易"。如果"抑而不许，乖其归向之心；信而不虑，或有万一之惊"。出于这种考虑，宣武帝允许与奚人互市。"交市之日"，由"州遣士监之"。《奚传》紧接着说：奚人"自此已后，岁尝朝献"。

这说明在太和二十年（496），北魏与奚人就发生过战争。太和二十二年（498）以后，那就连年都在打（所谓"二十二年叛逆以来"）。直到宣武帝答应与奚人交市，奚人"岁尝朝献"，两族才由战争转向友好相处。转向友好又是在哪一年呢？

细检《魏书·世宗纪》，库莫奚最早的一次"朝献"，是在正始四年（507）八月。原话是："庚子，库莫奚、宕昌、吐谷浑诸国遣使朝献。"此后，永平元年（508）、三年、延昌元年（512）、二年、三年，奚人都曾"遣使朝献"。故《奚传》有"岁尝朝献"的话。正始四年的第一次朝献，是北魏与奚人由战争转入友好相处的标志。

自孝文帝太和二十年（496）到宣武帝正始四年（507），首尾十二年；自太和二十二年（498）到正始四年（507），首尾共十年。这十年、十二年是北魏与库莫奚打仗的时间，与《木兰诗》记载的木兰与"燕山胡骑"打仗的时间正合。

既然奚人地当黑山、燕山之地，且与北魏接境，既然北魏与奚人打过十年、十二年，那就可以肯定《木兰诗》中说的"燕山胡骑"，是指奚人了。

再看《木兰诗》所反映的社会经济情况。此诗开头写"唧唧复唧唧，

---

① [唐]李延寿：《北史》卷九十四《四夷传上》作"二十二年，（有校勘，言诸本作二十年）"，中华书局，1974年，第3126页。

木兰当户织，不闻机杼声，唯闻女叹息"。中间写"东市买骏马，西市买鞍鞯，南市买辔头，北市买长鞭"。后面写"爷娘闻女来，出郭相扶将；阿姊闻妹来，当户理红妆；小弟闻姊来，磨刀霍霍向猪羊"。这是黄河流域农、林、牧、工、商等业得到发展，人民生活比较安定的景象。而这正是孝文帝"均给天下民田"，迁都洛阳，推行汉化政策以后，所得的成果。均给天下民田在太和九年（485）。迁都洛阳自太和十七年（493）开始，到十九年完成。至宣武帝正始四年（507），已经有十三年了。黄河流域的经济是发展起来了。木兰到东北去打仗，正当太和二十或二十二年至正始四（507）年黄河流域经济的发展时期，诗中所写出征之年"木兰当户织"，到东、南、西、北市去买出征用品，回来的时候，爷娘出郭相扶，阿姊当窗理妆，小弟杀猪宰羊，正与这一个时期北方经济的发展情况相合。

北魏社会经济转向凋敝，在孝明帝正光以后。明帝正光年间，"岁时灾厉，年年水旱，牛马殪踣，桑柘焦枯，饥馑相仍，菜色满道"①。再也看不到当户织的情景，听不到"磨刀霍霍向猪羊"的声音了。

然则，又可以肯定《木兰诗》当产生于宣武帝正始四年（507）以后，明帝正光元年（520）以前社会经济比较繁荣的年代里，而不会晚到正光以后，更不会晚到北朝末年。因为诗中所记，只说到木兰归来的和平繁荣景象，未见社会的凋敝。

正始四年（507）是梁武帝天监六年（507）。梁朝共有五十五年（502—557），说《木兰诗》产生于正始四年（507）至正光元年（520）的十三年间，也就是说产生于梁武帝天监六年（507）至普通元年（520）之间。自普通元年（520）至梁亡尚有三十八年，这与《木兰诗》作为梁鼓角横吹曲辞，被收入梁朝乐府中，时间也可吻合。

这个论证，不敢说就是对《木兰诗》产生的年代最后的确证。但要再拿出完全符合诗中记述，又完全符合历史实际的新论证，恐怕是很难的了。

---

① ［北齐］魏收：《魏书》卷十六《道武七王传》，中华书局，1974年，第407页。

《木兰诗》是继《孔雀东南飞》之后，出现的又一首长诗。此诗价值在于，它不仅蕴藏了少数民族带入文学艺术中的亢健情调，而且所写的女主人公木兰，完全不是儒家所要求的三从四德的妇女，灭了道貌岸然的君子威风，长了闺阁绣楼女子的志气，从另一个侧面批判了儒教。

这里附带说一下北朝文人的文风。李延寿在《北史·文苑传》中说过，北朝文章"词义贞刚，重乎气质"，与南朝"贵乎清绮"不同。如彭城王元勰所作："问松林，松林经几冬？山川何如昔？风云与古同？"[1]便表现了这个特点。《敕勒歌》《木兰诗》也以"词义贞刚，重乎气质"见长，不同于南朝乐府之以清丽见长。这种风格与北方风土、少数民族习俗都有关系。不过，这是北朝文学早期的特征。到了明帝孝昌以后，"天下多务，世人竞以吏工取达，文学大衰"[2]。当然不是就没有人写了，但文风也变，"率多浮艳"[3]，追求辞藻之美。这里面有南朝文风的影响。

有一些作家非无好的篇章。如北朝末年与邢邵齐名的温子升（东晋温峤之后，祖温恭归魏），学南朝诗文，结合北方的情况，形成了自己的风格。他的《捣衣诗》："长安城中秋夜长，佳人锦石捣流黄，香杵纹砧知近远，传声递响何凄凉！七夕长河烂，中秋明月光。蠮螉塞边绝候雁，鸳鸯楼上望天狼"，风格较高。试取李白的《子夜吴歌》"长安一片月，万户捣衣声，秋风吹不尽，总是玉关情。何日平胡虏，良人罢远征"，来与这首诗作比较，我们可以看到李白的《子夜吴歌》虽远胜于温子升的《捣衣诗》，但却是从这首《捣衣诗》变化而来。

总起来说，南北朝时期，北方虽有《木兰诗》这样的名篇，但文学的主流，在南方不在北方。只是北方少数民族给文学艺术带来的亢健气氛，却不可忽视。唐朝文学继承的是南朝的文学，但北朝亢健的文风也为唐朝文学所吸收。

---

① [唐]李延寿：《北史》卷十九《献文六王传》，中华书局，1974年，第702页。
② [北齐]魏收：《魏书》卷八十五《文苑列传》，中华书局，1974年，第1874页。
③ [北齐]颜之推撰，王利器集解：《颜氏家训集解》卷四《文章》，上海古籍出版社，1980年，第249页。

第四节　选体与文学理论

在南北朝时期，出现了两部著名的文学选集，梁昭明太子萧统的《文选》和徐陵的《玉台新咏》。还出现了两本著名的文学理论著作，刘勰的《文心雕龙》和钟嵘的《诗品》。这四本书所选录的文学作品与论及的人物上至战国汉魏。如《文选》即录有屈原的《离骚》，《诗品》论及汉李陵诗、班婕妤诗。书中缺北朝作品与北朝人物，这是因为一，北朝缺乏著名文学作品与文学家。《木兰诗》产生时期较晚，此四人未必知晓。二，这四人有他们自己的文学观点。因此不能因为书中缺北朝作品与北朝文学家，就说这四书，只能代表南朝人的文学观点，或只是南朝人的选本与评论。应知它们是汉魏以来，我国文学作品的选集与总结。而它们之所以产生在南北朝时期，具体说，之所以产生于梁陈之时，是因为梁时各种文体都已具备，到了需要总结的时候了。

自萧统的《文选》出现，因而有了所谓"选体"。萧统在《文选序》中说：自"姬、汉以来"，文籍浩瀚，如果不"略其芜秽，集其清英，盖欲兼功太半难矣！"①所以有编辑文选的必要。可见他的《文选》，是对我国周秦以来文学作品的一次总清理，虽处于分裂时代，可并无地方性质。选什么，即什么是应略的"芜秽"，什么是应集的"清英"，却是关系到选编者的文学观点的问题。因为《文选》是萧统依据自己的观点选出来的我国第一部诗文总集，遂使他成了"选体"的创造者。

萧统所略，据他自己说，有这样一些书：

若夫姬公（周公）之籍，孔父之书……岂可重以芟夷，加以剪截？老、庄之作，管、孟之流，盖以立意为宗，不以能文为本，今之所撰，又亦略诸。若贤人之美辞，忠臣之抗直，谋夫之话，辩士之

---

① ［梁］萧统编，［唐］李善等注：《六臣注文选》序，中华书局，1987年，第3页。

端……今之所集，亦所不取。至于记事之史，系年之书，所以褒贬是非，纪别异同，方之篇翰，亦已不同。若其赞论之综辑辞彩，序述之错比文华，事出于沈思，义归乎翰藻，故与夫篇什杂而集之。①

萧统没有把这些都说成是"芜秽"，可反映了他的文学观点。他认为先秦的经书、子籍，贤人、忠臣、谋夫、辩士的著述，系年纪事的史书，都是"以立意为宗"，不是"以能文为本"，因此他都不选入。只不过"综辑辞彩""错比文华""出于沉思""归乎翰藻"的赞论除外。总之，以立意为宗的东西，是他所不取的。他要选的是有辞彩、文华，出于沉思，归乎"能文"的东西。

何谓"以能文为本"？萧统所选的篇章，便足以说明他心目中的"能文"是什么。姬周他独取屈原的《离骚》《九歌》《九章》《卜居》《渔父》，宋玉的《九辩》《招魂》《高唐赋》《神女赋》《登徒子好色赋》，这都是抒情之作，而又有辞彩文华。将情字摆到第一位，作品不是质木无文，不是言之无物，不是徒讲形式，正是我国古典文学的优秀传统。萧统编辑《文选》，毫无疑问，含有提倡文学应以抒情为主，以能文为本的意义。

徐陵《玉台新咏序》说："往世名篇，当今巧制，分诸麟阁，散在鸿都。不籍篇章，无由披览。于是，燃脂暝写，弄笔晨书，撰录艳歌，凡为十卷。曾无忝于雅颂，亦靡滥于风人"②。他的《玉台新咏》，所选上至《古诗》，下至梁诗，既有文人作品，又有童谣民歌，既有艳诗，又有《古诗无人名为焦仲卿妻作并序》这样的富有民主性的作品。据说他编撰这个集子，是秉承梁简文帝的旨意，"张大"艳诗之体③。他自己也说撰录的是"艳歌"。但要注意他在后面说的两句话："曾无忝于雅颂，亦靡滥于风人。"这就是所谓"张大"艳诗之体。在第二节论徐庾体时，我已说过，

① [梁]萧统编，[唐]李善等注：《六臣注文选》序，中华书局，1987年，第3—4页。

② [陈]徐陵编，[清]吴兆宜注，[清]程琰删补，穆克宏点校：《玉台新咏笺注·玉台新咏序》，中华书局，1985年，第13页。

③ 见集后所载明赵均文。

宋陈玉父认为《玉台新咏》语意与"变风化雅"未大异，且谓"措词托兴高古，要非后世乐府所能及"。陈玉父是了解徐陵的，是懂得《玉台新咏》的。此集价值便在"曾无忝于雅颂，亦靡滥于风人"上。它承继了《三百篇》以来，我国古典诗歌重在抒情的传统，不能单以艳诗目之，贬之。在宗旨上，徐陵《玉台新咏》的选编与萧统《文选》的选编是一致的。《玉台新咏》补上了《文选》所选诗歌的不足。试看他第一卷所选：

此卷共选诗四十首，包括《古诗》八首、《古乐府诗》六首、枚乘《杂诗》九首、秦嘉《赠妇诗三首并序》、徐幹诗二首（《室思》与《情诗》），一首的有李延年《歌诗并序》、苏武诗、辛延年《羽林郎》、班婕妤《怨诗并序》、宋子侯《董娇饶诗》、汉时童谣歌、张衡《同声歌》、秦嘉妻徐淑答诗、蔡邕《饮马长城窟行》、陈琳《饮马长城窟行》、繁钦《定情诗》、《古诗无人名为焦仲卿妻作并序》。这四十首诗堪可称变风化雅，"亦靡滥于风人"。《饮马长城窟行》与《古诗无人名为焦仲卿妻作》且是现实主义的杰作。宫体诗在这部诗集中所占比重甚小。卷七有梁简文帝诗四十三首，卷九有十六首，卷十有二十一首。如前所云，宫体诗不可一概否定。且徐陵所选，是按照他自己的变风化雅的标准，乐府诗多。像卷九梁简文帝《乌栖曲》第一首："芙蓉作船丝作絓，北斗横天月将落。采莲渡头碍黄河，郎今欲渡畏风波。"[①]写得好得很，全不像宫体诗，而像唐诗。此之谓"风人"变风化雅之作。非乐府诗也有乐府诗的特点，前面谈过，不再重复。

刘勰《文心雕龙》与钟嵘《诗品》的产生，是我国文艺理论著作的一个重大发展。以前虽有曹丕的《典论·论文》、陆机的《文赋》，但只是两篇论文而已。虽然谈到为文的宗旨，但未展开。《文心雕龙》与《诗品》则是总结性的作品，宗旨从总结前人著作中得出。《诗品》且品评了汉魏以来至于梁朝几乎所有的诗家。

《南史·文学传·刘勰传》记刘勰"深被昭明太子爱接"。可见刘勰与

---

① [陈]徐陵编，[清]吴兆宜注，[清]程琰删补，穆克宏点校:《玉台新咏笺注》卷九《乌栖曲四首》，中华书局，1985年，第426页。

《文选》的编纂者梁昭明太子萧统的关系很好。又记刘勰著《文心雕龙》五十篇，论古今文体，"欲取定于沈约"。"负书候约于车前，状若货鬻者。约取读，大重之，谓深得文理，常陈诸几案"。可见刘勰与沈约也有交情。《文心雕龙》的问世，与萧统、沈约的识人识才有关。这三人的文学观点是一致的。

《文心雕龙·序志篇》说："夫文心者，言为文之用心也。昔涓子琴心，王孙巧心，心哉美矣，故用之焉。古来文章以雕缛成体，岂取驺奭之群言雕龙也？"这是说明他的书何以取名"文心雕龙"。刘勰所谓"文心"，也就是"为文之用心"，他主张的是什么"心"呢？换言之，他主张的文艺思想、文艺理论是什么呢？《体性篇》说：

> 夫情动而言形，理发而文见，盖沿隐以至显，因内而符外者也。然才有庸俊，气有刚柔，学有深浅，习有雅郑，并情性所铄，陶染所凝，是以笔区云谲，文苑波诡者矣。

《定势篇》又说：

> 夫情致异区，文变殊术，莫不因情立体，即体成势也。

他所谓"情"，也就是见之于文章内容的思想感情。在内容和形式的关系上，他认为情（内容）是主要的，根本的。"情动而言形"，"因情"以立体，即体而成势。形（形式）服从于情（内容），而非情服从于形。这是与形式主义对立的论点。但刘勰并不否定形式，《情采篇》说：

> 故立文之道，其理有三：一曰形文，五色是也；二曰声文，五音是也；三曰情文，五性是也。五色杂而成黼黻，五音比而成韶夏，五情发而为辞章……故情者文之经，辞者理之纬。经正而后纬成，理定而后辞畅。此立文之本源也。

《定势篇》又说：

> 然渊乎文者，并总群势，奇正虽反，必兼解以俱通，刚柔虽殊，必随时而适用。若爱典而恶华，则兼通之理偏。

由此可知他虽然认为内容是主要的，但绝不能忽视形式。内容（情）是经，形式是纬。好的内容要求有好的表达形式，"情文"与"形文""声文"应当并茂。一篇文章应是内容充实，感情充沛，辞彩缤纷，声律铿锵。不然，便非"兼通"。

我们再来回顾一下徐庾体。徐、庾在内容上主张变风化雅，托兴高古；在形式上主张不拘旧体，好新变，正与刘勰的文艺思想相符合。这说明刘勰对"文心"的要求，正是梁朝文苑的共同要求，刘勰的文艺思想，是梁朝文艺思想的集中反映。须知这是《诗经》以来我国现实主义文学所一贯主张的东西。

钟嵘的《诗品》采辑汉魏以来的诗家一百零二人，分为上、中、下三品，被称为"诗话伐山"。我们从《诗品》三卷的序言中，可以知道钟嵘主张的是什么，反对的是什么。

钟嵘高度评价了建安文学的成就，认为"东京二百载中，惟有班固《咏史》，质本无文。降及建安"，就不同了，曹操父子及建安诸子出现，"彬彬之盛，大备于时"。在文学上，形成一种特有的风力——建安风力。对于西晋太康文学，他认为是"文章之中兴"。对于江表诗歌中如同"道德论"一样的诗风，对于大明、泰始中，文章"殆同书抄"，则进行了抨击。被他列入上品的诗与诗人，为古诗，汉李陵诗、班姬诗、魏曹植诗、刘桢诗、王粲诗、阮籍诗，晋陆机诗、潘岳诗、张协诗、左思诗，宋谢灵运诗。他认为谢诗源出于曹植，杂有张协之体，而太康文学又是建安风力的中兴。可见他所赞赏与所主张的东西，是"风力"二字。这是进步的文学观点。

此外他又主张"直寻"。在卷中序文中，他写道：

"思君如流水"，既是即目，"高台多悲风"，亦惟所见。"清晨登陇首"，羌无故实，"明月照积雪"，讵出经史？观古今胜语，多非补假，皆由直寻。

在卷下序文中，他又写道："余谓文制本须讽读，不可塞碍，但令清浊通流，口吻调利，斯为足矣。"这也是直寻。他认为好的文学作品，一定是风力加直寻。故实太多，殆同书抄，既非直寻，也无风力。

可是，陶潜许多诗，完全符合他的"直寻论"，风力亦不减建安，却被他列于中品。这毕竟表现了他与陶潜之间思想的差距。

曹丕《论文》、陆机《文赋》发文学批评之端，《文心雕龙》和《诗品》的出现，则是文艺批评史上的一个飞跃的发展。他们的功绩在于总结了肯定了我国古典文学的现实主义传统。

从以上二章可以明显看到，魏晋南北朝时代是我国古典文学获得重大发展的时代。而文学在这个时代之所以能得到发展，首先是因为君主专制主义与专制政治在这个时代削弱了。外朝台阁制度的出现与"独尊儒术"的崩溃，是两个突出的表现。这在建安时代，可以看得很清楚。随着以丞相为首的台阁制度的建立与求才三令的发布，文学事业在建安时期走上了振兴的道路。建安以后，儒学的地位虽然又在逐步抬高中，但独尊是不行时了，而只能以儒玄、儒道、儒佛结合的面目表露出来。永嘉之乱，是一种巨大的历史灾难。但正如恩格斯所说："没有哪一次巨大的历史灾难不是以历史的进步来作补偿的。"[1]民族的纷争，使得统治者来不及也无可能用一种统一的模式，把人们的头脑再禁锢起来，专制政治还难于恢复到两汉的局面。这个时代条件，又给文学在建安以后的持续发展，不断开辟着道路。

其次，魏晋南北朝时期又是一个个性发展的时代。这与专制政治与独

---

[1] ［德］马克思、［德］恩格斯著，中共中央马克思恩格斯列宁斯大林著作编译局编译：《马克思恩格斯全集》第三十九卷，人民出版社，1974年，第149页。

尊儒术的松动有关。在这个时代，我们可以看到两种现象。一是社会组织在由大家族制度向个体家庭转化，二是人们的思想获得了相对的自由，个性获得了相对的解放。强调共性的东西少了，发展个性的东西多了。比之于两汉，人们敢于发表自己的见解，创造出新的事物。文学大家如正始的嵇康，晋末的陶潜，是我国古代反君主专制主义的思想家。建安体、太康体、渊明体、元嘉体、永明体、徐庾体、宫体、吴均体、阴何体等文学体裁的出现，是个性在文学领域得到充分展现的最好说明。没有个性的相对解放，思想的相对自由，魏晋南北朝时代的文学发展，便是不能想象的。

第三，要看到江南的开发给文学艺术的发展带来的不可忽视的促进作用。如果没有孙吴时期三吴地区经济的发展，是不可能产生陆机这样的文学家的。如果没有南朝时期江南进一步的开发，是不可能产生谢灵运这样的山水诗人的。可以这样说：南朝之所以出现山水诗、山水画、《诗品》《画品》、《书品》、《棋品》，最根本的原因就在于江南这个时期开发出来了。

第四，还要看到外来文化的影响。像声韵学方面，如果没有天竺佛教因明论三声的传入，就不会有周颙、沈约四声的创制；没有四声的创制，也就不会有相对于古体的近体诗歌的出现。

第八章　魏晋南北朝时期艺术的发展（一）

魏晋南北朝时期，歌、舞、书、画、雕刻、杂技各种艺术都有发展，原因无他，还在汉末黄巾起义打乱了封建专制秩序，独尊儒术无论从理论上还是从实际上，都被抛弃，人们能在较为自由的环境里思考与创造。虽然这种环境还是封建环境，发展仍旧是有限制的。但比起汉朝，是一个大进步。

第一节　铜雀三调与民谣国俗清商乐的崛起
（北朝音乐附）

魏晋南北朝时代音乐与舞蹈的发展，表现在四个方面。一是"俗乐"清商曲得到了发展，二是歌与舞的结合，三是少数民族音乐养分的吸收，四是音乐与舞蹈名家辈出。汉朝的艺术被抛到后面去了。

《隋书·音乐志上》记"汉明帝时，乐有四品"：一为"大予乐，郊庙上陵之所用"；二为"雅颂乐，辟雍飨射之所用"；三为"黄门鼓吹乐，天子宴群臣之所用"；四为"短箫铙歌乐，军中之所用"。"又采百官诗颂，以为登歌，十月吉辰，始用蒸祭"。一言以蔽之曰：汉朝的音乐是贵族音乐。这与汉朝专制帝国的发展，儒术与天命鬼神的结合，有不可分的关系。

曹魏时，音乐有了变化。首先是雅乐，渗入了新声。曹操平荆州，得汉雅乐郎河南杜夔，叫他创定雅乐。那时又有邓静、尹商"善训雅乐"，歌师尹胡能唱宗庙郊祀之曲,舞师冯肃、服养晓得前代的舞蹈,何夔领着他们"远详经籍,近采故事,考会古乐,始设轩悬钟磬"[①]。魏复先代古乐,自何夔开始。魏雅乐有四曲:鹿鸣(於赫,咏武帝)、驺虞(巍巍,咏文帝)、伐檀(后省除)、文王(洋洋,咏明帝)。《宋书·乐志一》有一个记载:"驺虞、伐檀、文王并左延年改其声"。左延年是什么人呢?《宋书》说"左延年等,妙善郑声"[②],而孔子说过:"郑声淫"。《晋书·乐志上》说:"黄初中,柴玉、左延年之徒,复以新声被宠,改其声韵。"即改雅乐驺虞、伐檀、文王三曲声韵。所谓"改"意义在于以郑声或新声渗入已经无生命力的雅乐中。

曹魏在音乐发展上的贡献,重要的还不在以新声渗入雅乐,而在"清商乐"的形成与发展。《宋书·乐志一》记宋顺帝升明二年(478),尚书令王僧虔上表谈及:

> 又今之清商,实由铜雀,魏氏三祖(武、文、明三帝),风流可怀,京、洛相高,江左弥重。

这是说:南朝盛极一时的清商曲与辞,是从魏时铜雀台的艺伎开始的。关于清商乐,《乐府诗集》卷四十四《清商曲辞一》说道:

> 清商乐,一曰清乐。清乐者,九代之遗声。其始即相和三调(平、清、瑟)是也,并汉魏已来旧曲。其辞皆古调及魏三祖所作。……乐器有钟、磬、琴、瑟、击琴、琵琶、箜篌、筑、筝、节鼓、笙、笛、箫、篪、埙等十五种。

准确一点说,相和三调犹可谓为汉魏以来的旧曲,清商乐则源自铜雀,为曹魏以后的新曲。《乐府诗集》清商曲辞所载"吴声歌曲""西曲歌""江

---

① [唐]房玄龄等:《晋书》卷二十二《乐志上》,中华书局,1974年,第679页。

② [梁]沈约:《宋书》卷十九《乐志一》,中华书局,1974年,第534页。

南弄"的作者，都是晋朝以后的人。曲都是新曲，乐器也有新创。

清商乐是"俗乐"，是魏晋南北朝时代音乐的主流。它是由相和三调演变而来，所谓"其始即相和三调是也"。曹魏的功绩是：从曹操开始，大量创作相和三调曲辞，而铜雀艺人则是他们所创制的相和三调曲辞的歌者和舞者。所谓"铜雀歌舞"，内容指此。《乐府诗集》所载曹操写的相和平调曲（以角为主），有《短歌行》三首；相和清调曲（以商为主），有《苦寒行》二首，《塘上行》一首，《秋胡行》二首；相和瑟调曲（以宫为主），有《善哉行》二首，《步出夏门行》一首，《却东西门行》一首。达十二首之多，魏文帝曹丕写的相和平调曲有《短歌行》一首，《猛虎行》一首，《燕歌行》三首；清调曲有《秋胡行》一首；瑟调曲有《善哉行》四首，《丹霞蔽日行》一首，《折杨柳行》一首，《饮马长城窟行》一首，《上留田行》一首，《大墙上蒿行》一首，《艳歌何尝行》一首，《煌煌京洛行》一首，《月重轮行》一首。达十八首之多。魏明帝曹叡写的相和平调曲，有《长歌行》一首，《短歌行》一首，《燕歌行》一首；清调曲有《苦寒行》一首；瑟调曲有《善哉行》二首，《步出夏门行》一首，《月重轮行》一首，《棹歌行》一首。也有九首。王僧虔所说"魏之三祖，风流可怀"，实由于此。

此外，尚有曹植写的相和清调曲《吁嗟篇》一首，《豫章行》一首；瑟调曲《当来日大难》一首，《丹霞蔽日行》一首，《野田黄雀行》三首。王粲写的相和平调曲《从军行》五首。陈琳写的相和瑟调曲《饮马长城窟行》一首。

他们所写的辞是配曲的，故称为"曲辞"。而所配的曲，即相和平调曲、清调曲与瑟调曲。配曲是为了唱，为了舞；铜雀台的建造，铜雀伎的设置，为唱与舞提供了歌台舞榭与表演艺术家。铜雀台是建安十五年（210），在邺城西北建造的。潘眉《三国志考证》卷五说："《邺中记》：'铜雀台因城为基，址高一十丈，有屋一百二十间，周围弥覆其上。'"又说："观此亦可想见魏时繁华声伎矣。"邺城本是魏都，相和三调曲辞是"魏氏三祖"等人所造，歌者舞者是魏都铜雀台艺术家，这对后世影响之大，是可想见的。王僧虔说"今之清商，实由铜雀"，表明铜雀声伎在音乐发展史上，有重要的地位。

《宋书·乐志三》将相和三调直称为"清商三调"。所记"清商三调歌诗"，平调有曹操的《短歌行》二首，曹丕的《短歌行》一首，《燕歌行》二首；清调有曹操的《秋胡行》二首，《苦寒行》一首，《塘上行》一首，曹叡的《苦寒行》一首；瑟调有曹操的《善哉行》二首，曹丕的《善哉行》三首，曹叡的《善哉行》二首。沈约这种划分方法，是有道理的。因为清商乐"其始即相和三调"。然而，清商乐最大的特点是新，三调只能称为清商乐之始，而不能说清商乐即是三调。虽然如此，沈约的分法，却可帮助我们进一步了解"魏氏三祖"大量创作三调歌辞，对清商乐的发展所起的重大作用。

王僧虔、沈约及《乐府诗集》的编纂者郭茂倩都没有说魏氏三祖为何能一反汉朝传统，大量创作三调歌辞。懂得曹操求才三令的精神在于反对儒术的人都会了解：他之所以能带头创作三调歌辞，是因为独尊儒术在他的心目中已经破产。他要的是新声谣俗。

清商乐本质上就是一种新声。王僧虔在表中说的："家竞新哇，人尚谣俗，务在噍危，不顾律纪，流宕无涯，未知所极，排斥典正，崇长烦淫"[1]，是清商乐的生动写照。这种新不是一新即止，而是不断翻新。郭茂倩在论及相和三调时，所说"民谣国俗，亦世有新声"[2]，即指清商乐而言。"世有新声""务在噍危"，概括了清商乐的特征。

我们从《宋书·乐志一》对《凤将雏哥》所作的解释，对清商乐的翻新犹可得知一二。《宋书》说：

> 《凤将雏哥》者，旧曲也。应璩《百一诗》云："为作《陌上桑》，反言《凤将雏》。"然则《凤将雏》其来久矣，将由讹变以至于此乎？

---

① ［梁］沈约：《宋书》卷十九《乐志一》，中华书局，1974年，第553页。

② ［宋］郭茂倩：《乐府诗集》卷四十四《清商曲辞一》，中华书局，1979年，第638页。

《凤将雏哥》属于清商乐吴声歌曲。《陌上桑》，据《乐府诗集》卷二十八《相和歌辞三·陌上桑三解》引《古今乐录》："《陌上桑》歌瑟调。古辞《艳歌罗敷行》《日出东南隅》。"可归入相和瑟调曲《艳歌行》一类。《宋书》的话告诉我们：清商乐《凤将雏》，是由相和瑟调曲《陌上桑》"讹变"而来。因为《凤将雏》曲调与《陌上桑》近似，所以，"为作《陌上桑》，反言《凤将雏》"。应璩是曹魏时候的人，可知曹魏已有人将三调翻新。

又《乐府诗集》卷四十六《清商曲辞三》引《古今乐录》关于《懊侬歌》的话，说道：

> 《懊侬歌》者，晋石崇、绿珠所作唯"丝布涩难缝"一曲而已，后皆（东晋安帝）隆安初民间讹谣之曲。

据此可知清商乐中的吴声歌曲《懊侬歌》产生于西晋，始创者为石崇与其妓"善吹笛"的绿珠。疑此曲以笛子伴奏。始创也是一种翻新。王僧虔所谓"家竞新哇"，可用于石家此曲。到东晋隆安初年，桓玄得势，国家将乱，《懊侬歌》一变而产生了"民间讹谣之曲"。《宋书·五行志二》写道：

> 晋安帝隆安中，民忽作《懊恼歌》，其曲中有"草生可揽结，女儿可揽抱"之言。

所谓《懊恼歌》，即"民间讹谣之曲"。此曲为西晋《懊侬歌》的新变。据《古今乐录》所云，今《乐府诗集·清商曲辞三》所录《懊侬歌》十四首，除第一首"丝布涩难缝"为石崇、绿珠所作外，余十三首应为东晋隆安中民间讹谣之曲《懊恼歌》。

东晋与南北朝时期，是清商乐的发展时期。《乐府诗集》所载清商曲辞，大都是自制新声，产生于江左。梁朝时代是清商乐的黄金时代。不仅音乐，连文学也受到了新声的影响。

对清商乐中的一大类吴声歌曲,《宋书·乐志一》记其产生,较为具体。志中谈道:"吴哥杂曲,并出江东,晋、宋以来,稍有增广。"此种"增广",即是新创。如:

《子夜哥》。《宋书》说:"《子夜哥》者,有女子名子夜,造此声。晋孝武太元中,琅邪王轲之家有鬼哥《子夜》。殷允为豫章时,豫章侨人庚僧度家亦有鬼哥《子夜》。殷允为豫章,亦是太元中,则子夜是此时以前人也。"[1]

《前溪哥》。《宋书》说:"《前溪哥》者,晋车骑将军沈充所制。"[2]

《阿子》及《欢闻哥》。《宋书》说:"《阿子》及《欢闻哥》者,晋穆帝升平初,哥毕辄呼'阿子! 汝闻不?'语在《五行志》。后人演其声,以为二曲。"[3]

《团扇哥》。《宋书》说:"《团扇哥》者,晋中书令王珉与嫂婢有情,爱好甚笃,嫂捶挞婢过苦,婢素善哥,而珉好捉白团扇,故制此哥。"[4]

《长史变》。《宋书》说:"《长史变》者,司徒左长史王廞临败所制。"[5]

这都是东晋江左新声。

《督护哥》。《宋书》说:"彭城内史徐逵之为鲁轨所杀,宋高祖使府内直督护丁旿收敛殡埋之。逵之妻,高祖长女也,呼旿至阁下,自问敛送之事,每问,辄叹息曰:'丁督护!'其声哀切,后人因其声,广其曲焉。"[6]

《读曲哥》。《宋书》说:"《读曲哥》者,民间为彭城王义康所作也。"[7]

这都是宋代江左新声。

---

[1] [梁]沈约:《宋书》卷十九《乐志一》,中华书局,1974年,第549页。
[2] [梁]沈约:《宋书》卷十九《乐志一》,中华书局,1974年,第549页。
[3] [梁]沈约:《宋书》卷十九《乐志一》,中华书局,1974年,第549页。
[4] [梁]沈约:《宋书》卷十九《乐志一》,中华书局,1974年,第550页。
[5] [梁]沈约:《宋书》卷十九《乐志一》,中华书局,1974年,第550页。
[6] [梁]沈约:《宋书》卷十九《乐志一》,中华书局,1974年,第550页。
[7] [梁]沈约:《宋书》卷十九《乐志一》,中华书局,1974年,第550页。

梁代吴声十曲：《子夜》《上柱》《凤将雏》《上声》《欢闻》《欢闻变》《前溪》《阿子》《丁督护》《团扇郎》，除了《凤将雏》以上三曲至梁未改外，《上声》以下七曲，曲调又非晋、宋旧有。《乐府诗集》卷四十四《清商曲辞一·吴声歌曲一》说道："《上声》以下七曲，内人包明月制舞《前溪》一曲，余（《上声》《欢闻》《欢闻变》《阿子》《丁督护》《团扇郎》）并王金珠所制。"包明月、王金珠都是梁人。《前溪》《欢闻》《阿子》《丁督护》《团扇郎》均非晋、宋之旧，而是与《上声》《欢闻变》一样，为梁代包明月、王金珠二人的新创造。

陈时创新流风未已。《隋书·音乐志上》说到陈后主"于清乐（即清商乐）中造《黄鹂留》及《玉树后庭花》《金钗两臂垂》等曲，与幸臣等制其歌词，绮艳相高，极于轻薄。男女唱和，其音甚哀。"《南史·后妃传下·张贵妃传》也说：陈后主"使诸贵人及女学士与狎客共赋新诗，互相赠答。采其尤艳丽者，以为曲调，被以新声。选宫女有容色者以千百数，令习而歌之，分部迭进，持以相乐。其曲有《玉树后庭花》《临春乐》等。"则清商新声不仅流行于民间，而且浸染于宫廷。到南朝梁陈之时，除了清商乐，再无别的曲调可以代表音乐。

此还只是就清商乐中的吴声歌曲而言。至于出自荆、郢、樊、邓之间的《西曲歌》三十四曲，很多也是南朝的创作。像《石城乐》，为宋臧质所作；《乌衣啼》，为宋临川王刘义庆所作；《莫愁乐》，出于《石城乐》；《估客乐》，为齐武帝所作；《襄阳乐》，为宋随王刘诞所作；《雍州曲》，宋文帝割荆州置雍州，《雍州曲》的产生，在此之后；《襄阳蹋铜蹄》，为梁武帝、沈约所作；《攀杨枝》，为梁时所作；《寿阳乐》，为宋南平穆王刘铄所作；《杨叛儿》，为齐隆昌时童谣；《西乌夜飞》，为宋元徽五年（477）荆州刺史沈攸之所作；《常林欢》，为宋、齐间曲[①]。凡此都是新声。

列入清商曲辞的《江南弄》，据《古今乐录》所记，为《西州曲》的改制。改者是梁朝的武帝及沈约，可名之为"梁曲"。《古今乐录》说：

[①] 见《乐府诗集》卷四十七至四十九《清商曲辞》四、五、六。

　　梁天监十一年冬，武帝改西曲，制《江南上云乐》十四曲，《江
南弄》七曲：一曰《江南弄》，二曰《龙笛曲》，三曰《采莲曲》，四
曰《凤笛曲》，五曰《采菱曲》，六曰《游女曲》，七曰《朝云曲》。又
沈约作四曲：一曰《赵瑟曲》，二曰《秦筝曲》，三曰《阳春曲》，四
曰《朝云曲》，亦谓之《江南弄》云。[①]

　　与梁武帝"更造新声"，作《襄阳蹋铜蹄》三曲一样，这些曲子，也都是
更造新声。具体说，是在《西州曲》的基础上，再创新调。

　　毫无疑问，清商新声，是江左乐坛的盟主。北朝呢？自"后魏孝文讨
淮汉，宣武定寿春，收其声伎，得江左所传中原旧曲《明君》《圣主》《公
莫》《白鸠》之属，及江南吴歌、荆楚西声"，清商乐也就传到了北方。北
魏将这些歌曲"总谓之清商乐"[②]。这是吹到北方的新风。

　　北朝在北魏时期，雅乐是没有得到发展的。孝武帝永熙二年（533）
春，录尚书长孙稚、太常卿祖莹上表说道："自中原丧乱，晋室播荡，永
嘉已后，旧章湮没。太武皇帝破平统万，得古雅乐一部，正声歌五十曲，
工伎相传，间有施用。自高祖（孝文帝）迁居，世宗（宣武帝）晏驾，内
外多事，礼物未周。"[③]寥寥数语，把雅乐在整个北魏时期的命运说出来
了。北魏所喜欢的是它自己的鲜卑歌和西域乐。道武帝时，"掖庭中歌
《真人代歌》，上叙祖宗开基所由，下及君臣废兴之迹，凡一百五十章，昏
晨歌之，时与丝竹合奏。郊庙宴飨亦用之"[④]。《真人代歌》，据《通典》
卷一百四十六《乐六》北狄乐说：

　　后魏乐府始有北歌，即魏《真人歌》是也。代都时，命掖庭宫女

　　① [宋]郭茂倩：《乐府诗集》卷五十《清商曲辞七·江南弄七首》引《古今乐录》，中华书局，1979年，第726页。

　　② [宋]郭茂倩：《乐府诗集》卷四十四《清商曲辞一》，中华书局，1979年，第638页。

　　③ [北齐]魏收：《魏书》卷一百九《乐志》，中华书局，1974年，第2841页。

　　④ [北齐]魏收：《魏书》卷一百九《乐志》，中华书局，1974年，第2828页。

晨夕歌之。周、隋代与西凉乐杂奏。今存者五十三章，其名目可解者六章，《慕容可汗》《吐谷浑》《部落稽》《钜鹿公主》《白净皇太子》《企俞》也。其余不可解。咸多可汗之词。按今《大角》即后魏《代逻回》是也，其曲亦多可汗之词，北虏之俗皆呼主为可汗，吐谷浑又慕容别种，知此歌是燕魏之际鲜卑歌。其词虏音，不可晓。

可知所谓《真人代歌》，全是鲜卑歌。此歌从魏初起，便是北魏掖庭晨夕所奏、郊庙宴飨采用的主要音乐，直到魏末。

《乐府诗集》卷二十五《横吹曲辞五》梁鼓角横吹曲，有《企喻歌辞四曲》《钜鹿公主歌辞三曲》，此即燕、魏之际的鲜卑歌《真人代歌》，《通典》谓之"名目可解者"。横吹曲本属于鼓吹曲。鼓吹后来分为二部，"有箫笳者为鼓吹，用之朝会、道路"，也用来赏赐，所谓赐"鼓吹一部"是也，"有鼓角者为横吹，用之军中，马上所奏者是也"[1]。北魏以征战起家，《真人代歌》这种鼓角横吹之声，就不仅闻之于军中，而且闻之于宫廷中了。

北魏后来得到了西凉与南方清商之乐。太武帝"平河西，得沮渠蒙逊之伎"，杂用于"宾嘉大礼"[2]。此伎是将吕光所得龟兹之声，参以秦声，变化而成，乐器中有钟磬，谓之《秦汉伎》，亦谓之《西凉乐》[3]。周、隋之时，以鲜卑乐《真人代歌》"与《西凉乐》杂奏"[4]，而用《西凉乐》之名，因而鲜卑歌不见于隋文帝的七部乐与炀帝的九部乐。《西凉乐》有鼓无角，亦无箫。后世惟有琴曲传北狄乐中胡笳之声了。如《胡笳弄》，"以琴写胡笳声为十八拍"[5]。

孝文帝、宣武帝时，北魏又得到江左所传中原旧曲"及江南吴歌、荆

---

① [宋]郭茂倩：《乐府诗集》卷二十一《横吹曲辞一》，中华书局，1979年，第309页。

② [唐]魏征等：《隋书》卷十四《音乐志中》，中华书局，1973年，第313页。

③ [唐]魏征等：《隋书》卷十五《音乐志下》，中华书局，1973年，第378页。

④ [宋]欧阳修：《新唐书》卷二十二《礼乐十二》，中华书局，1975年，第479页。

⑤ [宋]郭茂倩：《乐府诗集》卷五十九《胡笳十八拍》，中华书局，1979年，第861页。

楚西声"①，总名之为《清商乐》。也杂用于殿廷宴飨。

北狄之声曾经南传。《隋书·音乐志上》记陈后主"尤重声乐，遣宫女习北方箫鼓，谓之《代北》，酒酣则奏之"。《西凉乐》的东传，《清商乐》的北传，代北鼓角横吹与鼓吹的南传，是南北朝音乐交流史上的大事。

北齐爱好西域音乐，即使是正声，也"仍杂西凉之曲"。到了后主高纬的时候，西域音乐大盛。高纬是一个"唯赏胡戎乐，耽爱无已"的人。"于是繁手淫声，争新哀怨，故曹妙达、安未弱、安马驹之徒，至有封王开府者。"这些曹国、安国的音乐家，"服簪缨而为伶人之事"。高纬也"自能度曲，亲执乐器，悦玩无倦，倚弦而歌"。他曾"别采新声，为《无愁曲》，音韵窈窕，极于哀思，使胡儿阉官之辈，齐唱和之，曲终乐阕，莫不殒涕"②。后主爱好西域音乐甚至到了想作"龟兹国子"的程度。《北史·恩幸传·韩凤传》记后主曾派韩凤到黎阳去，临黄河筑城戍，临行，后主说："急时且守此作龟兹国子。更可怜人生如寄，唯当行乐，何用愁为！"他真是个"无愁天子"。

《隋书·音乐志中》记北周武帝聘皇后于北狄，"得其所获康国、龟兹等乐，更杂以高昌之旧（宇文泰所得）"③。清商乐不传于北周，隋文帝平陈，才从陈朝获得此乐，隋文帝以为是"华夏正声"。

《隋书·音乐志下》所载隋朝的九部乐，是南北朝音乐的总汇。这九部乐是：一，清乐；二，西凉；三，龟兹乐（后凉吕光灭龟兹，得其声，隋有西国龟兹、齐朝龟兹、土龟兹三部）；四，天竺乐（起自张重华据凉州）；五，康国乐；六，疏勒乐；七，安国乐；八，高丽乐（疏勒、安国、高丽三乐，起自北魏灭北燕与通西域）；九，礼毕乐（出自东晋太尉庾亮家）。就整个魏晋南北朝时代来说，最能表现这个时代音乐的求新精神的，是由铜雀三调开始的清乐或清商乐。

---

① ［北齐］魏收：《魏书》卷一百九《乐志》，中华书局，1974年，第2843页。

② ［唐］魏征等：《隋书》卷十四《音乐志中》，中华书局，1973年，第331页。

③ ［唐］魏征等：《隋书》卷十四《音乐志中》，中华书局，1973年，第342页。

第二节　舞曲与舞蹈的新发展

舞曲自汉以后，有雅舞曲、杂舞曲两种。雅舞用之于郊庙、朝飨，杂舞用之于宴会。杂舞如《公莫》《巴渝》《鞞舞》《鞞舞》《铎舞》《拂舞》《白纻》之类，均出自方俗，后来才为殿庭所采用。汉、魏以后，都以鞞、铎、巾、拂四舞用之于宴飨。这种用于郊庙、朝飨、宴会的雅、杂二舞，带有贵族色彩。最能表现此一时代舞曲的发展的，是包含在清商乐中的许多舞曲。那是民间的舞曲，情调远非神圣的雅舞与宴会杂舞所能比。除此以外，此时代尚有胡戎舞伎传入。到南北朝时，出现了一个舞蹈的繁盛时期。

雅舞有文、武二舞，所谓"以揖让得天下，则先奏文舞，以征伐得天下，则先奏武舞，各尚其德"是也。根据这个标准来看所传黄帝的《云门》，尧的《大咸》，舜的《大韶》，禹的《大夏》，便是文舞；殷的《大濩》，周的《大武》，便是武舞。汉魏以后，虽有改变，但万改不变其舞，包括舞曲。只是舞名与曲辞有所不同。故《古今乐录》说："自周以来，唯改其辞，示不相袭，未有变其舞者也。"[1]汉代以后又有庙舞，也是雅舞。

舜《韶舞》与周《大武》流传下来，成了后世文武二舞的依据或准则。从以下一些材料，我们可以看到历代文武二舞之间陈陈相因的关系。

"始皇改周舞（《大武》）曰《五行》，汉高祖改《韶舞》曰《文始》，以示不相袭也。"[2]此所谓"改"，是改名称，改曲辞，而不是改其舞，虽云"以示不相袭"，而实际是相袭。

宋武帝永初元年（420），改晋"《正德舞》曰《前舞》，《大豫舞》曰

---

① [宋]郭茂倩：《乐府诗集》卷五十二《舞曲歌辞一》引《古今乐录》，中华书局，1979年，第754页。

② [梁]沈约：《宋书》卷十九《乐志一》，中华书局，1974年，第533页。

《后舞》"[1]。"宋孝武改《前舞》为《凯容》之舞,《后舞》为《宣烈》之舞"[2]。"梁改《宣烈》为《大壮》,即周《武舞》也。改《凯容》为《大观》,即舜《韶舞》也"[3]。

由此可见到头来文舞还是舜《韶舞》,武舞还是周《大武》。这种因循相袭用于郊庙的舞曲与舞蹈,是没有生命力的。它只是封建君主专制的表征而已。

杂舞被认为非正乐,与雅舞不同。但同是杂舞,也有区别。用之于宴飨后来且被用之于殿庭的鞞、铎、巾、拂四舞,是杂舞中的高贵者。成公绥曾说:"鞞铎舞庭,八音并陈。"[4]这四舞是"古之遗风""前代旧声",与雅舞接近。

我们从《宋书·乐志一》等文献所记,可知这四个舞曲的古老性与相承性。《鞞舞》(《鞞扇舞》),《宋书》说:"未详所起,然汉代已施于燕享矣。"[5]起源当更早。魏时曹植曾"依前曲改作新哥五篇":《圣皇》《灵芝》《大魏》《精微》与《孟冬》。这五篇是改辞不改曲。晋以后的鞞舞辞虽不同,曲与舞仍相承袭。

铎舞。《古今乐录》说:"今谓汉世诸舞,鞞、巾二舞是象事,铎、拂二舞以象时。古《铎舞曲》有《圣人制礼乐》一篇,声辞杂写,不复可辨,相传如此。魏曲有《太和时》,晋曲有《云门篇》,傅玄造,以当魏曲,齐因之。梁周舍改其篇。"[6]对铎舞的沿革说得很详细。这同样是改辞不改曲与舞。铎有"振铎鸣金"之意。

巾舞(公莫舞)。《宋书》说:"按《琴操》有《公莫渡河曲》,然则其

① [梁]沈约:《宋书》卷十九《乐志一》,中华书局,1974年,第541页。

② [宋]郭茂倩:《乐府诗集》卷五十二《前舞凯客歌》引《古今乐录》,中华书局,1979年,第759页。

③ [宋]郭茂倩:《乐府诗集》卷五十二《梁大壮大观舞歌二首》引《古今乐录》,中华书局,1979年,第761页。

④ [宋]郭茂倩:《乐府诗集》卷五十三《杂舞一》,中华书局,1979年,第761页。

⑤ [梁]沈约:《宋书》卷十九《乐志一》,中华书局,1974年,第551页。

⑥ [宋]郭茂倩:《乐府诗集》卷五十四《铎舞歌》引《古今乐录》,中华书局,1979年,第784页。

声所从来已久。"①这是一个很古老的舞曲。江左以来，有歌无辞。

拂舞。《晋书·乐志下》说："拂舞出自江左。旧云吴舞，检其歌，非吴辞也。亦陈于殿廷。"晋拂舞歌诗五篇：《白鸠》《济济》《独禄》《碣石》与《淮南王》。《乐府题解》说："读其辞，除《白鸠》一曲，余并非吴歌，未知所起也。"②《古今乐录》又说："梁《拂舞歌》并用晋辞。"③则《拂舞歌》也是一个很古老的舞曲，自晋至梁相承采用。

《宋书》谓："前世乐饮，酒酣，必起自舞。《诗》云'屡舞仙仙'是也。……魏、晋已来，尤重以舞相属。所属者代起舞，犹若饮酒以杯相属也。谢安舞以属桓嗣是也。近世以来，此风绝矣。"④此话说出了宴舞的一个变迁。魏晋宴会，特重歌与舞的结合。但到南朝，宴会不再"以舞相属"了，舞曲仍存。宋孝武帝大明年间，"以鞞、拂、杂舞合之钟石，施于殿廷"⑤。从此，鞞、拂等舞身价更加提高。施于殿廷实际上也就是登于雅乐。

《乐府诗集》所记的杂舞尚有《白纻舞》《杯槃舞》等。与鞞、铎、巾、拂四舞相比，《白纻》《杯槃》二舞，产生的时代较晚（晋朝），内容也不是那么神圣。可以说，这二舞是由殿廷舞蹈转向民间舞蹈、由雅舞曲转向清商舞曲的过渡或桥梁。

《宋书·乐志一》言及《白纻舞》时，说道："按舞词有巾袍之言，纻本吴地所出，宜是吴舞也。晋《俳歌》又云：'皎皎白绪，节节为双。'吴音呼绪为纻，疑白纻即白绪。"《乐志四》记有《白纻舞》歌诗三篇，《乐府诗集》卷五十五《舞曲歌辞四》题为《晋白纻舞歌诗》。可以断定《白纻舞》为晋时的吴舞。

---

① [梁]沈约：《宋书》卷十九《乐志一》，中华书局，1974年，第551页。

② [宋]郭茂倩：《乐府诗集》卷五十四《晋拂舞歌》引《乐府解题》，中华书局，1979年，第789页。

③ [宋]郭茂倩：《乐府诗集》卷五十四《晋拂舞歌》引《古今乐录》，中华书局，1979年，第789页。

④ [梁]沈约：《宋书》卷十九《乐志一》，中华书局，1974年，第552页。

⑤ [梁]沈约：《宋书》卷十九《乐志一》，中华书局，1974年，第552页。

今安徽当涂县（属于吴地）东七十里，古有白纻亭。白纻亭的得名，据《太平寰宇记》，是由于南朝第一个朝代刘宋的皇帝，曾与群臣会于此地，唱《白纻歌》，跳《白纻舞》。白纻"质如轻云色如银"，是裁制舞衣的妙品。刘宋君臣把当涂当作《白纻》的歌舞场，则因为当涂在当时已成为白纻的著名产地。

《白纻舞》歌诗描写《白纻》舞姿说："高举两手白鹄翔，轻躯徐起何洋洋！凝停善睐容仪光，宛若龙转乍低昂，随世（时）而变诚无方，如推若引留且行。"①你看，穿戴白纻舞衣的舞蹈家们，在白纻舞曲的伴奏下，手举时如白鹄在高翔，体转时如白龙在低昂，若推若引，若留若行，舞态何等优美！这种舞是民间喜闻乐见的。就吴舞而言，它其实就是吴地民间的舞蹈，后来进入宫廷。

《宋书》写到《杯槃舞》，加了"史臣按"。谓"杯槃，今之《齐世宁》也。张衡《舞赋》云：'历七槃而纵蹑。'王粲《七释》云：'七槃陈于广庭。'近世文士颜延之云：'递间关于槃扇。'鲍照云：'七槃起长袖。'皆以七槃为舞也。《搜神记》云：'晋太康中，天下为《晋世宁舞》，矜手以接杯槃反复之。'此则汉世唯有槃舞，而晋加之以杯，反复之也。"②就《杯槃舞》而言，晋初才有。此舞是在汉代槃舞的基础上加上杯舞制成。这是一种创新。

《宋书·乐志四》记有晋《杯槃舞》歌诗一首，诗中写道"舞杯槃，何翩翩，举坐翻复寿万年。天与日，终与一，左回右转不相失。筝笛悲，酒舞疲，心中慷慨可健儿"。这像槃技，用筝笛伴奏，饮酒时施用。后世舞碟实起于此。

《白纻舞》《杯槃舞》尚未摆脱歌功颂德的陈词，像"晋世方昌乐未央""晋世宁"，便令人读之恶心。歌诗描写舞姿，是看者的感受，舞者是很难将自己的感情注入到舞蹈中去的。舞蹈真正的发展，是南朝清商乐中，大量舞曲的出现，是舞者的感情与舞曲、歌诗的合一，是舞曲、舞蹈

---

① ［梁］沈约：《宋书》卷二十二《乐志四》，中华书局，1974年，第636页。

② ［梁］沈约：《宋书》卷十九《乐志一》，中华书局，1974年，第551页。

的走向民间。

包含舞曲最多的，是清商乐中的《西曲歌》。《古今乐录》记《西曲歌》三十四曲，其中《石城乐》《乌夜啼》《莫愁乐》《估客乐》《襄阳乐》《三洲》《襄阳蹋铜蹄》《采桑度》《江陵乐》《青骢白马》《共戏乐》《安东平》《那呵滩》《孟珠》《翳乐》《寿阳乐》等十六曲都是舞曲[①]。今据《乐府诗集》，将这十六支舞曲的来由，述之如下，以见南朝流行于民间的舞曲、舞蹈的发展状况。

《石城乐》。宋臧质所作。石城在竟陵郡，臧质曾为竟陵郡太守，于城上眺望，见一群少年歌谣通畅，因作此曲。也即是说，此曲是在竟陵少年歌谣的基础上写成。旧舞十六人。

《乌夜啼》。宋临川王刘义庆所作。旧舞十六人。

《莫愁乐》。出于《石城乐》。石城有女子名莫愁，善歌，《石城乐》和中复有忘愁之声，因而有《莫愁乐》的产生。此乐亦名《蛮乐》，旧舞十六人，梁时八人。古歌也有莫愁，古歌中的莫愁为洛阳女，与此不同。

《估客乐》。齐武帝所制。武帝曾游樊、邓，做皇帝以后，追忆往事而作。齐舞十六人。梁改其名为《商旅行》。梁舞为八人。

《襄阳乐》。宋随王刘诞所作。元嘉二十六年（449），刘诞为雍州刺史，夜闻诸女歌谣之声，因作此曲。旧舞十六人，梁时八人。

《三洲》。《三洲》为商人之歌，商客常自巴陵三江口往还，共作此歌。旧舞十六人，梁时八人。

《襄阳蹋铜蹄》。梁武帝与沈约所作。齐时，梁武帝为雍州刺史，襄阳童谣有"襄阳白铜蹄，反缚扬州儿"之语。武帝易齐为梁，更造新声，作《襄阳蹋铜蹄》三曲。又命沈约亦造三曲。此曲舞者天监初为十六人，后为八人。

《采桑度》（《采桑》）。《采桑》因《三洲》而生，产于梁时。旧舞十六人，梁时八人。或疑此曲为梁朝以前的作品。

---

① 见《乐府诗集》卷四十七《清商曲辞四·西曲歌上》。

《江陵乐》。江陵为东晋与宋、齐、梁的重镇，梁元帝建都于此。《江陵乐》旧舞十六人，梁时八人。此曲以下至《翳乐》，《乐府诗集》未述产生时间。这是因为它们都是民间的舞曲。

《青骢白马》。此曲曲中有"问君可怜下都（建康）去，何得见君复西归"之句。旧舞十六人。

《共戏乐》。此曲曲中有"齐世方昌书轨同"之句，当产生于南齐之时。旧舞十六人，梁时八人。

《安东平》。"东平"，指"东平刘生"。此曲旧舞十六人，梁时八人。

《那呵滩》。此曲多叙江陵及扬州之事。"那呵"为滩名。和声云："郎去何当还。"旧舞十六人，梁时八人。

《孟珠》（《丹阳孟珠歌》）。《孟珠》有十曲，其中八曲为倚歌（倚调）。凡倚歌都用铃鼓，无弦有吹。旧舞十六人，梁时八人。

《翳乐》。《翳乐》三曲，二曲为倚歌。旧舞十六人，梁时八人。

《寿阳乐》。宋南平穆王刘铄为豫州刺史时所作，写他在豫州伤别望归的感情。旧舞十六人，梁时八人。

刘勰说："夫情动而言形。"[1]又说："夫情致异区，文变殊术，莫不因情立体，即体成势也。"[2]这是说文学，也是说艺术。那个时代的进步的文艺思潮，是把"情"字放到第一位。上面说的十六首舞曲，首首都是抒情的，与歌功颂德的雅舞及宴飨之舞，截然不同。更有进者，这十六首舞曲，除了臧质的《石城乐》，刘义庆的《乌夜啼》，齐武帝的《估客乐》，刘诞的《襄阳乐》，梁武帝、沈约的《襄阳蹋铜蹄》，刘铄的《寿阳乐》六首之外，其余十首都是民间舞曲。跳舞者多则十六人，少则八人，不是独舞，而是集体舞。这表明舞蹈到南朝，有一个飞跃性的发展。它不再是宫廷庙堂的装饰品，而是真正的艺术了。以《莫愁乐》为例：

莫愁在何处，莫愁石城西。艇子打两桨，催送莫愁来。

---

[1] 郭晋稀：《文心雕龙注译》，甘肃人民出版社，1982年，第328页。
[2] 郭晋稀：《文心雕龙注译》，甘肃人民出版社，1982年，第389页。

闻欢下扬州，相送楚山头。探手抱腰看，江水断不流。[1]

前一首清新活泼，后一首情深意真。《文献通考·俗部乐》称清乐为"女乐"，这二首《莫愁乐》。十六个或八个女子跳起来，慰藉缠绵尽在曲与舞中。

我们还可注意，舞曲并非仅止在荆、郢、樊、邓之间，才得到发展。吴声歌曲中的《前溪歌》，据郗昂《乐府解题》，也是"舞曲"[2]。《晋书·五行志中》还写到东晋海西公时，庾晞（应为司马晞）喜为挽歌，"又燕会辄令倡妓作新安人歌舞离别之辞，其声悲切"。新安歌舞离别之辞，是东晋新安郡民间的作品。新安人经营四方，长年不归，在东晋便开始了。这与新安的立郡，皖南的开发有关。其声悲切，表明新安歌舞饱含着离愁别恨，是舞曲中的上乘之作。

北朝的舞曲，在《乐府诗集·舞曲歌辞》中，只载有北齐的文、武二舞。这是雅舞。北朝的较有价值的舞曲，是外来的舞曲。《隋书·音乐志下》所记隋朝的九部乐，列出了这些舞曲的名称。

《清商乐》：舞曲有《明君》《并契》。《乐府诗集》卷五十四《舞曲歌辞三》所载齐《鼙舞曲》有《明君辞》，梁《鞞舞歌》有《明君曲》。北魏及隋总名之为《清商乐》或《清乐》。《清乐》的伴奏乐器有钟、磬、琴、瑟、击琴、琵琶、箜篌、筑、筝、节鼓、笙、笛、箫、篪、埙等十五种。

按《清商乐》本无击琴，《南史·柳元景传》附《柳恽传》说：

初，恽父世隆弹琴，为士流第一，恽每奏其父曲，常感思。复变体备写古曲。尝赋词诗未就，以笔捶琴，坐客过，以筋扣之，恽惊其哀韵，乃制为雅音，后传击琴自于此。

---

① [宋]郭茂倩：《乐府诗集》卷四十八《莫愁乐》，中华书局，1979年，第698页。

② [宋]郭茂倩：《乐府诗集》卷四十五《前溪歌七首》引《乐府解题》，中华书局，1979年，第657—658页。

柳恽是梁人，清商乐之有击琴，自梁始。我国音乐乐器中之有击琴，也自梁始。

《西凉乐》：舞曲有《于阗佛曲》。于阗到南北朝时期，已成为西域佛教的中心，故有此曲。西凉乐是参以新声，变龟兹之声而成。乐器有钟、磬、弹筝、挡筝、卧箜篌、竖箜篌、琵琶、五弦、笙、箫、大筚篥、长笛、小筚篥、横笛、腰鼓、齐鼓、担鼓、铜钹、贝等十九种。钟、磬为秦声，来自清乐。笛分长笛与横笛，即《乐府诗集》所谓北歌（《真人代歌》）横吹，"周、隋世与西凉乐杂奏"者。腰鼓、齐鼓、铜鼓，高丽乐均有之，我疑与高丽乐的传入有关。又天竺乐中有铜钹，此种乐器当来自印度。

《龟兹乐》：舞曲有《小天》，又有《疏勒盐》。乐器有竖箜篌、琵琶、五弦、笙、笛、箫、筚篥、毛员鼓、都昙鼓、答腊鼓、腰鼓、羯鼓、鸡娄鼓、铜钹、贝等十五种。注意乐器中无钟、磬、琴、瑟、击琴、节鼓、齐鼓、担鼓，笛不分长笛与横笛。答腊鼓、羯鼓为龟兹乐、疏勒乐所独有。

《天竺乐》：舞曲有《天曲》，乐器有凤首箜篌、琵琶、五弦、笛、铜鼓、毛员鼓、都昙鼓、铜钹、贝等九种。铜鼓为天竺乐所独有。铜跋则西凉乐、龟兹乐、康国乐、安国乐均有之。

《康国乐》：舞曲有《贺兰钵鼻始》《末溪波地》《农惠钵鼻始》《前拔地惠地》等四曲。乐器只有笛、正鼓、加鼓、铜钹等四种。

《疏勒乐》：舞曲有《远服》，乐器有竖箜篌、琵琶、五弦、笛、箫、筚篥、答腊鼓、腰鼓、羯鼓、鸡娄鼓等十种。

《安国乐》：舞曲有《末溪》，乐器有箜篌、琵琶、五弦、笛、箫、筚篥、双筚篥、正鼓、和鼓、铜钹等十种。安国为自康国分出，笛、正鼓、铜钹都是康国乐中所有的乐器。

《高丽乐》：舞曲有《歌芝栖》，乐器有弹筝、卧箜篌、竖箜篌、琵琶、五弦、笛、笙、箫、小筚篥、桃皮筚篥、腰鼓、齐鼓、担鼓、贝等十四种。

《礼毕乐》：舞曲有《散花》，乐器有笛、笙、箫、篪、铃、鞞、腰鼓等七种。注意乐器中有鞞，当与鞞舞有关。后世的《天女散花》，我疑当源自舞曲《散花》。

与音乐一样，在舞蹈上，北朝也是戎华兼采，而主要的是戎不是华。北朝也有自己的创造。周武帝平齐，作《永安乐》，"行列方正，像城郭，谓之《城舞》。用八十人，刻木为面，狗喙兽耳，以金饰之，垂线为发，画袄皮帽，舞蹈姿致，犹作羌胡状"①。所谓"犹作羌胡状"，说明了北朝的舞蹈所受的"羌胡"音乐舞蹈影响之深。

北齐的《兰陵王入阵曲》也是舞曲。北齐有《代面》之戏，此戏自兰陵王高长恭来。高"长恭才武而貌美，常著假面以对敌。尝击周师金墉城下，勇冠三军。齐人壮之，为此舞以效其指麾击刺之容，谓之《兰陵王入阵曲》"②。

总起来看，北朝的音乐舞蹈处在一种吸收、消化外来歌舞的过程中。换言之，即处在各族乃至印度、朝鲜音乐舞蹈的互相影响、互相作用的过程中。

第三节　争艳斗奇的杂伎艺术

杂伎，隋朝以前谓之"百戏"，隋时称为"散乐"。《通典》说："散乐，非部伍之声，俳优歌舞杂奏。"③在古代，杂伎是被一些只喜"耳聆雅颂之声，目睹威仪之序"的儒家君子看不上眼的。他们把杂伎视为"礼外之观"、骂杂伎"足以蹋天，头以履地，反两仪之顺，伤彝伦之大"（东晋顾臻语）④。但民间喜爱这种艺术，皇帝也常拿这种艺术陈于殿廷，吓唬

---

① ［元］马端临：《文献通考》卷一百四十五《乐考十八》，中华书局，1986年，第1274页。

② ［元］马端临：《文献通考》卷一百四十七《乐考二十》，中华书局，1986年，第1288页。

③ ［唐］杜佑撰，王文锦等点校：《通典》卷一百四十六《乐六》，中华书局，1988年，第3727页。

④ ［梁］沈约：《宋书》卷十九《乐志一》，中华书局，1974年，第546页。

少数民族的头领（如隋炀帝之吓染干），官吏家庭中也往往设置女伎，作为一种享乐。因此，前代很多优美的杂伎都流传下来，各代也有自己的创造。

《通典》卷一百四十六《乐六》说："大抵散乐杂戏多幻术，皆出西域，始于善幻人至中国。"并说："汉安帝时，天竺献伎，能自断手足，刳剔肠胃，自是历代有之。"则杂伎中的幻术（魔术）来自西域与天竺。而非幻术的真技艺，则为中国人自己的创作。这是杂伎中的两个大类：外来的幻术和中国的非幻术的杂伎。在古代，以《鱼龙曼延》和《角觝》来划分。这二类有时也能结合在一起演出。本节要讲的是魏晋南北朝时代的杂伎或百戏，包括汉代遗留下来的东西。

《宋书·乐志一》写道："魏晋讫江左，犹有《夏育扛鼎》《巨象行乳》《神龟抃舞》《背负灵岳》《桂树白雪》《画地成川》乐。"并说《高絙》《紫鹿》在东晋一度废除，后又恢复。《通典》又写道：

> 汉代有橦末伎，又有盘舞。晋代加之以杯，谓之杯盘赞。梁有长跷伎、跳铃伎、蹋倒伎、跳剑伎，今并存。又有舞轮伎，盖今之戏车轮者。透三峡伎，盖今之透飞梯之类也。高絙伎，盖今之戏绳者也。梁有猕猴幢伎，今有缘竿伎，又有猕猴缘竿伎，未审何者为是。又有弄碗珠伎。歌舞戏，有大面、拨头、踏摇娘、窟垒子等戏。[1]

梁朝的杂伎，多为自己的创制。杂伎到梁朝，与歌舞一样，曾获得很大的发展。

北方在后赵石虎之时，"正会殿前作乐，高絙、龙鱼、凤皇、安息、五桉之属，莫不毕备"[2]。后赵尚有猿骑戏，参军戏。

北魏在道武帝时候，"造五兵、角觝、麒麟、凤凰、仙人、长蛇、白

---

① [唐]杜佑撰，王文锦等点校：《通典》卷一百四十六《乐六》，中华书局，1988年，第3729页。

② [元]马端临：《文献通考》卷一四七《乐考二十》，中华书局，1986年，第1288页。

象、白武（虎）及诸畏兽、鱼龙、辟邪、鹿马、仙人车、高絙百尺、长
跷、缘幢、跳丸，以备百戏"①。东魏高欢平中山之时，"有鱼龙烂漫、俳
优、侏儒、山车、巨象拔井、种瓜、杀马、剥驴等奇怪异端，百有余物"。
亦名为"百戏"。北周在宣帝即位之初，郑译奏请征北齐的散乐至长安，
所请为"角觚之流"。随之又"广召杂伎，增修百戏，鱼龙漫衍之伎常陈
于殿前，累日继夜，不知休息"②。北齐尚有代（大）面、窟垒子等戏，
北周尚有象戏、苏葩等戏。

北方的凤皇、猿骑、种瓜、大面、象戏等杂伎也都是新创作。

当时南北二方的杂伎，仍然可分为幻术与非幻术二类。一些带恐怖性
的幻术，如吞刀吐火，刳剔肠胃，不见于这个时代。一些比较简单的杂
伎，内容变丰富了，如幢上之技。一些创新的东西，如南方的舞轮伎，北
方的种瓜伎，给人有耳目一新之感。还有官吏家伎见于记载的（如柔术），
也是这个时代的艺术的上品。下面分项目探索其渊源与发展。

鱼龙漫衍（或称漫衍鱼龙、鱼龙烂漫，变黄龙）。幻术。

在魏晋南北朝时期，鱼龙漫衍是殿廷上的常演节目。正月初一演之，
招待外宾演之，可称为幻术中的珍品。按东汉有"蔓延"之戏。张衡《西
京赋》说："巨兽百寻，是为蔓延，神山崔巍，歘从背见，熊虎升而拿攫，
猿狖招而高援。"③《文选》卷二载有此赋，唐张铣注云：

> 言作大兽名为"蔓延"之戏，令负神山于背，致熊虎猿狖之属，
> 皆相搏持于山上。

或谓此戏出于汉武帝，"巨兽百寻"，所谓"蛇龙蔓延"也。蔓延（漫衍）、

---

①［唐］杜佑撰，王文锦等点校：《通典》卷一百四十六《乐六》，中华书局，1988年，第
3727—3728页。

②［唐］杜佑撰，王文锦等点校：《通典》卷一百四十六《乐六》，中华书局，1988年，第
3728页。

③［梁］萧统编，［唐］李善等注：《六臣注文选》卷二《西京赋》，中华书局，1987年，第
59页。

神山、熊虎猿狄均为伪作。

《西京赋》记东汉又有"海鳞变而成龙"之戏。《文选》薛综注云：

> 海鳞，大鱼也，初作大鱼，从东方来，当观前而变作龙。……皆
> 伪作也。[1]

东汉还有含（舍）利"化为仙车"，幻人"漱水成雾"之戏。在《西京赋》中，各自独为一戏。可是到了魏晋南北朝时代不同。这个时代把原来各不相涉的几个戏目，变成了一个戏，内容就丰富多了。如鱼龙漫衍，沈约说天子临轩设乐：

> 舍利从西方来，戏于殿前，激水化成比目鱼，跳跃漱水，作雾翳
> 日；毕，又化成黄龙，长八九丈，出水游戏，炫耀日光。[2]

这把东汉的"舍利"戏法，"海鳞变而成龙"等戏法互相结合起来。舍利不是变仙车，而是变比目鱼。漱水成雾的不是幻人，而是比目鱼。鱼再变成黄龙。黄龙长八九丈，也就是"蛇龙蔓延"或"蔓延"。而后收场。这是沈约那个时代的戏，而不是东汉的戏。鱼龙、漫衍各自单独成为一个戏法，那就是汉伎了。如沈约说的"背负灵岳"，便是汉朝"蔓延"一戏背上忽现神山的单独演出。这个时代在杂伎上，更多的是互相结合，变化运用。

仙人车与神龟抃舞。幻术。

北魏有"仙人车"之戏。魏晋江左，有"神龟抃舞"之戏。按东汉有"仙车"与龟舞之戏，《西京赋》说：

---

① [梁]萧统编，[唐]李善等注：《六臣注文选》卷二《西京赋》薛综注，中华书局，1987年，第59—60页。

② [梁]沈约：《宋书》卷十九《乐志一》，中华书局，1974年，第546页。

  含利颬颬，化为仙车，骊驾四鹿，芝盖九葩，蟾蜍与龟，水人弄蛇。[1]

吕延济注说："言初为兽，后化为仙人车，仍以骊马驾之。芝盖，以芝英为盖；葩，花也。"[2]薛综注说："作千岁蟾蜍及千岁龟，行舞于前也。"仙人车之戏，一般说是与神龟抃舞结合的，以象高龄。但神龟抃舞也可以单独成为一戏，故沈约《宋书》只提"神龟抃舞"，未提"仙人车"。单独成戏，便非幻术了。

  蟾蜍（蛤蟆）之歌，水人弄蛇，不见于此时代典籍。

  桂树白雪。幻术。

  《西京赋》说道："度曲未终，云起雪飞，初若飘飘，后遂霏霏。"云与雪"皆巧伪作之"（薛综注）。"桂树白雪"所不同的，是增添了桂花树。近世舞台落雪，下雨，起源于此。

  画地成川。幻术。

  《西京赋》说道："奇幻倏忽……画地成川，流渭通泾。"李善注引《西京杂记》，说"东海黄公坐成山河"；又说"淮南王好方士，方士画地成河"。则幻术"画地成川"为东方特产，非自西来。

  种瓜。幻术。

  种瓜见于北齐。这种戏法的出现，表明幻术到这个时代，已经走出殿廷，进入民间。伎艺也极高超，鱼龙漫衍相形失色了。杨衒之《洛阳伽蓝记》描写过为上香的善男信女表演种瓜幻术的情景：

  植枣种瓜，须臾之间皆得食。士女观者，目乱睛迷。[3]

---

  ① [梁]萧统编，[唐]李善等注:《六臣注文选》卷二《西京赋》，中华书局，1987年，第59页。

  ② [梁]萧统编，[唐]李善等注:《六臣注文选》卷二《西京赋》吕延济注，中华书局，1987年，第59页。

  ③ 范祥雍校注:《洛阳伽蓝记校注》卷一《城内》，上海古籍出版社，1978年，第52—53页。

这是北朝人的一个值得骄傲的创造。

以上都是幻术，近代称为魔术。但幻术中又有舞蹈，如仙车戏中的龟舞。

巨象行乳（白象行孕，白象）、巨象拔井。杂技。

此戏在汉常与幻术蔓延配合，抽出来单独成戏，或由"行乳"改为"拔井"，就失去幻术的意义了。《文选·西京赋》薛综注此戏云："伪作大白象，从东来，当观前，行且乳。"刘良注此戏有所不同。刘云："孕，产也，谓伪作象，令行产其子。"看来白象之戏，并不按成规，可以是"行且乳"，也可以是"行产其子"。到北齐出现"巨象拔井"，又是一戏了。

白虎。杂技。

白虎之戏，见于北魏。此戏亦从汉来。《西京赋》记有："东海黄公，赤刀粤祝，冀厌白虎，卒不能救，挟邪作蛊，于是不售"。李善注引《西京杂记》说：

> 东海人黄公，少时能幻，制蛇御虎，常佩赤金刀。及衰老，饮酒过度，有白虎见于东海，黄公以赤刀往厌之，术不行，遂为虎所食，故云"不能救"也。皆伪作之也。[①]

这不仅有批判巫蛊的意义，而且对"制蛇御虎"的幻术，也给予了嘲讽。此技实际上是一幕小戏。

山车。化妆歌舞，杂技。

山车，见于北齐。此戏亦从汉出。《西京赋》记有："华岳峨峨，冈峦参差，神木灵草，朱实离离。总会仙倡，戏豹舞罴，白虎鼓瑟，苍龙吹篪。"吕向注云：

> 华山，西岳也，假作以为戏，即今之《山车》也。上插草木，垂

_____

① [梁]萧统编,[唐]李善等注:《六臣注文选》卷二《西京赋》李善注引《西京杂记》,中华书局,1987年,第59—60页。

> 其果实。离离，分布貌。总会谓集神仙之倡伎，戏豹舞罴，并假作其
> 形。籅，箫也。①

"假作其形"，薛综谓"皆为假头"，亦即戴上假面具，扮成仙倡、豹罴，
白虎、苍龙，载歌载舞。华山则是舞台布景。这是一出极热闹的化妆歌
舞剧。

角抵。杂技。

广义的角抵，如《文献通考》所说："盖杂伎之总称。"②角抵的意思
是："角者，角其伎也。两两相当，角及伎艺射御也。"狭义的角抵就是相
扑或摔跤，角力。《文献通考》有"角力戏"，其言云："壮士裸袒相搏而
角胜负，每群戏既毕，左右军雷大鼓而引之，岂亦古者习武而变欤？"③蒙
古的摔跤，日本的相扑、柔道，欧美的拳击，扩而大之，中国的比拳、比
剑、比刀、赛马、赛车等，都可谓之为"角抵"。

夏育扛鼎。杂技。

对"夏育扛鼎"，《隋书·音乐志下》有一个解释：

> 又为夏育扛鼎，取车轮石臼大瓮器等，各于掌上而跳弄之。并二
> 人戴竿，其上有舞，忽然腾透而换易之。

这包含了两个节目，一个是于手掌上玩弄车轮，石臼，大瓮器；一个是两
人戴竿，竿上各有一人做舞蹈动作，忽然腾空跃起，互换其位。两个节目
都叫扛鼎。也就是用身体上的某些部位，如手掌、头顶、肩上举起重物。
今举重导源于此。戴竿既是扛鼎，又是缘竿之技，是二者的结合。

---

① ［梁］萧统编，［唐］李善等注：《六臣注文选》卷二《西京赋》吕向注，中华书局，1987
年，第59页。

② ［元］马端临：《文献通考》卷一百四十七《乐考二十》，中华书局，1986年，第
1287页。

③ ［元］马端临：《文献通考》卷一百四十七《乐考二十》，中华书局，1986年，第
1288页。

汉有"乌获扛鼎"。《西京赋》李善注只引《说文》谓"扛，横开对举也"。对"扛鼎"未作说明。看来汉所谓"扛鼎"，单指举鼎而言。变化则在魏晋南北朝时期。

缘竿、缘橦、檐橦、凤皇、橦末技。杂技。

汉有巴俞都卢，体轻善于缘橦，故有"都卢寻橦"戏。汉又有"戏车"。《西京赋》说："尔乃建戏车，树修旃，侲僮逞材，上下翩翻，突倒投而跟絓，譬殒绝而复联。百马同辔，骋足并驰，橦末之伎，态不可弥。弯弓射乎西羌，又顾发乎鲜卑。"幼童逞技，戏于橦上，上下翩翻，突然倒投，身如将坠，足跟反挂橦上。此技即"都卢寻橦"，或称缘橦（竿）技。橦末技是在橦末作"百马同辔，骋足并驰"的形状，或者于橦上假作人形，弯弓以射西羌、北胡。

到东晋、十六国之际，缘橦技又有所发展。后赵石虎时，有凤皇戏。《邺中记》说：

> 有额上缘橦至上鸟飞，左回右转，又以橦著口齿上，亦如之。设马车，立木橦其车上，长二丈，橦头安横木，两伎各坐木一头，或鸟飞，或倒挂。[①]

以橦置于额上或齿上，艺伎缘橦而上，左回右转，作凤鸟飞翔之状。这是扛鼎与缘竿戏的结合。隋朝扛鼎戏"二人戴竿，其上有舞"，腾跳换易，由此而来。马车为东汉戏车改易，东汉是以幼童缘橦上下翩翻，倒投跟挂，此则用了二伎，作凤鸟飞翔或倒投跟挂的技艺表演，令人叹为观止。檐橦于淝水战后南传[②]。

南朝梁时有猕猴橦技，顾名思义，是用猕猴缘竿。这是一个变化。猕猴非真用猕猴，而是"依伎儿作猕猴之形"。这又用上了后赵的猿骑戏。

---

① [元]马端临：《文献通考》卷一百四十七《乐考二十》，中华书局，1986年，第1288页。

② 见《南齐书·乐志》。

猿骑戏。马上杂技。

《邺中记》记载：后赵石虎时，"又依伎儿作猕猴之形，走马上，或在马胁，或在马头，或在马尾，走如故，名为猿骑"①。又记："初，晋中朝（西晋）元会，设卧骑、倒颠骑，自东华门驰至神虎门，皆其类也。其术亦可谓妙矣。"这是马技，起源于西晋的卧骑、倒颠骑，到后赵，伎人作猕猴之形，在马背、马胁、马头、马尾上随意行走，又发展了一步。

参军戏。

参军戏的起源有二说，《乐府杂录》以为起自东汉和帝时，而《赵书》谓"石勒参军周延为馆陶令"②，与《乐府杂录》参军戏参军之为馆陶令暗合，按此说则参军戏起于后赵石勒时。馆陶令犯了贪污罪，但此人有才，被原宥。可是却成为宴会中优伶的戏弄者，以为贪污者戒。这不是技，而是戏。凤凰、猿骑、参军均出自后赵，后赵在杂伎、戏剧的发展上，是有贡献的。

高絙（走索、舞絙）。杂技。

高絙技在魏晋南北朝时代很流行，此技汉已有之，名为"走索"。《西京赋》说："走索上而相逢。"薛综注："索上长绳系两头于梁，举其中央，两人各从一头上交相度，所谓舞絙者也。"《宋书·乐志一》记此技大抵与《西京赋》相同，但不无变化。《宋书》说："以两大丝绳系两柱头，相去数丈，两倡女对舞，行于绳上，相逢切肩而不倾。"这里没有"举其中央"，"走索"变成"两倡女对舞，行于绳上"。绳更难走了，何况走中又加上了舞姿。隋时高絙之技与南朝宋同，只是"切肩而过，歌舞不辍"③。

跳铃（丸）、跳剑、舞轮。杂技。

跳铃、剑也是魏晋南北朝流行的技艺。《西京赋》有"跳丸剑之挥霍"的话，张铣注："跳，弄也。丸，铃也。挥霍，铃、剑上下貌。"凌虚寄

---

① [元]马端临：《文献通考》卷一百四十七《乐考二十》，中华书局，1986年，第1288页。

② 见《乐书·乐图论》。

③ [唐]魏征等：《隋书》卷十五《音乐志下》，中华书局，1973年，第381页。

身，跳丸掷堀，飞剑舞轮，都是手戏。往往与走索、爬竿结合。

透狭、投狭、冲狭。杂技。

《宋书·江夏王义恭传》及《抱朴子·辨问》记有"透狭""投狭"之技。此技即汉"冲狭"之技。《西京赋》："冲狭燕濯，胸突铦锋。"张铣注："狭，以草为环，插刀四边，伎人跃入其中，胸突刀上，如烟（燕）之飞跃水也。"伎人必须训练有素，要不就太危险了。

杯盘舞技（参见第二节杯盘舞）。杂技。

汉有盘舞，用七盘。从王粲所说"七盘陈于广庭"、颜延之所说"递间关于盘扇"来看，舞者似执扇回旋于广庭七盘之间。晋在此舞的基础上加上杯子，《搜神记》谓"矜手以接杯盘反复之"[1]，则此技为用杯盘交替反复掷接，类似近世舞碟之技，与汉盘舞有别。

透三峡技。杂技。

此技为梁代的创造。《通典·乐典六·散乐》说：梁"透三峡伎，盖今之透飞梯也。"则此技为用飞梯投渡模拟的三峡，类似空中飞人。

弄碗珠技。杂技。

这也是梁代的创造。我疑此技为近世顶碗弄珠的来源。

在杂技的发展上，梁朝无疑也有它自己的贡献。

柔术。杂技。

《梁书》卷三十九《羊侃传》说羊侃的艺伎中，"有孙荆玉，能反腰贴地，衔得席上玉簪"[2]。梁孙荆玉是我国第一个反腰贴地衔玉簪、鲜花的表演艺术家，杂技界不可不知。羊侃尚有舞伎张净琬，"腰围一尺六寸，时人咸推能掌中舞"。夏育既能扛鼎，在掌中舞弄车轮、石臼、大瓮器，则所谓"掌中舞"，并非神话。弹筝人陆太喜，"著鹿角爪长七寸"。官吏在家庭中设女乐、女伎，表现了统治阶级的腐朽性。然而，有一些艺术上的创造，却来自这种家庭。这是我们研究艺术史不可不察的。实际上这是民间的技艺，为封建官僚所占有，一如许多艺伎，为宫廷所占有一样。

---

① [梁]沈约：《宋书》卷十九《乐志一》引《搜神记》，中华书局，1974年，第551页。

② [唐]姚思廉：《梁书》卷三十九《羊侃传》，中华书局，1973年，第561页。

长桥技，百尺长跷技。杂技。

长桥技见于梁朝，百尺长跷技见于北魏。此二技实为一技，即后世踩高跷之戏。此戏起于梁、魏。

代面、象人。杂技。

《文献通考》引陈氏《乐书》，谓"象人之戏，始于周之偃师"①，由来甚古。象人，即假面之戏。假面具有神仙，有动物，也有人。象人、代面即戴人面具之戏。人面具有美有丑，北齐兰陵王高长恭"才武而貌美，常著假面具以对敌"，遮掩自己漂亮的脸孔。作战勇冠三军。齐人为代面之舞，"效其指麾击刺之容"，谓之《兰陵王入阵曲》。代面或象人之戏，虽非北齐所首创，但北齐的《兰陵王入阵曲》的出现，确实表现了代面戏的发展。且在《兰陵王入阵曲》产生以前，没有关于象人之戏的具体的记载。《通典》说"大（代）面出于北齐"②，是有原因的，也是有道理的。

窟垒子（魁垒子，傀儡子）。

木偶戏。《通典》说："窟垒子，亦曰魁垒子，作偶人以戏，善歌舞。本丧乐也，汉末始用之于嘉会。北齐后主高纬尤所好。高丽之国亦有之。今闾市盛行焉。"③所谓窟垒子、魁垒子，即傀儡子，亦即木偶戏。此戏起源于汉朝，发展于北齐，到唐朝的时候，成了闾市盛行的戏，为广大群众所爱好。

苏葩戏（醉舞）。

出于北周。《文献通考》说："后周士人苏葩嗜酒落魄，自号郎中，每有歌场，辄自入歌舞。故为是戏者衣绯袍，戴席帽，其面赤色，盖象醉舞

---

① [元]马端临：《文献通考》卷一百四十七《乐考二十》，中华书局，1986年，第1288页。

② [唐]杜佑撰，王文锦等点校：《通典》卷一百四十六《乐六》，中华书局，1988年，第3729页。

③ [唐]杜佑撰，王文锦等点校：《通典》卷一百四十六《乐六》，中华书局，1988年，第3730页。

也，何其辱士类邪！"①舞技中，醉之一类，如醉拳，醉剑，醉棍，出于北周的苏葩戏（醉舞）。

据上所述，近代著名杂技如摔跤，拳击，赛剑（汉角抵之戏），耍坛子（汉扛鼎舞轮之戏），顶竿，高竿上展翅飞翔（汉扛鼎、缘竿、后赵凤皇之戏），绳上对舞（汉高絙之戏），空中飞人（梁透飞梯之戏），舞杯、盘、碗、碟（汉盘舞，晋杯盘舞，梁弄碗珠技），车轮戏（梁车轮技），马上技术（晋卧骑、倒颠骑，后赵猿骑），化装面具舞（汉山车像仙倡、豹罴、虎龙，北齐代面象人），醉舞（北周苏葩戏），傀儡木偶戏（汉、北齐窟垒子），我国古代均已有之。空中飞人、车轮技术、柔术、马上技术，则为晋南北朝的特产。其他亦经晋南北朝的改造。斗奇争艳，是这个时代杂技的显著特点。

---

① ［元］马端临：《文献通考》卷一百四十七《乐考二十》，中华书局，1986年，第1289页。

第九章　魏晋南北朝时期艺术的发展（二）

第一节　书法艺术的历史地位

先说汉朝。汉除符、印玺等仍用篆字之外，通行隶字。"隶书者，篆之捷也。"①这是字体上的一个进步。东汉隶字出现了两种书法：楷法与草法。"上谷王次仲始作楷法。至灵帝好书，时多能者，而师宜官为最，大则一字径丈，小则方寸千言，甚矜其能。"②楷法发展到了登峰造极的地步。梁鹄学师宜官，曹操又谓梁鹄所书胜过师宜官。草法在东汉章帝时，已有杜度，被称为"杀字甚安，而书体微瘦"。后来又有崔瑗、崔寔，颇得草法笔势，但"结字小疏"。只是到了弘农张芝（字伯英）手上，草书才"转精甚巧"。张芝学草书，"凡家之衣帛，必书而后练之。临池学书，池水尽黑"。韦诞称之为"草圣"。不过，晋朝以前，草书并未受到关注，书法家重视的仍旧是楷书。

曹魏时期，著名的书法家有韦诞与钟繇。《世说新语·巧艺》注引卫恒《四体书势》说：

> 诞善楷书，魏宫观多诞所题。明帝立凌霄观，误先钉榜，乃笼盛

---

① ［唐］房玄龄等：《晋书》卷三十六《卫瓘传》，中华书局，1974年，第1064页。
② ［唐］房玄龄等：《晋书》卷三十六《卫瓘传》，中华书局，1974年，第1064页。

诞，辘轳长絙引上，使就题之，去地二十五丈。诞甚危惧，乃戒子孙
绝此楷法，箸之家令。（上语不见于《卫恒传》）

可见韦诞擅长的，还是楷书或楷法。

钟繇也以楷书见长，名气比韦诞更响。《宣和书谱》曾说："楷法者，
今之正书是也……钟繇……《贺捷表》备尽法度，为正书之祖。"这个说
法不正确，正书之祖是王次仲，不是钟繇。但钟繇于正书即楷法确有贡
献，楷书"备尽法度"应从钟繇开始。在楷隶上，师宜官巧于八分[①]，钟
繇过之，于八分书最为称妙[②]。钟繇也学过行书，可是隶意太浓。唐太宗
说得好：

　　　钟虽擅美一时，亦为迥绝，论其尽善，或有所疑。至于布纤浓，
　　分疏密，霞舒云卷，无所间然，但其体势则古而不今，字则长而逾
　　制，语其大量，以此为瑕。[③]

"体势则古而不今"，是钟繇书法最大的缺点，也是王羲之以前大多数书法
家最大的缺点。创辟新蹊径，是时代对书法艺术的要求。

西晋之初，草书曾经抬头。《晋书·卫瓘传》记晋武帝咸宁初，卫瓘
为尚书令，"与尚书郎敦煌索靖俱善草书，时人号为'一台二妙'。"又说：
"汉末张芝亦善草书，论者谓瓘得伯英筋，靖得伯英肉。"这二人的草书虽
各以筋肉见长，实同出于一源。索靖的名声要更大一些，晋刘邵的《飞白
书势》，有"世施常妙，索草钟真"[④]之称。钟指钟繇，真书即隶书，亦即
楷书。当时认为索靖的草书与钟繇的楷书，在书法艺术上，是双峰并峙。

①［唐］欧阳询撰，汪绍楹校：《艺文类聚》卷七十四《巧艺部·书》，上海古籍出版社，
1982年，第1268页。

②见冯武《书法正传》。

③［唐］房玄龄等：《晋书》卷八十《王羲之传》，中华书局，1974年，第2107页。

④［唐］欧阳询撰，汪绍楹校：《艺文类聚》卷七十四《巧艺部·书》，上海古籍出版社，
1982年，第1267页。

　　南朝齐时的王僧虔论及书法，说"张芝、索靖、韦诞、钟会（钟繇之子）、二卫（卫瓘卫恒父子）并得名前代，无以辨其优劣，唯见其笔力惊异耳"①。又说："变古制，今惟右军（王羲之）、领军（王洽）。不尔，至今犹法钟（繇）、张（芝）。"这段话很重要。在王僧虔看来，张芝、索靖、韦诞等这些草书、楷书专家，不过以笔力见长而已，并不出奇，因为他们没有改变古制。在书法上变古制，划分出前后两个时代的人物，是他的叔曾祖王羲之和曾祖王洽。如果没有这两个大书法家站出来，那就至今还要去学钟繇的楷书，张芝的草书。如此而已。

　　王羲之说"领军弟书不减吾"，但《书后品》的作者李嗣真则认为王洽"体裁用笔，全似逸少（王羲之字），虚薄不伦。右军藻鉴，岂当虚发？盖欲假其名誉耳"②。真正有成就、变古制的是王羲之。王羲之何以能变古制？唐太宗说过这样的话：

　　　　所以详察古今，研精篆素，尽善尽美，其惟王逸少乎！③

即王羲之能去深入研究各家书法之所长，出之以自己的胸臆，终于使他自己的书法达到了尽善尽美的高峰。古制为之一变。当然，如果只是他个人的成就，尚不足以使他成为划时代的人物。只因为后来学他的人多，才使他成了书法新派一代宗师。这里，要探讨一下王羲之书法的渊源。

　　晋初书法家首推卫瓘、索靖，卫瓘传其子卫恒，卫恒的从妹卫夫人是王羲之的书法老师④。王羲之年少时，以为学了卫夫人的书法，将有大成。可是后来他游名山，见到李斯、曹喜等人之书；到许昌，见到钟繇、梁鹄之书；到洛阳，见到蔡邕的《石经》之书；又在王洽处见到张昶的《华岳碑》，"始知学卫夫人书，徒费年月"。从此"改本师，于众碑学习"⑤。唐

①［梁］萧子显：《南齐书》卷三十三《王僧虔传》，中华书局，1972年，第597页。

②［唐］张彦远集：《法书要录》卷三《唐李嗣真书后品》，中华书局，1985年，第46页。

③［唐］房玄龄等：《晋书》卷八十《王羲之传》，中华书局，1974年，第2108页。

④参见马宗霍《书林藻鉴》。

⑤［明］汪挺辑：《书法粹言·王右军笔阵图后》，中华书局，1985年，第3页。

太宗说他能"详察古今，研精篆素，尽善尽美"，信不为诬。可这是后来的事，不是少年时代学卫夫人书法的王羲之。

按《颜氏家训·杂艺》写道：

> 梁氏秘阁散逸以来，吾见二王（王羲之、王献之父子）真草多矣，家中尝得十卷，方知陶隐居（陶弘景）、阮交州（阮研）、萧祭酒（萧子云）诸书，莫不得羲之之体，故是书之渊源。萧晚节所变，乃是右军年少时法也。

据此可知王羲之的书法，有"真草"与"年少时法"之分。王羲之"年少时法"即卫夫人之法。《太平御览》卷第六百六十六引《太平经》曾说：郗愔"善隶书，与右军相埒，自起写《道经》。"张怀瓘《书断》曾说卫夫人（名铄）"隶书尤善，规矩钟公"。可知隶法即王羲之"年少时法"，亦即他从卫夫人处学来之法。后来王羲之"详察古今，研精篆素"，从而有了变古制的王羲之真草。真草是将真书（楷隶）与草书结合起来，参之以其他字体，所形成的一种新的书法。自汉以来，书法非真即草，且各有各家。第一个将真书与草书汇合起来，融为一体的，便是王羲之。王僧虔说"变古制今惟右军"，是完全正确的。王羲之真草的代表作为《兰亭》，可惜《兰亭》真迹已与唐太宗一起，埋入昭陵。

对王羲之的真草，梁简文帝萧纲早有评论，他在《答湘东王上王羲之书》中说：

> 试笔成文，临池染墨，疏密俱巧，真草皆得，似望城扉，如瞻星石，不营云飞之散，何待曲辱之丹。[1]

所谓"真草皆得"，即亦真亦草，不真不草，浑然一体，恰到好处的意思。

----

[1] ［唐］欧阳询撰，汪绍楹校：《艺文类聚》卷七十四《巧艺部·书》，上海古籍出版社，1982年，第1268页。

他之所以能成为改变书法历史的人物，也正因为他的书法，真中有草，草中有真，真草皆得，自成一家之法。

唐太宗用了"观其点曳之工，裁成之妙，烟霏露结，状若断而还连；凤翥龙蟠，势如斜而反直"①的话，来形容王羲之真草技艺之高。"状若断（真）而还连（草）"，即真中有草；"势如斜（草）而反直（真）"，即草中有真。这就使他的字如"烟霏露结""凤翥龙蟠"。或如萧纲所说："似望城扉，如瞻星石。"

王羲之真草影响是很大的。《南史·刘休传》，有"休始好右军法，因此大行"之言，则宋以来，王羲之的真草已成为人们学书法的楷模了。颜之推说过梁陶弘景、阮研、萧子云"莫不得羲之之体"。按张彦远《法书要录》二引袁昂《古今书评》说到此三人书法：

> 阮研书如贵胄失品次丛悴，不复排突英贤。……陶隐居书如吴兴小儿，形容虽未成长，而骨体甚骏快。……萧子云书如上林春花，远近瞻望，无处不发。

又引庾元威《论书》说阮研：

> 余见学阮研书者，不得其骨力婉媚，唯学挛拳委尽。

"骨力婉媚""骨体甚骏快""如上林春花，远近瞻望，无处不发"，也正是王羲之真草的特点。

梁庾肩吾著《书品》。这是最早的一篇评论各家书法的文章，文中列有善草、隶者一百二十八人，分为上、中、下三大等，每一大等又分为上、中、下三小等，共九小等。"张芝伯英、钟繇元常、王羲之逸少"三

---

① ［唐］房玄龄等：《晋书》卷八十《王羲之传》，中华书局，1974年，第2108页。

人,"上之上。"①张芝为"草圣",钟繇为楷隶之宗,王羲之为真草的创始者,庾肩吾《书品》将此三人列为第一等上之上,无疑是对的。然而他在论中既说"隶既发源秦史,草乃激流齐相,跨七代而弥遵,将千载而无革",又谓"王工夫不及张,天然过之;天然不及钟,工夫过之",反不如王僧虔论书:"变古制,今惟右军"了。庾肩吾不懂得王羲之真草在书法发展史上的地位与意义。

当然,自王羲之真草产生之后,也不是大家都去学王羲之的真草,草书与隶书的继承者与发扬者仍然大有人在。《颜氏家训·慕贤》写道:梁末有洪亭民丁觇,"殊工草隶"。《法书要录》说"丁觇与智永同时人,善隶书,世称丁真永草"。《书断》中又说"智永章草,草书入妙,隶书入能;兄智楷亦工草;丁觇亦善隶书;时人云:'丁真楷草'。"则丁觇与智永、智楷为梁末隶书与草书名家。智永为王羲之的七代孙,出家为僧,卒于隋朝。丁觇则在江陵被西魏攻陷不久之时,卒于扬州。

北朝的书法与南朝有所不同,北朝流行的仍然是草、隶二书,而更重隶书。草书以清河崔氏为代表,隶书以范阳卢氏为代表。草书承自卫瓘,隶书承自钟繇。《北史·卢玄传》附《卢伯源传》有一段话,可以帮助我们了解北朝的书法。

> 初,(卢)谌父志,法钟繇书,子孙传业,累世有能名。至邈以上,兼善草迹。伯源习家法,代京宫殿,多其所题。白马公崔宏亦善书,世传卫瓘体。魏初工书者,崔、卢二门。

这说得很清楚,"钟繇书"是卢氏的家法,"卫瓘体"是崔氏的家法。后来的书法家,不脱崔、卢二途。当然草、隶不是截然划分,卢氏至卢邈以还,兼善草书。崔氏至崔浩,也兼善楷、篆。黎广即曾从崔浩学楷、篆②。

---

①[清]严可均校辑:《全上古三代秦汉三国六朝文·全梁文》卷六十六《书品论》,中华书局,1958年,第3344页。

②[唐]令狐德棻:《周书》卷四十七《艺术列传》,中华书局,1971年,第845页。

北朝书法最可注意的是北碑。康有为的《广艺舟双楫》所举北碑，达一百六十余种之多，尚未能尽举。北碑中最多的是魏碑，魏碑在碑帖中占有重要的地位。康有为说："魏碑无不佳者，虽穷乡儿女造像，而骨血峻宕，拙厚中皆有异态，构字亦紧密非常，岂与晋世皆当书之会邪？何其工也！"魏碑的书体独具一格。它继承的虽是汉朝隶书的笔法，而构字紧密厚重，又峻宕有异态，为北朝书法的冠冕。北朝又有榜书（署书、擘窠大字），如郑道昭《白驹谷》之体。泰山经石峪《金刚经》，字大盈尺，实为擘窠的奇迹。榜书之始，应当说在北魏的时候。

北碑书家，所知不多。康有为《广艺舟双楫》曾对有书家姓名的进行考证，列为十家：寇谦之《嵩高灵庙碑》、萧显庆《孙秋生造像》、朱义章《始平公造像》、崔浩《吊比干文》、王远《石门铭》、郑道昭《云峰山四十二种》、贝义渊《始兴王碑》、王长儒《李仲璇修孔庙碑》、穆子容《太公吕望碑》与释仙《报德像》。其中《始兴王碑》为南碑，其余九种都是北碑。康有为认为十家各有所长。其中穆碑"书法方正，笔力透露，为颜真卿蓝本"[1]。王远碑则"飞逸奇浑"，"非元常（钟繇字）所能牢笼"[2]。

从文献记载来看，《北史·窦瑾传》附《子遵传》写道："遵善楷、篆，北京诸碑及台殿楼观宫门题署多遵书。"此所谓北京，指的是平城。这个地方的碑，多为窦遵所写。《北史·儒林传下·赵文深传》写道：赵文深"少学楷隶……雅有钟、王之则，笔势可观。当时（指西魏、北周之时）碑、榜，唯文深、冀隽而已"。《周书·冀隽传》写到冀隽"善隶书，特工模写"。则西魏、北周碑为赵文深、冀隽之笔。中州碑文则书者甚多，康有为所列十家，寇谦之为嵩岳道士，崔浩为清河武城人，郑道昭为开封人，王长儒为任城人，穆子容为代人。穆氏即丘穆陵氏，本鲜卑人。孝文帝推行汉化，改姓氏，丘穆陵改为穆，代人改为河南洛阳人。穆氏中出现的著名书法家，除穆子容外，尚有穆洛，武德镇《魏修义桥石象碑》，即

---

① [清]毕沅：《中州金石记》卷一《太公吕望碑》，商务印书馆，1936年，第18页。

② [清]康有为辑，崔尔平注：《广艺舟双楫》卷四《体系》，上海书画出版社，1981年，第158页。

穆洛所书①。这是孝文帝迁都洛阳后，汉化成果之一。而代人加入书法家的行列，又为北朝书法增加了一支生力军。

将北朝书法与江左比较，北朝书法无疑是保守的，没有产生像王羲之那样变古制的书法家。但王羲之的书法对北朝不无影响，特别是王褒到西魏以后。《周书·王褒传》说王褒在书法上学萧子云。萧子云是王褒的姑父，"褒少以姻戚，去来其家，遂相模范。俄而名亚子云，并见重于世"。而萧子云则学王羲之，颜之推谓为"得羲之之体"②。颜之推说的"羲之之体"，指真草。由此可知王褒学萧子云，也就是学王羲之。王褒在西魏攻陷江陵后入关，他的书法，对关中贵游，影响很大。《周书》卷四十七《艺术传·赵文深传》说道：

> 及平江陵之后，王褒入关，贵游等翕然并学褒书（真草）。文深之书（楷隶）遂被遐弃。文深惭恨，形于言色。后知好尚难反，亦攻习褒书，然竟无所成，转被讥议，谓之学步邯郸焉。至于碑、榜，余人犹莫之逮。王褒亦每推先之。宫殿楼阁，皆其迹也。

这段记载，在书法史上十分重要。王褒入关，为什么"贵游等翕然并学褒书"，成为一种"好尚"呢？因为王褒给北方带来了王羲之的真草。这对盛行楷隶的北方来说，无疑是吹来了一股强劲的新风。人们不愿再受楷隶的约束，而草书又被认为"若施之于人，即似相轻易，若当家卑幼，又恐其疑"（北周赵仲将语，见《书小史》）。真草恰恰是北方贵游所需要的书法。不过，真草并不能在碑、榜上取代楷隶。《赵文深传》清楚地说明了这一点。

下举康有为《广艺舟双楫》对六朝书法的一段评论，作为本节的小结。

---

① 见王昶《金石萃编》。

② ［北齐］颜之推撰，王利器集解：《颜氏家训集解》卷七《杂艺》，上海古籍出版社，1980年，第511页。

六朝笔法，所以过绝后世者，结体之密，用笔之厚，最为显著。而其笔画意势舒长，虽极小字，严整之中，无不纵笔势之宕往。[1]

康有为高度称赞了六朝的书法，但没有说到六朝书法之所以能在严整之中，"无不纵笔势之宕往"的原因。我看原因有二，一是这个时代，是君主专制政治被削弱的时代，是思想文化摆脱了独尊儒术的束缚，相对解放的时代。这必然要反映到书法上来。二是这个时代是在各个方面都要求创新的时代，是"变古制"的时代，而王羲之的崛起，为书法提供了变古的楷模。在这两个原因的作用下，形成了六朝书法的一个共同的特点，这就是："笔画意势舒长，虽极小字，严整之中，无不纵笔势之宕往"。

第二节　绘画艺术的长足发展

要明白魏晋南北朝时代绘画的发展，也需要从汉朝谈起。

汉朝的绘画是不发达的。除了毛延寿以外，人们几乎不知道汉朝还有什么画家。考古发现汉朝墓室的壁画和砖画颇为不少，但尚处在它的幼稚阶段，很难说它有多高的艺术价值。汉朝的绘画主要操持在宫廷与宦官的手上，它是属于宫廷的。汉在少府之下，设有"黄门署长、画室署长、玉堂署长各一人"[2]，署长用的都是"宦者"。在宫廷的画室中有画工，被称为"黄门画者"或"尚方画工"，为皇帝所御用。《西京杂记》所记毛延寿便是元帝时的黄门画工。在这些画工中，不无名家，可他们是被宫廷用来表功颂德，为专制政治服务的。所画不外"三皇五帝""三季异主""忠臣死难""放臣逐子""淫夫妒妇""令妃顺后"[3]。《后汉书》卷二十二传论

---

① [清]康有为辑，崔尔平注：《广艺舟双楫》卷四《余论》，上海书画出版社，1981年，第190页。

② [宋]范晔撰，[唐]李贤等注：《后汉书·百官志三》，中华书局，1965年，第3594页。

③ [唐]张彦远：《历代名画记》卷一《叙画之源流》引曹植语，中华书局，1985年，第11页。

说:"永平中,显宗(明帝)追感前世功臣,乃图画二十八将于南宫云台,其外又有王常、李通、窦融、卓茂,合三十二人。"《三国志·仓慈传》注引《孔氏谱》说:"汉桓帝立老子庙于苦县之赖乡,画孔子像于壁。"把画笔限之于人物,人物又限之于忠臣、孔子一类,这就是独尊儒术的汉朝君主所要求的美术作品。

绘画走出宫廷,走出帝王将相、忠臣烈女、孝子顺孙的圈子,是魏晋南北朝时代在美术上的重大突破。这个时代,名画家辈出,绘画理论家也产生,他们不再是宦官治下,人格被侮辱的宫廷画工;山水画随着江南的开发,山水诗的出现而出现;花鸟画随着杂花生树,群莺乱飞的江南美景的显现而诞生;人物画不再限于想象中的尧、舜、禹、汤、文、武、周公、孔子、忠臣、孝子,而是现实人物的写照。美学被运用到了绘画中,绘画成了真正的艺术。在这个时代的壁画,由于佛教的兴盛,石窟的开凿,也大有发展。说这个时代在艺术上出现了曙光,我想并非言过其实。其基本原因是绘画脱出了宫廷、儒术的控制。

为谢赫《古画品》列入第一品的五个人,都是这一时代的画家。其中,曹不兴、卫协、荀勖三人是有文献可据的三国与西晋时代的画家。他们的绘画艺术的产生,说明绘画史一步入黄巾起义后的汉末三国时期,就显得生机勃勃。

曹不兴为孙吴时代的吴兴人。谢赫极为赞赏他的风骨,在《古画品》中说:"观其风骨,擅名不虚,在第一品矣。"[①]谢赫的话抓住了汉末三国时代文学艺术的精髓。我们知道,讲风骨是建安文学的特征,谢赫对曹不兴绘画风骨的称赞,使我们了解到讲风骨也是当时绘画艺术的要求,是那个时代整个文学艺术界的新风貌。

谢赫说:"不兴之迹,殆莫复传,唯秘阁之内,一龙而已。"[②](《太

①[宋]李昉等:《太平御览》卷第七百五十一《工艺部八·画下》引,中华书局,1960年,第3333页。

②[齐]谢赫、姚最撰,王伯敏标点注译:《古画品录·续画品录》第一品,人民美术出版社,1959年,第7页。

平御览》所引作"一龙头而已。")风骨就表现在他所画的龙中。曹不兴也擅长画人物，许嵩《建康实录》说他作巨幅画像，但凭心手，画得很快，而头、面、手、足、胸、臆、肩、背"无遗失尺度"。可惜他的人物画不传，连谢赫也未见到。

卫协是西晋时候的人。谢赫说："古画之略，至协始精，六法之中，迨为兼善。"六法：气韵、骨法、应物、随类、经营、传移。谢赫说"惟陆探微、卫协备该之"，而卫协生活的时代在陆探微之前，"古画之略，至协始精"二语，表明卫协在绘画发展史上，占有承先启后的极高地位。如果说曹不兴还只重于骨法，那么，卫协是第一个在绘画上六法兼备的人。唐代尚可见到他所画的《史记伍子胥图》《卞庄子刺虎》《醉客图》《鹿图》《上林苑图》等①，惜唐以后不传。如曹不兴一样，他的画已由人物兼及动物。

荀勖的画，从《世说新语·巧艺》所记可以得知一二。《巧艺》说到钟繇之子钟会善学人书，曾学荀勖的手迹，从荀勖的母亲钟夫人处骗得可值百万的宝剑一口。荀勖"思所以报之"，后来钟家"以千万起一宅，始成，甚精丽，未得移住"。荀勖"极善画，乃潜往画钟门堂，作太傅（钟繇）形象，衣冠状貌如平生。二钟（钟毓、钟会兄弟）入门，便大感恸。宅遂空废"②。注谓"彼此书画巧妙之极"。谢赫说他和张墨（亦列于第一品）的画，"风范气候，极妙参神，但取精灵，遗其骨法"。即以气韵见胜。他画钟繇之所以能使二钟"大感恸"，正是因为风范气韵毕肖。

东晋以后，绘画踏入了一个新的发展时期，人物画、山水画、花鸟画众体皆备，绘画理论、品评次第产生，绘画艺术日趋成熟。首先崛起的是戴逵与顾恺之。除了人物之外，他们都擅长山水，是山水画的前驱。人物画也扩展到了高士、"七贤"、处女、女史乃至胡人。

戴逵画人物，谢赫说"荀（勖）、卫（协）已后，实为领袖"。《历代

---

① 见《历代名画记》。

② ［南朝宋］刘义庆撰，徐震堮著：《世说新语校笺》卷下《巧艺》，中华书局，1984年，第386页。

名画记》记他有《阿谷处女图》《孙绰高士图》《胡人弄猿图》等。他的山水画，如《吴中溪山邑居图》《南都赋图》，被《历代名画记》的作者唐人张彦远认为"山水极妙"[①]。《世说新语·巧艺》记范宣看了他的《南都赋图》，"咨嗟，甚以为有益，始重画"[②]。张彦远说他"山水极妙"，信以为然。

顾恺之略后于戴逵。《晋书·文苑传》本传说："俗传恺之有三绝：才绝，画绝，痴绝。"[③]"每写起人形，妙绝于时。尝图裴楷像，颊上加三毛，观者觉神明殊胜。""每画人成，或数年不点目睛，人问其故，答曰：'四体妍蚩，本无阙少于妙处，传神写照，正在阿堵中。'"按唐张怀瓘《画断》说道："象人之美，张（僧繇）得其肉，陆（探微）得其骨，顾（恺之）得其神，神妙亡方，以顾为最。"[④]这说明"神明殊胜""传神写照"，正是顾恺之人物画的特点。

可注意的是，顾恺之是"以形写神"。他认为"空其实对"，就会产生"大失"误。只有通过对实际事物的观察与体验，才能"迁想妙得"。这是绘画上的"唯物论"。《历代名画记》征引顾恺之的画论，有《魏晋胜流画赞》《论画》《画云台山记》三篇，是极宝贵的绘画理论文献。

顾恺之传神写照的人物画，最有名的是表现妇女形象的《女史箴图》和《洛神赋图》。《女史箴图》有唐宋两种摹本，一藏英国伦敦博物馆，一藏北京故宫。今人犹可见其风采。

顾恺之的山水画有《雪霁望五老峰图》《庐山图》等。山水画经戴逵、顾恺之的经营，现在需要的是画理和画法了。

还可注意东晋以后，佛教得到了发展，佛寺、石窟在建造，壁画也在成长。顾恺之在江宁瓦棺寺所画的壁画《维摩诘像》，是最早的佛教壁画。且因为出自名家，"有清赢示病之容，隐几忘言之状"，画成，"光照一

---

① [唐]张彦远：《历代名画记》卷五《晋二十三人》，中华书局，1985年，第197页。

② [南朝宋]刘义庆撰，徐震堮著：《世说新语校笺》卷下《巧艺》，中华书局，1984年，第386页。

③ [唐]房玄龄等：《晋书》卷九十二《文苑列传》，中华书局，1974年，第2406页。

④ [唐]张彦远：《历代名画记》卷五《晋二十三人》，中华书局，1985年，第183页。

寺"，以至"施者填咽，俄而得百万钱"①。这对后世佛教壁画，有首创的作用。

时代进入南朝，在绘画上，首先崛起的是宋时吴人陆探微。谢赫对他极为推崇，在《古画品》中，把他列为第一品第一人，说他的画"穷理尽性，事绝言象。包前孕后，古今独立。"②这很抽象，梁元帝在《谢东宫赍陆探微画启》中，说得较为具体。他说陆探微：

> 工逾画马，巧迈图龙。试映玉池，即看鱼动；还傍金屏，复疑蝇集。史迁暂睹，悬识留侯之貌；汉帝一瞻，便见王嫱之像。③

换言之，便是陆探微画什么，便毕肖什么，可以乱真，使人发生错觉。谢赫以为能包举气韵、骨法、应物、随类、经营、传移六法的，惟有陆探微与卫协二人。陆画技艺之高，也就高在这里。在六法中，陆画最突出的成就，又在骨法上。他继承了吴兴曹不兴以来，重风骨的优良传统。而他的骨法又是与气韵结合的。所谓"陆得其骨"，表现在人物上，给人的感受是"动与神会"的"秀骨清象"，非徒以骨法见胜。

陆探微擅长的是人物画。宋时还有一个宗炳，对山水画的发展，有卓越的贡献。《宋书·隐逸传·宗炳传》记他"好山水，爱远游"。后还江陵，"凡所游履，皆图之于室。谓人曰：'抚琴动操，欲令众山皆响。'"他创作了大量的山水画，并写了一篇《画山水序》，推动了山水画的发展。

宋时在绘画上尚有一个不可忽视的创造性的成就，就是花鸟画的兴起。被谢赫在《古画品》中列为第二品第一人的宋人顾骏之，是蝉雀画的创始者。谢赫说他"始变古则今，赋采制形，皆创新意"。又说："画蝉

---

① [唐]张彦远：《历代名画记》卷五《晋二十三人》引《京师寺记》，中华书局，1985年，第181页。

② 谢赫、姚最撰，王伯敏标点注译：《古画品录·续画品录》第一品，人民美术出版社，1959年，第6页。

③ [唐]欧阳询撰，汪绍楹校：《艺文类聚》卷七十四《巧艺部·画》，上海古籍出版社，1982年，第1270页。

雀，骏之始也。宋大明中，天下莫敢竞矣。"顾骏之的可贵处，就在他敢于变古创新，在绘画上独辟蹊径，创新天地。

人物画到陆探微成熟，山水画到宗炳出现了画理、画法与大量作品，加上顾骏之又创蝉雀画，可见绘画到南朝宋时，又进入了一个新的发展阶段。

齐梁之时，是人物、山水、走兽、花鸟各种画竞相争艳之时。《南史》卷三十九《刘勔传》附《刘瑱传》记述了一个故事，从中可知人物画至齐达到了怎样的高度。《刘瑱传》说：

> 时有荥阳毛惠远善画马，瑱善画妇人，并为当世第一。瑱妹为齐鄱阳王妃，伉俪甚笃。王为齐明帝所诛，妃追伤遂成痼疾，医所不疗。有陈郡殷蒨善写人面，与真不别，瑱令蒨画王形象，并图王平日所宠姬共照镜状，如欲偶寝。瑱乃密使媪奶示妃，妃视画乃唾之，因骂云："故宜其早死。"于是恩情即歇，病亦除差。宠姬亦被废苦，因即以此画焚之。

这说明齐时殷蒨的人物画，高过了"当世第一"的刘瑱的人物画。至于毛惠远画马，谢赫说他"力遒韵雅，超迈绝伦"，也就是骨法气韵兼胜。

又《南史》卷四十四《齐武帝诸子传·同弟贲传》，记萧贲"能书善画，于扇上图山水，咫尺之内，便觉万里为遥"。山水画到萧贲也可以说成熟了。

梁元帝是一个善画花鸟与走兽的画家。《颜氏家训·杂艺》说颜家"尝有梁元帝手画蝉雀白团扇及马图，亦难及也"。画蝉雀与马，已不能让顾骏之、毛惠远独美于前了。

梁朝还产生了一个大画家张僧繇。他有《梁武帝像》《梁宫人射雉图》《横泉斗龙图》《吴主格虎图》《田舍舞图》《咏梅图》及佛教题材的《维摩诘像》等。魏晋以后发展起来的各种类型的绘画，在他的笔下合流了。他最善于写貌。梁武帝诸子多出掌外州，武帝常常想念他们，命张僧繇去画诸子之像。武陵王萧纪远在益州，张僧繇曾奉命"至蜀图其状"①，武帝见图如见其子，思念顿减。这可见张僧繇人物画技术之高。武帝多建佛院寺塔，也都命张僧繇作画。张僧繇曾于安东寺画四龙而不点睛，人们问他什么缘故，他说"恐破壁飞去"。人们一定要他点睛，他点了二龙，果然飞走。未点的如故。这个故事自然有不真实的地方，但要知他画龙的技术，也达到了巅峰。张僧繇画山水，总是在素绢上用青、绿重色先画峰峦泉石，而后染出丘壑巉岩，不用笔墨先钩。当时谓之"没骨皴"。又相传张僧繇在建康一乘寺用天竺法画"凹凸花"，用"朱及青、绿"诸色，观者"远望眼晕如凹凸，就视即平"②。这以后，一乘寺获得了凹凸寺的美称。

张僧繇可以说是南朝一个总结性的画家。点睛的故事可与顾恺之比美。写貌能使梁武帝减少思念之情，直追荀勖画钟繇像，使钟毓、钟会兄弟大为感动。在山水画和花鸟画上且有新的创造，用了天竺的画法。他是一个善于汲取中国传统的绘画技术与外国技术，提高自己绘画水平，发展绘画艺术的人。

论南朝绘画，尚可注意墓室壁画《高逸图》的发现。丹阳胡桥大墓室发现"竹林七贤"和荣启期的画像，惜已残缺。南京西善桥墓室也发现"竹林七贤"和荣启期的画像，很完整，是极其珍贵的墓室壁画。两壁共画八人，南壁绘刻嵇康、阮籍、山涛、王戎四人，北壁绘刻向秀、刘伶、阮咸、荣启期四人，配之以各种同根双枝形的树木。八人席地而坐，情态、服饰各不相同，气韵生动，观之可以使人想象"七贤"当年的丰采。江左画家戴逵、陆探微等，都画过"七贤"，墓室壁画《高逸图》的发现，也可以使我们了解江左画家笔下"七贤"的风貌。魏晋"玄风"至江左而未已，然而佛教正在代替玄学而兴起，寺院与石窟的佛教题材的壁画，也正在代替墓室高逸形象而兴起。

---

① [唐]李延寿：《南史》卷五十三《梁武帝诸子传》，中华书局，1975年，第1332页。

② [唐]许嵩撰，张忱石点校：《建康实录》卷十七《高祖武皇帝》，中华书局，1986年，第686页。

北朝绘画艺术。

北朝绘画较多地保持了传统的技术，在人物与走兽上，不无杰作出现。但在南方勃兴的山水画、花鸟画（如蝉雀），在北方则寂寥鲜闻。绘画发展的时间也较晚，要到北魏孝文帝迁都洛阳，推行汉化以后。

北齐有一个杨子华，相传他"尝画马于壁，夜听啼啮长鸣，如索水草"。又传他曾"图龙于素，舒卷辄云气萦集"①。与张僧繇画龙点睛，破壁飞去，可谓异曲同工。这种带有神话色彩的记载，只是说明一个"工"字。北齐又有一个曹仲达，是西域曹国人，以画"梵像"闻名于中州。宋郭若虚《图画见闻志》记曹（仲达）、吴（道子）体法，说"曹之笔，其体稠叠，而衣服紧窄"，"吴之笔，其势圜转，而衣服飘举"②。这是绘画史上所谓"吴带当风，曹衣出水"的由来。按曹国出自康居（康国），为昭武九姓之一，即石虎所谓"边戎"，与康、石等国，同奉佛教。"佛"被石虎称之为"戎神"③。又肩阔，衣服短而瘦，为犍陀罗艺术的特征。我疑曹仲达所画"梵像"，从"其体稠叠，而衣服紧窄"来看，当是昭武九姓或边戎所供的、深受犍陀罗艺术影响的佛的形象。

在北朝绘画艺术上，尤可注意的是保存至今的北魏与西魏北周的石窟壁画。著名的有新疆克孜尔千佛洞壁画、敦煌莫高窟壁画、天水麦积山石窟壁画。这些壁画就其内容来说，除了佛和菩萨，都是佛教故事画。其中有赞美佛的前身如何救助旁人，牺牲自己的"本生"故事画，有描写佛从降生净饭王家，为悉达太子，至出家成道的"佛传"故事画，有根据各种佛经内容来表现的"经变"（又称"变相""变现"）故事画。就表现手法或风格来说，克孜尔千佛洞北朝壁画，保持了粗犷的风格，人物的轮廓用粗线条勾出，身体的细部用单色彩平涂，被称为"龟兹画风"。这种画风有明显的犍陀罗艺术的影响。晚期有所变化，如出现了龟兹人服用的双领下垂的大衣。但从整个北朝来看，克孜尔千佛洞壁画，犍陀罗艺术的影响

① ［唐］张彦远:《历代名画记》卷八《北齐十人》,中华书局,1985年,第251页。
② ［宋］郭若虚:《图画见闻志》卷一《论曹吴体法》,中华书局,1985年,第33页。
③ ［唐］房玄龄等:《晋书》卷九十五《艺术列传》,中华书局,1974年,第2488页。

是主要的。敦煌莫高窟壁画是我国佛教绘画艺术的宝库。在表现手法上，有民族传统，也有外来影响。在民族传统上，如佛与菩萨的画像，都加上了转动飘举的锦带与乱坠的散花。在印度艺术的影响上，如佛身的半裸袒及"卐"字花纹，是因袭天竺式样；用浓重的色彩来分层分面及加强立体感的推晕方法，是天竺的晕染法。王伯敏认为"继承民族传统，是莫高窟壁画表现的主要方面"[①]。麦积山石窟壁画则更多地带有本地区艺术的色彩，外来的影响较少。如《武骑图》马的形象的塑造，发挥了传统的民间艺术的特色。总之，是一个这样的次序：新疆克孜尔千佛洞石窟北朝壁画，以犍陀罗艺术的影响为主要；敦煌莫高窟北朝壁画，民族传统与外来影响结合起来；天水麦积山石窟北朝壁画，则更多地表现出当地民族与民间绘画艺术的风格。

第三节　佛教造像艺术的勃兴

按照佛教的说法，"释迦佛正法住世五百年，象法一千年"[②]。象法即为形象以教人，亦称"象教"。《法显传》记僧伽施国有阿育王所起"精舍，当中阶作丈六立象"[③]。又记由泝沙王旧城入谷，有耆阇崛山，"未至头三里，有石窟南向，佛本于此坐禅。西北三十步，复有一石窟，阿难于中坐禅。……窟前有四佛坐处。又诸罗汉各各有石窟坐禅处，动有数百"[④]。这都是象教。由此可知我国佛教造像，不仅有经义作根据，而且天竺早已为之。"精舍"相当于寺院，除了于精舍中立像之外，天竺尚有石窟造像。石窟造像是象教中所不可缺少的，因为佛、菩萨、罗汉都在石窟中坐禅。

我国直到东晋之初，犹无佛教造像艺术。《头陀寺碑文》写道"汉、

① 王伯敏：《中国绘画史》，上海人民美术出版社，1982年，第99页。

② [梁]萧统编，[唐]李善等注：《六臣注文选》卷五十九《头陀寺碑文》李善注引《昙无罗谶曰》，中华书局，1987年，第1094页。

③ 章巽校注：《法显传校注》，上海古籍出版社，1985年，第61页。

④ 章巽校注：《法显传校注》，上海古籍出版社，1985年，第113页。

晋两明，并勒丹青之饰"①。两明指汉明帝与晋明帝，丹青指图画佛像，
以崇其法。《晋书·艺术传·佛图澄传》记王度的话说："佛，外国之神，
非诸华所应祠奉。汉代初传其道，惟听西域人得立寺都邑，以奉其神，汉
人皆不出家。魏承汉制，亦循前轨。"可见魏晋以前，立庙造像与汉人无
干。西域人虽然可以立寺都邑，佛像多从西域东来。即使有造像，也谈不
上艺术。

我国佛教造像成为一种艺术，应从东晋末年戴逵、戴颙父子开始。
《宋书·隐逸传·戴颙传》说：

> 自汉世始有佛像（得自西域），形制未工，逵特善其事，颙亦参
> 焉。宋世子铸丈六铜像于瓦官寺，既成，面恨瘦，工人不能治，乃迎
> 颙看之。颙曰："非面瘦，乃臂胛肥耳。"既错减臂胛，瘦患即除，无
> 不叹服焉。

佛像至戴逵父子，形制始工，也就是说，真正成了一种艺术。造像艺术何
以要晚到这个时候才兴起来呢？须知这时正是佛教勃兴的时代，大翻译家
鸠摩罗什、空宗大师释道安及其弟子释慧远、第一个赴天竺取经的名僧释
法显均产生于这时。佛教的勃兴带来了造像艺术的勃兴，而雕塑家戴逵、
戴颙父子，正好适逢其会。

佛像何以要铸"丈六铜像"？上引《法显传》记阿育王所立佛像即为
"丈六"。汉明帝所梦金人亦为"丈六"。又《金光明经》记载："如来之
身，金色微妙，其明照曜，如金山王。"非仅如来，弥勒等佛又何尝非金
姿。如将铜换成金子，那就真成了"金姿宝相"。南北朝以来，用金子造
像的或掺之以金的，事实上是屡见不鲜。

佛像何以不能"面恨瘦"？《头陀寺碑文》写道"象设既辟，睟容已
安"。"睟容"意为润泽之容，容必润泽而后才可起到象教的作用。面瘦则

---

① [梁]萧统编，[唐]李善等注：《六臣注文选》卷五十九《头陀寺碑文》，中华书局，
1987年，第1089页。

非睟容，睟容几乎是佛像的共同的艺术特点。

《宋书·戴颙传》所记是寺庙的造像艺术。石窟造像，在我国始于何时呢？

最早的当推新疆地区的石窟。现存新疆天山以南的石窟，达六百多窟，如拜城克孜尔千佛洞。印度佛教是在大月氏贵霜王接受佛教洗礼以后，凭借武力与政治力量，向四方扩展的。新疆之有佛教，始于毗卢折那（毗卢旃）自迦湿弥罗（克什米尔）把大乘佛教带到于阗。时间约当汉末与魏晋之间。因此，新疆佛教石窟的建造，再早也要到东汉末年。

敦煌莫高窟的开凿，据武则天圣历元年（698）《李怀让重修莫高窟碑》，是在前秦苻坚建元二年（东晋废帝司马奕太和元年，公元366年）。开创人为乐樽和尚。敦煌是进出西域的陆上口岸，是内地与西方经济文化交流的中心。前秦曾派吕光灭龟兹，政治力量扩展到西域。那时，不仅于阗，龟兹的佛教也发展起来。敦煌莫高窟在前秦时代开凿，看来就不是偶然的了。此窟的开凿，是佛教将由西域东传的预报。而佛教的东传，又赋予了敦煌以东西佛教接合点的地位。此地石窟艺术到南北朝时期，进入了它的发展时期。

大同云冈石窟的开凿，据《魏书·释老志》记载：

> 和平初，师贤卒。昙曜代之，更名沙门统。初昙曜以复佛法之明年（高宗文成帝拓跋睿兴安二年），自中山被命赴京（平城，今大同市），值帝出，见于路，御马前衔曜衣，时以为马识善人。帝后奉以师礼。昙曜白帝，于京城西武州塞，凿山石壁，开窟五所，镌建佛像各一。高者七十尺，次六十尺，雕饰奇伟，冠于一世。

据此可知大同云冈石窟的开凿，始于北魏文成帝和平元年（460）。此年为南朝宋孝武帝大明四年，公元460年。石窟造像不受丈六金身的限制，大者直可与山比高，高六七十尺并不出奇。看过大佛的，能不惊叹当时造型艺术家技艺之高、胆量之壮、气魄之大。"雕饰奇伟，冠于一世"八字，表明云冈大佛的出现，在艺术史上绽开了一朵奇花。

《释老志》又写到北魏迁都洛阳之后，开凿龙门石窟。志中说：

> 景明初，世宗（宣武帝）诏大长秋卿白整准代京灵岩寺石窟，于洛南伊阙山，为高祖（孝文帝）、文昭皇太后营石窟二所。初建之始，窟顶去地三百一十尺。至正始二年中，始出斩山二十三丈。至大长秋卿王质，谓斩山太高，费功难就，奏求下移就平，去地一百尺，南北一百四十尺。永平中，中尹刘腾奏为世宗复造石窟一，凡为三所。从景明元年至正光四年六月已前，用功八十万二千三百六十六。

今龙门共有洞窟和壁龛数千个，造像的十分之三属于北朝。古阳洞是龙门最早的洞窟，佛龛密布，魏碑书法艺术，龙门二十体，此洞占了十九体。他如宾阳北洞、宾阳中洞、莲花洞，也都是北魏开凿的。从《释老志》所记，知龙门石窟始凿于宣武帝景明元年（南朝齐东昏侯永元二年，公元500年）。它的发展时代则在唐朝武则天之时。

天水麦积山石窟开凿于何时，尚待查考。但可以断定它的开凿不会早于敦煌莫高窟（千佛洞）。

这些石窟造像艺术分为两种，一种如大同云冈石窟、洛阳龙门石窟，因为石质较好，适宜于雕刻，便用来雕刻佛像，大小雕像都有。一种如莫高窟（千佛洞），绵亘于三里多长的崖壁上，只因为石质松脆，不适宜于雕刻，石窟内的艺术品多是塑像和大型的壁画。

北朝造像，以哪一种佛像的数量为多呢？这是一个有关北朝人信仰的问题，也是艺术史上应当解决的一个问题。

唐长孺先生在《北朝的弥勒信仰及其衰落》一文中，举了三条材料，对北朝的造像进行了比较。其一，是叶昌炽《语石》卷五叙造像所说：“所刻之像以释伽弥勒为最多，其次则定光、药师、无量寿佛、地藏菩萨、琉璃光、卢舍那、优填王、观世音。"①其二，是在日本冢本善隆《支那佛教史北魏篇》三《龙门造像之盛衰及尊像之变化》中，列有纪年的尊像表四件，这些表显示北魏时期释迦造像达四十六，弥勒造像达四十四之多。而同一时期无量寿佛（即阿弥陀）却只八尊，观世音只二十二尊。很明显，除了释迦以外，弥勒造像最多，阿弥陀与观世音都不能与之相比。其三，是日本佐藤智永的《北朝造像铭考》，列举云冈、龙门、巩县诸石窟与所知传世金铜像的类别数字，造了一个有纪年的诸尊像表。其中释迦、弥勒、阿弥陀及观世音的造像数字为：

北魏：释迦一百三，弥勒一百一，阿弥陀十五，观世音六十四。以弥勒佛的尊数为最多，阿弥陀最少。

东魏北齐：释迦四十六，弥勒三十六，阿弥陀十七，观世音九十四。观世音的尊数跃居第一位，最少的仍然是阿弥陀。

西魏北周：释迦二十九，弥勒三，阿弥陀一，观世音十三。释迦第一，阿弥陀仍旧屈居末位。

唐先生说得很好：观音像"是在北魏分裂后激增。造像统计充分表明北魏时期弥勒信仰的流行"②。

我在洛阳等地考察，也发现北齐民间造像碑碑上佛像，以释迦、弥勒为多。弥勒信仰不仅流行于上层，而且流行于下层。两相比较，下层或者说民间信仰的主要是弥勒，而不是释迦。把北齐造像碑加入，我看北朝末年多的仍是弥勒像。

为什么弥勒信仰会在北朝流行呢？这要明白按照佛教的说法，"释迦前有六佛，释迦继六佛而成道，处今贤劫。文（释迦文）言将来有弥勒佛，方继释迦而降世"③。释迦是第七代佛，弥勒是第八代佛，是释迦的继承者。而据《头陀寺碑文》的话：释迦"正法既没，象教陵夷"，新佛弥勒简直就要降世或已经降世了。《法显传》有一段话值得注意。

① 唐长孺：《魏晋南北朝史论拾遗》，中华书局，1983年，第196页。
② 唐长孺：《魏晋南北朝史论拾遗》，中华书局，1983年，第197页。
③ ［北齐］魏收：《魏书》卷一百一十四《释老志》，中华书局，1974年，第3027页。

众僧问法显："佛法东过，其始可知耶？"显云："访问彼土（东土）人，皆云古老相传，自立弥勒菩萨像后，便有天竺沙门赍经、律过此河（新头河）者。像（弥勒菩萨像）立在佛泥洹（涅槃、寂灭、圆寂）后三百许年，计于周氏平王时。由兹而言，大教宣流，始自此像。非夫弥勒大士继轨释迦，孰能令三宝（佛、法、僧）宣通，边人识法。固知冥运之开，本非人事，则汉明之梦，有由而然矣。"[1]

法显的话有两个地方很新。一、古老相传佛法宣流，是因为周平王时，立了弥勒菩萨像，天竺沙门才带经、律来到东土。二、他认为汉明帝梦中所见，根本不是"正法既没，象教陵夷"的释迦，而是弥勒佛。因为他说的"汉明之梦"，来自"弥勒大士继轨释迦"，令"三宝宣通，边人识法"。换言之，即弥勒佛托梦给他，令他传法。《后汉书·西域传·天竺国传》记汉明之梦云：

世传明帝梦见金人，长大顶有光明，以问群臣，或曰："西方有神，名曰佛，其形长丈六尺而黄金色。"帝于是遣使天竺，问佛道法，遂于中国图画形象焉。

则所谓"丈六金身""长大顶有光明"，实为弥勒菩萨像，而人们都当作早已泥洹的释迦像了。

这就可以了解为什么北魏造像以弥勒佛为最多，为什么北朝下层普遍信仰弥勒佛。

梁《文心雕龙》的作者刘勰，在他写的《剡县石城寺弥勒石像碑铭》中，为我们留下了雕造弥勒石像的艺术家的豪气与弥勒像的光彩。铭中的艺术家与他们雕造的弥勒形象，是有普遍的意义的，非止剡县石城寺如此。

---

[1] 章巽校注：《法显传校注》，上海古籍出版社，1985年，第26—27页。

于是扪虚梯汉，构立栈道，状奇肱之飞车，类似叟之悬阁，体高图范，冠采虹霓，推凿响于霞上，剖石洒于云表。信命世之壮观，旷代之鸿作也。[①]

这些话把当年大同云冈、洛阳龙门雕造佛像尤其是雕造"体高""冠采"的命世新佛弥勒的奇景，一齐推到了我们的眼前。云冈高达六七十尺的石刻佛像，不就是最早在北方出现的"命世之壮观，旷代之鸿作"吗？可惜当初"扪虚（虚空）梯汉（银河），构立栈道"，推凿剖石，雕造巨佛的艺术家的姓名，都湮没无闻[②]。

至于石窟造像的艺术风格，也可分为早晚二期。北朝早期如昙曜所开云冈五洞佛像，体现了新头河（印度河）流域犍陀罗人体、生活和艺术的特征：鼻直而高，唇薄肩阔，衣服短瘦，衣纹左右对称。这种佛，也就是石虎所说的"边戎"之神。但非无东土艺术风格的影响，像阴刻花纹，像上的舟形佛光，即是我国传统的艺术风格。北魏后期石刻佛像，如龙门古阳洞、宾阳洞的佛像，则显得中国化了。鼻不是那么高，肩不是那么阔，面部秀润，表情更温和，衣服较为宽松，衣纹飘动流畅，与"戎神"有了差别。而最值得称道的是北魏文成帝时期云冈高达六七十尺的石佛的雕凿，这在我国艺术史上是创举。弥勒佛像之多，又表明不仅石窟新，连佛也新。

---

① [唐]欧阳询撰，汪绍楹校：《艺文类聚》卷七十六《内典上》，上海古籍出版社，1982年，第1302页。

② 关于弥勒佛，参见《佛教的勃兴》一章。

第十章　史学文献的蓬勃发展

我国史学在魏晋南北朝时期，取得过重大的发展。其主要表现是："体制不经""正史"之外，出现了许多新部门，而同一种正史，又著者辈出，观点翻新，体制亦有改创，在史学史上，形成了一种前所未有的繁荣局面。本章探讨其原因与表现。

第一节　魏晋南北朝史学得到长足发展的原因

一、经学的急剧衰落

两汉最发达的是经学，这与独尊儒术息息相关。汉代尊儒已经达到孔子的话、经书的话就是法律，就是指导思想的程度。《汉书·隽不疑传》记宣帝与霍光说过："公卿大臣当用经术明于大谊。"《兒宽传》记兒宽为廷尉掾，以古义决疑狱，朝廷无不认可。引用《春秋》之义与"子曰"断事、决狱的，不乏其人。汉朝不仅有累世相传的治经名家，如孔氏、伏氏、桓氏，而且有专治一经的世族名门。如弘农杨氏，自杨震受《欧阳尚书》于太常桓郁，即以《欧阳尚书》为家业。汝南袁氏，自袁良治《孟氏易》，即以《孟氏易》为家业。杨、袁二氏均为东汉名族①。那时是士子以

①分见《后汉书·杨震传》与《袁安传》。

通经为业，朝廷取士以通经为先。经学遂蔚为极盛。汉朝经书虽有今文与古文之争，虽各有政治背景，但这并不妨碍在独尊儒术条件下经学的发展。

但发达中也可见到汉朝经学隐藏的危机。班固说过："古之学者耕且养，三年而通一艺，存其大体，玩经文而已。……故幼童而守一艺，白首而后能言"，他认为："此学者之大患也。"①尤有甚者，纬书在东汉章帝召集的白虎观会议上，取得了合法的地位，那时有什么经书，便有什么纬书，纬书被用来解释经书。纬书是假托神道的产物，经学也就跟着神学化了。《白虎通德论》四卷四十四条阐述儒家"三纲""六纪"等教义，在援引中，纬书与经书并列，最能说明经学在汉朝不仅路狭，白首穷一经，而且质杂，充满了神道色彩。这种学问是没有生命力的。

汉末大乱，打乱了汉朝的专制统治，儒学的独尊地位被扬弃了。曹操宣称"不仁不孝"不是取士的条件，唯一的条件是才。嵇康著文痛斥讽诵"为鬼语"，六经"为芜秽"，仁义"为臭腐"。对儒学的研究转入了对道家学说的研究，对孔子的研究转入了对老子、庄子的研究。魏末晋初，最有成就的著述，是王弼的《老子注》，向秀、郭象的《庄子注》，而不是对六经的注释。《易经》从六经中抽出，变成了"三玄"之一。东晋以后，流风未已。《南齐书》卷三十九传论说："晋世以玄言方道，宋氏以文章间业，服膺典艺，斯风不纯，二代以来，为教衰矣。"经学的衰落，在这个时代，已经无可挽回。即使是极力提倡儒学的梁武帝，在同时，又极力提倡佛学，且把孔子说成是如来佛的弟子。在这种情况下，史学得以勃兴。

这一点金毓黻先生已经看出来了。他说："魏晋以后，转尚玄言，经术日微，学士大夫有志撰述者，无可发抒其蕴蓄，乃寄情乙部，一意造史。此原于经学之衰者。"②他看出了史学的勃兴与经学衰微二者之间的关系，只是他没有看出源头。这源头就是儒教从被独尊的宝座上跌落下来，

---

① [汉]班固撰，[唐]颜师古注：《汉书》卷三十《艺文志》，中华书局，1962年，第1723页。

② 金毓黻：《中国史学史》，中华书局，1962年，第70页。

人们不再去白首穷经了，孔子不那么神圣了，人们不再受孔教的禁锢，从而玄学、史学、文学、艺术等各种学问都发展起来。

二、史官的"失其常守"

《隋书·经籍志二》史部"杂史"后序有一段话，关系到此时代史学的变化，极为重要。可惜治史学史者往往忽略。其言云：

> 灵、献之世，天下大乱，史官失其常守，博达之士，愍其废绝，各记闻见，以备遗忘。是后群才景慕，作者甚众。又自后汉已来，学者多钞撮旧史，自为一书，或起人皇，或断之近代，亦各其志，而体制不经。又有委巷之说，迂怪妄诞，真虚莫测。

这说明从黄巾起义开始，官府控制史学的局面被打乱了，博达之士，各撰史书，私史如雨后春笋一样发展起来。纪传体、编年体的史学也被突破了，没有固定的体制，想写什么便写什么，想怎么写便怎么写。史学繁荣的局面因而出现。这是就史学本身的变化发展立论。这个变化是由汉朝专制统治被打乱与儒学的独尊地位被降格带来。

《隋书·经籍志二》史部所载有"正史""古史""杂史""霸史""起居注""旧事篇""职官篇""仪注篇""刑法篇""杂传""地理之记""谱系篇""簿录篇"等十三种体制，也就是十三个部门。"凡史之所记，八百一十七部，一万三千二百六十四卷。通计亡书，合八百七十四部，一万六千五百五十八卷。"①在这八百七十四部，一万六千五百五十八卷史书中，除了《史记》《汉书》《东观汉记》等少数著述之外，绝大多数都是魏晋南北朝时代的私家著作。下将详述。

由此可知刘知几《史通》但述《尚书》《春秋》《左传》《国语》《史

---

① ［唐］魏征等：《隋书》卷三十三《经籍志二》，中华书局，1973年，第992页。

记》《汉书》六家，以为《汉书》以后，"自尔迄今，无改斯道"①，未免偏颇。倒不如《隋书·经籍志》的作者眼光的广阔、见识的卓越。

三、历史学与历史学家之被重视

历史撰述、历史学与历史学家，在这一个时代，受到了两汉时代所未受到的重视。特别是后二者，意义重大。

《晋书·职官志》记"汉东京图籍在东观，故使名儒著作东观，有其名，尚未有官。魏明帝太和中，诏置著作郎，于此始有其官，隶中书省"。著作郎（或称大著作郎）"专掌史任"。晋名中书著作郎。惠帝元康二年，"改中书著作为秘书著作"，隶属于秘书省。除著作郎外，又设置了佐著作郎。著作郎与佐著作郎的设置，表现历史的撰述，自魏明帝以后，得到了朝廷的青睐。能做著作郎、佐著作郎的，必须有史才。著作到职之初，要"撰《名臣传》一人"。对佐著作郎的要求，则难以坚持。《阎缵传》记秘书监华峤说过：佐著作郎"职闲廪重，贵势多争之，不暇求其才"②。但二职毕竟得过一些人才。如陈寿初为佐著作郎，撰《蜀相诸葛亮集》；后为著作郎，又撰《三国志》③。

又《晋书·石勒载记下》记石勒设置过经学、律学、史学、门臣四祭酒，以任播、崔浚为史学祭酒④。这是设置史学教授机构的最早的记载。具有讽刺意味的是，设置这种机构的人竟是后赵的皇帝羯族人石勒。汉族统治者之立史学，始见于南朝宋文帝元嘉年间。《宋书·隐逸传·雷次宗传》记宋文帝"使丹阳尹何尚之立玄学，太子率更令何承天立史学，司徒参军谢元立文学"，与雷次宗所主持的儒学，"凡四学并建"，聚门徒教授。后来宋明帝建总明观，分儒、玄、史、文四科，是元嘉四学的继续。如果说石勒所设史学祭酒，对后世还看不出有多少影响，则宋文帝所立四学，

---

① [唐]刘知几撰，[清]浦起龙释：《史通》卷一《六家》，上海古籍出版社，1978年，第22页。

② [唐]房玄龄等：《晋书》卷四十八《阎缵传》，中华书局，1974年，第1350页。

③ [唐]房玄龄等：《晋书》卷八十二《陈寿传》，中华书局，1974年，第2137页。

④ [唐]房玄龄等：《晋书》卷一百五《石勒载记下》，中华书局，1974年，第2735页。

特别是史学与文学，对后世的影响颇大。《梁书·江淹、任昉传》引陈吏部尚书姚察的话说："观夫二汉求贤，率先经术；近世取人，多由文、史。"数语将两汉取士重经术，南朝取士先文、史，作了鲜明的对比。经术在选举领域被文史所代替，这种变化，甚不可忽视。学校设史学，取士重文史，对史学的发展，无疑是有益的。

最可称道的是对历史学家的重视与对私人著述的热情帮助。东晋初年，著作郎王隐、郭璞奉命修撰晋史，王隐后为虞预所陷，罢黜归家，"贫无资用，书遂不就"。他跑到武昌去，投靠征西将军庾亮，庾亮"供其纸笔，书乃得成"①。王隐《晋书》之所以能够完成，是由于庾亮对他的重视与帮助。那个时代，不仅汉人而且少数民族的统治阶级人物，对历史学家与历史著述都很重视。《晋书·习凿齿传》记襄阳为前秦苻坚攻陷，时名僧释道安与历史学家习凿齿都在襄阳，苻坚久闻其名，得之极为欢喜。习凿齿有脚跛之疾，苻坚写信给诸镇说："昔晋氏平吴，利在二陆（指陆机、陆云）；今破汉南，获士才一人有半耳。""一人"指释道安，"有半"指有脚跛之疾的习凿齿。习凿齿以著《汉晋春秋》闻名于南北，而见之于史籍的最赏识他的人，又是一个"胡"人前秦皇帝氏族人苻坚。胡人所受儒术的影响毕竟比汉人要浅。

以上三个原因，以儒学的急剧衰落、史官的失其常守二因为主要。此外，某个部门历史的发展，也有它本身的特殊的原因。如霸"史"的兴盛，与各个少数民族建立的政权，都希望有它自己的史记，关系至大。

统治者对修撰历史特别是对私家修史，有无干涉呢？我们只看到两个例子，一是北魏太武帝拓跋焘残杀修史者崔浩等人，二是东晋桓温威胁《晋阳秋》的作者孙盛，要求改写桓温枋头之败。除此以外，未见修史者受到政治干预。一般说，那时修史，是比较自由的，可以各记所知，各提观点。这不是说封建统治者不想干预修史，而是这个时代是封建专制主义遭到削弱的时代，是分裂的时代。各个政权都忙于本身的事务，都忙于兼

①［唐］房玄龄等：《晋书》卷八十二《王隐传》，中华书局，1974年，第2143页。

并他国或保卫自己的战争，自无暇顾及历史著作问题了。官府要把史学重新控制起来，在这样一个时代中，是很难做到的。拓跋焘杀史官，是落后民族中所见的特殊现象。

第二节　同一史学领域内著述的层出不穷

两汉史学著名作家，不过就是司马迁、班固寥寥数人。魏晋南北朝时期不同了，同一个时期的同一历史，著者众多，其中以后汉、三国和两晋历史的写作，最为突出。

后汉史除东汉官修《东观汉记》之外，魏晋南北朝时期，出现了很多质量极高的私人著述。

《东观汉记》曾经经过几次修撰，起光武帝至灵帝，纪、传、志齐全。然到魏晋时期，许多人并不满意《东观汉记》。此书写成不久，孙吴的谢承便写了一部《后汉书》。达一百三十卷，后人尝称之为东汉"第一良史"[①]，未免要使《东观汉记》黯然失色。西晋初年，又出现了薛莹的《后汉记》一百卷，华峤的《汉后书》九十七卷，司马彪的《续汉书》八十三卷。关于《汉后书》，《晋书·华表传》附《华峤传》说过：华峤"以《（东观）汉记》烦秽，慨然有改作之意"。他"遍观秘籍"，写出了一部《汉后书》。"起于光武，终于孝献，一百九十五年，为《帝纪》十二卷，《皇后纪》二卷，《十典》十卷，《传》七十卷及三谱、序传目录，凡九十七卷。"他为皇后立纪，提高了皇后的地位，是观点的翻新。至于文笔、史实，荀勖、和峤、张华、王济都认为"峤文质事核，有迁、固之规，实录之风"。可惜永嘉之乱，经籍遗没，到唐朝，只存三十余卷。关于《续汉书》，《晋书·司马彪传》说过：自"汉氏中兴，讫于建安"，"而时无良史，记述烦杂。谯周虽已删除，然犹未尽。安、顺以下，亡缺者多。彪乃讨论众书，缀其所闻，起于世祖，终于孝献，编年二百，录世十二，通

---

①［清］姚之骃辑：《后汉书补逸》卷九《谢承后汉书序》，清末徐友兰抄本。

综上下，旁贯庶事，为纪、志、传凡八十篇，号曰《续汉书》。"《续汉书》的价值不在《汉后书》之下。刘勰《文心雕龙·史传篇》曾盛称司马彪书的详实，华峤书的准当，二书各有特点。

到东晋，又先后出现了谢沉的《后汉书》一百二十二卷，袁宏的《后汉纪》三十卷，袁山松的《后汉书》一百卷。进入南朝，又有刘义庆撰《后汉书》五十八卷。《晋书·谢沉传》说谢沉的"才学在虞预之右"。《文苑传》记袁宏"有逸才，文章绝美"[①]。袁山松是一个音乐家，以《行路难》与羊昙的"善唱乐"、桓伊的"能挽歌"，并称"三绝"[②]。刘义庆是《世说新语》的作者。

袁宏的《后汉纪》至今犹存。他在自序中说此书写作经过："予尝读《后汉书》，烦秽杂乱，睡而不能竟也。聊以暇日，撰集为《后汉纪》，其所掇会《汉纪》《谢承书》《司马彪书》《华峤书》《谢忱（沉）书》《汉山阳公记》《汉灵献起居注》《汉名臣奏》，旁及诸郡耆旧先贤传，凡数百卷。前史阙略，多不次叙，错谬同异，谁使正之？经营八年，疲而不能定。颇有传者，始见张璠所撰书，其言汉末之事差详，故复探而益之。"[③]从文中所举书目，可以看到后汉史研究虽在不断进行，而阙略、错谬、同异仍多，袁宏经营八年，撰成《后汉纪》，然犹疲而不能定。晋人这种治史精神，远非两汉所能比。

在三国、两晋和南朝初年多家后汉史著述的基础之上，到宋文帝时期，出现了著名的范晔的《后汉书》。

范晔"删众家后汉书为一家之作"。所谓"一家"，表现在史与论两个方面。范晔是根据自己的观点去取材的。他特为"党锢""独行""逸民""列女"立传，是"体制不经"在正史中的创始，表现了他对这些人物的重视与赞赏。他的传论与传中人物的史实是紧密结合的，史求准当，论立足于史，而论又是独抒己见，表现出新风。他遇祸入狱后，在给甥、侄的

---

① ［唐］房玄龄等：《晋书》卷九十二《文苑列传》，中华书局，1974年，第2391页。

② ［唐］房玄龄等：《晋书》卷八十三《袁瑰传》，中华书局，1974年，第2169页。

③ ［晋］袁宏撰，周天游校注：《后汉纪校注·原序》，天津古籍出版社，1987年，第1页。

信中写道：

> 吾杂传论皆有精意深旨，至于《循吏》以下及六夷诸序论，笔势纵放，实天下之奇作，其中合者，往往不减《过秦篇》。尝共比方班氏所作，非但不愧之而已。……赞自是吾文之杰思，殆无一字空设。此书行，故应有赏音者。纪传例为举其大略耳，诸细意甚多。自古体大而思精，未有此也。[①]

他的《后汉书》比之于班固的《汉书》，确实"非但不愧之而已"。特别是他的杂传论，议论风发，笔势纵放，而又能"中合"，远非班固所能及。例如，在《党锢传序论》中，他写道：

> 逮桓灵之间，主荒政谬，国命委于阉寺，士子羞与为伍，故匹夫抗愤，处士横议，遂乃激扬名声，互相题拂，品核公卿，裁量执政，婞直之风，于斯行矣。[②]

"主荒政谬"，是对汉末政治的最高概括，非强调"三纲"的班固所能写出。全段语约思精，真可说"殆无一字虚设"。刘知几所谓自《汉书》之后，史学"无改斯道"，证之以范晔的《后汉书》的体例、论说，都非如此。可惜的是《志》未写成，他便遇难。现在《后汉书志》是梁时刘昭用司马彪《续汉书》的八志补注而成。

范晔以后，梁萧子显著有《后汉书》一百卷，王韶著有《后汉林》二百卷。后汉史的研究与写作仍在进行。

三国史和晋史的撰写同样如此。

---

① [宋]范晔撰，[唐]李贤等注：《后汉书》卷七十六《循吏列传》注引《宋书》，中华书局，1965年，第2483页。

② [宋]范晔撰，[唐]李贤等注：《后汉书》卷六十七《党锢列传》，中华书局，1965年，第2185页。

陈寿的《三国志》六十五卷，叙录一卷，是现在传下来的比较完整的一部三国史。此外，当时出现了众多的分国写的三国历史。魏国的有晋王沉《魏书》四十八卷、晋孙盛《魏氏春秋》三十卷、晋阴澹《魏纪》十二卷、晋孔舒元《汉魏春秋》九卷、晋《魏尚书》八卷、晋梁祚《魏国统》二十卷、魏鱼豢《魏略》三十八卷和《典略》五十卷。吴国的有吴韦昭《吴书》五十五卷、晋环济《吴纪》九卷、晋张勃《吴录》三十卷。蜀国的有蜀王崇的《蜀书》[①]、谯周的《蜀本纪》（裴松之注《三国志》曾引用），晋王隐的《蜀记》（见《旧唐书·经籍志上》杂史类）、习凿齿的《汉晋春秋》（《汉晋阳秋》）。

在这些著作中，有一个值得注意的现象，即当朝人写当朝史。鱼豢的《魏略》和《典略》是魏人写魏史，韦昭的《吴书》是吴人写吴史，王崇的《蜀书》、谯周的《蜀本纪》是蜀人写蜀史。成书有的可能在晋时，但古人并非在一个朝代灭亡之后，才写这个朝代的历史。

陈寿的《三国志》虽被称为实录，不为时讳，但失于简略。到南朝宋文帝时，出现了裴松之注。他大量引用魏晋时期有关三国的历史著作，为《三国志》作注，或补其阙，或备异闻，或惩其妄，作论辨。正如他在《上三国志注表》中所说：

> 窃惟缀事以众色成文，蜜蜂以兼采为味，故能使绚素有章，甘逾本质。[②]

他这种以史证史的方法，在我国是首创。姑名之曰"兼采法"。

至于《晋书》，刘知几说有"十八家"，实际不止十八家。据《隋书·经籍志二》，晋人撰写的纪传体、编年体晋史，便有九家，包括王隐《晋

_____

① ［晋］常璩撰，任乃强校注：《华阳国志校补图注》卷十一《后贤志》，上海古籍出版社，1987年，第632页。

② ［晋］陈寿撰，［宋］裴松之注：《三国志》附《上三国志注表》，中华书局，1959年，第1471页。

书》九十三卷、虞预《晋书》四十四卷（迄于明帝）、朱凤《晋书》未成本十四卷（迄于元帝）、陆机《晋纪》四卷、干宝《晋纪》二十三卷（迄于愍帝）、曹嘉之《晋纪》十卷、习凿齿《汉晋春秋》四十七卷（迄于愍帝）、邓粲《晋纪》十一卷（迄于明帝）、孙盛《晋阳秋》三十二卷（迄于哀帝）。又谢沉尚有《晋书》三十余卷①。共为十种。

晋史在西晋就有人开始撰写。东晋初就出现了王隐、虞预、谢沉的《晋书》，干宝的《晋纪》。王隐是继承父亲王铨之业，王铨在西晋时，已在"私录晋事及功臣行状"②。

晋人写晋史有一个很大的特点，即十分重视探讨西晋灭亡的原因，提出自己的观点。虞预"憎疾玄虚，其论阮籍裸袒，比之伊川被发，所以胡虏遍于中国，以为过衰周之时"③。干宝的《晋纪总论》则认为西晋亡于吏政的腐败，他斥责西晋官场"毁誉乱于善恶之实，情慝奔于货欲之途，选者为人择官，官者为身择利……悠悠风尘，皆奔竞之士，列官千百，无让贤之举"④。这篇《总论》，后被梁昭明太子萧统选入《文选》中，是封建史学中一篇比较出色的史论。

东晋中叶出现的孙盛的《晋阳秋》，被誉为"词直而理正"，此书写到当时事件，而这，除司马迁外，是以往人们所不敢写的。如写枋头失利，曾引起桓温的大不满。桓温以"门户事"相威胁，诸子"号泣稽颡"，请求删改，孙盛就是不改。"诸子遂尔改之。盛写两定本，寄于慕容儁"⑤。这也可以说是"里通外国"。孝武帝太元中，于辽东得到了孙盛所写的定本，书遂两存。

习凿齿的《汉晋春秋》"起汉光武，终于晋愍帝。于三国之时，蜀以宗室为正，魏武虽受汉禅晋，尚为篡逆，至文帝平蜀，乃为汉亡而晋始兴

---

① [唐]房玄龄等：《晋书》卷八十二《谢沉传》，中华书局，1974年，第2152页。

② [唐]房玄龄等：《晋书》卷八十二《王隐传》，中华书局，1974年，第2142页。

③ [唐]房玄龄等：《晋书》卷八十二《虞预传》，中华书局，1974年，第2147页。

④ [梁]萧统编，[唐]李善等注：《六臣注文选》卷四十九《晋纪总论》，中华书局，1987年，第932页。

⑤ [唐]房玄龄等：《晋书》卷八十二《孙盛传》，中华书局，1974年，第2148页。

焉"①。这虽然表现了习凿齿的封建正统观，但魏既是篡逆，魏臣司马懿
父子当然也就是篡逆之臣了。

晋人写晋史敢于发表自己的见解，敢于揭露晋朝的弊政，很能说明当
时史学界的活跃。

南朝宋末齐初，臧荣绪"括东、西晋为一书，纪录志传百一十卷"②。
臧荣绪所著《晋书》，是第一部两晋全史。至梁萧子云，又"以晋代竟无
全书"③，撰《晋书》一百一十卷。沈约也有《晋书》一百一十卷④。南朝
人写晋史的非止此三人，只不过他们的著作较为完全。《隋书·经籍志二》
所记此一时代写成的关于晋代的历史，尚有宋何法盛的《晋中兴书》七十
八卷，或云本高平郗绍所作⑤。宋谢灵运的《晋书》三十六卷，宋刘谦之
的《晋纪》二十三卷，宋徐广的《晋纪》四十五卷，宋郭李产的《续晋
纪》五卷，梁萧子显的《晋史草》三十卷，郑忠的《晋书》七卷，庾铣的
《东晋新书》七卷等。

由此可见晋史领域局面的繁荣。现在流传的被刘知几《史通·正史》
称之为《新晋书》的唐朝官修《晋书》一百三十卷，便是两晋以来晋史繁
荣局面的产物，其蓝本为臧荣绪的两晋全史。可到唐官修晋书出现之后，
以前所有的晋史著述便全部被销毁。这是晋史领域遭到的一次厄运。

魏晋南北朝时期，写后汉史、三国史、晋史的人如此之多，观点、体
例较之《汉书》都有突破，即此一端，已可证明这一时期是封建史学的发
展时代。

他如宋史，还在沈约《宋书》问世之前，已有三部《宋书》出世。第
一部是宋徐爰所撰《宋书》六十五卷，第二部是宋文明中所撰《宋书》六
十一卷，无作者姓名。第三部是齐孙严所撰《宋书》六十五卷。徐爰的
《宋书》是在宋世官修国史的基础上写成的。据《宋书·徐爰传》，"元嘉

① ［唐］房玄龄等：《晋书》卷八十二《习凿齿传》，中华书局，1974年，第2154页。
② ［唐］李延寿：《南史》卷七十六《隐逸列传》，中华书局，1975年，第1887页。
③ ［唐］姚思廉：《梁书》卷三十五《萧子恪传》，中华书局，1973年，第513页。
④ ［唐］魏征等：《隋书》卷三十三《经籍志二》注，中华书局，1973年，第955页。
⑤ ［唐］李延寿：《南史》卷三十三《徐广传》，中华书局，1975年，第859页。

中，使著作郎何承天草创国史。世祖初，又使奉朝请山谦之、南台御史苏宝生踵成之。六年，又以爰领著作郎，使终其业。爰虽因前作，而专为一家之书"。他的书有很多缺点，沈约说过：徐爰"因何、苏所述，勒为一史，起自义熙之初，讫于大明之末，至于臧质、鲁爽、王僧达诸传，又皆孝武所造。自永光以来，至于禅让，十余年内，阙而不续，一代典文，始末未举。且事属当时，多非实录。"像臧质等是反对孝武帝的人，孝武帝为之作传，内容可想而知。宋史有重新研究、撰述的必要，因而作为有宋一代比较完备的实录——沈约的《宋书》一百卷应期而生了。

沈约《宋书》问世之后，裴子野"更撰为《宋略》二十卷"[1]，得到了"其叙事、评论多善"的好评。沈约读了裴略，曾经叹道："吾弗逮也。"

沈书、裴略之外，还有人写《宋书》《宋春秋》。同一时期的历史，研究、撰述者众多，叙事、评论各有所长，这个特色，直到南朝末年，依旧保持。

齐史。《隋书·经籍志二》记梁时同撰南齐历史的，有好几家。萧子显撰《齐书》六十卷，即今《南齐书》，刘陟撰《齐纪》十卷，沈约撰《齐纪》二十卷，江淹撰《齐史》十三卷，吴均撰《齐春秋》三十卷。此外尚有两部《齐典》。曾巩《南齐书目录序》说："始江淹已为《十志》，沈约又为《齐纪》，而子显自表武帝，别为此书。……子显之于斯文，喜自驰骋，其更改、破析、刻雕、藻缋之变尤多，而其文益下。"[2]曾巩的意思很明白，江志、沈纪早于萧书，萧书不过是更改、破析、刻雕、藻缋江志、沈纪而成。但他的书受到了梁武帝的支持，虽然"其文益下"，却得到独传。

梁、陈史。在梁时就有谢吴撰《梁书》一百卷，陈时又有许亨的《梁史》五十三卷，何之元的《梁典》三十卷，阴僧仁的《梁撮要》三十卷。姚察也写有《梁书帝纪》七卷。陈史在陈时有陆琼、姚察、顾野王、傅縡

---

[1] [唐]李延寿:《南史》卷三十三《裴松之传》，中华书局，1975年，第866页。

[2] [梁]萧子显:《南齐书·曾巩南齐书目录序》，中华书局，1972年，第1037—1038页。

等人在撰写。陆琼的《陈书》有四十二卷之多。现在流传的唐朝姚思廉的《梁书》和《陈书》，是在梁、陈二代梁、陈史已有的成果上写成的。

魏晋与南朝史学这种"争鸣"之风，到隋唐时期才终止，持续了四百年之久。

至于北朝的史学，则很落后，这与拓跋氏以落后的种族入主北中国，有密切的关系。在五胡中，鲜卑拓跋氏本是最落后的一支，偏偏是它征服了北中国，建立起一个历时近一个半世纪的朝代——北魏。在鲜卑拓跋氏看来，历史是可有可无的东西，有也只能颂扬他们的功业与荣光。他们仇视直笔，太武帝拓跋焘曾命崔浩"综理史务""务以实录"。崔浩"尽述国事，备而不典"。闵湛"劝浩刊所撰国史于石，用垂不朽，欲以彰浩直笔之迹"，由此招来大祸，"自浩已下、僮吏已上百二十八人皆夷五族"①。拓跋先世如代王什翼犍曾作过苻坚的俘虏，崔浩既然用直笔尽述拓跋国事，拓跋先世的丑闻也就在必写之列，更何况拓跋焘又曾有令"务以实录"。可这却是北魏鲜卑统治者所不能容忍的，崔浩做梦也未想到的灭族大祸，被他自己的直笔带来了。自崔浩族灭之后，拓跋焘废除了史官，私人著述就更不消说了。北魏一百四十九年，连半部后魏史也没有。

但这个时代毕竟是一个史学繁荣的时代，一到北齐，魏收便拿出了一部一百三十卷的《魏书》。《北齐书·魏收传》说此书是在邓彦海的《代记》，崔浩的编年体，李彪的纪、志、表、传，邢峦、崔鸿的《孝文起居注》，元晖业的《辨宗录》等基础上勒成。《魏书·自序》又说北齐文宣帝曾经"敕收，曰：'好直笔，我终不作魏太武诛史官。'"《魏书》的出现，依靠了这两个条件。

《魏书》有它的特点。北齐尚书陆操曾说此书"可谓博物宏才"，此语无疑是正确的。以《官氏志》而论，氏族志是史籍体制上的一个创造。魏初统国三十六，大姓九十九，共一百三十五姓。魏收写《官氏志》时，已不能悉知，但他所举的"可知者"，仍达一百二十姓。再，《释老志》的写

---

① ［北齐］魏收：《魏书》卷四十八《高允传》，中华书局，1974年，第1071页。

出，表明他对佛道二教都有研究，很重视宗教史。以宗教史入正史，魏收也是个开创人。可魏收对崔浩的族灭仍然心有余悸，书中讳言什翼犍、拓跋珪被俘的历史，是此书最大的失实之处。

魏收之书问世，也曾遭到攻击，但攻击者换了北方汉人大姓子孙，不是鲜卑了。据刘炆等人《魏书目录序》，《魏书》曾被范阳卢斐、顿丘李庶、太原王松年等人并"诸家子孙"骂为"秽史"。卢斐攻击魏收未为他的父亲仪同卢同立传，而为本来"无位"的崔绰立了传。李庶讥议魏收未写其家本梁国蒙人。攻击者还曾举出个别例子，如北平太守阳固获罪问题，说《魏书》失实。但这些攻击，并不能骂倒《魏书》。从全书来看，"可谓博物宏才"，是崔浩事件以后北朝史学园地开出的异卉，何"秽"之有哉！

总而言之，由班固一个人写《汉书》变为一个朝代的历史，写的人层出不穷；变为藐视权威，拿出新著作，超过它，是魏晋南北朝时代史学领域中一个最可喜的现象，一个巨大的发展。像后汉史领域。谁都没有把东汉官府集中多人，着力编纂的《东观汉记》看成不可逾越的权威著作，而是一本接着一本赶上它。谢承的《后汉书》已被称为东汉第一良史，华峤《汉后书》、司马彪《续汉书》等又继之而起，质量又不次于谢书。范晔的《后汉书》则更是东汉史领域出现的一部杰构。可此书出现之后后汉史的撰述犹未停止。这种现象在汉朝是看不到的。这是人们的自我意识在某种程度上，脱出了孔教轨道的反映。

第三节　新部门、新体制史学著作的纷纷涌现

魏晋南北朝时期，在史学领域内，另一个巨大的发展，是突破了所谓纪传体"正史"的框框，新部门、新体制的著作纷纷出现。史学的领域大大扩大了，史书的种类大大增多了。

从《隋书》所作分类，我们可以看到此一时期，自纪传体的正史中，独立出来的成为新的史学部门的历史，有：

少数民族史。以往是作为"北狄"等传，附属在正史中，地位最不重要。此时分出来，成为专门的民族史。这就是《隋书》所谓"霸史"。

典章制度史。以往是作为"志"附于正史中，此时，专门的典章制度史纷纷产生。这就是《隋书》所谓"旧事篇""职官篇""仪注篇""刑法篇"。

舆地之学。以往是作为"地理志"附属于正史中，此时分出来，成为一门专门的学问。即《隋书》所谓"地理书"。

传记。这本是正史中最重要的部分，但正史主要是为后妃、王子、将相立传，此时分出来，成为专门的传记史学。即《隋书》所谓"杂传"。这一分出，大大扩大了传记的范围。

氏姓之学。原来在正史中有所谓"表"，但记公卿世系，此时出现了一种专门的学问，即氏姓之学，产生了许多"氏姓之书"。魏收作《官氏志》，显然是受到了当时涌现的氏姓之书的影响。

至于《隋书》所谓"杂史"，指的是突破纪、传、表、志体制的史籍。《隋书》认为这种杂史"体制不经"，不经即不经典。殊不知打破纪传体的束缚，也是史学的一种"解放"。正是由于纪传、纪年体制被打破，遂在史学领域，增添了许多新的花色品种，蔚为大观。下面分别论述。

一、少数民族史

这一时期少数民族的历史，突破了夷狄传的范围，出现了许多有关各族历史的专著。《隋书·经籍志二》所记包含各族历史的专书，有魏崔鸿的《十六国春秋》一百卷，梁萧方等的《三十国春秋》三十一卷①，李概的《战国春秋》二十卷。另有《诸国记略》二卷。分国分族的专著，有和苞的《汉赵记》十卷，田融的《赵书》（《二石集》）十卷，王度的《二石传》二卷、《二石伪治时事》二卷，常璩的《汉之书》十卷、《华阳国志》十二卷、《蜀平记》十卷、《蜀汉伪官故事》一卷，范亨的《燕书》二

---

① 《旧唐书·经籍志上》作三十卷。

十卷（记慕容隽事），张铨的《南燕录》（唐志作《南燕书》）五卷（记慕容德事），王景晖（唐志作暄）的《南燕录》六卷（亦记慕容德事），游览先生的《南燕书》七卷，何仲熙的《秦书》八卷（记苻健事），裴景仁的《秦记》十一卷，姚和都的《秦记》十卷（记姚苌事），段龟龙的《凉记》十卷（记吕光事），高道让的《凉书》十卷，高谦之的沮渠国史《凉书》十卷，《托跋凉录》十卷，段国的《吐谷浑记》二卷，《翟辽书》二卷。大部分都是这一时期五胡六夷的历史。

如此众多的民族史专著，是此一时代史学上的一项突出的成就。其中最重要的是崔鸿的《十六国春秋》和常璩的《华阳国志》。

《魏书·崔鸿传》记载刘渊、石勒等"并因世故，跨僭一方，各有国书，未有统一"。崔鸿"乃撰为《十六国春秋》，勒成百卷"。崔鸿说他"于吏按之暇，草构此书，区分时事，各系本录，破彼异同，凡为一体，约损烦文，补其不足"。为了写李雄父子据蜀，他寻找常璩所撰李雄父子据蜀时之书，为时七年，可知他治史的严谨。崔书是一部详实的"五胡十六国"全史，可惜到北宋已经散亡。后来的一百卷本，是明人取《晋书载记》等书伪造的。对于伪书，人们总是贬得一钱不值。汤球在《十六国春秋辑补叙例》中说得较好：崔书"惜其不传也久矣。……明乔屠荪本自是伪撰，而采录繁富，知寝馈此书有年。"[1]如此看来，伪书何能一律抛弃？

《宋重刊华阳国志叙》说到《华阳国志》的指归有三："首述巴蜀、汉中、南中之风土。次列公孙述、刘二牧、蜀二主之兴废，及太康之混一，以迄于特、雄、寿、势之僭窃，继之以两汉以来先后贤人、《梁益宁三州士女总赞》，《序志》终焉。……于一方之人物尤致深意。"[2]此书可谓既是民族史，又是地方志；既是史书，又是地志，价值很高。

---

① [清]汤球：《十六国春秋辑补·十六国春秋辑补叙例》，中华书局，1985年，第1页。

② [晋]常璩撰，任乃强校注：《华阳国志校补图注·重刊华阳国志叙》，上海古籍出版社，1987年，第742页。

二、典章制度史

《隋书》所记旧事、故事、杂记、杂事、要事、起事、伪事、大事、典记、记等，凡二十五部四百零四卷，为朝廷政令的汇编，是典章制度史之一。这四百零四卷，除《汉武帝故事》二卷、《西京杂记》二卷外，自《汉、魏、吴、蜀旧事》八卷以下，都是魏晋南北朝时代的文献。其中《晋宋旧事》达一百三十五卷，《东宫典记》（宇文恺撰）达七十卷。

根据《隋书》所说："晋初，甲令已下，至九百余卷……制度者为令，品式章程者为故事，各还其官府。缙绅之士，撰而录之，遂成篇卷，然亦随代遗失。今据其见存，谓之旧事篇。"①可知这种专史的发展，主要在晋以后。

《隋书》所记职官之书，通计亡书，合三十六部四百三十三卷。除《汉官解诂》三篇和《汉官》《汉官仪》《汉官典职仪式选用》共十七卷外，其余都是此一时代的专著。其中梁王珪之《齐仪》达四十九卷，《齐职仪》达五十卷，《梁尚书职制仪注》达四十一卷。

根据《隋书》所说："汉末，王隆、应劭等，以百官表不具，乃作《汉官解诂》《汉官仪》等书。是后相因，正史表志，无复百僚在官之名矣。缙绅之徒，或取官曹名品之书，撰而录之，别行于世。宋、齐已后，其书益繁"②。可知官制之书，到此一时期，也已成为一种专门的史书而独立存在。宋、齐以后，这门专史发展很大。

至于"仪注""刑法"之书，《隋书》所记"仪注篇"六十九部三千零九十四卷，"刑法篇"三十八部七百二十六卷，全是此一时期的著作，各自成为一门专史。

三、传记史学与郡国之书（地方志）

《隋书》所载杂传，通计亡书，合二百一十九部一千五百零三卷。除

---

① ［唐］魏征等：《隋书》卷三十三《经籍志二》，中华书局，1973年，第967页。
② ［唐］魏征等：《隋书》卷三十三《经籍志二》，中华书局，1973年，第969页。

《三辅决录》、刘向《列女传》等寥寥几种为汉人著作外，其余全是这一时期的作品。

从正史中分出的传记史学有两类：一类是正史中已经有的传记，此时独立出来了。如"良吏传"，即正史的"循吏传"。将官吏分为良奸、循酷，是儒家的发明。"逸民传""高隐传"，即范晔《后汉书》的"逸民传"（二者实互为影响）。这一独立，人物的范围就广了。一类是正史中没有的，为此时期所独创。如"耆旧传""名士传""高士传""知己传""高僧传""尼传""美妇人传""妒记"（一作"妒妇记"，即"妒妇人传"）、"童子传""道学传""列异传""丹阳尹传"（为一地官吏立传）、"七贤传"（为数人立传）、"道人（善道开）传"（为一人立传）、"内传""家传""杂传"，等等，名目繁多。同一类传记往往不止一人写作，如《高僧传》有释慧皎、释僧佑、虞孝敬三部。那时，简直是你想怎样立传，便怎样立传；你想为什么人立传，就为什么人立传，包括童子、幼童、美妇、妒妇。有些传反转来影响正史，唐修《梁书·止足传》，即源于南北朝的《止足传》。

这种杂传往往带有地方性，大至一个州，如《益部耆旧传》《兖州先贤传》，小至一个郡，如《豫章列士传》《会稽典录》。它们的涌现，为地方志的产生开了道。

《隋书》说："后汉光武，始诏南阳，撰作风俗，故沛、三辅有耆旧节士之序，鲁、庐江有名德先贤之赞。郡国之书，由是而作。"①其实这种序、赞还很难说是郡国之书。到三国时期不同，"魏文帝又作《列异》以序鬼物、奇怪之事，嵇康作《高士传》以叙圣贤之风，因其事类相继，而作者甚众，名目转广"。由此杂传发展起来，郡国之书亦随之兴盛。可以这样说，没有杂传的发展，也就不会有后来的方志，因为方志最初便是由一地的耆旧、列士、先贤、高士、列异、官宦等传组成的。

---

① ［唐］魏征等：《隋书》卷三十三《经籍志二》，中华书局，1973年，第982页。

四、舆地之学

舆地之学在古代，是历史学的一个重要方面。

《史记》但述河渠，《汉书》有地理志，在地志方面取得了一个进展。到魏晋以后，出现了很多地理著作。《隋书·经籍志二》史部列举的"地理书"，通计亡书，合一百四十部一千四百三十四卷。《隋书》指出了班固之后，"载笔之士，管窥末学，不能及远，但记州郡之名而已"[1]。到晋时不同，"晋世挚虞依《禹贡》《周官》作《畿服经》，其州郡及县分野、封略、事业、园邑、山陵、水泉、乡亭、城、道里、土田、民物、风俗、先贤、旧好，靡不具悉，凡一百七十卷"。可惜此书隋时已亡。齐时陆澄又"聚一百六十家之说，依其前后远近，编而为部，谓之《地理书》"。梁时任昉复"增陆澄之书八十四家，谓之《地记》"。陈顾野王又"抄撰众家之言，作《舆地志》"。舆地之书，因而大备。

舆地学或地理学，是此一时代从正史中分出来的一门学问，它与历史有密切的关系。《隋书》把它列入史部是对的。舆地与方志的结合，是在这一时代完成的。方志必有该方地志，这在《华阳国志》中已可见到。

这一时代最有名的地理书是北魏末年郦道元的《水经注》四十卷和杨衒之的《洛阳伽蓝记》五卷。它们也都是历史书，且是价值很高的历史书。

郦道元注《水经》有两个特点，一是搜集的资料极为广泛，二是亲自"访渎搜渠，缉而缀之，经有谬误者，考以附正"[2]。记叙确凿，文字优美，成为地理书中的绝唱。例如：

淮水注。卷三十二支流肥水注，记他曾亲登八公山，见"庙中图安（淮南王刘安）及八士（八公）象，皆坐床帐，如平生"。庙前有碑，为"齐永明十年所建"。还提及《八公记》，"都不列其鸡犬升空之事"。

江水注。卷三十四《江水二》记江水"自三峡七百里中，两岸连山，

---

① ［唐］魏征等：《隋书》卷三十三《经籍志二》，中华书局，1973年，第988页。

② ［北魏］郦道元：《水经注》序，中华书局，1991年，第4页。

略无阙处，重岩叠嶂，隐天蔽日，自非亭午夜分，不见曦月。……每至晴初霜旦，林寒涧肃，常有高猿长啸，属引凄异，空谷传响，哀转久绝。故渔者歌曰：巴东三峡巫峡长，猿鸣三声泪沾裳"。文字极美，且引用了当地渔者之歌。

《洛阳伽蓝记》记述北魏京城洛阳一地佛寺的兴废，已别开生面，其中又牵涉到了许多历史问题，如写尔朱荣变乱之事，委曲详尽，可与史传互相参证。更兼文字"秾丽秀逸"，是一部可与《水经注》比美的书。特别值得提出的是，此书暴露了北魏贵族和高级僧尼的奢侈与腐朽。例如卷四城西写"帝族王侯外戚公主擅山海之富，居川林之饶"，接着写元琛的夸富，元融的自叹不如；接着又写"经河阴之役，诸元歼尽，王侯第宅，多题为寺"。含意相当深刻。

此书据《惠生行纪》《道荣传》《宋云家记》，载有宋云、惠生西行求经始末，是重要的中西交通史和佛教史的材料。虽然用的是当时僧徒常用的"合本子注"之法，即以一书为母（正文），他书为子（注文），互相发明之法，裴松之注《三国志》，实际上也是以正文为母，他书为子。裴注以肇其端，非独僧徒。

五、氏姓之书

《隋书》说"晋世，挚虞作《族姓昭穆记》十卷，齐、梁之间，其事转广"[1]，谱学于是发展起来。特点是：一、一个阶级有一个阶级之谱。如过江百家士族谱，《经籍志二》记有王俭的《百家集谱》十卷，王僧孺的《百家谱》三十卷、《百家谱集钞》十五卷，贾执的《百家谱》二十卷，傅昭的《百家谱》十五卷。另外尚有《百家谱世统》《百家谱钞》。二、一个地方有一个地方之谱。如《益州谱》《关东、关北谱》《冀州姓族谱》《新集诸州谱》（梁王司空撰）。梁武帝曾总责境内十八州谱六百九十卷。这就不限于士族。三、一姓有一姓之谱。如《京兆韦氏谱》《北地傅氏谱》

---

① ［唐］魏征等：《隋书》卷三十三《经籍志二》，中华书局，1973年，第990页。

《谢氏谱》《杨氏家谱状及墓记》《苏氏谱》。把很多姓合在一起，便变成了《诸姓谱》。专写"英贤"，便变成了《姓氏英贤谱》（贾执撰）。

谱牒封建性严重，但却不失为一种史料，可以补史籍的不足。《隋书》将氏姓之书也列入史部，是有道理的。

六、簿录之学（目录学）

西汉刘向作《别录》，刘歆作《七略》（集略、六艺略、诸子略、诗赋略、兵书略、术数略与方技略），从而有了目录学之书。东汉图籍"并依《七略》而为书部，（班）固又编之，以为《汉书·艺文志》"[1]。《七略》与《汉书·艺文志》是汉朝的仅有的目录学著作。在这两种目录学著作中，有一个可注意的地方，即史籍未占地位。这是史学到汉朝尚未得到多大发展造成。

进入魏晋，"魏秘书郎郑默始制《中经》，秘书监荀勖又因《中经》，更著《新簿》"。荀勖的《中经新簿》"分为四部，总括群书。一曰甲部，纪六艺及小学等书；二曰乙部，有古诸子家、近世子家、兵书、兵家、术数；三曰丙部，有史记、旧事、皇览簿、杂事；四曰丁部，有诗赋、图赞、《汲冢书》。大凡四部合二万九千九百四十五卷"[2]。《中经新簿》的分法，是我国图书分为四部的开始，也是史籍独占一部的开始。它反映到西晋荀勖之时，不仅典籍特别是史籍已较丰富，而且史籍的重要性也被人们所认识。

东晋李充为著作郎，以"于时典籍混乱，删除颇重，以类相从，分为四部"。李充四部是："五经为甲部，史记为乙部，诸子为丙部，诗赋为丁部"。他所分四部，被认为"甚有条贯，秘阁以为永制"[3]。李充四部的蓝本是《中经新簿》的四部，所不同的是史记被提到了乙部，诸子被降为丙

---

① ［唐］魏征等：《隋书》卷三十二《经籍志一》，中华书局，1973年，第906页。

② ［唐］魏征等：《隋书》卷三十二《经籍志一》，中华书局，1973年，第906页。

③ ［梁］萧统编，［唐］李善等注：《六臣注文选》卷四十六任昉《王文宪集序》李善注引臧荣绪《晋书》，中华书局，1987年，第876页。

部。四部一经二史三子四集，至李充定型。

南朝在目录学方面，产生了宋王俭的《七志》与梁阮孝绪的《七录》两种较为有名的著作。《七志》：《经典志》纪六艺、小学、史记、杂传，这将李充的甲乙二部合并了；《诸子志》纪今古诸子；《文翰志》纪诗赋，这是李充的丙丁二部；《军事志》纪兵书；《阴阳志》纪阴阳图纬；《术艺志》纪方技；《图谱志》纪地域及图书。又道、佛附见，合为九条（见《隋书·经籍志序》）。《七录》则分为内外两篇，内篇五录，《经典录》纪六艺，《记传录》纪史传，《子兵录》纪子书、兵书，《文集录》纪诗赋，此四录相当于李充的甲乙丙丁四部；《术伎录》纪数术。外篇二录，一为《佛法录》，一为《仙道录》（见《全梁文》卷六十六）。这二书分类方法妥当与否，不须评论，要知将所有的图书，总括为四部，很难说就能分好，且图书日益增多，门类日益广博，不可能有"永制"。《七志》与《七录》的出现，自非《七略》的重复。它反映了图书的分类必须随图书的发展而发展，而南朝正是图籍发展的时代。仙道、佛法之书，即为前世所短缺。

七、起居注

《隋书·经籍志二》说道"汉武帝有《禁中起居注》，后汉明德马后撰《明帝起居注》，然则汉时起居似在宫中，为女史之职。然皆零落不可复知，今之存者，有汉献帝及晋代已来起居注，皆近侍之臣所录"。这将两汉及魏晋起居注作了区别。真正的起居注是从《后汉献帝起居注》五卷开始的。到刘道会的《晋起居注》，卷数竟达三百二十二卷之多。

魏晋以后的起居注，并非记帝王每日生活琐事，而是记事关帝王的国家大事。譬如《三国志·魏武帝纪》建安五年（200）袁绍兵败于官渡，裴松之引用了《献帝起居注》，说道曹操上言："袁绍前与冀州牧韩馥立故大司马刘虞，刻作金玺，遣故任长毕瑜诣虞，为说命禄之数。又绍与臣书云……"又如《魏起居注》写了北平太守阳固以贪酷获罪的事实，而魏收撰《魏书》，因为曾得阳固之子阳休之之助，改为"固为北平，甚有惠政，坐公事免官"①，致遭攻击。这种起居注实际上是最详细的编年体历史，是魏晋以后史学的一个重要发展。

八、杂史

《隋书》把正史（纪传体）、古史（编年体）以外的"体制不经"的历史书，都叫做"杂史"。包括"小史""载记""世语""本事""拾遗""录""实录""略"等许多种。《隋书》所记杂史，通计亡书，共七十三部九百三十九卷。

这些体制对后世历史书的编写，影响极大。像唐修《晋书》中的三十篇"载记"，实际始自魏时乐资的《山阳公载记》。山阳公即汉献帝，《晋书》中用载记来写刘元海等人的历史，是给这些少数民族的皇帝以被废的汉献帝的地位。"实录"始自梁周兴嗣的《梁皇帝实录》。"本事"始自毛范的《吕布本事》。各种杂史的出现，是这一时代史学中又一项突出的成就。

宋时刘义庆写了一部《世说新语》，梁刘孝标为此书作了注释。属于《隋书》所说的杂史"世语"一类。可《隋书》所记杂史中，只有郭颁的《魏晋世语》，而把《世说新语》放到小说类去了。这是因为此书文学价值很高。这种分法丝毫也不影响此书的历史价值。相反，倒可使我们了解好的历史，应该文史并茂。

在《世说新语》中，民主性的东西颇为不少。篇中刻画晋世家大族的"俭啬""汰侈"……十分形象。如《俭啬篇》记"王戎女适裴𬱟，贷钱数万。女归，戎色不悦，女遽还钱，乃释然"②。寥寥数语，把王戎"守财奴"的性格，生动地展现在我们眼前。石崇、王恺恶劣地比赛豪富，在《汰侈篇》中，被暴露无遗。称赞的东西也有，如《识鉴篇》记述了郗超

---

① ［唐］李百药：《北齐书》卷三十七《魏收传》，中华书局，1972年，第488页。

② ［南朝宋］刘义庆撰，徐震堮著：《世说新语校笺》卷下《俭啬》，中华书局，1984年，第466页。

能"不以爱憎匿善"①，鞭笞了那些以个人好恶任人唯亲的人。《容止篇》表达了作者对美的追求。像这种书，如果不突破纪传体正史的森严壁垒，是产生不出来的。

九、考古与文物

《晋书·武帝纪》咸宁五年（279）十月记载："汲郡人不准掘魏襄王冢，得竹简小篆古书十余万言，藏于秘府。"同书《束晳传》记载汲冢书"大凡七十五篇"，武帝"以其书付秘书校缀次第，寻考指归，而以今文写之"②。经过卫恒、束晳、王接、续咸等人的考订整理，眉目甚为清晰。《隋书》记有《纪年》十二卷，注明为"《汲冢书》并《竹书同异》一卷"。《汲冢书》有《纪年》十三篇，"记夏以来至周幽王为犬戎所灭，以事接之，三家分，仍述魏事"③。是魏国的史书。《隋书》尚有《周书》十卷，注明为"《汲冢书》，似仲尼删书之余"；《古文琐语》四卷，注明为"《汲冢书》"，《穆天子传》六卷，注明为"《汲冢书》，郭璞注"。这种整理并不容易，其中有争鸣。

《晋书·王接传》说："时秘书丞卫恒考正《汲冢书》，未讫而遭难。佐著作郎束晳述而成之，事多证异议。时东莱太守陈留王庭坚难之，亦有证据。晳又释难，而庭坚已亡。散骑侍郎潘滔谓接曰：'卿才学理义，足解二子之纷，可试论之。'接遂详其得失。挚虞、谢衡皆博物多闻，咸以为允当。"所谓"异议""难之""释难"，就是争鸣。只是经过晋人的争鸣，我们才能看到眉目清晰的《汲冢书》。

又南朝萧梁时期，曾经发现一部《汉书》真本。据《南史·刘之遴传》，"时鄱阳嗣王范得班固所撰《汉书》真本献东宫，皇太子令之遴与张缵、到溉、陆襄等参校异同"。经过他们的参校，发现"古本《汉书》称

---

① ［南朝宋］刘义庆撰，徐震堮著：《世说新语校笺》卷中《识鉴》，中华书局，1984年，第223页。

② ［唐］房玄龄等：《晋书》卷五十一《束晳传》，中华书局，1974年，第1433页。

③ ［唐］房玄龄等：《晋书》卷五十一《束晳传》，中华书局，1974年，第1432页。

永平十六年五月二十一日己酉，郎班固上，而今本无上书年、月、日"。《汉书》写成的时间解决了。"今本韩、彭、英、卢、吴述云：'信惟饿隶，布实黥徒，越亦狗盗，芮尹江湖，云起龙骧，化为侯王'"。这是骂人。而"古本述云：'淮阴（韩信）毅毅，仗剑周章；邦之杰子，实惟彭、英；化为侯王。云起龙骧。'"则是褒语。如要研究班固的史识，《南史·刘之遴传》不可不读。

除上述各项成就外，当时尚出现了《通史》之目。《隋书》记有《通史》四百八十卷，梁武帝撰，"起三皇，讫梁"①。《梁书·武帝纪下》说梁武帝造通史，"躬制赞序，凡六百卷"②。《文学传上·吴均传》又说梁武帝使吴均撰通史，"起三皇，讫齐代，均草本纪、世家功已毕，唯列传未就"③。梁武帝《通史》是用《史记》的体裁，刘知几已有论述。但《通史》的出现，也反映了此时代史学的活跃。

《陈书·顾野王传》记顾野王有《通史要略》一百卷，当即梁武帝《通史》的缩本，但未完成。

唐朝李延寿的《南史》和《北史》也是通史。李延寿撰南、北二史，与梁武帝撰《通史》是有关联的。梁朝《通史》起了首创的作用。

由上所述，可知我国封建时代史学部门、史学体裁，在魏晋南北朝时期，几乎全备。这个时期在我国史学史上，占有极重要的地位。成就的取得在于汉末的黄巾起义与统治阶级内部的斗争，打乱了封建专制与孔教的统治。经学衰落下去，史学涨了上来；史官失其常守，私家史学著作不断涌现。同一历史与不同历史，你可写，他也可写，且都能流传，刊行。史学文献遂得以前所未有的速度，向广度和深度发展。

---

① ［唐］魏征等：《隋书》卷三十三《经籍志二》，中华书局，1973年，第956页。

② ［唐］姚思廉：《梁书》卷三《武帝下》，中华书局，1973年，第96页。

③ ［唐］姚思廉：《梁书》卷四十九《文学列传上》，中华书局，1973年，第699页。

第十一章　魏晋南北朝时期科学技术的发展
及其命运

中国人是聪明的，古代中国的科学技术走在古代世界的前列。但中国是一个封建专制的农业国家，以官为本位。对于科学技术上的发明创造，官府并不重视，甚至攻击，扼杀。科学技术家的命运也就可想而知。因此，我国古代虽有很多发明创造，但是老在原地踏步不前，或者从历史上消失掉。魏晋南北朝时期是封建君主专制主义被削弱的时期，各方面都有发展。可仍旧是一个封建专制的农业国家，科技虽有发展，却逃不脱上述规律。治自然科学史，应当注意这个问题。否则近代中国的科学技术何以如此落后，就不可理解了。下面分门别类论述。

第一节　天文历法与数学

首先是天体。我国古代对天体有三说：盖天、宣夜、浑天。关于盖天，东汉蔡邕说过："《周髀》（《周髀算经》）术数具存，考验天状，多所违失。"《晋书·天文志上》解释蔡邕的话说："蔡邕所谓《周髀》者，即盖天之说也。"又说：

> 髀，股也；股者，表也。其言天似盖笠，地法复槃，天地各中高外下，北极之下为天地之中，其地最高，而滂沲四隤，三光隐映，以为昼夜。……日丽天而平转，分冬夏之间日前行道为七衡六间。每衡

周径里数，各依算术，用句股重差推晷影极游，以为远近之数，皆得于表股者也。故曰《周髀》。

天似盖笠之说既误，依《周髀》推算也就不合。故蔡邕谓用《周髀》术数考验天状，多所违失。北魏的寇谦之"算七曜，有所不了，惘然自失"。对成公兴说："我学算累年，而近算《周髀》（盖天）不合，以此自愧。"[1]这倒不是寇谦之的算术差，而是盖天之说及其所依据的推算术数《周髀》有问题。

又《晋书·天文志上》记宣夜之说云：

> 宣夜之书亡，惟汉秘书郎郗萌记先师相传云："天了无质，仰而瞻之，高远无极，眼眚精绝，故苍苍然也。……日月众星，自然浮生虚空之中，其行其止皆须气焉。是以七曜或逝或住，或顺或逆，伏见无常，进退不同，由乎无所根系，故自异也。……若缀附天体，不得尔也。"

东晋成帝时，会稽虞喜因宣夜之说，作《安天论》，以为"天高穷于无穷……其光曜布列，各自运行，犹江海之有潮汐，万品之有行藏也"[2]。就天"高远无极"，"日月众星，自然浮生虚空之中"，"光曜布列，各自运行"来说，宣夜之说有它的科学成分。可是盖天尚有一本算书《周髀》流传下来，而"宣夜之书亡"。在影响、流传上，科学的反而不如不科学的东西，可为慨叹。

又《晋书·天文志上》引葛洪解释浑天之言云：

> 《浑天仪注》云："天如鸡子，地如鸡中黄，孤居于天内，天大而地小。天表里有水，天地各乘气而立，载水而行。周天三百六十五度

---

① [北齐]魏收：《魏书》卷一百一十四《释老志》，中华书局，1974年，第3050页。
② [唐]房玄龄等：《晋书》卷十一《天文志上》，中华书局，1974年，第279—280页。

四分度之一，又中分之，则半复地上，半绕地下，故二十八宿半见半隐，天转如车毂之运也。"诸论天者虽多……莫密于浑象者也。

按此为地球中心说。"地如鸡中黄"有地球为圆形之义。古代谈天的包括蔡邕在内，都推崇浑天。其实，将上述三说相比较，就可知浑天之说虽胜于盖天之说，但逊于宣夜之说。浑天说的命运也是不好的，蔡邕在谈及浑天时，提及"官有其器而无本书，前志亦阙。"①有书流传的只是盖天说。而"官有其器"，又是秘而不宣的。张衡作铜浑天仪，却要"于密室中以漏水转之，令伺之者闭户而唱之。其伺之者以告灵台之观天者曰，'璇玑所加，某星始见，某星已中，某星已没'，皆如合符也"②。巧则巧矣，秘而不传，于科学无补。

我国古代的天文学，实质上为天象学。所谓"灵台之观天者"，即观天象者。观天象有两个任务，一是根据"天人感应"的唯心主义的哲学思想或神学思想，观测天象，预言人间吉凶祸福。这是迷信。二是观测天象，制定历法。这有科学性。而在古代，这也叫做"天人之际"。

关于历法，远者不论。东汉明帝永平末年，改行《四分历》，测定冬至日在赤道斗二十一度③。灵帝光和中，又命刘洪、蔡邕共修律历。刘洪"作《乾象法》，冬至日日在斗二十二度"。这与《四分历》同。所不同的是"《四分》于天疏阔"④，斗分太多。蔡邕是浑天说的推崇者，刘洪的《乾象历》依据浑天说而来，是无可置疑的。孙吴之时，庐江王蕃"善数术，传刘洪《乾象历》，依其法而制浑仪，立论考度"，有"黄赤二道，相与交错，其间相去二十四度"⑤之言。今日推算为二十三点二七度。王蕃据《乾象历》而制浑仪，充分说明了浑天说与《乾象历》之间的关系。魏

---

① [唐]房玄龄等:《晋书》卷十一《天文志上》,中华书局,1974年,第278页。
② [唐]房玄龄等:《晋书》卷十一《天文志上》,中华书局,1974年,第281页。
③ 见《宋书》卷十二《律历志中》。
④ [唐]房玄龄等:《晋书》卷十七《律历志中》,中华书局,1974年,第498页。
⑤ [唐]房玄龄等:《晋书》卷十一《天文志上》,中华书局,1974年,第287页。

文帝黄初中，又以"《乾象》减斗分太过"，造《黄初历》[1]。明帝景初中，杨伟复以旧历"斗分太多，后遂疏阔"，制《景初历》。杨伟说他的《景初历》"法数则约要，施用则近密。"[2]但《景初》冬至日仍在斗二十一度[3]。此数历只是纠缠在斗分的多少上而已。

自《四分历》到《景初历》是一脉相承的。《晋书·律历志下》记杨伟之言，说道"至元和二年，复用《四分历》，施而行之，至于今日"[4]。《宋书·律历志中》记何承天说道：《尧典》"冬令至日在须女十度左右也。汉之《太初历》，冬至在牵牛初。后汉《四分》及魏《景初法》，同在斗二十一"。可知在杨伟眼中，《四分》《乾象》《黄初历》《景初历》，实质上无分别；在何承天眼中，《景初历》与《四分》《乾象》《黄初历》实质上也无分别，因为它们同把冬至日的太阳放在赤道斗二十一度。由此还可以推断：《乾象历》既然依据浑天之说制造，《四分》《黄初历》《景初历》也就都是依据浑天之说制造。

历法的进步在东晋南北朝时期。其突出的成就是岁差的发现与应用。

岁差为天周（太阳运行一周）与岁周之差。东晋的虞喜观察到太阳从今年冬至，运行到明年冬至，没有回到原来的位置上，而是每五十年向西移动一度，岁岁有差（今测是七十一年八个月向西移动一度）。虞喜曾因宣夜之说著《安天论》。他发现岁差，使宣夜之说焕发了光彩。以为天"浑然包地"，或"浑然如盖"；不承认"光曜布列，各自运行"，是很难发现天周与岁差之差的。盖天与浑天论者都以为天周就是岁周。岁差的发现是宣夜论者一个重大的成就。前人未谈及，今特予揭出。

虞喜的岁差之说不见于《安天论》，而见于祖冲之所上的关于《大明历》的表文中。岁差发现之后，并不是马上便被运用到历法的制定上去的，也并不是马上便能推算出冬至之所在。"晋世姜岌以月蚀检日，知冬

---

[1]　[唐]房玄龄等：《晋书》卷十七《律历志中》，中华书局，1974年，第498页。

[2]　[唐]房玄龄等：《晋书》卷十八《律历志下》，中华书局，1974年，第536页。

[3]　见《宋书》卷十二《律历志中》。

[4]　即魏明帝景初中。

至在斗十七"①。宋元嘉之时，何承天制《元嘉历》，在他的《上〈元嘉历〉表》中，也说："后汉《四分》及魏《景初法》，（冬至）同在斗二十一。臣以月蚀检之，则《景初》今之冬至，应在斗十七。"②而不是斗二十一。岁差是被承认了，但计算并不一定准确。宋大明之时，祖冲之说："今参以中星，课以蚀望，冬至之日，在斗十一"③，并不是斗十七。再者，何承天虽然意识到了岁差，但未运用到《元嘉历》上去。冬至固定在斗十七上。故祖冲之说："寻何承天所上，意存改革，而置法简略，今已乖远。"④第一个把岁差用到历法制定上去的人，是祖冲之。这就是他的《大明历》。

祖冲之在《上新历表》中，说他"博访前坟，远稽昔典"，"加以亲量圭尺，躬察仪漏，目尽毫厘，心穷筹策，考课推移"，算出冬至点"未盈百载，所差二度"，证明了虞喜岁差之说的正确性。而"旧法并令冬至日有定处，天数既差，则七曜宿度，渐与舛讹。乖谬既著，辄应改易。仅合一时，莫能通远。迁革不已，又由此条"⑤。他的话指出了以往所以一再制定新历，而又一再迁革，就是因为"并令冬至日有定处"。这非革不可。

祖冲之说他创制新历，改易之意有二。其一，"旧法一章十九岁，有七闰。"（第三年闰九月，第六年闰六月，第九年闰三月，第十一年闰十一月，第十四年闰八月，第十七年闰四月，第十九年闰十二月，前后闰相去约三十二个月。五岁再闰。）闰数既多，"经二百年，辄差一日"。节闰移了，就要改法。他认为"历纪屡迁，实由于此"。他现在"改章法三百九十一年有一百四十四闰，令却合周汉，则将来永用，无复差动"。

①［梁］萧子显：《南齐书》卷五十二《文学传·祖冲之传》，中华书局，1972年，第904页。

②［梁］沈约：《宋书》卷十二《律历志中》，中华书局，1974年，第261页。

③［梁］萧子显：《南齐书》卷五十二《文学传·祖冲之传》，中华书局，1972年，第904页。

④［梁］萧子显：《南齐书》卷五十二《文学传·祖冲之传》，中华书局，1972年，第904页。

⑤［梁］萧子显：《南齐书》卷五十二《文学传·祖冲之传》，中华书局，1972年，第904页。

其二，他说尧时冬至"日在今宿之左五十许度。汉代之初，即用秦历，冬至日在牵牛六度。汉武改立太初历，冬至日在牛初。后汉四分法，冬至日在斗二十二，晋时姜岌以月蚀检日，知冬至在斗十七。今参以中星，课以蚀望，冬至之日，在斗十一。通而计之，未盈百载，所差二度"。历法不改不行。怎样改呢？旧法的通病既在"令冬至日有定处"，要改定历法，则"令冬至所在，岁岁为差"，实为第一要义。这样，历法可以"久用，无烦屡改"。[1]此即把岁差应用于历法，是历法上取得的一个划时代的进步。他所定岁差为"每四十六年，却差一度"[2]。《大明历》一年为365.242 814 81天，与今测相差不到五十秒。

祖冲之的《大明历》，遭到了宋时著名的恩幸人物戴法兴的非难。祖冲之在《辨戴法兴难新历》[3]中进一步阐明了他的治学态度与《大明历》的精密程度究竟何在。祖冲之说他"少锐愚尚，专攻数术，搜练古今，博采沈奥，唐篇夏典，莫不揆量，周正汉朔，咸加核验。罄策筹之思，究疏密之辨"；"测量历纪，躬辨分寸"；"考影弥年，穷察毫微"。说他的《大明历》可以"以效明之"，历非暂合，理以久明。戴法兴读的书不多，自以为通今博古，"征引《诗》《书》"，攻击祖冲之的《大明历》"诬天背经，乃至于此"。他集中攻击祖冲之"新推历术"，令"冬至所在，岁岁微差"。声言在历法中，传统因循下来的方法，是万代不易的。祖冲之的改易，即不固定冬至点，是"违天""遂情"。反科学的人总是抬出"天"，抬出儒家经典，来攻击坚持科学态度的人违天背经，遂一己之情。这在古代屡见不鲜。戴法兴是其一。

当时攻击《大明历》的人，尚不止戴法兴一人。《南齐书·祖冲之传》记"孝武令朝士善历者难之，不能屈"。虽不能屈，可历"不施行"。到梁武帝天监九年（510）才采用。

---

① 上引均见《宋书·律历志下》。

② ［唐］李延寿：《北史》卷八十九《艺术传上·张胄玄传》，中华书局，1974年，第2958页。

③ 载于《宋书·律历志下》。

《四分》《乾象》等历，与浑天说关系密切，《大明历》则可追源于宣夜之说。盖天说越来越不行时了。可正当盖天说日薄西山之时，由于天竺算学的传入，产生了一种新盖天说。《隋书·天文志上》说："梁武帝于长春殿讲义，别拟天体，全同《周髀》之文，盖立新意，以排浑天之论而已。"①所谓"全同《周髀》"，即全同盖天。而"立新意"，则又表示梁武帝所立，为一种新盖天说。

陈寅恪先生曾据《开元占经》一"天地名体天体浑宗"条梁武帝所云"四大海之外，有金刚山，一名铁围山，金刚山北又有黑山，日月循山而转"，指出梁武帝别拟天体，立新意，是吸取天竺之说，以排浑天。换言之，新盖天说来自天竺。陈先生还曾指出今所传《周髀》，列雨水于启蛰之前，而《汉书·律历志》则记惊蛰（启蛰）在雨水之前，可知今所传《周髀算经》，非旧盖天术之书。汉景帝名刘启，今《周髀算经》既用启蛰，不避汉讳，又表明此书传本当出于魏晋之后。以此，陈先生断定今之《周髀算经》为新盖天之说，且为天竺之学。

陈先生还曾指出北朝的道教徒寇谦之，算七曜有所不了，算《周髀》不合，他所算为旧盖天之术，有待于新学的改进。寇谦之、殷绍从成公兴、释昙影、法穆等人所受的《周髀》算法，为当时由佛教徒输入的新盖天说②。由此可见印度天文算学对我国的影响颇为不小。

新盖天说并未用到历法上去。《隋书·律历志中》记载，自梁武帝天监九年（510），用祖冲之所造《甲子元历》（即《大明历》）起，至陈朝无改创。

北朝历法较复杂，要之可以看出祖冲之之法在北朝历法中，地位越来越重要。北周明帝时，"采祖暅（祖冲之子）旧议，通简南北之术"，造周历。"自斯已后，颇睹其谬，故周、齐并时，而历差一日"。杨坚秉政之时，道士张宾等"依何承天法，微加增损"，造新历。这是倒退，目的只在迎合杨坚以隋易周的需要。张宾之历刚刚推行，便遭到刘孝孙、刘焯等

---

① ［唐］魏征等：《隋书》卷十九《天文志上》，中华书局，1973年，第507页。
② 陈寅恪：《金明馆丛稿初编》，上海古籍出版社，1980年，第69—106页。

人的责难。刘孝孙、刘焯指出"何承天不知分闰之有失，而用十九年之七闰"，而这在祖冲之《甲子元历》中已经改正。张"宾等不解宿度之差改，而冬至之日守常度"，而祖冲之《甲子元历》已令冬至所在，岁岁为差。张宾的历法寿命是不会长的。隋文帝后来用了张胄玄所造的历法。张胄玄此人"学祖冲之，兼传其师法"①。他推算岁差较祖冲之又密。《隋书·艺术传》②记张胄玄所为历法，"冬至所宿，岁别渐移，八十三年却行一度"③。较之祖冲之每四十六年相差一度，更接近今测七十一年八个月之数。

　　我国古代的数学与天文历法分不开。如《周髀算经》即是盖天之说。这是一个值得注意的问题。它既说明数学被用到了天文历法的计算上去，又说明数学还没有与天文历法分离，没有走上独立发展的道路。

　　魏晋南北朝时代在数学上最重要的成就，是"割圆术"的愈来愈精。孙吴的王蕃推算圆周率为3.1555。到魏晋之际，刘徽把圆内接正六边形依次分割一百九十二边形，得圆周率为3.14，将此数值化为157/50，后人称之为"徽率"。刘徽曾说："割之弥细，所失弥少，割之又割，以至于不可割，则与周合体而无所失矣"④。南朝祖冲之又"特善算"，曾著"《九章》，造《缀术》数十篇。"⑤他在数学上的卓越成就是求得了圆周率在3.1415926和3.1415927之间，并用22/7和355/113作为用分数表示的圆周率的疏率和密率。他的"罄策筹之思，究疏密之辨"，不仅使他成了第一个把岁差应用于历法的人，而且使他成了世界上最早的求得圆周率精密数值的人。

　　圆周率的疏率与密率，与历法的疏密是有关系的，二者均在求密。在

---

　　①［唐］魏征等：《隋书》卷十七《律历志中》，中华书局，1973年，第435页。

　　②《北史·艺术传》同。

　　③［唐］魏征等：《隋书》卷七十八《艺术传·张胄玄传》，中华书局，1973年，第1780页。

　　④［南朝宋］祖冲之撰，［晋］刘徽注：《九章算术》卷一《方田》注，上海古籍出版社，1990年，第7页。

　　⑤［梁］萧子显：《南齐书》卷五十二《文学传·祖冲之传》，中华书局，1972年，第906页。

历法上求得最密数值的祖冲之，也是在圆周率上求得最精密数值的人。由此可以了解我国数学中圆周率的计算，之所以在世界上领先，原因在于我国数学一直未与天文历法分离；而魏晋南北朝时代圆周率的计算之所以特精，原因也在于这个时代历法疏密计算的日益精密。

天文历数结合，是农业社会特有的现象，我国古代正是一个农业社会，加以封建统治者极力提倡重农抑商，天文、数学要走上独立发展的道路是很困难的。我国封建统治者只能允许科学在农业社会范围内，在不触动专制政治的条件下发展，这一点我们必须看到。

第二节　医学与保健

魏晋南北朝时期，在医学上最重要的成就，是外科学的产生，内科之向脉理的发展，针灸学的完善，药物学知识的丰富与保健之受重视。这个时代各科医理基本奠定，阴阳五行基本被排除出去。还可注意的是，印度医学对这个时代我国的医学发生了影响。先说外科。

三国的华佗，人们熟知他的开刀技术的高明，他是我国第一个外科学家。可是，他所受的印度医学的影响，他在其他方面作出的贡献，则鲜为人知或者知之不详。据《三国志·华佗传》，华佗治病，"若病结积在内，针药所不能及，当须刳割者，便饮其麻沸散，须臾便知醉死无所知，因破取。病若在肠内，便断肠湔洗，缝腹膏摩，四五日差，不痛，人亦不自寤，一月之间，即平复矣"。这个记载，说明我国医学至华佗，已经叩开了外科王国的大门。外科为什么会在汉末产生？这有两个原因。一、汉末是一个疾疫流行的时代。《后汉书·顺帝纪》永建元年（126）诏写道"疫疠为灾"。《桓帝纪》记元嘉元年（151）正月，"京师疾疫"；二月，"九江、庐江大疫"。《灵帝纪》记光和五年（182）二月，"大疫"。疾疫接连不断来袭，医学如果再限于内科，是不能适应当时治病的需要的，必须发展。二、印度医学这时已经传入我国，对汉末医学需要可谓雪中送炭。陈寅恪先生说道："后汉安世高译《㮈女耆域因缘经》所载神医耆域诸奇术，如治拘睒弥长者子病，取利刀破肠，披肠结处。治迦罗越家女病，以金刀披破其头，悉出诸虫，封著瓮中，以三种神膏涂疮，七日便愈"，与华佗事迹无别。陈先生还根据语言学，指出华佗二字古音与gada相应。天竺语有agada，是"药"的意思。省去"阿"字，犹如"阿罗汉"仅称"罗汉"之比。华佗本名华旉，之所以名为华佗，是因为"当时民间比附印度神话故事，因称为'华佗'，实以'药神'目之"[①]。华佗医术所受印度医术的影响，是不辩自明的。当然，那时的外科知识不会像记载那样说得神乎其神，但门毕竟是打开了。遗憾的是，华佗后来被杀，外科之门刚刚叩开，又被关上。看来封建统治者只允许中医在内科学中发展。

华佗是曹操杀死的。《华佗传》记华佗"久远家思归"，说他得到家书，想暂时还家。曹操同意了。华佗到家以后，"辞以妻病，数乞期不反"[②]。曹操写信催他回来，又命"郡县（华佗为谯人，与曹操同乡）发遣"，华佗犹自不上道。曹操派人前往检视，说是"若其虚诈，便收送之"。妻病是假，"于是传付许狱"。荀彧知道曹操要杀华佗，对曹操说："佗术实工，人命所悬，宜含宥之"。曹操怎么说呢？他说："不忧，天下当无此鼠辈耶？"华佗竟被杀掉。一个人们目之为药神的医学家，外科学的开创人，竟被曹操目为"鼠辈"，因小故加以杀害，说明即使像曹操这样的人，头脑中也是把科技当作末技，认为可有可无的。曹操在文学上虽是功臣，可在医学上，他却是罪人。

华佗临死时，"出一卷书与狱吏"，说"此可以活人"。可是"吏畏法不受"。华佗也不勉强他，索火烧掉。华佗死后，曹操头风未除，他知道"佗能愈此"，但又强辩他杀华佗是对的。到他的爱子曹冲病笃，他才有所醒悟。曾经叹惜："吾悔杀华佗，令此儿强死也。"我国科技在封建时代，发展是何等困难！

内科。

---

① 陈寅恪：《寒柳堂集》，上海古籍出版社，1980年，第160页。

② ［晋］陈寿撰，［宋］裴松之注：《三国志》卷二十九《魏书·方技传·华佗传》，中华书局，1959年，第802页。

　　在汉末疾疫流行的时代，内科学也有所发展。那时出了一个内科专家张机（字仲景）。他曾学医于张伯祖。在他生活的年代里，见族人死于伤寒的很多，写了一本《伤寒杂病论》，行之于世。华佗见到过此书，曾说："此真活人书也。"人们推崇张机，以为"医中亚圣"。张机的书，后来散失。东晋的王叔和搜集整理张机著作，分为《伤寒论》（十卷，附方十卷）及《金匮要略》（三卷）二书。二书阐述了中医学的理论与治疗原则，记录了三四百个药方。中医诊断学上的"八纲"：阴、阳、表、里、虚、实、寒、热与治疗上的汗、吐、下、和，至张机，奠定下来①。

　　张机在医学上的成就与汉末伤寒病的流行，人们希望有人能为他们解除伤寒病的威胁，是分不开的。他的医理，实践的意义更大。在他以后，中医内科学的任务，是要求进一步研究与解决脉象、脉理的问题。这是中医学的核心问题。

　　华佗有《华佗观形察色并三部脉经》一卷②，说明华佗已在研究脉理。晋太医令王叔和博览医书，加上他自己的医疗实践，著《脉经》十卷，把脉象归纳为二十四种，奠定了脉学理论的基础。他还有《脉诀》《脉赋》，可谓脉理专家③。在王叔和之后，切脉治病，水平越来越高。丹阳医学世家徐氏中的徐謇（家本东莞）切脉在北魏深受称赞。北魏的皇帝"献文欲验其能，置病人于幕中，使謇隔而脉之，深得病形，兼知色候，遂被宠遇"④。阳平乐平人王显的切脉诊断水平，较之徐謇，又高出一头。北魏文明太后命徐謇和王显为患心疾的文昭太后（宣武帝之母）诊脉，"謇云是微风入藏，宜进汤加针；显言案三部脉，非有心疾，将是怀孕生男之象，果如显言"⑤。在针灸上有创新的马嗣明，诊脉更加不同凡响。他"为人诊脉，一年前知其生死"。哲学上类化说的创立者邢邵，有一个年十七八的非常聪慧的儿子邢大宝，患伤寒症。马嗣明为他诊脉，"退告杨愔

---

① 张机事迹见《尚友录》，《四库提要》卷一百三。

② ［唐］魏征等：《隋书》卷三十四《经籍志三》，中华书局，1973年，第1043页。

③ 参见《四库提要》卷一百三。

④ ［唐］李延寿：《北史》卷九十《艺术传下·徐謇传》，中华书局，1974年，第2968页。

⑤ ［唐］李延寿：《北史》卷九十《艺术传下·王显传》，中华书局，1974年，第2974页。

云：'邢公子伤寒不疗自差，然脉候不出一年便死，觉之少晚，不可复疗。'"[1]其后果如马嗣明之言。切脉水平高到如此程度，是令人惊异的。

药物学与医方。

在药物学上，东汉有一本《神农本草经》，记载了三百六十五种药物的性能和用途。它是我国最早的一部药物学著作。到汉末疾疫流行，药物学知识有所扩大与深化。《隋书·经籍志三》记载汉末有蔡邕《本草》七卷，华佗弟子吴普《本草》六卷[2]。药物学的重大发展，则要到南北朝时。梁时有一个道教徒陶弘景，曾在句容的句曲山居住，常说"此山下是第八洞宫，名金坛华阳之天，周回一百五十里"。他在半山立馆，自号"华阳隐居"。并以此为据点，"遍历名山，寻访仙药"[3]。道教有"先将服草木以救亏决，后服金丹以定无穷"[4]之谓，对药物学很重视。陶弘景既是道士，又与山结缘，到处寻访"仙药"，这极大地丰富了他的药物学知识。《隋书·经籍志三》记有"《陶隐居本草》十卷""《陶弘景本草经集注》七卷""《太清草木集要》二卷，陶隐居撰"。《本草经集注》是对汉代流传下来的《神农本草经》的整理与增补。《集注》收集记录的药物有七百三十种，比《神农本草经》多出一倍。不仅如此，在药物学上，陶弘景还首创了按药物的自然属性和医疗属性的分类法，把七百多种药物，分为七类。他这种分类法是我国古代药物的标准分类法。

医方在这一个时代，也有发展。《隋书·经籍志三》所载医方有"《张仲景方》十五卷""《张仲景评病要方》一卷""《张仲景疗妇人方》二卷"；"《华佗方》十卷，吴普撰"；"皇甫谧、曹歙《论寒食散方》二卷，亡"；"《肘后方》六卷，葛洪撰"；"陶弘景《补阙肘后百一方》九卷，亡"；"《陶氏效验方》六卷"。东晋葛洪的《肘后方》（《肘后卒救方》）记录的是当时用之有效的药方。陶弘景增补《肘后方》，写成《肘

---

① [唐]李延寿：《北史》卷九十《艺术传下·马嗣明传》，中华书局，1974年，第2976页。
② [唐]魏征等：《隋书》卷三十四《经籍志三》，中华书局，1973年，第1040页。
③ [唐]姚思廉：《梁书》卷五十一《处士传·陶弘景传》，中华书局，1973年，第742页。
④ 王明：《抱朴子内篇校释》卷十三《极言》，中华书局，1985年，第246页。

后百一方》，是他集本草的大成之外，在医方上，又一个集大成的贡献。

药方在北方也有发展。马嗣明曾制成一种膏药，"和醋以涂肿上，无不愈"①。孝文帝太和中，李修曾"在东宫撰诸药方百卷"②，隋姚僧垣曾经"参校征效者为《集验方》十二卷"③。在药方的数量与应用上，都做出了自己的成绩。

针灸学。

针灸是一门古老的医术。到魏晋南北朝时期得到发展。

首先是华佗。《隋书·经籍志三》记有《华佗枕中灸刺经》一卷。《三国志·华佗传》记华佗用针灸替人治病，"若当灸，不过一两处，每处不过七八壮，病亦应除。若当针，亦不过一两处，下针言'当引某许，若至，语人'。病者言'已到'，应便拔针，病亦行差。"此即今日所谓"针感"，华佗已经知道它的道理。传中记曹操"苦头风，每发，心乱目眩"。华佗为他治头风，"针鬲，随手而差"。凡此可以表明华佗针灸技术之高，学问之深。

华佗的学生樊阿从华佗学医，在针灸技术上，可谓青出于蓝而胜于蓝。《华佗传》记"凡医咸言背及胸藏之间，不可妄针，针之不过四分，而阿针背入一二寸，巨阙胸藏针下五六寸，而病辄皆瘳"。

到西晋时期，皇甫谧总结以往针灸的经验，写出了《针灸甲乙经》十二卷。这是我国第一部针灸学专著。但古代针灸技术，并不是到此停步。《北史·艺术传下》记齐隋之际的马嗣明，"针灸孔穴，往往与《明堂》不同。尝有一家，二奴俱患，身体遍青，渐虚羸不能食。访诸医，无识者。嗣明为灸两足跌上各三七壮，便愈"。这是针灸学上的创新。这种创新是基于对人身孔穴的新认识。

保健学。

魏晋南北朝时代，对于预防疾病和保健，已很重视。这还须从华佗说起。

---

① ［唐］李延寿：《北史》卷九十《艺术传下·马嗣明传》，中华书局，1974年，第2976页。

② ［唐］李延寿：《北史》卷九十《艺术传下·李修传》，中华书局，1974年，第2968页。

③ ［唐］李延寿：《北史》卷九十《艺术传下·姚僧垣传》，中华书局，1974年，第2979页。

《三国志·华佗传》记"晓养性之术，时人以为年且百岁而貌有壮容"。养性，在古代医疗上的意义，是重视精神对身体的反作用。如行气导引，亦可谓之为一种养性之法。甘陵甘始"能行气导引""老而有少容"，魏时"自诸术士咸共归之。"①效用正与华佗养性之术相同。关于精神对身体的反作用，嵇康在《养生论》中说得最为明白。他说：

> 至于导养得理，以尽性命，上获千余岁，下可数百年，可有之耳，而世皆不精，故莫能得之。何以言之？夫服药求汗，或有弗获，而愧情一集，涣然流离。……由此言之，精神之于形骸，犹国之有君也。神躁于中而形丧于外，犹君昏于上，国乱于下也。……是以君子知形恃神以立，神须形以存，悟生理之易失，知一理之害生，故修性以保神，安心以全身，爱憎不栖于情，忧喜不留于意，泊然无感而体气和平，又呼吸吐纳，服食养身，使形神相亲，表里俱济也。②

心理可以影响生理，嵇康说的正是这个道理。他提及的"导养""修性""安心""呼吸吐纳"（行气导引），是一个意思。导养修性也就是华佗所谓"养性之术"。这实际上是一种保健之术。这种保健之术不是从药物而是从精神或心理着手。把精神或心理作用，提到养生的首位，应该说，是我国保健医学的一个重大的成就。

养性重的是一个"静"字，但有静无动也不行，这个问题华佗看得较为清楚。他曾对他的学生吴普说：

> 人体欲得劳动，但不当使极尔。动摇则谷气得消，血脉流通，病不得生，譬犹户枢不朽是也。是以古之仙者为导引之事，熊颈鸱顾，

---

① [晋]陈寿撰，[宋]裴松之注：《三国志》卷二十九《魏书·方技传·华佗传》注引曹植《辩道论》，中华书局，1959年，第805页。

② [梁]萧统编，[唐]李善等注：《六臣注文选》卷五十三嵇康《养生论》，中华书局，1987年，第976—977页。

引挽腰体，动诸关节，以求难老。吾有一术，名五禽之戏，一曰虎，二曰鹿，三曰熊，四曰猿，五曰鸟，亦以除疾，并利蹄足，以当导引。体中不快，起作一禽之戏，沾濡汗出，因上著粉，身体轻便，腹中欲食。[1]

他的"五禽之戏"，是一种动静相结合的保健体操，因而他说既可除疾、利足，又可当作导引。吴普学了他的五禽之戏，"施行之，年九十余，耳目聪明，齿牙完坚"。功效十分显著。

《聊斋志异》卷五《封三娘》，借封三娘之口，说到华佗的五禽之戏："惟华佗五禽图，差为不妄。凡修炼家无非欲血气流通耳，若得厄逆症，作虎形立止，非其验耶？"[2]看来五禽戏及其效果，古人懂得的并不止吴普一人。履行的也不止吴普一人。"差为不妄"，也就是证明有效。

在导引疗法中，还可注意魏时兴盛的"弹棋"之戏。《世说新语·巧艺》"弹棋始自魏宫内"条注引傅玄《弹棋赋叙》说："汉成帝好蹴鞠，刘向以谓劳人体，竭人力，非至尊所宜御，乃因其体作弹棋。"又《太平御览》卷七百五十五引《弹棋经后序》说："弹棋者，雅戏也……盖道家所为，欲习其偃亚导引之法，击博腾掷之妙自畅耳。"则弹棋的出现虽然很早，但经过东汉道家的发展，变成一种"偃亚导引之法"，已不同于汉成帝时候的弹棋了。魏时有"能行气导引"的甘始，说弹棋始于魏时，亦无不可。要知这不仅是一种游戏，而且是一种气功疗法。

魏晋南北朝时期，随着医学的发展，出现了医学世家。这是医学史上的一个新现象。兹据《北史·艺术传下》等史料述之如下：

阳平李氏。先有李亮，"针灸授药，罔不有效"。其子李元孙"遵父业而不及"。李元孙弟李修则"针药多效"，曾"撰诸药方百卷，皆行

---

①［晋］陈寿撰，［宋］裴松之注：《三国志》卷二十九《魏书·方技传·华佗传》，中华书局，1959年，第804页。

②张友鹤辑校：《聊斋志异会校会注会评本》卷五《封三娘》，中华书局，1962年，第616页。

于世"①。

丹阳徐氏。徐文伯、徐謇兄弟"皆善医药"。徐謇能"隔而脉之"②。徐文伯之子徐雄"医术为江左所称"。徐雄之子徐之才在北齐时，以医术见用，其"针药所加，应时必效"。徐之才之弟徐之范也以"医术见知"。

吴兴姚氏。姚菩提"留心医药"。其子姚僧垣"医术高妙"，梁元帝时，荆州落入西魏之手，姚僧垣到了长安，医术"为当时所推，前后效验，不可胜纪"，以至于"诸蕃外域，咸请托之"。他著有《集验方》十二卷。次子姚最"受家业，十许年中，略尽其妙"③。

高阳许氏。许奭、许澄父子"俱以艺术（医术）名重于周隋二代"④。

丹阳陶氏。《云笈七签》卷一百七陶翊《华阳隐居先生本起录》记陶弘景之祖陶隆"好学，读书善写，兼解药性，常行拯救为务"。父陶贞宝"深解药术"。陶弘景本人则是一个药物学的大师。

陈郡殷氏。《世说新语·术解》记殷浩"妙解经脉"。《晋书》卷八十四《殷仲堪》又记殷浩之侄殷仲堪"躬学医术，究其精妙"。

清河崔氏。《北史·崔逞传》记崔彧"少逢隐沙门，教以《素问》《甲乙》，遂善医术。中山王英子略曾病，王显等不能疗。彧针之，抽针即愈"。崔彧子崔景哲，"亦以医术知名"。崔景哲子崔冏、弟崔景凤都是尚药典御。

由此可见东晋南北朝时期出现的医学世家之多。这固然与当时医学的发展有关，也与道教的发展有关。陈寅恪先生曾经指出我国医术与道教的关系，并曾指出丹阳陶氏、陈郡殷氏、清河崔氏是天师道的世家。还须指出，中医学是在我国农业社会中孕育出来的，中草药与农业的关系的密切，不问自明。中医外科之所以未能得到重视与发展，原因也可从农业社会去找。

---

① [唐]李延寿：《北史》卷九十《艺术传下·李修传》，中华书局，1974年，第2968页。
② [唐]李延寿：《北史》卷九十《艺术传下·徐謇传》，中华书局，1974年，第2968页。
③ [唐]李延寿：《北史》卷九十《艺术传下·姚僧垣传》，中华书局，1974年，第2980页。
④ [唐]李延寿：《北史》卷九十《艺术传下·许智藏传》，中华书局，1974年，第2982页。

第三节　机械学及其应用

魏晋南北朝时期，在机械学上，也有非常显著的进步。机械学家辈出，创造发明很多。第一个机械学家是诸葛亮，他发明了木牛、流马与连弩。

《三国志·后主传》记建兴"九年春二月，（诸葛）亮复出军围祁山，始以木牛运"。又记"十二年春二月，（诸葛）亮由斜谷出，始以流马运"。木牛、流马是什么呢？

《三国志·诸葛亮传》注引《魏氏春秋》说木牛"载多而行，少则否"。这显然是利用压力作用，使木牛前进。木牛要用人推，"人行六尺，牛行四步。载一岁粮，日行二十里，而人不大劳"。流马，《稗史类编》说："即今独推者是"。《后山丛谭》又说："蜀中有小车独推，载八石……又有大车，用四人推，载十石，盖木牛流马也。"[①]则流马是用一人推的车子，载重量与木牛比，就八石、十石而言，少不了多少，可使用的人力却比木牛大为减少。诸葛亮"以流马运"比"以木牛运"要晚三年，显见流马是由木牛改进而成。

木牛、流马的相继发明，其重要意义，不在于为当时的北伐运输减轻了困难，而在于为以后民间运输，特别是为山区运输，提供了一种新的工具。《后山丛谭》和《稗史类编》等书说蜀中大车、小车即是诸葛亮的木牛、流马。说明这两项发明，对蜀中交通运输事业的发展，起过极为深远的影响。

《诸葛亮传》注引《魏氏春秋》还说："诸葛氏长于巧思，损益连弩，谓之'元戎'，以铁为矢，矢长八寸，一弩十矢俱发"。则连弩是一种连动器械。又《太平御览》卷第三百五十三记诸葛亮"敕作部皆作五折刚铠、

---

① [三国]诸葛亮著，段熙仲、闻旭初编校：《诸葛亮集》故事卷四《制作篇》引，中华书局，1960年，第205页。

十折矛以给"①军用。刚铠可以五折，长矛可以十折，携带便利。像长矛这种兵器可折可直，无疑又是他在机械学上的一个发明。

诸葛亮在机械学上的成就是多方面的，也是高超的。陈寿说他对于"工械技巧"的研究，达到了"物究其极"的地步②。要注意诸葛亮是丞相，像他这样以丞相身份亲自参加到科学实践中去，在历史上，可谓绝无仅有。

略晚于诸葛亮，魏马钧在机械学上崛起。马钧为扶风人，当时被认为"巧思绝世"。他的遭遇，颇能说明一些问题。

据《三国志·杜夔传》注引傅玄序，马钧"为博士居贫，乃思绫机之变。……旧绫机五十综者五十蹑，六十综者六十蹑，先生患其丧功费日，乃皆易以十二蹑"，提高功效五倍。后来马钧做了给事中，曾与常侍高堂隆、骁骑将军秦朗争论指南车的问题。高、秦都认为"古无指南车，记言之虚也"。马钧说："古有之，未之思耳，夫何远之有！"高、秦讥笑他，他说："虚争空言，不如试之易效也。"高、秦遂去告诉魏明帝，明帝要马钧造出来。马钧利用差动齿轮机械构造原理制造指南车，于双轮单辕上立一木人，车初发时，使木人手指南方，由于齿轮作用，不论车行的方向怎样改变，木人始终手指南方。"从是天下服其巧矣！"洛阳城内有地，可以为园，但"患无水以灌之"。马钧又"作翻车，令儿童转之，而灌水自复，更入更出，其巧百倍于常"。翻车，东汉已有此器③，设机车以引水。马钧所造是经他改进了的翻车，故"其巧百倍于常"。最能表现他"巧思绝世"的东西是可动的"百戏"。明帝时，有人上百戏，"能设而不能动"。明帝问马钧"可动否"，马钧说"可动"。明帝又问"其巧可益否"，马钧说"可益"。

---

①［宋］李昉等：《太平御览》卷第三百五十三《兵部八十四》，中华书局，1960年，第1626页。

②见《三国志·诸葛亮传》。

③见《后汉书·宦者传·张让传》。

> （马钧）以大木雕构，使其形若轮，平地施之，潜以水发焉。设
> 为女乐舞象，至令木人击鼓吹箫；作山岳，使木人跳丸掷剑，缘絙倒
> 立，出入自在；百官行署，舂磨斗鸡，变巧百端。[①]

这是一个以水力发动的多齿轮的连动装置。连动能达到如此程度，真可叹
为观止。

马钧见到诸葛亮的连弩，以为"巧则巧矣，未尽善也"。如果改进，
"可令加五倍"，即一弩五十矢俱发。又以旧发石车"石不能连属而至，欲
作一轮，悬大石数十，以机鼓轮为常，则以断悬石飞击敌城，使首尾电
至"。他曾试过"以车轮悬瓴数十，飞之数百步"。如果有一个环境，能让
他作试验，他一定可以造出新的连弩与新的发石车。在古代战争中，这将
成为杀伤敌人与攻城的利器。裴秀听说马钧想试制新的连弩和发石车，竟
笑他，难他。而马钧又拙于言辞，裴秀竟肆无忌惮地对他进行攻击。马钧
的知音只有傅玄，傅玄对安乡侯曹羲谈起裴秀对马钧的无理攻击一事，未
料曹羲"又与裴子同"。傅玄指出事之"所以多废"，就是总有人"轻以言
抑人异能"。有没有异能，"必以考试为衡石"，而不能"以人害人"。曹羲
有所醒悟，将马钧想试制新连弩与发石车的愿望告诉了当时掌握军政大权
的武安侯曹爽。曹爽"忽之"，竟"不果试"。傅玄叹道：

> 此既易试之事，又马氏巧名已定，犹忽而不察，况幽深之才，无
> 名之璞乎？……平子（张衡）虽为侍中，马先生虽给事省中，俱不典
> 工官，巧无益于世。用人不当其才，闻贤不试以事，良可恨也。[②]

其实"典工官"又有何用，在封建君主专制政治下，在官僚政治下，科技

---

① ［晋］陈寿撰，［宋］裴松之注：《三国志》卷二十九《魏书·杜夔传》注，中华书局，1959
年，第807页。

② ［晋］陈寿撰，［宋］裴松之注：《三国志》卷二十九《魏书·杜夔传》注，中华书局，1959
年，第808页。

被当作末技，古代真不知有多少幽深之才、无名之璞被埋没。像马钧这样能传于世的人，还算是幸运的。

连动机械，到西晋，有杜预的连机碓和水转连磨的发明。这是连动在农业工具上的应用。按桓谭《新论》谈到"宓牺制杵臼之利，后世加巧，借身践碓，而利十倍"。这是人力碓。《通俗文》卷一百七十四注谈及"今俗依水涯壅上流，设水车转轮，与碓身交激，使自舂，即水碓遗制"。这是水碓。西晋之时，从王戎"广收八方园田水碓"[①]来看，水碓的使用已很普遍，所需要的，是将诸葛亮、马钧等人已经创造出来的连动装置与原理，运用到水碓的改进上去。杜预连机碓与水转连磨的发明，正是适应这个需要。除了水转连磨，西晋尚有刘景宜牛转连磨的发明。这对水源缺乏的地方说来，无异雪中送炭。

晋时尚有人发明计里鼓车，在一辆双轮车上，有两个木人对坐，双手执鼓槌，中有一鼓，车行一里，击鼓一次，指示车行的里数。到南朝的时候，祖冲之又以天文历数学家与机械学家崛起于南方。祖冲之在机械学上的成就，直追马钧。

宋武帝刘裕平关中，灭后秦，得姚兴指南车。此车只"有外形而无机巧，每行，使人于内转之"，十分不便。可惜的是，马钧的指南车早就失传，姚兴的指南车无人能够改进，只能当作样品陈列。宋末，萧道成辅政，请祖冲之改创。祖冲之"改造铜机，圆转不穷，而司方如一，马钧以来未有也"[②]。马钧的指南车在祖冲之手中复活了。

那时有一个北方人叫索驭麟，说他也能造指南车，萧道成便叫他与祖冲之各自造一辆指南车，于乐游苑校试。只因"颇有差僻"，萧道成下令毁去烧掉。指南车第二次失传。

齐武帝永明中，竟陵王萧子良好古，祖冲之曾造一个"欹器"送给他。欹器"虚则欹，中则正，满则覆"。欹器虽非祖冲之始创，但制造它，

---

① [唐]房玄龄等：《晋书》卷四十三《王戎传》，中华书局，1974年，第1234页。
② [梁]萧子显：《南齐书》卷五十二《文学传·祖冲之传》，中华书局，1972年，第905页。

却表现了祖冲之对重心原理的认识与运用能力。

如果说以上两项制作尚不足以表现祖冲之在机械学上的独创精神，那么，以下三项发明，却超越了前人的成就。

祖冲之曾"以诸葛亮有木牛流马"，创造了一架"不因风水，施机自运，不劳人力"的运输机械。不因风力与水力，施机自运，表明全由机械制动。这是很了不起的发明。

祖冲之曾在乐游苑制造出一种"水碓磨"，把水碓与水磨结合起来，成为一种新的农业加工工具——水转连碓磨。较之杜预的连机碓和水转连磨，效率高多了。

最值得称道的成就，是"千里船"的制造。祖冲之将机械制动原理运用到了船舶的制造上。应当说，这是我国造船事业的一次革命性的变化。

我国的造船业在汉末三国时期，在孙吴，已很发达。特征是大。《三国志·孙皓传》天纪四年（280）记载晋兵来打吴国，王濬的水军自蜀浮江而下，吴将陶濬以为"蜀船皆小"，可以"乘大船战，自足击之"[1]。蜀船是不是小呢？《晋书·王濬传》说晋谋伐吴，命王濬"修舟舰。濬乃作大船连舫，方百二十步，受二千余人。以木为城，起楼橹，开四出门，其上皆得驰马来往。……舟楫之盛，自古未有"。而陶濬却说"蜀船皆小"，则吴国大船就远不止方百二十步，受二千余人。孙权曾派谢宏、陈恂出使高句骊，高句骊王宫"上马数百匹"，而"宏船小，载马八十匹而还"[2]。小船犹能载马八十匹，大船的规模可以想见。吴国船只远航辽东、高句骊、夷洲（台湾），不怕风浪，"大"是一个重要的原因。

但吴国船只航行所使用的仍旧是人力。

造船到南朝续有发展。陶季直《京邦记》引《西巡记》说道："宋孝武度六合，龙舟翔凤以下，三千四十五艘。舟航之盛，三代二京无比。"[3]

---

① ［晋］陈寿撰，［宋］裴松之注：《三国志》卷四十八《吴书·孙皓传》，中华书局，1959年，第1176页。

② ［晋］陈寿撰，［宋］裴松之注：《三国志》卷四十七《吴书·孙权传》注引《吴书》，中华书局，1959年，第1140页。

③ ［唐］徐坚等：《初学记》卷二十五器物部《舟十一》，中华书局，1962年，第610页。

一次渡江，舟只如此之多，很可说明南朝造船业的繁荣。但三千多艘船只的航行，靠的仍然是人力。

将机械制动原理运用到船只的制造上去，在当时，可说是时代的召唤。这个日子毕竟来临了。

齐时，祖冲之造出了"千里船，于新亭江试之，日行百余里"。原理也是"施机自运"。这项发明如果能用到造船工业上去，那将是我国造船业一次飞跃的变革，一场革命。可惜如同指南车一样，千里船造出来了，但只是昙花一现，随即枯萎下去。

祖冲之所有的发明创造，除了《大明历》、割圆术，尚能为我们所了解外，其他都好比转瞬即逝的电光。

我国古代有机械学，也有机械发明，但无机械制造工业。科技是末技，工业要看宫廷需要，科技发展的去路，就这样被挡住了。萧道成焚毁指南车，千里船只在新亭江出现一次，再一次说明在封建专制政治下，要发展科学技术，是不可能的。封建统治者是扼杀人民聪明才智、科学发明的刽子手。

第四节　农业与手工业技术的提高

一、农业技术与《齐民要术》

这里说的农业技术，包括农、林。

魏晋南北朝时期农业技术的发展，集中地表现在魏齐时人贾思勰所著《齐民要术》一书之中。这部书是他"采捃经传，爰及歌谣，询及老成，验之行事"写成。重要的是"验之行事"，爰引虽多，此书实际上是当时北方农林生产技术的总结性著作。而他所总结的，主要又是北方地主经营庄园经济的经验，此书也可说是一部反映庄园经济面貌的书。所谓"夫治生之道，不仕则农"①，这种与仕连在一起的农，自非农民，而为庄主。像《种榆·白杨》篇讲到庄主怎样雇工经营林木，说的便是庄园经济。南北朝时期，庄园处在发展阶段，农业生产技术主要出自庄园。这是我们在谈《齐民要术》这部书时，应当注意的问题。

《齐民要术》全书共十卷，九十二篇。"起自耕农，终于醯、醢，资生之业，靡不毕书"②。其中包括土壤的整治和休息，肥料的施用，精耕细作，防旱保墒，选种育种，粮食蔬菜等作物的栽培，果树的培植和嫁接，畜禽的饲养和医治，食品的加工和贮藏，以及野生植物的利用等。可谓集农业生产技术的大成。以下举其要者，予以说明。

卷一《耕田》说道："田，二岁不起稼，则一岁休之"，且说到用绿豆、小豆、胡麻"美田"美得好的话，"为春谷田，则亩收十石。其美与蚕矢、熟粪同"；《种谷》说道："谷田必须岁易，撷子，则秀多而收薄矣"。这是休耕与施肥的技术经验。

《种谷》说到今世粟名，"早熟耐旱免虫"的有"十四种"，"味美"的有"二种"；"穗皆有毛，耐风，免雀暴"的有"二十四种"，还有"味美"的三种，"味恶"的三种，"易春"的二种，"晚熟，耐水，有虫灾则尽"的十种。这是选种与育种的技术经验。

卷四《栽树》说道："凡五果，花盛时遭霜则无子，常预于园中，往往贮恶草生粪。天雨新晴，北风寒切，是夜必霜，此时放火作煴，少得烟气，则免于霜矣。"这是种果树免除霜害的技术经验。

同卷《种桃柰》"藏葡萄法"说道："极熟时全房折取，于屋下作荫坑，坑内近地凿壁为孔，插枝于孔中，还筑孔使坚，屋子置土复之，经冬不异也。"这是葡萄冬季埋蔓保藏技术经验。

尤其需要提出的是果树的"嫁"技术。卷四《种枣》有"嫁枣"，《种

①［后魏］贾思勰原著，缪启愉校释，缪桂龙参校：《齐民要术校释·杂说》，农业出版社，1982年，第15页。

②［后魏］贾思勰原著，缪启愉校释，缪桂龙参校：《齐民要术校释·齐民要术序》，农业出版社，1982年，第5页。

李》又有"嫁李法"。枣树，"以杖击其枝间，振落狂花。不打花繁，则实不成"。李树，或"以砖著李树歧中，令实繁"，或"以杖微打歧间"，或"以煮寒食醴酪火拣著树枝间"。都有时日，都在求实多肉满。"嫁"者，多生子之谓也，与"嫁接"有所不同。

《齐民要术》所记农林生产技术、经验，是丰富的，不能一一细列。这本农业科技著作所记技术，不能单看作仅止是北方的技术。像卷二《水稻》清楚说道："南方有蝉鸣稻，七月熟"，卷五《种桑柘》引了《永嘉记》，说"永嘉有八辈蚕，蚖珍蚕，三月绩"，等等。《种竹》也引了《永嘉记》，而永嘉在南方。这足可说明《齐民要术》所记，并非局限于北方半壁山河的农业经验。

《齐民要术》这部巨著何以能在南北朝晚期产生呢？其一，要知"王者之法不得制人之私"这样一种经济思想，已在西晋由李重提出。南北朝时代是以庄园为形式的大土地所有制形成的时代。到南北朝晚期，庄园在南北普遍发展起来，积累的生产经验很多，需要总结。其二，北朝的均田制有授露田与桑田的规定，桑田要种桑、榆、枣，林业在北方得到了很大的发展。南方更是杂花生树，群莺乱飞，林木众多。因此，不仅种庄稼，而且种竹木各种经验与技术，都反映到了《齐民要术》中去。

二、蚕桑与纺织技术

纺织，在魏晋南北朝时期，作为民间的普遍副业发展起来了，原因在于纺织品在这个时代一直作为户调来征收。曹操规定户出绢二匹，绵二斤，是户调的开端。西晋的户调之式，规定绢三匹，绵三斤。南朝的调帛（丝织品的总称）为三调之一。北魏在均田制下，规定一夫一妇帛一匹，粟二石。调纺织品与征收田租变成封建官府赖以生存的两根支柱。这与汉朝但收田租和算钱（人头税）是不同的。由此也可以看出丝绸虽然早已发明，汉朝虽然开通了丝绸之路，但直到汉朝，纺织并未成为民间的普遍副业。这一发展要到魏晋南北朝之时。

首先，我们可以看到，到魏晋以后，蚕桑事业在南北普遍得到了发展。北方在北魏时，规定桑田须种桑五十树，枣五株，榆三根。这种强制性的规定对北方林木的栽植，特别是桑树的栽植，无疑有促进作用。当时北方桑树之多，闭目也可想见。南方在南齐时，谢朓出任宣城太守，写过这样的诗句："切切阴风暮，桑柘起寒烟"[①]。自宣城到凌阳，只见桑林一片，寒烟漠漠。这种景色在汉时，在南北方是看不到的。毫无疑问，桑树种植的普遍，必将给种桑、养蚕、纺织等技术，都带来发展。

贾思勰《齐民要术》卷四《栽树》写到种桑、枣、榆的时节与方法："凡栽树，正月为上时"，"二月为中时，三月为下时"，"然枣，鸡口；槐，兔目；桑，虾蟆眼；榆，负瘤散"。卷五《种桑柘》写耕桑田，种桑树之法，更为具体。"凡耕桑田，不用近树。伤桑破犁，所谓两失。其犁不著处，劚地令起，斫去浮根，以蚕矢粪之"。"桑椹熟时，收黑鲁椹，即日以水淘取子，晒燥，仍当畦种，常薅令净。明年正月，移而栽之，率五尺一根。"这是桑田广泛种植桑树之后取得经验，有了技术的明证。

养蚕与纺织技术也发展起来。三国时期，三吴地区出产所谓"八蚕之绵"[②]。东晋南朝时期，各地养蚕技术都有提高。豫章等地"一年蚕四五熟，勤于纺绩，亦有夜浣纱而旦成布者，俗呼为鸡鸣布"[③]。永嘉等地，蚕一年八熟（八辈蚕），已不能让三吴独擅"八蚕之绵"之美了。

绢，魏文帝曾说："其白如雪华，轻譬蝉翼。"梁徐勉曾说："白素起独丽之色。"[④]绢与绵是魏晋调物，生产的普遍，技术的提高，从三国时起，就很可观。如果说绢绵还是一般物品，那么，锦就非一般的物品，而是丝织物中的名贵特产了。刘熙《释名》说："锦，金也，作之用功重，其价如金"，真是珍贵之极。锦，原来只有锦城成都才有。《丹阳记》说："历代尚未有锦，而成都独称妙，故三国时，魏则市于蜀，吴亦资西蜀，

---

① [南朝齐]谢朓著，曹融南校注：《谢宣城集校注》卷三《宣城郡内登望》，上海古籍出版社，1991年，第225页。

② 见左思《吴都赋》。

③ [唐]魏征等：《隋书》卷三十一《地理志下》，中华书局，1973年，第887页。

④ [唐]徐坚等：《初学记》卷二十七《绢》引魏文帝《说诸物》、梁徐勉《谢敕赐绢启》，中华书局，1962年，第658页。

至是始乃有之。"意思是说，锦到三国才有。可以这样说，到魏晋以后，锦的生产才突破了地区局限，买锦必须去西蜀的难处，不再存在。

陆翙《邺中记》写道："锦有大登高，小登高，大明光，小明光，大博山，小博山，大茱萸，小茱萸，大交龙，小交龙，蒲桃文锦，斑文锦，凤凰朱雀锦，韬文锦，桃核文锦，或青绨，或白绨，或黄绨，或绿绨，或紫绨，或蜀绨，工巧百数，不可尽名也。"①又说："织锦罗在中尚坊，三署皆数百人。""石季龙（后赵石虎）冬月施熟锦流苏斗帐。"这指的是"邺锦"。到十六国时代，邺城已成了织锦名城。岂止邺城，前秦秦州刺史窦滔被徙往流沙，其妻苏蕙思之，"织锦为回文旋图诗以赠滔"，凡八百四十字，"宛转循环以读之，词甚凄惋。"②则织锦在民间已成为一种普通的技术。秦州苏蕙能织锦作回文诗以赠其夫，别的地方的女子无疑也能造锦。造锦技术的传播与各地织锦业的兴起，是这个时代纺织技术上的一个显著发展。

三、造纸业的普遍与造纸技术的进步

考古学证明纸在西汉已经发明。但造纸业的普遍，造纸技术的进步，则在魏晋南北朝时期。特别是在南朝梁时。

汉末建安时期，曹操曾下令："自今诸掾属侍中别驾，常以月朔各进得失，纸书函封，主者朝常给纸函各一"③。陈寿死，西晋曾"诏下河南，遣吏赍纸、笔，就寿门下，写取国志"④此二记载表明魏晋时期，纸的应用正在推广。到东晋，纸终于完全代替竹简，成为书写的主要工具。《语林》记王羲之为会稽令，谢安"就乞笺纸，检校库中，有九万笺纸"，都给了谢安。这是一个县的库存纸。《桓玄伪事》又记："古无纸，故用

---

① [唐]徐坚等：《初学记》卷二十七宝器部《锦第六》，中华书局，1962年，第655页。
② [唐]房玄龄等：《晋书》卷九十六《列女传》，中华书局，1974年，第2523页。
③ [唐]徐坚等：《初学记》卷二十一文部《纸第七》，中华书局，1962年，第517页。
④ [唐]欧阳询撰，汪绍楹点校：《艺文类聚》卷五十八《杂文部四·纸》，上海古籍出版社，1982年，第1053页。

简，非主于敬也。今诸用简者，皆以黄纸代之。"①简废弃不用了。北方也不例外，崔鸿《前燕录》记"慕容隽三年，广义将军岷山公黄纸上表，隽曰：'吾名号未异于前，何宜便尔？自今但可白纸称疏。'"②表明十六国时期，纸在北方也代替了简。黄纸与白纸之分，在那个时代，含有贵贱异等的意义。南朝立案，关于官府、官吏的事用黄纸，关于民事或犯罪官吏的事，用白纸③。

纸张原来多由尚方制造。但纸张原料易得，民间造纸业在逐渐发展中。盛弘之《荆州记》说枣阳县有蔡伦宅、蔡子池。自蔡伦"以渔网造纸，县人今犹多能作纸，盖伦之遗业也"④。此即民间的造纸业。南北朝发展起来的地主个体家庭庄园，都有造纸作坊。谢灵运《山居赋》有"剥芨岩椒""采以为纸"的话。贾思勰《齐民要术》卷五《种谷楮》也有"煮剥卖皮者虽劳而大，自能造纸"的话。到南北朝时期，纸的制造在民间显然已很普遍，这是纸所以能在那个时代完全代替简的一个重要的原因。

纸的制作技术，到东晋南北朝之时，也大有提高，尤其是民间的制纸技术。《宋书·张永传》记张永"有巧思"，为宋文帝所知，"纸及墨皆自营造"。文帝"每得永表启，辄执玩咨嗟，自叹供御者了不及也"。张永自己造的纸，比皇帝用的纸还要好。那时，文书用纸都用藤角纸，不用土纸。桓玄曾命平准署造一种"青赤缥绿桃花纸"，极为精巧。梁朝的时候，纸的制作技术达到了一个新的高度。梁江洪《为傅建康咏红笺诗》写红笺："灼烁类蕖开，轻明似霞破。"后梁宣帝《咏纸诗》写白纸："皎白犹霜雪，方正若布棋。"梁刘孝威的《谢赉官纸启》写梁时官纸质量之高，"虽复邺殿凤衔，汉朝鱼网，平准桃花，中宫谷树（以树皮作纸名谷纸），固以渐兹靡滑，谢此鲜光。"⑤

---

① [唐]徐坚等：《初学记》卷二十一文部《纸第七》，中华书局，1962年，第517页。

② [唐]徐坚等：《初学记》卷二十一文部《纸第七》，中华书局，1962年，第517页。

③ 见《南齐书·百官志》。

④ [唐]徐坚等：《初学记》卷二十一文部《纸第七》，中华书局，1962年，第517页。

⑤ 上述均见《初学记》卷二十一《纸》。

以造纸闻名的县与村也出现了。剡溪（浙江嵊州市）和余杭的由拳村是藤纸的著名产地。

纸的广泛使用，对于魏晋南北朝时代文化的发展，有重要的作用。绢帛由书写物变为征调物亦由于此。

四、冶炼技术的提高

首先值得注意的是冶铸业中不可或缺的鼓风设备"水排"的推广。水排是东汉之初，南阳太守杜诗发明的。《后汉书·杜诗传》说：杜诗在南阳"造作水排，铸为农器，用力少而见功多。"章怀太子注："冶铸者为排以吹炭，令激水以鼓之也。排当作橐，古字通用也。"然而，水排发明以后，在整个东汉并未得到推广。冶铸仍然普遍采用"人排""马排"鼓风吹炭，而不用水力。水排要到汉末建安时期才在冶铸业中抬头。《三国志·韩暨传》说：

> 旧时冶作马排，每一熟石用马百匹，更作人排，又费功力，暨乃因长流为水排，计其利益，三倍于前。在职七年，器用充实。

韩暨是曹操的监冶谒者，他"因长流为水排"以鼓风冶铸，非在某一个地方。自韩暨开始，水排这项发明，才真正用于冶铸实践，并在南北各地逐渐推广。

魏晋南北朝时期的冶铸业，仍以官府经营为主。汉有铁官，晋置冶令，"掌工徒鼓铸"[1]。西晋有"冶令三十九，户（工徒户）五千三百五十。冶皆在江北。而江南唯有梅根及冶塘二冶"[2]。江北冶铸由卫尉管领，江南冶铸由扬州刺史管领。东晋以后，冶铸都由少府来管。南朝江左有东冶与南冶。工人仍旧是工徒。官吏犯罪，也往往披锁送东冶。这种人颇为不少，谓之"东冶囚徒"。工徒、囚徒所受的是非人待遇，在江左官府冶

---

① ［梁］沈约：《宋书》卷三十九《百官志》，中华书局，1974年，第1232页。

② ［梁］沈约：《宋书》卷三十九《百官志》，中华书局，1974年，第1230页。

铸业中，没有看到冶铸技术还有什么成就。但是，冶铸业并不禁止私人经营。当然，私人冶铸的规模小于官府，可技术却往往出在民间冶铸业中。《太平御览》卷第六百六十五引梁朝陶弘景的话，说会稽郡的上虞县有一个谢平，善做"刚朴"，号称"中国绝手"。谢平即是一个民间的冶铸家。

北朝冶铸业主要也掌握在官府手上。北齐有"诸冶东西道署"[①]，掌管冶铸。但民间也可以经营，《北齐书·方技传·綦母怀文传》提到的"襄国冶家"，即民间的冶铸家。技术也往往出在那些民间私人冶铸家身手上。

南北朝时期，在冶铸技术上，有一个带有普遍性的成就，即"杂炼生（生铁）、柔（熟铁）"之法。此法在南北有所不同，但都是通过"杂炼生柔"，以造出优质钢材。南方常用的方法，是把生铁和熟铁混杂起来冶炼，火候到时，生铁先融化，渗淋入于熟铁之中，然后取出反复锻炼，就可成为优质钢材。此法被称为"灌钢法"。北方则有綦母怀文，能造一种"宿铁刀"，"其法烧生铁精以重柔铤，数宿则成钢。以柔铁（熟铁）为刀脊，浴以五牲之溺，淬以五牲之脂，斩甲过三十札"[②]。襄国冶铸家所铸的"宿柔铤"，即为綦母怀文之法[③]。这种杂炼生柔的技术，实际上也是民间的创造。不单是襄国民间冶铸家学綦母怀文的技术，綦母怀文也学了襄国冶铸家的技术。

据上所述，可知魏晋南北朝时期，科技确有发展。这是由政治、经济条件的改善得来。但封建政治与科学技术的发展，是无法相容的，所以，有些新事物如千里船、外科学，刚刚出现便夭折了。有些事物老是停步不前，如农业生产技术虽有发展，但农业生产工具，却始终停留在原始的水平上。有些事物方向歪了，如冶炼，提高炼钢技术，是为了造宝刀；炼水银黄金，是为了获得长生不死的仙药金丹。这完全是为了适应封建统治阶

---

① [唐]魏征等：《隋书》卷二十七《百官志中》，中华书局，1973年，第757页。

② [唐]李百药：《北齐书》卷四十九《方技传·綦母怀文》，中华书局，1972年，第679页。

③ 见《北齐书·方技传·綦母怀文传》。

级的需要。但历史总是要前进的，社会总是要发展的，科技也总是要进步的，农业社会与封建政治被突破之日，也就是科学技术将获得长足进展之时。

第十二章　我国道教的产生与发展

第一节　道教的创始及其教义

一种宗教的创立，必须具备三个条件：一要有创始人，二要有经书，三要有传教活动。三个条件如果缺了一个，便不能成为一种宗教，这是世界宗教的通则。考察我国道教的形成，必须依据这个通则。

按《后汉书·刘焉传》说及：张鲁的祖父张陵，"顺帝时客于蜀，学道鹤鸣山中，造作符书，以惑百姓。受其道者，辄出米五斗，故谓之'米贼'。"这里说到汉顺帝时，张陵学道蜀郡鹤鸣山，造作符书，并传授其道，收米五斗。符书，据《魏书·释老志》："及张陵受道于鹄鸣，因传天官章本千有二百，弟子相授，其事大行"，可知数量之多。这都是张陵所造。符书或天官章本，在《张鲁传》中作"道书"。所谓符书、天官章本或道书，也就是早期我国道教的经典。正因为有这种经典，"弟子相授"，传教便方便了。关于张陵传教，释彦琮《唐护法沙门法琳别传下》说道：张陵曾"构二十四治馆"，其中"二十三所在蜀"，一所在咸阳。《名山记》还说到张陵本人所治之处："益州西南青城山，一名青城郡山，形似城。其山有崖舍，赤壁，张天师所治处。"[①]《华阳国志·蜀志》记载青城山在

---

① [宋]李昉等：《太平御览》卷第六百七十四《道部十六》，中华书局，1960年，第3005页。

蜀郡江原县。鹤（鹄）鸣山是张陵学道处，青城山则是张陵传道的大本营。

以上说明我国道教是东汉顺帝时期即在公元126年至144年之间产生的，因为道教产生所需的三个要素：创始人、道经与传教，到顺帝时才具备，或者说都已具备。这时的道教，被称为"五斗米道"。《三国志·张鲁传》注引《典略》说到道教的三个派别："骆曜教民缅匿法，（张）角为太平道，（张）修为五斗米道。"这是灵帝熹平年间的事。须知五斗米道的创始者是张陵，不是张修。创始的时间是汉顺帝时，不是汉灵帝时。五斗米道是我国道教的正统派别。五斗米道之名，至北魏寇谦之废除"三张伪法租米钱税"，才告消失。寇谦之以后，专称道教或天师道。

道教的创立者张陵有两个称号，《华阳国志》卷二《汉中志》说张陵"自称太清玄元"，《弘明集》卷八释玄光《辩惑论》说张陵"妄称天师"。按葛洪《抱朴子》内篇《金丹第四》说："复有太清神丹，其法出于元君。元君者，老子之师也。《太清观天经》有九篇云。"又说："元君者大神仙之人也，能调和阴阳役使鬼神风雨，骖驾九龙十二白虎，天下众仙皆隶焉。"《魏书·释老志》记张陵受道、传道，也有"一切诸神，咸所统摄"的话。葛洪说的"太清元君"，就是《华阳国志》说的"自称太清玄元"的张陵。张陵自称"太清玄元"，是把自己摆到"老子之师"的地位，所以是"大神仙之人""天下众仙皆隶焉""一切诸神，咸所统摄"。而"天师"只有老子之师太清玄元才足以当之，天师也就是老子之师、太清玄元。道教之所以又名"天师道"，其来由此。道教的教主是天师、太清玄元张陵，不是老子。

道教何以产生于东汉顺帝之时呢？这个问题可以用时代条件来加以解释，我国在东汉章帝召集的白虎观会议上，把儒学神学化，完成了神人合一的过程。班固整理的会议记录《白虎通德论》，在解释"三纲六纪"等儒家教义上，将谶纬神学与儒家经书置于同等的地位，并行引用。"《援神契》曰""《钩命诀》曰""《含文嘉》曰""《乾凿度》曰""谶曰"，与"《尚书》曰"，"《易》曰""《礼》曰""《春秋传》曰""《诗》

曰"，不分彼此，充满全书。而这却是指导东汉大政方针的理论原则。东汉是一个神学时代，在这个时代中，一切以儒学为中心，一切又都用神学去解释。这就为道教的产生，提供了温床。道教是一种神仙教。"其为教也，咸蠲去邪累，澡雪心神，积行树功，累德增善，乃至白日升天，长生世上。"远在道教产生以前，长生之说已经在统治阶级中流传。追求长生，人们认为是可以成功的，"所以秦皇、汉武，甘心不息"①。到东汉，神学大行，求仙作为一种宗教，终于呱呱坠地。这就是五斗米道。

就被统治阶级来说，东汉的外戚尤其是宦官的统治，给人民带来了巨大的灾难。安帝即位之初，"州郡大饥，米石二千，人相食，老弱相弃道路"②。从安帝起，东汉进入了一个大灾、大饥、大疫的时代。宗教多少可以给人们一种虚妄的安慰，人们虽不敢奢望白日升天，长生世上，可是道教的"化金销玉，行符敕水，奇方妙术"与"消灾灭祸"，却把一种幻觉推到了人们的眼前。因此，道教不仅得到统治阶级的欢迎，也得到被统治阶级的欢迎。它是当时的一种社会需求。

再说道教的教义。

每一种宗教甚至每一种宗教的派别，都有它的教义。对教义的认识，可以使我们认识一种宗教或派别的性质。这里要谈的是道教早期的教义，即作为五斗米道时期的教义。以后有所改革，但在求长生、求仙这一点上是不变的。

道教早期的教义，可用《魏书·释老志》的两句话来概括："上云羽化飞天，次称消灾灭祸。"撇开了这两句话，便会陷入道经的烟海之中，而不知所从。

"消灾灭祸"，是道教的低级教义。

道教或五斗米道从它产生的时候开始，便认为疾病灾难，是由人们本身的罪过招致魑魅作祟造成。要消灾灭祸，就要释罪。怎样才能释罪呢？

---

① ［北齐］魏收：《魏书》卷一百一十四《释老志》，中华书局，1974年，第3048页。
② ［宋］范晔撰，［唐］李贤等注：《后汉书》卷五《安帝纪》注引《古今注》，中华书局，1965年，第209页。

第一步是通过静室思过，鬼吏请祷，交米五斗，把自己变成受道者；第二步是通过"男女合气"，进而把自己变成五斗米道的"种民"。

《典略》说到五斗米道释罪的办法："加施静室，使病者处其中思过。"①又使人为"鬼吏"，"主为病者请祷"。请祷之法："书病人姓名，说服罪之意，作三通"，一通上之于天，一通埋之于地，一通沉之于水，谓之"三官手书"。按《少室山房笔丛》卷二十四说道："道陵教法：凡祈祷服罪之人，以三符授之，一着山上，一地下，一水中。"据此可知"三官手书"出自张陵。这一套搞完了，由"病者家出米五斗以为常"。出米五斗，是五斗米道名称的来历。病者既经静室思过，鬼吏请祷，交米五斗，病者也就变成了"受道者"。故《张鲁传》说"从受道者出五斗米"。病者出米五斗与受道者出米五斗，是一回事。

这里，我们要注意李膺在《蜀记》中所说："受其道者，输米、肉、布、绢、器物、纸、笔、荐席、五䌽。后生邪浊，增立（或作"复立"）米民。"②按张鲁的"义舍"中既有米，又有肉，说明李膺《蜀记》之言，并非虚妄。受道者所交之物甚多，非止五斗米而已。受道者（米民）既然要交这么多东西，那么，米民越多，对五斗米道越有利。所以，"后生邪浊，增立米民"。

考《魏书·释老志》记北魏寇谦之清整道教，有"除去三张（张陵、张衡、张鲁）伪法租米钱税及男女合气之术"的话。据此可知五斗米道所谓五斗米也好，其他钱物也好，是一种"租米钱税"，不是交一次便不交了。既是租税，李膺提到的东西那么多，提到"后生邪浊，增立米民"，便不奇怪。这是道教史上著名人物寇谦之承认的事实。《文心雕龙》的作者刘勰曾指责五斗米道的上层人物"爵非通侯，而轻立民户（即立米民），瑞无虎竹，而滥求租税"③。释玄光亦曾指责五斗米道上层"制民课输，

---

①［晋］陈寿撰，［宋］裴松之注：《三国志》卷八《魏书·张鲁传》注引《典略》，中华书局，1959年，第264页。

②见《广弘明集》卷八、《古今佛道论衡实录》卷二。

③［梁］僧祐：《弘明集》卷八《灭惑论》，上海古籍出版社，1991年，第52页。

欺巧之极"①。诸葛亮曾写信给张鲁说："灵仙养命，犹节松霞"，而张鲁却"享身嗜味，奚能尚道？"②证据如此之多，租税无从否定。

五斗米道之有租米钱税，暴露了五斗米道上层人物与下层米民的关系，是一种阶级关系。东汉魏晋时期的大地主聚族而居，宗主奉道，宗族中的徒附、部曲也就连带一起奉道。创立道教的张陵，《真诰》和《上元宝经》都说他"本大儒"③。《后汉书·刘焉传》说："沛人张鲁母（张衡妻）有姿色，兼挟鬼道，往来焉家，遂任鲁以为督义司马。"又说："鲁部曲多在巴土。"张陵为大儒，其孙张鲁拥有部曲，又充当益州牧刘焉的督义司马，则张家三代（陵、衡、鲁）都是大地主，是无可怀疑的。三张与他们的部曲的关系，既是地主和农民的关系，又是天师、师君和米民的关系。汉末李虎及其宗族五百余家，曾托庇于汉中张鲁政权之下，共奉五斗米道④。西晋五斗米道大地主范长生曾"率千余家依青城山"⑤。透过五斗米道道费的外衣，便可看出五斗米等物，实质上是农民每年向地主交纳的额外租税，是阶级剥削。

第二步，要真正释罪，还得通过"男女合气"，把自己变成五斗米道的"种民"。"男女合气之术"，也是寇谦之承认了的"三张伪法"。关于"合气释罪"，北周甄鸾《笑道论·道士合气三十五》引《真人内朝律》说："真人日礼，男女至朔望日，先斋三日，入私房，诣师所，立功德，阴阳并进，日夜六时。此诸猥杂，不可闻说。"⑥释玄光《辩惑论》"合气释罪三逆"条注说："至甲子，诏冥醮录男女媟合，尊卑无别。"⑦《解厨篡门不仁之极三》条注又说：合气之后，被赠以"道姑、道男冠女、道

①［梁］僧祐：《弘明集》卷八《辩惑论》，上海古籍出版社，1991年，第50页。

②［三国］诸葛亮著，段熙仲、闻旭初编校：《诸葛亮集》卷一《与张鲁书》，中华书局，1960年，第20页。

③《太平御览》卷第六百六十二和六百七十二《道部》引。

④ 参见《华阳国志》卷九《李特、雄、寿、势志》、《晋书·李特载记》。

⑤［唐］房玄龄等：《晋书》卷一百二十《李流载记》，中华书局，1974年，第3030页。

⑥［唐］释道宣：《广弘明集》卷九《笑道论》引，上海古籍出版社，1991年，第157页。

⑦［梁］僧祐：《弘明集》卷八《辩惑论》，上海古籍出版社，1991年，第49页。

父、道母、神君、种民"之名。作了"种民",一切灾祸都不会降临到你头上了。真是荒诞透顶。

由此可以解释《晋书·孙恩传》所说孙泰在三吴传道,百姓"皆竭财产,进子女,以祈福庆"[1]之言。信道之所以弄到"竭财产,进子女",是因为"租米钱税及男女合气之术",本为五斗米道的教义或"三张伪法"。这个问题要从五斗米道的阶级本质去理解。

"羽化飞天",是五斗米道的高级教义,是张陵学道立教的张本。

所谓羽化飞天或长生世上,也就是成仙。五斗米道成仙有两种途径:一种是肉体成仙,即羽化飞天或长生世上,成为天仙或地仙;一种是灵魂成仙,即通过"尸解"成仙,叫"尸解仙"。肉体成仙只有五斗米道上层人物才能享受,下层米民则只能通过尸解,灵魂成仙。

肉体成仙靠服食丹药及"御妇人法"。

服食饵药,秦汉方士早已行之,不过,五斗米道不是到蓬莱去寻找不死之药,而是到"有正神在其山中"的名山,如蜀郡青城山,通过自己的"精思",去"合作"什么不死的仙丹。《抱朴子·内篇·金丹第四》说到有一种"太清神丹,其法出于元君",即出于自称"太清玄元"的张陵,并说"汉末新野阴君(阴长生)合此太清丹得仙"。《魏书·释老志》说到寇谦之"少修张鲁之术,服食饵药,历年无效"。可见张鲁也是一个不死仙丹的追求者。张鲁之术即张陵之术。

炼丹还有一个副产品,阴长生《自叙》说:"黄白已成,货财千亿。"[2]《抱朴子·金丹第四》说:"为神丹既成,不但长生,又可以作黄金。"这真是一举两得。

最能表现五斗米道上层人物妄图享乐万年的,无过于"拔宅飞升"之说。按《水经注校》卷二十七《沔水上》记城固人唐公房"学道得仙,入云台山,合丹服之,白日升天,鸡鸣天上,狗吠云中,唯以鼠恶留之"。

① [唐]房玄龄等:《晋书》卷一百《孙恩传》,中华书局,1974年,第2632页。

② [清]严可均校辑:《全上古三代秦汉三国六朝文·全后汉文》卷一百六《阴长生自叙》,中华书局,1958年,第1048页。

· 339 ·

并云"公房升仙之日，婿之行未还，不获同阶云路"。《华阳国志·汉中志》褒中县条记扶木山有"唐公房祠"。则道教所谓"一人得道，鸡犬升天"，魏晋之际，即已流传。这是当时世族地主腐朽思想的反映。金丹吞服之日，便是死亡之时，货财千亿，妻妾满堂，是带不上天的。《红楼梦》中死于金丹的贾敬，便是这样的一个人。

"御妇人法"，方士也早已行之。曹丕《典论》论却俭等事曾说："甘始、左元放、东郭延年、行容成御妇人法，并为丞相（曹操）所录问。"此法在五斗米道看来，也是关乎成仙的大事。《抱朴子·内篇·微旨第六》说："或曰：闻房中之事，能尽其道者，可单行致神仙，并可移灾解罪，转祸为福，居官高迁，商贾倍利。"又说："黄帝以千二百女升天"，能尽其道，"御女多多益善"。五斗米道既把"合气释罪"写入教义中，上层就必然会有御妇人法。后来上层人物公然畜养妓妾，如孙恩、卢循之所为①，便是这种御妇人法的发展。男女合气可以释罪，而懂得御妇人法，不仅可以移灾解罪，而且可以致高官，获暴利，成神仙。再没有什么比这更能说明五斗米道的腐朽性了。

靠服食仙丹及御妇人法，羽化飞天或肉体成仙，是五斗米道上层人物才能享有的特权。至于下层米民想要成仙，则只有靠"尸解"，灵魂上升仙堂。这种仙叫做"尸解仙"。道教从来就有肉体与灵魂成仙二说，不是只讲肉体成仙，不讲灵魂。这两种成仙的方法，有上下、阶级之分。但真能成为尸解仙的，也并不多。于吉《太平经》提到过尸解，说"尸解之人，百万之人乃出一人耳"。想要成为尸解仙，便须死心塌地奉道，为"天大神所保信"，②获得师君的青睐。

《太平御览》卷第六百六十四《道部》六《尸解》引《登真隐诀》说"尸解者，当死之时，或刀、兵、水、火，痛楚之切，不异世人也。既死之后，其神方得迁逝，形不能去尔。"又引裴君的话说："尸解之仙，不得御华盖，乘飞龙，登太极，游九宫也。"米民或种民通过如此痛楚的刀、

---

① 参见《晋书》卷一百孙、卢本传。

② 《太平经》卷一百十四《九君太上亲诀》，上海古籍出版社，1993年，第513页。

兵、水、火之解，灵魂才可离开形体仙去。而这种仙不得御华盖，乘飞龙，也不得登太极，游九宫，只能算是低等的小仙，还要看他奉道是否虔诚，能不能得到天大神（其实是师君）的赏识。

五斗米道的尸解成仙之说，对种民乃至一般农民，产生过极大的影响，起了极大的麻痹作用。这种影响与作用，在东晋末年的孙恩起兵中，表现得十分突出。《晋书·孙恩传》说到孙恩以五斗米道起兵，部众"相率聚于会稽，其妇女有婴累不能去者，囊簏盛婴儿投于水，而告之曰：'贺汝先登仙堂，我寻后就汝。'"又说孙恩穷蹙投海，"妖党及妓妾谓之水仙，投水从死者以百数"。这纯粹是"水仙惑物，枉杀老稚"①。道教有《水仙经》，水解成仙是尸解之一，妇女投婴儿于水，贺他们先登仙堂，孙恩之党及孙恩妓妾谓孙恩成水仙，投水从死，是受到五斗米道水解成仙说的麻痹。马克思说"宗教是人民的鸦片"，道教的成仙说便是鸦片。惜乎历千余年仍旧有人不觉悟，梦想通过吞丹、尸解成仙。这只有用提高知识水平来解决。

从受道到作种民，尸解成仙，羽化飞天，可以看出五斗米道只是一种神仙教；从租米钱税又可以看出五斗米道是地主阶级加到农民身上的又一种桎梏。它不仅可满足大地主的贪欲和升天梦想，而且可麻痹农民的反抗意识。但这不是说凡具有五斗米道性质的起兵，都不是农民起义。历史上，农民利用宗教形式包括五斗米道在内，进行起义的很多。问题是要作具体的分析。不过，即使是起义，也必须指出五斗米道的消极影响。

第二节　道教的传播与异端的产生

自张陵入蜀，创立道教，构二十四治馆，二十三所在蜀地，蜀郡便成了道教的大本营。其后各地道教，均从蜀郡传出。主要是东传。下分四个地区说明。

---

① [梁]僧祐：《弘明集》卷八《辩惑论》，上海古籍出版社，1991年，第50页。

益州的巴郡和汉中郡。

巴郡之有五斗米道，始见于《后汉书·灵帝纪》中平元年（184）注引《刘艾记》"时巴郡巫人张修疗病，愈者雇以米五斗，号为五斗米师。"五斗米道创于顺帝时期入蜀学道的张陵。灵帝时期张修在巴郡传播五斗米道，是蜀郡道教向巴郡的发展。《后汉书·刘焉传》还说"（张）鲁部曲多在巴土"，则把五斗米道传到巴郡的，除张修外，尚有张陵之孙张鲁。张修曾在巴郡起兵，被称为"米贼"，后来投降了益州牧刘焉，成为刘焉的别部司马。张鲁则因为母亲的关系，被刘焉用为督义司马。

献帝初平二年（191），刘焉派这两司马去打汉中太守苏固，把苏固杀了，这两司马又在汉中郡传教，把五斗米道带到了汉中郡内，建安元年（196），张鲁袭杀张修，尽并其众。刘焉死后，其子刘璋继为益州牧，"以鲁不顺，尽杀鲁母家室，鲁遂据汉中"。东汉朝廷以张鲁为"镇民中郎将，领汉宁太守。"①张鲁汉中政权是一个政教合一的政权，从此，汉中郡替代蜀郡，成了五斗米道的大本营。

值得注意的是，我国古代著名的少数民族之一——板楯蛮人即賨人，在这时全部信奉了五斗米道。

《晋书·李特载记》说："汉末张鲁居汉中，以鬼道教百姓，賨人敬信巫觋，多往奉之。值天下大乱，自巴西之宕渠迁于汉中杨车坂。"按宕渠在东汉属于巴郡，汉末巴郡本有五斗米道信徒张修、张鲁进行传教活动，賨人在未迁往汉中时，即在巴郡时，当已接受五斗米道。所以，当他们得知张鲁据汉中，遂迁往汉中避乱。《典略》还说张鲁统治汉中之时，"流移寄在其地者，不敢不奉"②五斗米道。则迁居汉中郡杨车坂的巴郡賨人，这时必都成了五斗米道的信徒。魏武帝平汉中，賨人李虎"将五百余家归之，魏武帝拜为将军，迁于略阳北土，复号之为巴氏"。或称"巴人"③。秦州

---

① [晋]陈寿撰，[宋]裴松之注：《三国志》卷八《魏书·张鲁传》，中华书局，1959年，第263页。

② [晋]陈寿撰，[宋]裴松之注：《三国志》卷八《魏书·张鲁传》注引《典略》，中华书局，1959年，第264页。

③ 参见《李特载记》及《华阳国志·李特、雄、寿、势志》。

略阳郡本为氐人居住之地，故复有"巴氐"之称。但賨人并非氐人，而为巴人。西晋末年在益州起义的賨人李特，为李虎的曾孙。賨人李氏是五斗米道的世家。当李特起义之时，"率千余家"依于蜀郡江原县青城山的五斗米道大地主范长生，给了他们很大的支持。范长生本是巴郡涪陵人，范氏于蜀汉时迁居蜀郡。范长生与賨人李氏的结合，是宗教的结合。

賨人在《晋书·李特载记》中，被称为"廪君之苗裔"，这有错误。载记记述賨人的来历："秦并天下，以为黔中郡，薄赋敛之，口岁出钱四十。巴人呼赋为賨，因谓之賨人焉。"[①]按《后汉书·南蛮西南夷传》分别为"巴郡南郡蛮"和"板楯蛮"立了传。巴郡、南郡蛮是"廪君"蛮，本居"夷城"。秦国时，"其君长岁出赋二千一十六钱，三岁一出"[②]，而不是岁出口钱四十，也无"賨"名。板楯蛮居巴郡阆中渝水，秦国时，板楯蛮"顷田不租，十妻不算"，至汉高祖刘邦，才规定"复其渠帅罗、朴、督、鄂、度、夕、龚七姓，不输租赋，余户乃岁入賨钱，口四十"[③]。可知岁出口钱的賨人实是板楯蛮，而非廪君蛮。賨人于汉末迁往汉中，张鲁政权下有一个朴胡，是《后汉书》所说板楯渠帅七姓之一。

荆州南阳郡、江夏郡和南郡。

在荆州，最可注意的是居住于沔水和南阳郡一带的我国古代另一个蛮族廪君蛮人，全部接受了五斗米道。

西晋有张昌起义。《晋书·张昌传》说张昌是"义阳蛮"，少曾为"平氏县吏"。平氏东汉属于南阳郡。张昌起兵后据有江夏郡，立山都县吏丘沉为天子。山都东汉亦属于南阳郡。"江沔间一时焱起"，众至三万，"皆以绛科头"。新野王欣称之为"妖贼"，又称他们"绛头毛面，挑刀走戟，其锋不可当"[④]。按《后汉书·南蛮西南夷传》有"巴郡、南郡蛮"，即

---

① [唐]房玄龄等：《晋书》卷一百二十《李特载记》，中华书局，1974年，第3022页。

② [宋]范晔撰，[唐]李贤等注：《后汉书》卷八十六《南蛮西南夷传》，中华书局，1965年，第2841页。

③ [宋]范晔撰，[唐]李贤等注：《后汉书》卷八十六《南蛮西南夷传》，中华书局，1965年，第2842页。

④ [唐]房玄龄等：《晋书》卷一百《张昌传》，中华书局，1974年，第2613页。

"廪君蛮"。东汉建武年间，"徙其种人七千余口置江夏界中，今沔中蛮是也"[1]。和帝永元时期，巫蛮许圣等反，失败后，"复悉徙置江夏"。在江沔间起来响应张昌的三万人中，多为这种蛮人。籍隶义阳（南阳分出），曾为平氏县吏，占有江夏，得到江沔间廪君蛮人响应的"义阳蛮"张昌，亦必为沔中廪君蛮人无疑。"绛头"或"以绛科头""毛面"则是五斗米道的标志。

考释玄光《辩惑论》"畏鬼带符妖法之极第一"有云："张角黄符，子鲁（张鲁）戴绛，卢悚紫标，孙恩孤虚。"[2]则"戴绛"为五斗米道的标志，与"皆著黄巾以为标帜"的张角太平道信徒不同。又考《三国志·孙策传》注引《江表传》有云："策曰：昔南阳张津为交州刺史，舍前圣典训，废汉家法律，常著绛帕头，鼓琴烧香，读邪俗道书，云以助化，卒为南夷所杀。"则南阳在汉末就已有"常著绛帕头"的五斗米道信徒在活动。汉末张修、张鲁在巴郡传教，南阳人阴长生、张津先后在南阳进行宗教活动，地处巴郡、南郡、沔中的廪君蛮人，当早已接受五斗米道。张鲁戴绛，张津常著绛帕头，而张昌被王欣呼为"妖贼"，部众"皆以绛科头"，其为五斗米道信徒，殆无可疑。

又考《辩惑论》"制民课输欺巧之极二"有云："又涂炭斋者，事起张鲁，氐夷难化，故制斯法。乃驴骡泥中，黄卤泥面，掷头悬抑，埏埴使熟。此法指在边陲，不施华夏。"[3]据此可知张鲁因"氐、夷（蛮）难化"，曾创"泥面"法施之于少数民族。而张昌部众正是少数民族。张昌部众"毛面"，起于张鲁创黄卤泥面法施蛮夷，又殆无可疑。毛面只不过在泥面的基础上再簪上毛罢了，无泥不能簪毛。《辩惑论》还说"吴陆修静甚知源僻，犹泥揆额，悬麾而已。痴僻之极，幸勿言道"[4]。张昌部众毛面，正像陆修静一样，对于宗教"痴僻之极"，即是一种狂热的信仰。

① [宋]范晔撰，[唐]李贤等注：《后汉书》卷八十六《南蛮西南夷传》，中华书局，1965年，第2841页。

② [梁]僧祐：《弘明集》卷八《辩惑论》，上海古籍出版社，1991年，第50页。

③ [梁]僧祐：《弘明集》卷八《辩惑论》，上海古籍出版社，1991年，第50页。

④ [梁]僧祐：《弘明集》卷八《辩惑论》，上海古籍出版社，1991年，第50页。

徐州琅邪郡。

《后汉书·襄楷传》记顺帝时，琅邪有名宫崇者，"诣阙上其师于吉于曲阳泉水上所得神书百七十卷，皆缥白素，朱介，青首，朱目，号《太平清领书》（《太平经》）"。《抱朴子·内篇·遐览》记有此经。考《晋书·赵王伦传》，说到司马伦与谋士"琅邪孙秀""并惑巫鬼"，"拜道士胡沃为太平将军，以招福佑。秀家日为淫祀，作厌胜之文"。而《孙恩传》又说：孙恩者"琅邪人，孙秀之族也，世奉五斗米道"[①]。可见琅邪孙氏是五斗米道的世家。司马伦之惑于巫鬼，原因也在信仰五斗米道。而他信仰五斗米道，是因为曾被封为琅邪郡王。赵王是后来的改封。司马伦、孙秀拜道士胡沃为"太平将军"，表现出了琅邪五斗米道与《太平清领书》的关系。据此可以断定琅邪宫崇所信仰的必为张陵创立的五斗米道，其师于吉是把五斗米道带到琅邪郡的人，所谓《太平清领》神书，实际上是五斗米道经典之一。

扬州吴郡和会稽郡。

汉末，年过百岁的于吉曾"往来吴会"，传播五斗米道，为孙策所杀。事见《三国志·孙策传》注引《江表传》。五斗米道在江东真正发展起来，是在好谈神仙的孙权之时。这在《抱朴子·内篇·道意》中说得很明白。《道意》说得很肯定："或问：'李氏之道起于何时？'余答曰：'吴大帝时。'"也很具体："有一人姓李名宽，到吴而蜀语，能祝水治病颇愈。……宽弟子转相教授，布满江表，动有千计。"寓居东方的于吉，到江东传道未成功，来自五斗米道发祥地蜀郡的李宽，到江东传道毕竟成功了。

总起来看，五斗米道的传播是由西到东，由益、梁到徐、扬。汉魏之时，主要是在下层传播，特别是在板楯蛮人（賨人）和廪君蛮人中间，获得了极大的成功。

五斗米道东传之日，也正是东汉统治危机深化之时。在五斗米道传播

---

① ［唐］房玄龄等：《晋书》卷一百《孙恩传》，中华书局，1974年，第2631页。

的过程中，异端应时而起。这就是张角的太平道。

张角为冀州巨鹿人。《后汉书·襄楷传》说他得到了《太平清领书》。此书本是宫崇上给顺帝的神书，"其言以阴阳五行为家，而多巫觋杂语"，"亦有兴国广嗣之术"。张角从此书的神秘主义中，吸取了有用的成分，扬弃了反动的东西。形成了自己的一套有利于发动农民和平民起来斗争的理论。下面逐一分析，以明张角的太平道实为道教或五斗米道的异端。

"黄天太平"。

《三国志·孙坚传》说张角"自称黄天太平"，"黄天太平"是太平道的最高教义，也是黄巾起义的政治纲领。

《辩惑论》说"张角黄符，子鲁戴绛"，黄天、黄巾、黄符把太平道与以绛色为标识的五斗米道区别开来了。

"太平"二字，来自《太平清领书》，但性质、意义有所不同。根据《太平清领书》的解释，"太者，大也，乃言其积大行如天……平者，乃言其治太平均，凡事悉理，无复奸私也；平者，比若地居下，主执平也。……平者，正也"。[①]又说"太者，大也；大者，天也；天能复育万物，其功最大。平者，地也，地平，然能养育万物"[②]。由此可知《太平清领书》所谓太即大，即天，亦即复育万物之意；平即地，即正，亦即养育万物之意。简言之，"太平"二字即《太平清领书》中屡屡提到的天地、生养、道德的代名词。

《太平清领书》说："天贪人生，地贪人养，人贪人施。"[③]帝王应"以道服人"[④]。书中曾把帝王之治分成道、德、仁、义、礼、文、武、辨、法九类[⑤]，认为最好的是道治和德治。又把"饮食与男女相须"[⑥]作为"二大急"、把衣服作为"半急"提出。道治和德治的中心，就是解决饮食、

[①]《太平经》卷四十八，上海古籍出版社，1993年，第215页。
[②]《太平经》卷十，上海古籍出版社，1993年，第133页。
[③]《太平经》卷七，上海古籍出版社，1993年，第92页。
[④]《太平经》卷三十五，上海古籍出版社，1993年，第143页。
[⑤]《太平经》卷十，上海古籍出版社，1993年，第140页。
[⑥]《太平经》卷三十六，上海古籍出版社，1993年，第152页。

男女和衣服的问题。其根据即所谓"天贪人生，地贪人养，人贪人施"。

《太平清领书》认为财产是一种"无根"的、"亦不上著于天，亦不下著于地"①的、"中和之有"的浮财。所谓浮财是把土地排除在外的。根据"中和之有"的理论，书中认为财产是"浮而往来，职当主周穷救急"；并认为"强取人物"，是"与中和为仇，其罪当死"②。特别反对夺取土地，认为"非其土地不可强种，种之不生"③。这就把解决人民衣食的问题，限制在由统治阶级恩施（所谓"人贪人施"）一些浮财周穷救急的范围之内。书中也提出了某家某人财产很多，只不过是"但遇得其聚处"，本非其有的说法。所谓"比若仓中之鼠，常独足食此太仓之粟，本非独鼠有也"④。另外还提出了神仙"皆食天仓，依司农"，虽有"阳尊阴卑"的分别，但"粗细靡物、金银、绤帛、珠玉之宝，各令平均"⑤的天平思想。这是为劝说统治阶级周穷救急，制造理论和神道的根据。

由上可见《太平清领书》所谓"太平"，所谓"其治太平均"，就是由统治阶级拿出一些东西，解决一下财产过分不均的问题，"生养"处于饥寒交迫中的穷苦农民，缓和行将爆发的阶级搏斗。而其目的，则在"乐使王者安坐而长游"⑥。这种思想是最明显的社会改良思想，只不过以神道说教的面目出现，使人一时难以捉摸罢了。

张角太平道的"太平"，不是《太平清领书》本来意义上的、代表地主阶级利益的"其治太平均"，而是"农民和平民的要求之直接表现，并且几乎总是和起义结合着"神学异端⑦。《太平清领书》所谓"其治太平均"，说的是汉朝帝王的道治和德治，张角则把"太平"和"黄天"联系在一起。张角自称"天公将军"，并号其弟张宝为"地公将军"，张梁为

①《太平经》卷六十七，上海古籍出版社，1993年，第274页。

②《太平经》卷四，上海古籍出版社，1993年，第47页。

③《太平经》卷五十五，上海古籍出版社，1993年，第257页。

④《太平经》卷六十七，上海古籍出版社，1993年，第275页。

⑤《太平经》卷一百一十二，上海古籍出版社，1993年，第502页。

⑥《太平经》卷四十七，上海古籍出版社，1993年，第204页。

⑦［德］恩格斯：《德国农民战争》，人民出版社，1962年，第36页。

"人公将军"。他所说的"太平",所特标的天公、地公、人公的"公"字,从现象上看,与《太平清领书》中的"太平均""天主生,地主养,人主成"①,似乎没有分别。但从阶级本质上看,它代表的却是个体农民"平分一切财富的心理。是原始的农民'共产主义'的心理"②。《太平清领书》所谓"周穷救急"是改良的办法,张角则把"平分一切财富",寄托给了农民的革命斗争,寄托给了黄天。

均产是一种空想。"黄天太平"只能是乌托邦。但正如列宁所说,这种农民的乌托邦,"反映了农民群众斗争的愿望","在经济学的形式上是错误的,而在历史上却是正确的。"③

"苍天已死,黄天当立,岁在甲子,天下大吉。"

按五行说,木运(色尚苍)之后为火运(色尚赤,汉以火德王),火运之后为土运(色尚黄)。《太平清领书》则认为木是关键的东西如:"木行大惊骇无气,则土得王起。"④"木绝元气,土得王。"⑤反之,"木王,则土不得生"⑥。都把木和土联系起来。此书又认为"厌木"就是"衰火"⑦,把木和火合在一起。张角的"苍天已死,黄天当立",从宗教的意义上说,是指木(苍)已绝(亦即火已灭),土(黄)当立;从政治的意义上说,是指"汉行已尽,黄家当立"⑧。汉以火德王,色尚赤。张角不提"赤天已死",而提"苍天已死",正是受了《太平清领书》中关于木的说法的影响。

---

① 《太平经》卷九十三,上海古籍出版社,1993年,第366页。

② 中共中央马克思恩格斯列宁斯大林著作编译局编译:《斯大林全集》第十三卷,人民出版社,1956年,105页。

③ 中共中央马克思恩格斯列宁斯大林著作编译局编译:《列宁全集》第十八卷,人民出版社,1959年,第352页。

④ 《太平经》卷六十五,上海古籍出版社,1993年,第261页。

⑤ 《太平经》卷六十九,上海古籍出版社,1993年,第290页。

⑥ 《太平经》卷六十五,上海古籍出版社,1993年,第260页。

⑦ 《太平经》卷六十五,上海古籍出版社,1993年,第260页。

⑧ [晋]陈寿撰,[宋]裴松之注:《三国志》卷一《魏书·武帝纪》注引《魏书》,中华书局,1959年,第10页。

需要指出的是，《太平清领书》所要求的，是"木王则土不得生"，是保"苍天"，保汉家。而张角则把它颠倒过来，变成了"木绝元气，土得王"。变成了"汉行已尽，黄家当立"。

又《太平清领书》说："凡物生者，皆以甲为首，子为本，故以上甲子序出之也。"①"今甲子天正也"②，《太平清领书》的作者这样推崇甲子，万万没有想到这竟成了张角选定甲子年起义的宗教根据。甲子年（灵帝中平元年）即将来临，定在甲子年起义，在张角看来，有利于发动具有宗教感情的农民群众。

"大贤良师"。

据《太平清领书》，"师"的意义有二：一为助人成道，二为疗人疾病。此书说："夫人乃得生于父母，得成道德于师，得荣尊于君。"③又说："欲除疾病而大开道者，取决于丹书吞字也。"④除了"丹书吞字"（符水）外，还有一种"天上神签语"（咒说），"以言愈病"，无有不愈，⑤为"良师、帝王所宜用"。原因在"太医失经脉，不通死生重事，故使要道在人口中，此救急之术也。"⑥助人成道，疗人疾病，是良师的两大职责。大贤良师是师中本领最好的。书中常见"大贤""中贤""小贤""良师"字眼，"得称大师"的，在于他通晓神书，"解天下天下文也"⑦。《太平清领书》中的大贤良师，本是为帝王服务的人，这从书中说的"得荣尊于君""帝王所宜用""太医失经脉"等语，即可知之。张角则把它改变为面向农民了。张角也并非迷信到单用符水、咒说去治病，《后汉书·皇甫嵩传》说张角疗病，"病者颇愈，百姓信向之"。表明张角不仅是异端太平道的创立者，起义的领导人，而且是具有妙手回春本领的民间医生。正是通过疗人

①《太平经》卷三十九，上海古籍出版社，1993年，第164页。
②《太平经》卷一百十九，上海古籍出版社，1993年，第564页。
③《太平经》卷四十七，上海古籍出版社，1993年，第207页。
④《太平经》卷一百八，上海古籍出版社，1993年，第459页。
⑤《太平经》卷五十，上海古籍出版社，1993年，第239页。
⑥《太平经》卷五十，上海古籍出版社，1993年，第240页。
⑦《太平经》卷九，上海古籍出版社，1993年，第123页。

疾病这种实际工作，太平道才得以在东汉季叶大疫之年，深入民心，张角也才成了广大农民群众所信向的"大贤良师"。

"三十六方"。

张角一面替农民治病，一面宣传"黄天太平"的理想，不仅自己这样做，而且"遣弟子八人使于四方，以善道教化"。十余年间，把青、徐、幽、冀、荆、扬、兖、豫八州数十万群众组织到太平道中来，"遂置三十六方……大方万余人，小方六七千，各立渠帅"①。据《太平清领书》，天上"一师四辅……从属三万六千人，部领三十六万，人民则十百千万亿倍也"②。张角的三十六方，大方万余人，小方六七千，合计正好是三十多万人。《后汉书·灵帝纪》中平元年（184）记黄巾起义，直书"其部师有三十六万，皆著黄巾，同日反叛"③。《三国志·孙坚传》记黄巾起义，也直书"三十六万，一旦俱发"。可知"三十六方"这种组织，也是根据《太平清领书》来的。不过，此书讲的是天上神仙组织，张角则用去组织农民。他的三十六方，是宗教部署，又是军事部署，二者结合，因此更巩固。"方"在《太平清领书》中，含有"其治即方且大正"④的意思。《后汉书·皇甫嵩传》说"方犹将军号也"，并不确切。

从上面所述，可知太平道是张角利用《太平清领书》中的某些东西，加以改造，从而创立起来的、性质区别于道教正统五斗米道的异教。这种异教集中表现在扬弃了道教正统五斗米道的羽化飞天与尸解成仙之说，用"黄天太平"四字，把农民和平民的要求，直接反映出来。

太平道创立于汉灵帝之时。黄巾起义失败后，太平道未流传下来，流传下来的是五斗米道。

---

① ［宋］范晔撰，［唐］李贤等注：《后汉书》卷七十一《皇甫嵩传》，中华书局，1965年，第2299页。

②《太平经》卷一，上海古籍出版社，1993年，第4页。

③ ［宋］范晔撰，［唐］李贤等注：《后汉书》卷八《灵帝纪》，中华书局，1965年，第348页。

④《太平经》卷三十九，上海古籍出版社，1993年，第166页。

第三节 道教的改革与道经的整理

一、适应士族需要的东晋葛洪的改革

西晋以前，五斗米道主要是在下层及蛮夷中传播，士族信仰五斗米道的极少。西晋士族相信的是名教与自然"将毋同"的玄学，五斗米道要发展，必须取得士族的信仰，而要取得士族的信仰，必须与儒学结合起来。葛洪的一个重大的功绩是：用五斗米道和儒教的合一，取代玄儒合一，为五斗米道在士族阶层的流传，创造了前提。

这里需要先说一下葛洪本人的信仰问题。或疑葛洪非五斗米道徒，按《晋书·葛洪传》说他的从祖葛仙公于"吴时学道得仙"，而吴地所奉的，据葛洪自己说，是孙权时李宽从蜀中传来的五斗米道[①]。葛仙公无疑是一个五斗米道的信徒。葛仙公"以其炼丹秘术授弟子郑隐"，葛洪"就隐学，悉得其法"。后来，葛洪又"师事南海太守上党鲍玄"，据《晋书·鲍靓传》，鲍靓（即鲍玄）"尝见仙人阴君（阴长生）授道诀"，而阴长生是五斗米道的信徒。可见葛洪的另一个老师信的也是五斗米道。这两个师承，都表明了葛洪是一个五斗米道的信仰者。

葛洪说他的老师郑隐，"本大儒士也，晚而好道，由以《礼记》《尚书》教授不绝"[②]。葛洪接受了郑隐的影响，所著《抱朴子》内、外篇，据他自己说："内篇言神仙方药、鬼怪变化、养生延年、禳邪却祸之事，属道家（此所谓道，为五斗米道之道）；其外篇言人间得失、世事臧否，属儒家。"[③]葛洪兼修五斗米道与儒学，阐发了五斗米道与儒学之间的关系。

---

① 见本章第三节前节。
② 王明：《抱朴子内篇校释》卷十九《遐览》，中华书局，1985年，第332页。
③ 杨明照：《抱朴子外篇校笺·前言》，中华书局，1991年，第1页。

在《抱朴子·内篇·明本》中，葛洪提出："道者儒之本也，儒者道之末也。""夫道者……此所以为百家之君长，仁义之祖宗也。"此所谓道亦为五斗米道。葛洪把五斗米道当作了本原，把儒学仁义当作了五斗米道的产物或体现，形成了他的客观唯心论。

在《内篇·对俗》中，葛洪提出："欲求仙者，要当以忠孝和顺仁信为本。若德行不修，而但务方术，皆不得长生也。"这把修儒当作了成仙的先决条件，而原因即在仙道与儒术"将毋同"。从这里也可看出葛洪所说的道为儒本，儒为道末之"道"，为五斗米道的仙道、神仙或"天大神"。

葛洪就是这样把道教和儒学紧密结合起来的，他为士族儒门信仰五斗米道拆除了屏障。

但是，士族儒门要做官，不能放弃官不做，到深山去炼丹成仙。葛洪又进一步把成仙之术和做官之道结合起来，排除了成仙就不能做官，做官就不能成仙，仙官二者之间的矛盾，为士族信仰五斗米道解决了难题。仙官结合实际上仍旧是道儒的结合。

葛洪在《抱朴子·内篇·释滞》中说："长才者兼而修之，何难之有？内宝养生之道，外则和光于世，治身则身长修，治国而国太平，以六经训俗士，以方术授知音，欲少留则且止而佐时，欲升腾，则凌霄而轻举者，上士也；自恃才力，不能并成，则弃置人间，专修道德者，亦其次也。"可见葛洪认为既当官佐时，又修道成仙，才是最好的办法。能够这样"兼而修之"的，才是"上士"；如弃置人间，专门学道炼丹，就不是上士，而是"其次"。为了说明佐时与升腾兼修的重要，他举黄帝为例，说黄帝是"先治世而后登仙"的，是"能兼之才"[1]。

在《对俗》篇中，葛洪还说："求长生者，正惜今日之所欲耳，本不汲汲于升虚，以飞腾为胜于地上也，若幸可止家而不死者，亦何必求于速登天乎？"这把止家居官看得比升虚为仙还重要了。在葛洪心目中，最好

---

[1] 王明：《抱朴子内篇校释》卷十二《辨问》，中华书局，1985年，第224页。

是止家不死，万年当官享乐。

怎样才能"止家而不死"呢？葛洪提出的办法是："先将服草木以救亏缺，后服金丹以定无穷。"他说："长生之理，尽于此矣。"①葛洪在《抱朴子》中，详尽地写下了服之可以成仙的仙药（如《仙药》篇）和炼丹秘方（如《金丹》篇），为止家不死，开辟了"坦途"。《红楼梦》中的贾敬，止家炼丹，以求不死，老祖宗便是葛洪。

因为强调服食丹药，止家不死，五斗米道的其他方术，如符、剑、祝祭之类，便被葛洪视为可有可无了。在《遐览》篇中，他借郑隐的话说："杂道书卷卷有佳事……若金丹一成，则此辈一切不用也。"又说："凡为道士，求长生，志在药中耳，符剑可以却鬼辟邪而已。"②在《道意》篇中，他斥责起"唯专祝祭之谬"，甚至说："谓方术之无益也。"③但他对租米钱税未提出任何异议，对男女合气之术与御妇人法仍旧强调。这要等待寇谦之去清整了。

士族和儒学，和当官，结成了不解之缘，修仙而有碍于儒教和做官，是士族所不能接受的。且修仙原来只存在于士族的头脑中，如何修法，苦无简便、具体、可行的途径。自葛洪提出成仙可与儒学、做官兼修，公布很为具体的草木金丹之方，贬斥其他方术，"天仙"也就不是头脑中的东西，而可转化为"现实"了。士族自可一面读孔、孟之书，做高官，一面采药，炼丹，既有成仙之望，又不必放弃禄位，何乐而不为乎？

从东晋起，士族信仰五斗米道的骤增，这显然与葛洪的理论有关。《晋书·王羲之传》说："王氏世事张氏五斗米道，凝之弥笃。"又说：王羲之与许迈"共修服食，采药石不远千里"。同卷《许迈传》说："家世士族。"许迈师事鲍靓，"探其至要"，曾致书王羲之："自山阴南至临安，多有金堂玉室、仙人芝草，左元放之徒，汉末诸得道者皆在焉。"④《郗愔

---

① 王明：《抱朴子内篇校释》卷十三《极言》，中华书局，1985年，第246页。

② 王明：《抱朴子内篇校释》卷十九《遐览》，中华书局，1985年，第336页。

③ 王明：《抱朴子内篇校释》卷九《道意》，中华书局，1985年，第177页。

④ [唐]房玄龄等：《晋书》卷八十《许迈传》，中华书局，1974年，第2107页。

传》说：郗愔"与姊夫王羲之、高士许询并有迈世之风"[1]。《世说新语》卷二十五《排调》注引《中兴书》说："郗愔及弟昙奉天师道。"卷二十《术解》说"郗愔信道甚精勤，常患腹内恶，诸医不可疗"。郗愔、郗昙是郗鉴之子，高平名族。《晋书·殷仲堪传》说：殷仲堪"少奉天师道，又精心事神，不吝财贿"。王羲之、许迈、郗愔、郗昙、殷仲堪这些人都是士族，都信五斗米道。

五斗米道在汉时已经传入琅邪郡。琅邪王氏是五斗米道的世家，但在王羲之以前，未见王氏信仰五斗米道，王氏成为五斗米道世家，当从王羲之一辈开始。王氏从王羲之一辈起，名字上屡世都带一个"之"字。这是名，不是字，王羲之字逸少。王羲之七子名玄之、凝之、涣之、肃之、徽之、操之、献之；徽之之子又名桢之。按《颜氏家训·风操》谓"江南至今不讳字"，但"名终则讳之"。周密《齐东野语》卷四说到王羲之祖父讳正，"故每书正月为初月，或作一月，余则以政字代之"。可知江南名讳之严。王氏子子孙孙何以在名字上都带着一个"之"字呢？我认为"之"字是作为五斗米道的符号而载入名中的，与名讳无关。因为这种现象与王氏之成为五斗米道世家，是同时发生的。"之"字作为五斗米道的符号载入名中，尚有一个例证。《宋书·二凶传·元凶劭传》说文帝太子刘劭，敬事吴兴五斗米道女信徒严道育，"号曰天师"。刘劭把他的四个儿子中的三个，取名为"伟之、迪之、彬之"。连皇家之子亦用"之"为名了，而所以用"之"字，显然与刘劭信五斗米道有关。果尔，则东晋南北朝时代所有不避名讳，上下辈名字都带之字的，如祖冲之、祖暅之，便都是五斗米道的世家。

兹将王羲之一辈起，王氏历代姓名列之于下：

王羲之—玄之、凝之、涣之、肃之、徽之、操之、献之—徽之子桢之、献之子靖之—靖之子悦之。

王晏之—昆之—陋之。

---

① ［唐］房玄龄等：《晋书》卷六十七《郗愔传》，中华书局，1974年，第1802页。

王允之—晞之、仲之—晞之子冲之、肇之。

王胡之—茂之、承之、和之—茂之子裕之。

王彪之—越之、临之—临之子纳之、环之—纳之子淮之、环之子
逡之。

王耆之—随之—镇之、弘之。

王羡之—伟之—韶之。

陈垣《史讳举例》卷五《南北朝父子不嫌同名例》，举了王羲之及其
五子"皆以之为名，不以为嫌也"①。陈垣谓南北朝父子不嫌同名，证之
以上所引《颜氏家训》和《齐东野语》，可知有误，且无以解释王氏何以
子子孙孙皆以"之"为名。正确的解释只有一个，即"之"是五斗米道的
符号或标记。

以上所举的王氏、郗氏都是一等士族，殷仲堪是荆州刺史，他们信仰
五斗米道，表明五斗米道既取得了士族、当权者的承认，又取得了他们的
信仰。这就为五斗米道在江东的泛滥，创造了条件。到杜子恭与孙泰、孙
恩在江东传道之际，五斗米道不仅在庶民中而且在士族中，取得了普遍的
信仰。《宋书·自序》说钱塘杜子恭传道，"东土豪家及京邑贵望，并事之
为弟子，执在三之敬"。所谓"并事之"，表明所有东土豪家及京邑贵望，
都拜倒在五斗米道的教主杜子恭脚下。《宋书》的作者沈约所属的吴兴沈
氏即其一。《自序》记有沈警者，"累世事道，亦敬事子恭，子恭死，门
徒孙泰、泰弟子恩传其业，警复事之"。杜子恭在士族中取得的信仰达到
了这样一种程度，《南齐书·孔稚珪传》说孔稚珪之父孔灵产，事道精进，
他东出过钱塘北郭，"辄于舟中遥拜杜子恭墓"②。自此至建业，"东向坐，
不敢背、侧"对杜子恭坟。接替杜子恭当江东五斗米道教主的是琅邪孙
泰。到孙泰时，则不仅士族对他"皆敬事之"，而且"愚者敬之如神，皆
竭财产，进子女，以祈福庆"③。

① 陈垣：《史讳举例》卷五《南北朝父子不嫌同名例》，中华书局，1962年，第91页。
② [梁]萧子显：《南齐书》卷四十八《孔稚珪传》，中华书局，1972年，第835页。
③ [唐]房玄龄等：《晋书》卷一百《孙恩传》，中华书局，1974年，第2632页。

黄巾起义失败后，太平道不再存在；孙恩起兵失败后，五斗米道依旧存在。后果之所以不同，正是因为五斗米道是道教的正统，是神仙教，是地主阶级要求之直接表现；而太平道则是异端，是农民和平民的要求之直接表现。但经孙恩起兵，在佛教获得长足发展的南北朝时期，五斗米道如不作进一步的改革，就有可能步太平道的后尘。

二、在佛教影响下寇谦之对道教的改革（正一教）

寇谦之活动于北魏太武帝拓跋焘太平真君年间。太平真君共十二年，元年为宋文帝元嘉十七年，十二年为元嘉二十八年。

先师陈寅恪在《崔浩与寇谦之》一文中，曾经指出寇谦之与成公兴、成公兴与沙门释昙影和法穆之间的关系。寇谦之"算《周髀》不合"，成公兴以天竺新盖天说授寇谦之，"俄然便决"。而成公兴的算学实从释昙影、法穆学来。医学也是这样[①]。寇谦之清整五斗米道，借助于佛教，是有因缘的。

据《释老志》，寇谦之有两个假托。其一，假托太上老君授给他天师之位，赐给他《云中音诵新科之诫》二十卷，号曰《并进》，叫他宣新科之诫，"清整道教，除去三张伪法、租米钱税及男女合气之术。……专以礼度为首，而加之以服食闭练"[②]。其二，假托老君玄孙"牧土上师李谱文"，赐给他《天中三真太文录》六十余卷，号曰《录图真经》，要他去"辅佐北方泰平真君（拓跋焘）……但令男女立坛宇，朝夕礼拜，若家有严君，功及上世。其中能修身炼药，学长生之术"的，即为"真君种民"[③]。种民不再是"男女合气"的产物。

从他的两个假托、两本书，我们可以看到这样几点。

第一，三张伪法、租米钱税及男女合气之术至寇谦之时，被废除了。

---

① 参见《金明馆丛稿初编》及《魏书·释老志》、《殷绍传》。
② ［北齐］魏收：《魏书》卷一百一十四《释老志》，中华书局，1974年，第3051页。
③ ［北齐］魏收：《魏书》卷一百一十四《释老志》，中华书局，1974年，第3051—3052页。

这些东西都是悬在米民头上的利剑，利剑既然摘除，道教下层男女可以松一口气了，要发展信徒，也较容易。特别是寇谦之明确宣告："能修身炼药，学长生之术，即为真君种民"，而不再是合气才能做种民，更受下层男女信徒欢迎。

按佛教认为贪、恚、痴为"三毒"，要求心去贪、恚、痴（防心），身除杀、淫、盗（摄身），口断妄杂诸非正言（正口），此之谓"三业清净"。三张的租米钱税正是"贪"的表现，男女合气正是"淫"的表现，寇谦之把它们革除，无疑是受到佛教的影响。晋末宋初，佛教正在冲击着五斗米道，冲击着"三张伪法、租米钱税及男女合气之术"，有代替五斗米道成为唯一宗教的趋势。寇谦之革除"三张伪法"，对道教是一个挽救。此后道教再无五斗米道与米民之名，只称道教或天师道，种民之名则有了与五斗米道时期完全不同的含义。

第二，道教开始有了戒律，这就是寇谦之制造的《云中音诵新科之诫》，亦名《并进》。这种戒律显然来自佛教。寇谦之欲"令男女立坛宇，朝夕礼拜，若家有严君，功及上世"，也就是要令男女信徒勤修戒律，故名"并进"。"立坛宇"即造道观。道教之有道观，自寇谦之始。立道观是学佛教造寺庙，设象教。立道观也是为了集中信徒，勤修戒律。无道观，信徒分散，是很难修持戒律的。道安《比丘大戒序》说佛教"每寺立持律，日月相率说戒"[①]。这正是寇谦之要学的东西。戒律不修，三张伪法绝难废除。

第三，寇谦之戒律的基本内容是"礼度"。今《道藏》力帙上、下所收经戒凡九卷，有可能是寇谦之《云中音诵新科之诫》二十卷的合编，也有可能是二十卷的残留。从《道藏》力帙所收经戒，我们可以了解寇谦之所谓"礼度"，指的是"臣忠，子孝，夫信，妇贞，兄敬，弟顺，内无二心"，完全是儒家的说教。寇谦之认为只要这样做，"便可为善得种民"。如果有谁利用天师道，"诳诈万端，称官设号，蚁聚人众，坏乱土地"，不

---

① [清]严可均校辑：《全上古三代秦汉三国六朝文·全晋文》卷一百五十八释道安《比丘大戒序》，中华书局，1958年，第2379页。

忠，不孝，不仁，不信，如孙恩之所为，那就是"攻错经道"，太上老君就要"大恚怒"，就要把他们打入地狱之中。寇谦之借老君之口说：像"此等之人，尽在地狱"，"若有罪重之者，转生虫畜"。并说：如果"轮转精魂虫畜猪羊而生"，那就"偿罪难毕"。不仅来生，而且三生乃至千生，都要变作虫畜了。这是佛教的轮回报应之说。寇谦之所谓轮转，是对下层信徒说的。既然道教尸解成仙说已经标榜形神可以分离，则轮转说很容易为一般信徒所接受。

从寇谦之的《新科之诫》"专以礼度为首"①，可知他是要通过戒律，使道教与儒教结合起来。葛洪是通过理论，使道儒结合；寇谦之是通过戒律，使道儒结合，因此，寇谦之对道教的改革，比葛洪更带强制性，也就更彻底。而通过五戒、十善，使佛教徒信守儒家教条，正是释慧远以来佛教的特征。

科诫、礼度、轮转、成仙，被寇谦之巧妙地结合在一起。成仙，肉体成仙或尸解成仙，这在道教是永远不变的，不然，便不成其为道教了。但要成仙，必从忠、孝、信、贞、敬、顺这种"科诫"做起，必奉之若严君，朝夕礼拜，达到内心无二的程度，而后乃可。"礼度"或者说体现礼度的"科诫"，是成仙的基础。这种说法与做法，是容易得到统治阶级的青睐的，何况道教无道士不敬王者这一条。这为道教的继续与发展创造了条件。

《魏书·释老志》记载北魏太武帝始光初，寇谦之离开他居住的嵩山，到了平城，向太武帝献上了《新科之诫》与《天中三真太文录》两书，要求"北方泰平真君"太武帝"显扬新法"。由于崔浩"赞明其事"，太武帝"乃使谒者奉玉帛牲牢，祭嵩岳，迎致其余弟子在山中者。于是崇奉天师，显扬新法，宣布天下，道业大行"。凭借政治力量，道教在北方得到了很大的发展。太武帝在平城东南起天师道场，"重坛五层，遵其（寇谦之）《新经》之制。给道士百二十人衣食，齐肃祈请，六时礼拜，月设厨会数

---

① ［北齐］魏收：《魏书》卷一百一十四《释老志》，中华书局，1974年，第3051页。

千人"。这座天师道场，是我国第一所道观。孝文帝太和十五年（491），被移于"桑乾之阴，岳山之阳，永置其所。给户五十，以供斋祀之用，仍名为崇虚寺"[①]。

经过寇谦之的清整，道教在与佛教的竞争中站住了脚跟，但顺民思想和迷信思想，也由此广泛散布到了民间。

这里说一下正一教。

道教的创始人、祖师本是张陵，自寇谦之革除"三张伪法"（实际为张陵之法），张陵在道教中的地位下降了，由道教的祖师变成了道教的一个派别——正一教的祖师。《道藏》中有《正一经》，为张陵一派所传经箓。此经究竟出于何时？《云笈七签》卷六第四谓"《正一经》，天师（张陵）自云：'我受于太上老君，教以正一新出道法'"。似出于张陵。但又谓："故天师云：后世男女，必改吾法，贪财爱色，不施散一切。汝曹重担地狱为家，宜各慎之！"贪财爱色，本是三张伪法，而张陵居然说"后世男女，必改吾法，贪财爱色"。这话张陵是说不出来的，说这话的人，时代必在寇谦之废除三张伪法、租米钱税及男女合气之术以后。张陵还说道"地狱"，佛教地狱之说盛行，是在南北朝时期。由此可知《正一经》必为南北朝时期的人所造。换言之，即在寇谦之清整道教以后，而不会在其前。所谓张天师受于太上老君，只是一个假托。

陈国符《道藏源流考》以"寇谦之道法，虽意在改革天师道，但仍与之有关，故所出道书（指《云中音诵新科之诚》与《录图真经》），当入《正一部》"。就《正一经》反对"贪财爱色"来说，与寇书意旨是一致的，将寇书归入《正一部》，未尝不可。但寇谦之自居天师之位，并不奉"伪法"的制造者张陵为祖师。而正一派所奉祖师却为张陵。这须区别清楚。

---

① ［北齐］魏收：《魏书》卷一百一十四《释老志》，中华书局，1974年，第3055页。

三、陆修静、陶弘景在道经整理上与道教发展上的功绩

陆修静生活的时代晚于寇谦之，他是早期《道藏》的编辑者，也是南朝道教斋戒与仪范的制立者。他广泛搜罗道教经诀，尽有道教经典《上清经》《灵宝经》与《三皇经》。泰始三年（467），宋明帝召陆修静至建康，于天印山（方山）筑崇虚馆以居之。陆修静将所得经诀，总括为《三洞》——《洞真经》（《上清》诸经）、《洞玄经》（《灵宝》诸经）与《洞神经》（《三皇经》）。太始七年（471），因敕上《三洞经书目录》，内中说到他所编辑的《三洞》"道家经书并药方、符图等，总一千二百二十八卷"。并云"一千九十卷已行于世，一百三十八卷犹在天宫（即尚未行世）"。《三洞经书目录》为道经最古的目录。此外，陆修静还曾因为《洞玄灵宝》诸经真伪混淆，进行刊正，并撰斋戒仪范一百余卷，以为典式。南方道教科仪因而初备①。

按《初学记》卷二十三《道士》引陆法师的话说："凡道士，道德为父，神明为母，清静为师，太和为友。大戒三百，以度未兆之祸；威仪二千，以兴自然之福。"此所谓"陆法师"，即陆修静；所谓"大戒三百""威仪二千"，为陆修静依据《洞玄灵宝经》所制立。从此，寇谦之的《新科之诫》不得专美于道教王国。

陆修静编辑整理道经，分别为《三洞》。刊正《灵宝经》，撰述斋戒、仪范，立成仪轨，不仅使他自己成了南方道教的宗师，而且使南方的道教在孙恩、卢循起兵后得以重新振兴。在道教史上，他的功绩，堪与寇谦之比美。道教的一个重要派别——灵宝派或灵宝之教，得以大行于世，与他刊正《灵宝经》，撰写斋戒仪范，立成轨则，也有密切的关系。

道教经书又有"七部"之名，此名始见于孟法师《玉纬七部目录》。《道教义枢》卷二《三洞义》第五，列《玉纬七部经书目》于陆修静《三洞经书目录》与陶隐居（陶弘景）《经目》之间。孟法师当为南朝人，或

---

① 释道世：《法苑珠林》卷六十九《破邪篇·妄传邪教》，参阅陈国符《道藏源流考》。

疑为梁武帝时的孟智周，《隋书·经籍志三》载有"《老子义疏》五卷，孟智周私记"。《七部》包括《三洞》与《四辅》。所谓"四辅"，指的是以《太玄经》辅《洞真》，以《太平经》辅《洞玄》，以《太清经》辅《洞神》，以《正一经》通贯。汇总成为《七部》。要知这《七部》是逐渐形成的，每一部经不仅包含了几种经或几十种经，而且包含了根据该部所统经文修撰的斋仪，如陆修静根据《洞玄灵宝经》所撰的斋仪。换言之，《洞真》《洞玄》《洞神》三经，是分别由《上清》《灵宝》《三皇》三经演绎而成。《四辅经》也是这样。到唐朝修《道藏》，将道书一齐归入《七部》，各部所统之经，比南北朝时期更多了，也更杂了。

陶弘景的功绩是他调和了肉体与灵魂成仙二说。在《答朝士访仙佛两法体相书》中，他写道：

> 凡质像所结，不过形神，形神合时，则是人是物，形神若离，则是灵是鬼，其非离非合，佛法所摄，亦离亦合，仙道所依。……假令为仙者，以药石练其形，以精灵莹其神，以和气濯其质，以善德解其缠，众法共通，无碍无滞，欲合则乘云驾龙，欲离则尸解化质，不离不合，则或存或亡。于是各随所业，修道进学，渐阶无穷，教功令满，亦毕竟寂灭矣。[1]

按佛教讲一切"无常"，连如来佛的肉身都不能永存，而道教的肉体成仙说则讲肉身永存，这是"有常"，唯灵魂成仙（"尸解化质"）之说，与佛教所讲的"无常"差近。肉体成仙与灵魂成仙，在道教中，本来有上下阶级之分，普通信徒只能尸解灵魂成仙，不能肉体上升天堂。陶弘景则想把这二者调合起来，他说的"欲合则乘云驾龙"，是说形神合一，肉体成仙；"欲离则尸解化质"，是说形神离异，灵魂成仙。他认为要想成仙，应当"修道进学，渐阶无穷"。到修至"教功令满"的时候，便可以"无碍

---

[1] [唐]欧阳询撰，汪绍楹校：《艺文类聚》卷七十八《灵异部上》引陶弘景《答朝士访仙佛两法体相书》，上海古籍出版社，1982年，第1344—1345页。

无滞""亦离亦合"。想做天仙，便肉体"乘云驾龙"而去，想尸解化质，便留下躯壳，蝉蜕而去。此之谓"寂灭"（最高境界）。

《艺文类聚》卷七十八载有陶弘景的《水仙赋》，赋云："于是碧岩无雾，绿水不风，飞轩引凤，游轩驾鸿，上朝紫殿，还觌青宫……更天地而弥固，终逍遥以长生。"水仙本是尸解仙，"不得御华盖，乘飞龙，登太极，游九官"，可在他的笔下，却成了"终逍遥以长生"的即肉体不死的神仙。

陶弘景详细区分了神仙的等级。将神仙分宫分等，寇谦之早已为之。《魏书·释老志》说过：寇谦之"又言二仪之间，有三十六天，中有三十六宫，宫有一主"。每宫神仙"最高者无极至尊，次曰大至真尊，次天覆地载阴阳真尊，次洪正真尊"。这就是等级，不过太粗。至陶弘景，以为"今正当比类经正，筹校仪服，埒其高卑，区其宫域……虽同号真人，真品乃有数；俱目仙人，仙亦有等级千亿"[1]。他把神仙分成了许多等级，这是人间贵贱等级在他头脑中的反映，而天上神仙等级是固定的、永存的，人间等级自然而然也就是固定的、永存的了。陶弘景虽然泯除了肉体与灵魂成仙的界限，可是他把另一种不平等又带入了仙界。

陶弘景是道教茅山宗的创始人。他于茅山筑馆修道，奉汉三茅真君茅盈（大茅君）、茅固（中茅君）、茅衷（小茅君）为祖师。《真诰》卷十一谈及三茅，谓鲍靓"唯说中仙君（茅固）一人字，不言有兄弟三人，不分别长少，不道司命君尊远别治东宫（指茅盈）。未见传乃知高卑有差降，班次有等级耳"。连三茅君也有高卑等级之分了。三茅君的"仙衔"是：太元真人东岳上卿司命神君大茅君（《云笈七签》卷一百四有传），右禁郎定录真君中茅君，三官保命小茅君。摆的位置也不同，大茅君列入第二左位，中茅君列入第六中位，小茅君列入第六左位[2]。此之谓仙有仙品，"等级千亿"。

茅山宗主修《上清经》，兼修《灵宝经》《三皇经》。《上清经》法，以

---

① [梁]陶弘景：《洞玄灵宝真灵位业图》序，民国影印明正统本。

② [梁]陶弘景：《洞玄灵宝真灵位业图》，民国影印明正统本。

存想为主，并用符咒。可注意的是，陶弘景说的"教功令满"，所包含的最后的意义，仍然是"神丹可成"。《南史·隐逸传下·陶弘景传》记有："弘景既得神符秘诀，以为神丹可成，而苦无药物，帝（梁武帝）给黄金、朱砂、曾青、雄黄等。后合飞丹，色如霜雪，服之体轻。"他著有《合丹法式》等书。服食金丹以成神仙，是道教的最高宗旨与信仰，陶弘景自不例外，虽然他曾怀疑过："世中岂复有白日升天人？"[1]

经寇谦之、陆修静等人的努力，南北朝时期，道教在南、北二方都有发展。但发展较大的是南方，这从道观的建造便可看出。宋陆修静所居崇虚馆可说是南朝早期的道观。南齐时，北魏孝文帝为太武帝所立道场取名崇虚寺，与崇虚馆同名，可谓无独有偶。南朝道观后来越造越多，《道学传》写道：

> 茅山南洞，有崇元观，道士张允之。观前别地为金陵观。女道士王道怜入龙山自造观宇，名玄曜观。张元始复于茅山南洞造玄明观。[2]

茅山一地即有崇元、金陵、玄明等观。女道士也入山自造观宇，可见其盛。北方道观在寇谦之死后，则似未得到发展。至北周武帝，才有《立通道观诏》。

---

① ［宋］贾嵩：《华阳陶隐居内传》卷中，民国影印明正统本。

② ［唐］徐坚等：《初学记》卷二十三道释部《观第四》，中华书局，1962年，第553页。

第十三章　佛教的勃兴与弥勒异端的产生

第一节　佛教内典经、论、律三藏的东传

佛教传入我国虽早，但发展却要到东汉大月氏"贵霜翎侯丘就却攻灭四翎侯，自立为王（贵霜王）"之后。贵霜王"侵安息，取高附地，又灭濮达、罽宾，悉有其国"。至子阎膏珍，"复灭天竺"[①]。其后又有王寄多罗勇武，"南侵北天竺。自乾陀罗以北五国，尽役属之。（魏）太武时，其国人商贩京师（平城）"[②]。魏晋时期是大月氏势力最盛的时期。

被大月氏控制的乾陀罗，位于印度河西岸，是佛教大乘的中心。贵霜王接受了佛教的洗礼，大乘佛教凭借贵霜王的政治力量，开始向四方广泛传播。佛教徒多由乾陀罗经罽宾（伽湿弥罗，即克什米尔）把大乘佛典《般若》《华严》等经带到于阗、龟兹，再向中土传播。而魏晋时期是个关键时期。

于阗的佛教，据《大唐西域记》卷十二，为毗卢折那（毗卢旃，唐言遍照）自伽湿弥罗传来，时间当在贵霜王时代。《后汉书·西域传》不记于阗信佛，于阗佛教发展起来当在魏晋之时。朱士行至于阗得《放光般若

[①] ［宋］范晔撰，［唐］李贤等注：《后汉书》卷八十八《西域传·大月氏传》，中华书局，1965年，第2921页。

[②] ［唐］李延寿：《北史》卷九十七《西域传·大月氏传》，中华书局，1974年，第3226页。

经》梵本，即在曹魏末年。晋宋之际，竺法领又从于阗得到《华严经》梵本三万六千偈。

《北史·西域传·于阗传》说：于阗"俗重佛法，寺塔僧尼甚众，王尤信向。"《法显传》更谓："其国丰乐，人民殷盛，尽皆奉法，以法乐相娱。众僧乃数万人，多大乘学，皆有众食。彼国人民星居，家家门前皆起小塔，最小者可高二丈许。作四方僧房，供给客僧及余所须。"[1]到东晋末年，于阗已成了佛教的圣地，四方僧往来的中心。

龟兹的佛教文化发展则较晚。《北史》《魏书》均不记龟兹信佛，惟《晋书》记晋时龟兹有两个著名的僧人来到东土。一为佛图澄。释道安曾从佛图澄学佛。《晋书·艺术传》说佛图澄是天竺人，又说他"本姓帛氏"。《高僧传》卷九《竺佛图澄传》则说他本姓帛氏，从师姓竺氏。按龟兹王室姓白，"白"一作"帛"，帛佛图澄也就是白佛图澄，他实为龟兹人，且出自王家。二为鸠摩罗什。《晋书·艺术传》说天竺国相鸠摩罗炎出家，"东度葱岭，龟兹王闻其名，郊迎之，请为国师"，并妻之以妹，生下了鸠摩罗什。后来母子均出家，"从师受经，日诵千偈"。鸠摩罗什"专以大乘为化，诸学者皆共师焉"。龟兹大乘之学到鸠摩罗什时，多少获得了发展。

这里讲的是西域佛教。东土据后赵著作郎王度所说："佛，外国之神，非诸华所应祠奉，汉代初传其道，惟听西域人得立寺都邑，以奉其神，汉人皆不出家，魏承汉制，亦循前轨"，可知直到曹魏，"汉人皆不出家"为僧。石虎说"佛是戎神"，此"戎"指"边戎"，亦即指自贵霜王以来奉佛的大月氏。"石"为大月氏昭武九姓之一。石虎因为要讨好佛图澄，下令"其夷赵百姓有乐事佛者，特听之"[2]。佛图澄收了不少汉人做弟子，释道安（姓卫，常山扶柳人，家世英儒）是最有名的一个。

佛图澄以幻术闻名，他不可能解决佛教的东传问题。要使佛教能在东

---

① 章巽校注：《法显传校注》，上海古籍出版社，1985年，第13页。

② ［唐］房玄龄等：《晋书》卷九十五《艺术传·佛图澄传》，中华书局，1974年，第2488页。

土传播，首先要将佛教的三藏：经、论、律翻译过来，并在东土流传。不然，佛教的发展就失去了根据，失去了大前提。这个使命落到了鸠摩罗什与释法显肩上。

鸠摩罗什的母亲后来自龟兹去天竺，临行，特别嘱咐鸠摩罗什说："方等深教，不可思议，传之东土，惟尔之力。"鸠摩罗什回答说："必使大化流传，虽苦而无恨。""方等"者，"大乘之通名，究竟之弘旨"[①]。鸠摩罗什后随吕光东来，成了第一个把方等深教大乘经典带到东方，从事翻译，使大乘得以流行东土的关键性人物。

后秦姚兴灭后凉，西迎鸠摩罗什。鸠摩罗什"以辛丑之年（后秦姚兴弘始三年，公元401年）十二月二十日，自姑臧至长安"[②]，姚兴"待以国师之礼，仍使入西明阁及逍遥园，译出众经"[③]。佛经的翻译从此进入了一个新时代。关于鸠摩罗什译经，《晋书·艺术传·鸠摩罗什传》写道：

> 罗什多所暗诵，无不究其义旨，既览旧经多有纰缪，于是兴使沙门僧睿、僧肇等八百余人传受其旨，更出经、论，凡三百余卷。沙门慧睿才识高明，常随罗什传写，罗什每为慧睿论西方辞体，商略异同，云："天竺国俗甚重文制，其宫商体韵，以入管弦为善。凡觐国王，必有赞德，经中偈颂，皆其式也"。

这说了鸠摩罗什所译有经有论，三藏占了两藏，并非单是译经。又说了鸠摩罗什的翻译方法有一个显著的特点：不仅重词义，而且重音韵。要不，译出的经、论，是难念的，更不消说背诵了。

僧睿的《大品经序》说到《大品经》是怎么翻译的，可以帮助我们了

---

① ［清］严可均校辑：《全上古三代秦汉三国六朝文·全梁文》卷五十一王僧孺《慧印三昧及济方等学二经序赞》，中华书局，1958年，第3249页。

② ［清］严可均校辑：《全上古三代秦汉三国六朝文·全晋文》卷一百六十僧睿《关中出禅经序》，中华书局，1958年，第2387页。

③ ［唐］房玄龄等：《晋书》卷九十五《艺术传·鸠摩罗什传》，中华书局，1974年，第2501页。

解鸠摩罗什翻译经、论的一丝不苟的精神与字义声韵并重的特点。他说：

> 以弘始五年岁在癸卯四月二十三日，于京城（长安）之北逍遥园
> 中出此经。法师（鸠摩罗什）手执梵本，口宣秦言，两释异音，交辩
> 文旨。秦王（姚兴）躬览旧经，验其得失，咨其通途，坦其宗致，与
> 诸宿旧义业沙门释慧恭、僧䂮、僧迁、宝度、慧精、法钦、道流、僧
> 睿、道恢、道标、道恒、道悰等五百余人，详其义旨，审其文中，然
> 后书之。……梵音失者，正之以天竺；秦言谬者，定之以字义；不可
> 变者，即而书之；是以异名斌然，梵音殆半。斯实匠者之公谨，笔受
> 之重慎也。①

翻译一部《大品经》，参加的多到五百余人，可谓众矣。梵本、秦言，两
释异音，交辩文旨。梵音失者，且正之以天竺文制体韵。难怪僧睿要说
"斯实匠者之公谨，笔受之重慎"了。

经与论往往一起翻译。僧睿的《大智度论序》写到义业沙门及"公卿
赏契之士五百余人（又是五百余人），集于渭滨逍遥园堂"，释《大智度
论》："经本既定，乃出此释论。论之略本有十万偈，偈有三十二字，并三
百二十万言。梵夏既乖，又有烦简之异。"②鸠摩罗什以为"秦人好简，故
裁而略之"，三分除二，犹得百卷。由此又可知鸠摩罗什的翻译有删削。
僧睿以为虽然删削很多，可是"于大智三十万言，玄章婉旨，朗然可见"。
此即以意译之，不求直译。

僧睿是懂得鸠摩罗什翻译经、论的意义的，他在《大品经序》中说：
"西明（西明阁）启如来之心，逍遥集德义之僧，京城溢道咏之音，末法

---

① ［清］严可均校辑：《全上古三代秦汉三国六朝文·全晋文》卷一百六十僧睿《大品经
序》，中华书局，1958年，第2385页。
② ［清］严可均校辑：《全上古三代秦汉三国六朝文·全晋文》卷一百六十僧睿《大智度
论序》，中华书局，1958年，第2388页。

中兴，将始于此乎？"①他预感到了佛教经、论，将由此传遍东土。

　　一种宗教如果要发展，除了理论的传播以外，还必须要有传教的处所。对佛教来说，便是要兴建寺院。而寺院要靠佛教内律来维系。佛教的经藏与论藏，经鸠摩罗什的翻译，可说基本齐备。可是律藏则嫌舛阙。律藏问题不解决，佛教还是发展不了。道安《比丘大戒序》说道："外国重律，每寺立持律，日月相率说戒，说戒之日，终夜达晓，讽乎切教，以相维摄。犯律必弹，如鹰隼之逐鸟雀也。"②可见律之重要。持律之于立寺，不可或缺。

　　法显说他"昔在长安，慨律藏残缺，于是遂以弘始元年（399）岁在己亥，与慧景、道整、慧应、慧嵬等同契，至天竺寻求戒律"。按鸠摩罗什以弘始三年（401）到长安，法显等自长安西行寻求戒律，比鸠摩罗什到长安要早两年。二人没有见过面，但却在同一个时期，完成了佛教经、论、律三藏的东传。

　　佛教律藏共有五部：昙无德部、萨婆多部、弥沙塞部、迦叶遗（迦叶维）部与婆麤富罗部。在弘始元年（399）法显西行之前，东土只有萨婆多众律（口传）。法显在中天竺与师子国得到了他想得的东西。《法显传·中天竺东天竺记游》说：

　　　　法显本求戒律，而北天竺诸国皆师师口传，无本可写，是以远步，乃至中天竺。于此摩诃衍僧伽蓝（大乘寺）得一部律，是《摩诃僧祇众律》，佛在世时最初大众所行也，于祇洹精舍传其本。……复得一部抄律，可七千偈，是《萨婆多众律》，即此秦地众僧所行者也，亦皆师师口相传授，不书之于文字。③

---

　　①［清］严可均校辑：《全上古三代秦汉三国六朝文·全晋文》卷一百六十僧睿《大品经序》，中华书局，1958年，第2385页。

　　②［清］严可均校辑：《全上古二代秦汉三国六朝文·全晋文》卷一百五十八释道安《比丘大戒序》，中华书局，1958年，第2379页。

　　③章巽校注：《法显传校注》，上海古籍出版社，1985年，第141页。

又《师子国记游》说：

> 法显住此国二年，更求得《弥沙塞律》藏本。①

《摩诃僧祇众律》为婆麤富罗部律。加上《萨婆多众律》和《弥沙塞律》，法显于五部律中得到了三部律。这三部律都是梵文本。

梁僧佑的《律来汉地四部序录》说到律藏五部中的《迦叶维律》，中国未传。到汉地来的只有四部。其中《萨婆多律》曾由鸠摩罗什译出，那时法显尚未回国，鸠译非法显带回的那部手抄本。《弥沙塞律》由法显从师子国带来。在法显死后，由佛驮什等译出。《高僧传》卷三《佛驮什传》说：

> 佛驮什，此云觉寿，罽宾人，少受业于弥沙塞部僧……以宋（少帝）景平元年七月届于扬州。先沙门法显，于师子国得《弥沙塞律》梵本，未被翻译，而法显迁化，京邑诸僧闻什既善此学，于是请令出焉。以其年冬十一月集于龙光寺，译为三十四卷，称为《五分律》。什执梵文，于阗沙门智胜为译，龙光道生、东安慧严共执笔参正，宋侍中琅邪王练为檀越，至明年四月方竟。②

佛驮什、智胜等人只是完成法显未竟的事业而已。

摩诃僧祇律则由法显本人和佛驮跋多罗（即觉贤）共同译出。僧佑《律来汉地四部序录》说：

> 摩诃僧祇者，言大众也。沙门释法显游西域，于摩竭提巴连弗邑、阿育王塔、天王精舍，写得胡本，赍还京师（建康）。以晋义熙

---

① 章巽校注：《法显传校注》，上海古籍出版社，1985年，第164页。
② [梁]释慧皎撰，汤用彤校注，汤一玄整理：《高僧传》卷三《宋建康龙光寺佛驮什》，中华书局，1992年，第96页。

十二年岁次寿星十一月，共天竺禅佛驮跋陀于道场寺译出，至十四年二月末，乃讫。①

今大藏经中的《摩诃僧祇律》四十卷，即法显和佛驮跋多罗所译。《出三藏记集》卷二法显名下著录云："《摩诃僧祇律》四十卷，已入律录。"②卷三《婆麤富罗律》条亦著录了《摩诃僧祇律》的译记，并云"婆麤富罗，此一名《僧祇律》"③。

《摩诃僧祇律》犹言《大众部律》。此律在汉地四部律中，是最重要的一部。《魏书·释老志》说：

> 其（法显）所得律，通译未能尽正。至江南，更与天竺禅师跋陀罗辩定之，谓之《僧祇律》，大备于前，为今沙门所持受。

汉地寺院"沙门所持受"的戒律，即法显带回建康并与跋陀罗译出的《摩诃僧祇律》，简称《僧祇律》。北朝有所谓"僧祇户""僧祇粟"，亦由《僧祇律》名而来。这部律为我国佛教寺院组织、为沙门受戒提供了依据。对佛教在我国的发展，起到了鸠摩罗什所译经、论不可起到的作用。

《出三藏记集》卷三《婆麤富罗律记》与《摩诃僧祇律》第四十卷后附《摩诃僧祇律私记》都写到了天竺此律的由来。《出三藏记集》说：

> 其后五部转集，诸律师执义不同，各以相承为是，争论纷然。于时阿育王言：'我今何以测其是非？'于是问僧：'佛法断事云何？'皆言：'法应从多。'王言：'若尔，当行筹，知何众多。'既而行筹，婆麤富罗众筹甚多，以众多故，改名'摩诃僧祇'，摩诃僧祇者，言

---

① ［梁］释僧佑:《出三藏记集》卷三，大正新修大藏经，第55册，第21页。
② ［梁］释僧佑:《出三藏记集》卷二，大正新修大藏经，第55册，第11页。
③ ［梁］释僧佑:《出三藏记集》卷三，大正新修大藏经，第55册，第20页。

'大众'也。[①]

《摩诃僧祇律私记》所记与此大抵相同。只是在"行筹"之后，但写"取本众筹者甚多，以众多故，故名'摩诃僧祇'。摩诃僧祇者，大众也"。未言"婆麤富罗众筹甚多"。则《僧祇律》有两个为其他四部律所没有的显著特征：一、此律为天竺大多数僧徒（以众多故）所乐意奉行之律，即有他律所没有的广泛的群众基础；二、此律为阿育王"钦定"。这就可以使我们懂得魏收在《魏书·释老志》中所说：《僧祇律》"为今沙门所持受"，原因在哪里了。

汉地四部律中，尚有一部六十卷的《四分律》，即昙无德部的律本。此律不是法显带回，译者为后秦的佛陀耶舍和竺佛念。

经、论、律三藏是佛教的生命所系。鸠摩罗什和法显的功绩在于：三藏的东传主要靠了他们二人。而三藏一经在东土流传，寺院也就跟着在山林深处一座座出现。

鸠摩罗什以后秦弘始三年（401）十二月二十日至长安，弘始十五年（413）四月十三日病逝于长安[②]。法显以后秦弘始元年（399）自长安西行寻求戒律，于东晋安帝义熙八年（弘始十四年，公元412年）返抵青州长广郡界牢山南岸。义熙九年（413）南下建康。十年作《法显传》。十二年慧运迎法显于道场寺，与佛驮跋陀翻译《僧祇律》，十四年译出。法显后到荆州，卒于新寺。卒年据《高僧传·佛驮什传》所说：佛驮什"以宋景平元年七月届于扬州"，在此之前，"法显迁化"，则可断定法显卒于宋少帝景平元年（423）七月之前。这二人不仅是佛教的功臣，而且是中印文化交流史上的功臣。

---

① ［梁］释僧佑：《出三藏记集》卷三，大正新修大藏经，第55册，第21页。

② 据僧肇《鸠摩罗什法师诔并序》，见《全晋文》卷一百六十五。

第二节 南朝佛教理论的发展与佛教地位的确立

内典经、论、律的东传，并不一定能使方等深教在东土得到发展。东土以儒学为宗，人分士庶，要使"大化流播"，必须把佛教与儒学结合起来，以取得士族的信仰；必须对佛教的某些经典理论，作出修正，以符合士庶各阶层的实际情况与需要；必须用政治力量进行提倡，如阿育王之所为。这些任务落到了晋末释慧远、刘宋竺道生与梁武帝身上。

东晋之时，释道安与弟子释慧远等四百余人，在襄阳宣传佛法。道安"在樊沔十五载，每岁常再讲《放光般若》（朱士行在于阗所得，由无义罗、竺淑兰译出），未尝废阙。"①后来道安为苻坚所得，入长安。慧远（姓贾，雁门楼烦人，博综六经，尤善《庄》《老》）与弟子数十人南奔，在荆州上明寺住过一个时期，又到寻阳，居庐山龙泉精舍（龙泉寺），"率众行道，昏晓不绝"。当时有一些士大夫如彭城刘遗民、豫章雷次宗、雁门周续之、新蔡毕颖之、南阳宗炳、张莱民、张季硕等，"并弃士遗荣，依远游止"。谢灵运"负才傲俗，少所推崇"，但一见慧远，便"肃然心服"②。慧远与他们的结合，既是"佛"的结合，又是"儒"的结合。

道安、慧远都奉《般若经》，讲"般若波罗蜜"。"般若"是智慧的意思，"波罗蜜"是到彼岸（常、乐、我、净）的意思。道安、慧远独出心裁的，是用"本无"二字去解释《般若经》，被称为"本无宗"。这与两晋玄学立论以无为本相通，因而影响较大。道安以为"无在元化之先，空为众形之始，故谓之本无。……夫崇本可以息末者，盖此之谓也"③。在本末与或空形关系上，他把本、空放在第一位。所谓本无、崇本可以息末，就是要通过崇无，崇空，息去一切争竞，以成"无上正真道之根"。这就

① ［梁］释慧皎撰，汤用彤校注，汤一玄整理：《高僧传》卷五《释道安传》，中华书局，1992年，第181页。

② ［梁］释慧皎撰，汤用彤校注，汤一玄整理：《高僧传》卷六《释慧远传》，中华书局，1992年，第221页。

③ 见昙济《七宗论》。

叫"般若波罗蜜"①。慧远认为"反本求宗者，不以生累其神；超落尘封者，不以情累其生，不以情累共生，则生可灭；不以生累其神，则神可冥。冥神绝境，故谓之泥洹"②。泥洹即"涅槃"，即"无上正真道之根"，即无，亦即"波罗蜜"（到彼岸），是佛教大乘所追求的最高的精神境界。照慧远看来，最高的智慧（般若）就是懂得泥洹的可贵，就是返本（无）求宗，以达泥洹（冥神绝境），以到彼岸。这种说法，与玄学所讲的"圣人体无"，几乎无差别，因而能为士大夫所接受。但是单讲本无，讲泥洹，而不把本无、泥洹与儒学结合起来，还与士大夫的心理有距离。道安没有把佛儒结合起来，是慧远解决了这个棘手的问题。

佛教经旨"大抵言生生之类，皆因行业而起。有过去、当今、未来，历三世，识神常不灭。凡为善恶，必有报应。渐积胜业，陶冶粗鄙，经无数形，澡练神明，乃致无生（泥洹）而得佛道"③。慧远说泥洹不变，泥洹（涅槃）也就是永恒存在的精神实体，由此演化出他的神不灭论和因果报应之说。

慧远说："夫神者何邪？精极而为灵者也。……神也者，图应无生，妙尽无名，感物而动，假数而行，感物而非物，故物化而神不灭，假数而非数，故数尽而不穷。"④既然物化而神不灭（亦即泥洹不变），数尽而神不穷，天堂地狱因果报应之说，也就跟着成立了。佛经说："杀生罪重，地狱斯罚，冥科幽司，应若影响。"慧远解释说："失得相推，祸福相袭，恶极而天殃自至，罪成则地狱斯罚。此乃必然之数，无所容疑。"⑤慧远又说有"三报"，"一曰见（现）报，二曰生报，三曰后报。见报者善恶始于

---

① [清]严可均校辑：《全上古三代秦汉三国六朝文·全晋文》卷一百五十八释道安《合放光讚略解序》，中华书局，1958年，第2376页。

② [清]严可均校辑：《全上古三代秦汉三国六朝文·全晋文》卷一百六十一释慧远《求宗不顺化三》，中华书局，1958年，第2394页。

③ [北齐]魏收：《魏书》卷一百一十四《释老志》，中华书局，1974年，第3026页。

④ [清]严可均校辑：《全上古三代秦汉三国六朝文·全晋文》卷一百六十一释慧远《形尽神不灭五》，中华书局，1958年，第2395页。

⑤ [清]严可均校辑：《全上古三代秦汉三国六朝文·全晋文》卷一百六十二释慧远《明报应论》，中华书局，1958年，第2397页。

此身，即此身受；生报者，来生便受；后报者，或经二生、三生、百生、千生，然后乃受。"①所谓生报、后报，便是建立在物化神不灭，数尽神不穷，泥洹永远不变基础之上的。祸福相袭，报应乃至二生、三生、百生、千生，人们怎敢不去恶从善呢？

善恶是有标准的，最基本的是五戒、十善，有犯者不仅不能到彼岸，而且要堕地狱，受报应。什么叫五戒、十善？《弘明集》卷十三郗超《奉法要》说：五戒，一者不杀，不得教人杀，常当坚持，尽形寿；二者不盗，不得教人盗，常当坚持，尽形寿；三者不淫，不得教人淫，尽形寿；四者不欺，不得教人欺，尽形寿；五者不饮酒，不得以酒为惠施，常当坚持，尽形寿。若以酒为药，当推其轻重，要于不可致醉，醉有三十六失，经教以为深戒。不杀则长寿，不盗则常泰，不淫则清净，不欺则人常敬信，不醉则神理明治。佛教戒律随事增数，在于防心，摄身，正口。心去贪、恣、痴，身除杀、淫、盗，口断妄杂诸非正言，总谓之十善道。能具此谓之"三业清净"。这种说法无疑对儒教有利。

刘宋的何尚之很懂得五戒十善的作用与慧远神不灭论、报应论的意义。他对宋文帝说，慧远讲过："释氏之化，无所不可。适道固自教源，济亦为要务。世主若能窍其讹伪。奖其验实，与皇之政，并行四海，幽、显协力，共敦黎庶，何成、康、文、景独可奇哉？使周、汉之初，复兼此化，颂作刑清，倍当速耳。"他认为慧远此言"有契理奥"。为什么呢？因为人们如果懂得神不灭，知道因果报应的存在，便都会去持五戒，修十善。"百家之乡，十人持五戒，则十人淳谨矣；千室之邑，百人修十善，则百人和厚矣。传此风训，以遍宇内，编户千万"，则儒教所要求的"仁人百万矣"。这说的不是五戒十善全都具备的人。即使"持一戒一善"，也能"去一恶"。"一恶既去，则息一刑。一刑息于家，则万刑息于国。四百

①［清］严可均校辑：《全上古三代秦汉三国六朝文·全晋文》卷一百六十二释慧远《三报论》，中华书局，1958年，第2398页上。

之狱，何足难错？雅颂之兴，理宜倍速。即陛下所谓坐致太平者也。"①

这也就是说，佛教能帮儒教的忙，能使封建统治者坐致太平。何尚之的结论是："神道助教，有自来矣！"宋文帝很称赞何尚之的话，对他说："释门有卿，亦犹孔氏之有季路。"

但"助"非合，要使佛教完全得到统治阶级的信任，还必须从理论上把佛、儒两教拉到一起。在这方面，慧远也作了阐述。

慧远的《答桓玄书》，提出了"佛经所明"，便有"二科"之说。"一者处俗弘教，二者出家修道"，并非一科，并非专讲出家修道。他说："处俗则奉上之礼，尊亲之敬，忠孝之义，表于经文；在三之训，彰乎圣典。斯与王制同命，有若符契。"这是说，奉上、尊亲、忠孝，本来就是佛经所明的东西，表于经文，彰于佛典，与儒教王制不谋而合（有若符契）。又说出家这一科，虽然"内乖天属之重，而不违其孝；外阙奉主之恭，而不失其敬。……如令一夫全德（五戒、十善以至泥洹）则道洽六亲，泽流天下，虽不处王侯之位，固已协契皇极，大庇生民矣"②。

由此，在佛教与儒学关系问题上，慧远得出了"内外之道（佛与儒），可合而明矣"的结论。他说："常以为道法之与名教，如来之与尧、孔，发致虽殊，潜相影响，出处诚异，终期则同。"③他向封建统治阶级明白宣布：佛教，"所以重资生，助王化于治道也"④，与儒学的作用是完全相同的。

晋末有一篇《正诬论》，阙名。此论说："夫尹文子即老子弟子，老子即佛弟子也。……佛故文子之祖宗，众圣之元始也。"又说："佛与周、孔

　①［清］严可均校辑：《全上古三代秦汉三国六朝文·全宋文》卷二十八何尚之《列叙元嘉赞扬佛教事》，中华书局，1958年，第2591页。

　②［清］严可均校辑：《全上古三代秦汉三国六朝文·全晋文》卷一百六十一释慧远《答桓玄书》，中华书局，1958年，第2392页。

　③［清］严可均校辑：《全上古三代秦汉三国六朝文·全晋文》卷一百六十一释慧远《体极不兼应四》，中华书局，1958年，第2394页。

　④［清］严可均校辑：《全上古三代秦汉三国六朝文·全晋文》卷一百六十一释慧远《在家一》，中华书局，1958年，第2393页。

但共明忠孝信顺，从之者吉，背之者凶。"这直言不讳地把老、庄、周、孔（所谓"众圣"）说成是佛之所出，佛是万事、万物的元始、本源了。佛与周、孔共明忠孝信顺，是说儒学是佛法的体现，儒与佛正可合而为一。此论在说到佛与儒的一致性时，还说："今所以得佛者，改恶从善故也。若长恶不悛，迷而后遂往，则长夜受苦，轮转五道，而无解脱之由矣。今以其能掘众恶之栽，灭三毒之烬，修五戒之善，尽十德之美，行之累劫，倦而不已，晓了本际，畅三世空，故能解生死之虚，外无为之场耳。"①说得很明白，违反"忠孝信顺"，长恶不悛，就要受到轮回报应。改恶从善，遵守忠孝信顺、五戒、十善，修之无已，行之累劫，懂得空、无，达到泥洹之境，就可以得佛或成佛了。这篇《正诬论》既是帮慧远讲话，又是阐明慧远的理论——"内外之道，可合而明。"

《宋书·夷蛮传·天竺迦毗黎国传》载宋明帝修复佛寺诏云："妙训渊谟，有扶名教。"慧远成功了，他的解释得到了皇帝的响应。佛教在南朝所以能够兴盛起来，根本的原因便在慧远把"般若波罗蜜"即到彼岸，与周、孔之教结合到了一起。也正是由于皇帝认为佛教"有扶名教"，封建统治阶级对沙门的不拜王者让了步。既然"有扶名教"，沙门对王者磕头不磕头，便是个次要的形式问题了。一些著名的士大夫如宋文帝所立四学之一——儒学的主持人雷次宗也与慧远同游，向西天顶礼膜拜。

佛教在统治阶级中取得的成功，并不表示它在被统治阶级中就可以取得成功。对于被统治阶级来说，重要的不是哲理，不是佛儒的合一问题而是信仰，是能不能摆脱苦难，享福于来世的问题。按照佛教原有的理论，并不是一切经典都认为人人有佛性，人人均可成佛；也不是人人都能摆脱今生的苦难，或者今生不行，到来生再长享富贵。如原来在东土流传的《泥洹经》，便有"一阐提者（断善根者）……诸佛世尊所不能治"之谓。有一种断了善根的人，连如来佛也不能救他，这种人就要一辈子堕入苦海，死后入地狱，来生变虫畜，信佛也无用。除了断善根和有善根两种人

---

① [清]严可均校辑：《全上古三代秦汉三国六朝文·全晋文》卷一百六十六阙名《正诬论》，中华书局，1958年，第2431页。

的分别之外，佛教尚有下根、中根、上根三种人的分别。这种说法只能把许多人挡在佛国大门之外，对佛教的发展很不利。但也不是无不同之说。

法显到中天竺，"得一部《方等般泥洹经》，可五千偈"①。此即《大藏经》中的《佛说大般泥洹经》六卷。经中说法即有所不同。宋释慧睿在《喻疑》中写道：

> 今《大般泥洹经》，法显道人远寻真本，于天竺得之，持至扬都，大集京师义学之僧百余人，禅师（觉贤）执本，参而译之，详而出之。此经云：泥洹不灭，佛有真我，一切众生，皆有佛性。（卷四："一切众生皆有佛性在于身小。"）皆有佛性，学得成佛。……什公（鸠摩罗什）时，虽未有《大般泥洹》文，已有《法身经》。……此公若得闻此佛有真我，一切众生皆有佛性，便当应如白日朗其胸襟，甘露润其四体，无所疑也。②

《六卷泥洹记》谓"摩竭提国巴连弗邑阿育王塔天王精舍优婆塞伽罗先"为法显"写此《大般泥洹经》"，说此经是"如来秘藏，愿令此经流布晋土，一切众生悉成平等如来法身"③。佛有真我，一切众生皆有佛性或"佛之真性"，皆可"学得成佛""悉成平等如来法身"。这就是法显带回并已译出的真本六卷《大般泥洹经》的宗旨。

《六卷泥洹经》始译于东晋安帝义熙十三年（417）十月一日，"至十四年正月一日校定尽讫"。由"禅师佛大跋陀（佛驮跋多罗、觉贤）手执梵本，宝云传译。于时座有二百五十人"④。对于此经一切众生皆有佛性，学得成佛之说，并不是人人都相信的，慧睿《喻疑》说道"大化不泯，真

---

① 章巽校注：《法显传校注》，上海古籍出版社，1985年，第141页。

② ［清］严可均校辑：《全上古三代秦汉三国六朝文·全宋文》卷六十二释慧睿《喻疑》，中华书局，1958年，第2770—2771页。

③ ［清］严可均校辑：《全上古三代秦汉三国六朝文·全晋文》卷一百六十六阙名《六卷泥洹记》，中华书局，1958年，第2428页。

④ ［梁］释僧佑：《出三藏记集》卷八，大正新修大藏经，第55册，第60页。

本存焉,而复致疑,安于渐照而排跋真诲,任其偏执而自幽不救"。这种人不少。当时站在前列,阐发新经之说,并立新义的,是竺道生。《高僧传》卷七《竺道生传》写有:

> 又六卷《泥洹》先至京师。生剖析经理,洞入幽微,乃说阿阐提人皆得成佛。于时大本(指北凉昙无谶译《大般涅槃经》四十卷,涅槃即泥洹)未传,孤明先发,独见忤众。于是旧学以为邪说,讥愤滋甚,遂显大众,摈而遣之。生于大众正容誓曰:"若我所说反于经义者,请于现身即表厉疾。若与实相不相违背者,愿舍寿之时据师子座。"言竟拂衣而游。……后《涅槃》大本至于南京,果称阐提悉有佛性,与前所说合若符契。

《六卷泥洹经》只说众生皆有佛性,学得成佛,未言"阐提成佛"。道生立一阐提皆得成佛义,是更上一层楼。可被旧学的拥护者认为是邪说,把他排出建康。然而他胜利了,《涅槃》大本到建康,人们果见有阐提成佛的话(卷五:"于一阐提犯重禁者,灭此罪已。则得成佛。是故若言毕定不移,不成佛道,无有是处。")"京邑诸僧,内惭自疚,追而信服"。佛有法身,人有一阐提者;佛有真我,人(包括一阐提者)有佛性,一阐提者可以成佛。道生这种说法,使南方佛教大放异彩,何况他又是胜利者。

一切众生皆有佛性,皆可成佛,是一个方面。另一个方面是如何才可以成佛。佛教说要"渐积胜业",要"经无数形,澡练神明,乃至无生而得佛道",这太难。在这方面,竺道生也创立了他的新说或新义。《高僧传》卷七《竺道生传》说到他曾"校阅真俗,研思因果,乃言善不受报,顿悟成佛。"《宋书·天竺迦毗黎国传》说他"及长有异解,立顿悟义,时人推服之"。这走得更远了。善不受报,等于否定了因果报应。顿悟成佛,等于否定了"渐积胜业""澡练神明""经无数形"而后乃可成佛。在佛教的正统派看来,这又是异端邪说。竺道生遭到围攻,在建康待不住,这也是个原因。宋文帝元嘉十一年(434),他在庐山圆寂。

　　竺道生的理论给一阐提人放下屠刀，皈依纲常，立地成佛，开辟了一条坦途。竺道生虽然遭到了佛教正统派的打击，但他的说法迎合了受苦受难下层群众的需要，后来毕竟为南方僧俗所普遍接受。

　　自竺道生创立"顿悟义"，顿、渐（顿悟与渐悟）二派由此产生，争论亦由此而起。

　　慧远、道生的理论，到梁朝，在梁武帝身上得到了统一。梁武帝不仅写过《涅槃》《大品》等诸经义记，而且听览余闲，即于重云殿及同泰寺讲说。他反复讲的是《大般若涅槃经》义，《摩诃般若波罗蜜经》义。据他写的《立神明成佛义记》，他以为"妙果（波罗蜜、泥洹、涅槃）体极常住，精神不免无常"，而"神明以不断为精，精神必归妙果"①。这是在发挥慧远的神不灭论。又均正《论玄义》谈到："梁武萧天子义：心有不失之性，真神为正因体，已在身内，则异于木石等非心性物。此意因中已有真神性，故能得成佛果。"所谓心性物异于非心性物，因中已有真神性，即凡心性物（人、畜等）都有佛性，都可成佛。不能成佛的只是木石等非心性物。这是在发挥竺道生的理论。至于在佛儒结合上，梁武帝就走得更远。他"发现了"孔圣也讲神不灭。在《敕答臣下神灭论》中，他说："观三圣（孔、老、释）设教，皆云不灭，其文浩博，难可具载，止举二事，试以为言：《祭义》云：'惟孝子为能飨亲。'《礼运》云：'三日斋，必见所祭。'若谓飨非所飨，见非所见，违经背亲，言语可息。"②飨亲，祭祖就是因为祖宗神不灭，而这，孔圣的经书早已说过了。他还"发现了"老子、周公、孔子等"众圣"，"虽是如来弟子，而为化既邪，止是世间之善，不能革凡成圣"③。这话很有意思。他不仅肯定了孔圣为佛圣的弟子，而且说孔圣把老师的教义搞偏了，"为化既邪，止是世间之善"。即

----

　　① ［清］严可均校辑：《全上古三代秦汉三国六朝文·全梁文》卷六武帝《立神明成佛义记》，中华书局，1958年，第2982页。

　　② ［清］严可均校辑：《全上古三代秦汉三国六朝文·全梁文》卷五武帝《敕答臣下神灭论》，中华书局，1958年，第2973页。

　　③ ［清］严可均校辑：《全上古三代秦汉三国六朝文·全梁文》卷四武帝《敕舍道事佛》，中华书局，1958年，第2970页。

孔圣虽讲神不灭，而却不讲果报，只说在世间、现境要为善，结果反而难使当今的人去恶从善。如果把老师如来佛的教义拾起来，加进去，讲"生灭迁变，酬于往因，善恶交谢，生乎现境"①；讲欲离苦果成妙果，必守"十伦"与"三德"②，忠于君，孝于亲，那就可使人们变一世之善为百世不变之善，梁朝也就可以累世坐享太平了。

为了弘扬佛教，梁武帝曾"制《善哉》《大乐》《大欢》《天道》《仙道》《神王》《龙王》《灭过恶》《除爱水》《断苦轮》等十篇，名为正乐，皆述佛法。又有法乐童子伎、童子倚歌梵呗，设无遮大会则为之"③。他是一个懂得用音乐为宗教服务的人。

须知梁武帝弘佛，目的还是为了弘儒。即在宣扬佛法时，梁武帝一刻也未忘记弘儒。《梁书·武帝纪下》说他亲自造《制旨孝经义》《中庸讲疏》等凡二百余卷，"并正先儒之迷，开古圣之旨"④。梁武帝亲自讲说，朱异、贺循也日日在士林馆替他讲《礼记中庸义》⑤。可见梁武帝对如来佛的弟子孔子并非不热心，而是非常热心。武帝声名远播海外，被干陀利等国称为中国的"圣主"，且"是我真佛"⑥。论佛教地位的确立，不能忽视梁武帝。他是皇帝，他提倡佛教使我们想起阿育王对佛教大乘的提倡。他们对佛教的发展起过类似的作用，只是时代、地区、作用大小广狭不同罢了。

杜牧《江南春》云："千里莺啼绿映红，水村山郭酒旗风。南朝四百八十寺，多少楼台烟雨中。"这里面所表露的佛教的发达，应当说是鸠摩罗什、法显、慧远、竺道生与梁武帝的共同功绩。

---

① [清]严可均校辑：《全上古三代秦汉三国六朝文·全梁文》卷六武帝《立神明成佛义记》，中华书局，1958年，第2982页。

② [唐]姚思廉：《梁书》卷二《武帝纪中》，中华书局，1973年，第46页。

③ [唐]魏征等：《隋书》卷十三《音乐志上》，中华书局，1973年，第305页。

④ [唐]姚思廉：《梁书》卷三《武帝纪下》，中华书局，1973年，第96页。

⑤ 见《梁书·朱异传》。

⑥ [唐]姚思廉：《梁书》卷五十四《诸夷传》，中华书局，1973年，第797页。

第三节　北朝佛教的僵化与弥勒异端的兴起

北方佛教自后赵尤其是自后秦以来，已有所发展。但到北魏的时候，太武帝拓跋焘一度下令废佛，佛教的发展中断。文成帝拓跋濬恢复了佛教，并用昙曜为沙门统，开凿平城石窟，设立僧祇户、僧祇粟与佛图户（寺户），佛教从而又发展起来。孝明帝元诩之时，因为胡太后笃信佛教，北朝佛教的发展达到了顶峰。洛阳成了北方佛教的中心。到周武帝宇文邕时，佛教又一度被废除，隋文帝时才恢复。总起来看，北方佛教的命运不如南方。佛教在北朝的兴废，原因是多方面的，但最重要的一个原因，是北朝死守正统教义，没有像慧远、道生那样的高僧，阐发佛儒可合与一阐提人都有佛性的道理。恢复佛教的北魏文成帝，说过佛教可"助王政之禁律，益仁智之善性"①。即使是这样一种认识，也不是北朝统治阶级的人物都能懂得的。

北朝佛教与南朝很不相同。《唐高僧传》卷十七记释道宣的话说："自江东佛法，弘重义门（理论），至于禅法，盖蔑如也。"北方与南方相反，是重禅法不重义门。《洛阳伽蓝记》卷二崇真寺条借阎罗王的话说："今唯试坐禅诵经，不问讲经。"讲经的要被阎罗王送往"黑屋"（地狱）。还说胡太后曾经下令"不听持经象沿路乞索，若私有财物造经象者任意。……自此以后，京邑比丘悉皆禅诵，不复以讲经为意"。禅法，据卷一景林寺条："中有禅房一所……静行之僧，绳坐其内，餐风服道，结跏数息。"②此即禅法或坐禅。只准诵经，不准讲经，即只准照念、照背经书，不准讲解。讲就会被认为背离经书，加入己见，成为外道。

按释道安《比丘大戒序》说："世尊立教，法有三焉，一者戒律也，

---

① ［北齐］魏收：《魏书》卷一百一十四《释老志》，中华书局，1974年，第3035页。

② 范祥雍校注：《洛阳伽蓝记校注》卷一《城内》，上海古籍出版社，1978年，第62页。

二者禅定也，三者智慧也。斯三者至道之由户，泥洹之关要也。"①戒律无论南北都要遵守，而禅定和智慧则南北的着重点不同，北重禅定（定者止也，止一切境界相），南重智慧（慧者观也，分别因缘生灭相）。到隋朝智颉创立天台宗，才调和南北，提出定、慧双开，止、观双运的学说。

北朝既重禅法，不复以讲经为意，势必死守佛经本义，甚至不懂经义，唯知坐禅诵经。慧远阐述般若波罗蜜义，道生阐述人人皆可顿悟成佛义，如果换了地点，不在南方在北方，那就犯了讲经大罪，就要被阎罗王送往地狱。

北方没有廉价的天国门票，成佛很难。《魏书·释老志》说：

> 诸服其道者，则剃落须发，释累辞家，结师资，遵律度，相与和居，治心修净，行乞以自给，谓之沙门，或曰桑门，亦声相近，总谓之僧。

这里说沙门"行乞以自给"，不然，就不能叫作沙门、桑门或僧。

沙门有"舍妻子，捐弃爱欲"，"勤行趋涅槃"的意思②。"其为沙门者，初修十诫，曰沙弥，而终于二百五十（随事增数）"，才可以"成大僧"。妇人入道的（比丘尼）要成大尼就更难了，"其诫至于五百（随事增数）"③。据说"女人之心，弱而多放，佛达其征，防之宜密，是故立戒每倍于男也"④。修炼如此之难，想在此生成佛，实在办不到，来生也难有望，那就真要经过未知的"无数形"了。他们对释迦牟尼渐渐厌倦，把希望寄托给了新佛。北方很需要一个竺道生，可在"阎罗王"的权威下，就是产生不出竺道生这种敢于标新立异的高僧。

---

① [清]严可均校辑：《全上古三代秦汉三国六朝文·全晋文》卷一百五十八释道安《比丘大戒序》，中华书局，1958年，第2379页。

② 参见《六臣注文选》卷五十九《头陀寺碑文》注引《瑞应经》及《维摩经注》。

③ [北齐]魏收：《魏书》卷一百一十四《释老志》，中华书局，1974年，第3026页。

④ [清]严可均校辑：《全上古三代秦汉三国六朝文·全晋文》卷一百五十七竺法汰《比丘尼戒本所出本末序》，中华书局，1958年，第2382页。

再者，修行的方法和结果，因根性不同，又有区别。《释老志》说：

> 初根人为小乘（下乘），行四谛法（苦、集、灭、道）；中根人为
> 中乘，受十二因缘（无明、行行、识识、名名、色色、六入六入、触
> 触、受受、爱爱、取取、有有、生生）；上根人为大乘（上乘），则修
> 六度（布施、持戒、忍辱、精进、禅定、智慧）。

《颜氏家训·归心》总称"六舟（六度）三驾（三乘），运载群生"。

《法华经》对三乘有一个解释：

> 三乘者，一曰声闻乘，二曰缘觉乘，三曰菩萨乘。声闻者，悟四
> 谛而得道也。缘觉者，悟因缘而得道也。菩萨者，行六度而得道
> 也。……方便则止行六度，真教则通修万善，功不为己，志存广济，
> 故以大道为名也。[1]

联系《释老志》的话来看，便可明白：能修六度成菩萨的，只有上根人。
中根悟因缘而得道的，也不容易，只出过一个辟支佛。一般沙门都是初根
人，只能由佛教诲，听佛声闻，悟四谛而得道。而所谓得道，也只能成罗
汉，不能成佛菩萨。四谛第一谛是苦谛。苦有三相：苦苦相、行苦相、坏
苦相。要苦到不堪言的地步，集有（集谛），灭有（灭谛），才能入道谛，
成罗汉。

贤首《大乘起信论义记》说："或有小乘根性（初根）定者，则唯见
如来从始至终但说小乘。""或有众生此世三乘根性熟者，则唯见如来从始
至终但说三乘。""或有众生此世一乘根性（上根）熟者，则唯见如来……

---

① ［南朝宋］刘义庆撰，徐震堮著：《世说新语校笺》卷上《文学》注引，中华书局，1984
年，第122页。

说无尽圆满自在法门。"①如来也是以固定的眼光看人，依据人的根性的不同，进行不同的说教。初根人是听到如来的"无尽圆满自在法门"的，只能依如来教导，行四谛法，得成一个罗汉，也就不错了。此之谓"至人应世，观众生根，根力不同，设教亦异"②。

哪些人是初根人（小乘或下乘）？哪些人是中根人（中乘）？哪些人是上根人（大乘或上乘）？没有疑问，普通沙门都是初根人，高级僧尼都是上根人。根性和修行方法的不平等，其实是阶级的区分。这又将造成普通沙门的不满。

大小乘之争，本来是佛教派别之争。僧肇说：小乘"以三界炽然，故灭之，以求无为……大乘观法，本自不然（无形）。今何以灭，乃真寂灭"③。小乘为恒河沿岸的原始佛教，大乘则是印度河沿岸后起的佛教。现在变成上根和初根之别。鸠摩罗什翻译大乘经典，专以大乘为化，中国佛教徒都可以说自己是上根人，为大乘，大乘并非高级僧尼所得而专。特别是那些反抗高级僧尼的普通僧尼，认为自己才真正是上根人，为大乘，高级僧尼那一套是邪法。

如果高级僧尼和普通僧尼的不平等，仅限于教义上，尚不致酿成普通僧尼的激烈反抗。我们还可以看到一种情形：北方自文成帝接受昙曜的建议，在各个州镇立僧祇户、佛图户之后，僧侣大地主在北方形成了。按佛教内律规定："僧祇户不得别属一寺"④，他们和他们所种的土地，概属于他们所属的固定的寺院所有。所谓"岁输谷六十斛入僧曹者，即为'僧祇户'"⑤，表明六十斛是僧祇户应输的最低的租额。不然，就不配作僧祇

---

① [唐]法藏：《大乘起信论义记》卷上作"或有众生此世小乘"，大正新修大藏经，第44册，第243页。

② [清]严可均校辑：《全上古三代秦汉三国六朝文·全梁文》卷七十一释僧佑《小乘迷学竺法度造异仪记》，中华书局，1958年，第2374页。

③ [梁]萧统编，[唐]李善等注：《六臣注文选》卷五十九《头陀寺碑文》注引，中华书局，1987年，第1094页。

④ [北齐]魏收：《魏书》卷一百一十四《释老志》，中华书局，1974年，第3042页。

⑤ [北齐]魏收：《魏书》卷一百一十四《释老志》，中华书局，1974年，第30—37页。

户。高级僧尼与僧祇户的关系，等同农奴主与农奴的关系。高级僧尼又每将"僧祇粟"贷出去"规取赢息"，这又使他们兼有高利贷者的身份。

北方高级僧侣（昭玄统或沙门统、州统、郡和县的维那等）既成为大地主，剥削就不仅限于僧祇户、佛图户。他们还"侵夺细民，广占田宅"①。他们的生活腐化得十分惊人，《洛阳伽蓝记》卷一城内景乐寺条，写道此寺"堂庑周环，曲房连接，轻条拂户，花蕊被庭。至于大斋，常设女乐，歌声绕梁，舞袖徐转，丝管寥亮，谐妙入神。以是尼寺，丈夫不得入，得往观者，以为至天堂"。这真是"西方极乐世界"！与普通僧尼"行乞以自给"比较，一个天上，一个地下。

明乎此，才可以了解北方佛教异端的出现，僧徒的斗争。

异端、外道、异教往往都是借正统宗某一种说法，加以发挥改造，以适合于某一阶级或阶层的需要，从而形成的。要明北朝佛教异端的产生，首先须明佛经对释迦牟尼的解说。

释迦不是唯一的佛。《魏书·释老志》说："释迦前有六佛，释迦继六佛而成道，处今贤劫。言将来有弥勒佛，方继释迦而降世。"释迦前有哪六佛呢？《法苑珠林》卷八《七佛部》说得明白：

> 如《长阿含经》云：过去九十一劫，有佛出世，名毗婆尸，人寿八万岁。复过去三十一劫，有佛出世，名尸弃，人寿七万岁。复过去三十一劫，有佛出世，名毗舍浮，人寿六万岁。复过去此贤（今贤）劫中，有佛出世，名拘楼孙，人寿五万岁。又贤劫中，有佛出世，名拘那舍，人寿四万岁。又贤劫中，有佛出世，名迦叶，人寿二万岁。

此即释迦前的六佛：毗婆尸、尸弃、毗舍浮、拘楼孙、拘那舍、迦叶。释迦不过是第七代佛而已。

释迦现在也过去了。《涅槃经》云："佛在拘尸那国、力士生地、阿利

---

① [北齐]魏收：《魏书》卷一百一十四《释老志》，中华书局，1974年，第3045页。

罗拔提河边、婆罗双树间，尔时世尊……临涅槃（灭度）。"所谓临涅槃，即"以千叠缠裹其身，积众香木，以火焚之"。他谢世了，剩有舍利（佛骨、发、肉、齿）或者说尚"留影迹爪齿"在人间。"弟子收奉，置之宝瓶，竭香花致敬慕，建宫宇谓为塔。"一百年后，"有王阿育，以神力分佛舍利，役诸鬼神，造八万四千塔，布于世界，皆同日而就"[1]。这是世界各地都有佛舍利、有塔的由来。释迦不再在人间。

昙无罗谶说："释迦正法住世五百年，像（象）法一千年，末法一万年。"[2]加起来不过一万一千五百年。而现在是"正法既没，象教陵夷"[3]，释迦的时代连象教的时代也到了日薄西山之时。第八代弥勒佛即将应期出世。

关于弥勒，《弥勒成佛经》写到他时，说道：

> 弥勒佛赞言大迦叶比丘，是释迦牟尼佛大弟子。释迦牟尼佛于大众中常所赞叹头陀第一，通达禅定，解脱三昧（慧远《念佛三昧诗序》：'夫称三昧者何，专思寂想之谓也。'）。

又释道宣《释迦谱下》也写到弥勒。道宣说：

> 有偷罗国婆罗门，名曰迦叶，三十二相，通诸书论，巨富能施。……空天告言，今有佛（释迦）出。便趣竹园，佛往逆之，与共承受说法。悟阿罗汉，有大威德。天人所重，故名大也（大迦叶）。乃至佛灭，住持法化，被于来世六万岁者。此人之力。

可知弥勒（大迦叶）方继释迦而降世，主持佛法，于经于谱，都有明文。

---

① [北齐]魏收：《魏书》卷一百一十四《释老志》，中华书局，1974年，第3028页。

② [梁]萧统编，[唐]李善等注：《六臣注文选》卷五十九《头陀寺碑文》注引，中华书局，1987年，第1089页。

③ [梁]萧统编，[唐]李善等注：《六臣注文选》卷五十九《头陀寺碑文》，中华书局，1987年，第1089页。

有一种说法，很可注意，即佛门都认为佛法的东传，与弥勒继轨释迦有关。《法显传》北天竺西天竺记游陀历国条说：

> 其国昔有罗汉，以神足力，将一巧匠上兜术（率）天，观弥勒菩萨长短、色貌，还下，刻木作像。前后三上观，然后乃成。像长八尺，足趺八尺，斋日常有光明，诸国王竞兴供养。今故现在。[①]

关于此巧匠刻木作弥勒菩萨像的神话，《大唐西域记》卷三也曾记述。谓此罗汉名末田底迦，并谓"自有此像，法流东派"。

又说此国：

> 众僧问法显："佛法东过，其始可知耶？"显云："访问彼土人（东土人），皆云古老相传，自立弥勒菩萨像后，便有天竺沙门赍经、律过此河（新头河，即印度河）者，像立在佛泥洹后三百许年，计于周氏平王时。由兹而言，大教宣流，始自此像。非夫弥勒大士继轨释迦，孰能令三宝宣通，边人识法。固知冥运之开，本非人事，则汉明之梦，有由而然矣。"[②]

法显所谓"访问彼土人，皆云古老相传"，指的是东土（晋土）人都那么说："古老相传"云云。法显所谓"自立弥勒菩萨像后，便有天竺沙门赍经、律过此河者"，也就是玄奘《大唐西域记》说的"自有此像，法流东派"。反过来说：如果不是立了弥勒菩萨像，便不会有天竺沙门赍经、律东来，东土也就没有佛法，故法显叹云："非夫弥勒大士继轨释迦，孰能令三宝宣通，边人（东土人也是边人）识法。"弥勒于东土太重要了。

支遁、沈约都写过《弥勒赞》。支遁云："释迦登幽闲，弥勒承神第"，是"圣录载灵篇"。你看，弥勒降世了，"乘乾因九五，龙飞兜率天（兜率

[①] 章巽校注：《法显传校注》，上海古籍出版社，1985年，第26页。
[②] 章巽校注：《法显传校注》，上海古籍出版社，1985年，第26—27页。

天宫，弥勒居处）。法鼓震玄宫，逸响亮三千（三千世界）。……磐纡七七纪，应运莅中幡。"①沈约云："道有常遵，神无恒器"，弥勒"脱徙王家，来承宝位。慧日晨开，香雨宵坠，藉感必从，凭缘斯至。曰我圣储，仪天作贰。"②弥勒（圣储）将应运降世，来承释迦的宝位，是东土人心目中一件并不遥远或者说是即将发生、已经发生的事。

佛寺前殿正中为天冠弥勒佛像，两旁为四天王，这种布置即示弥勒将继释迦莅世。北魏石窟造像，所造者不外释迦、弥勒、弥陀、观音、势至。"释氏谓弥陀为西方教主，观音、势至又能率念佛人归于净土，而释迦先说此经，弥勒则当来次补佛处，故造像率不外此。"③这种象教使得人人皆知"新佛"谓何。

北魏造像以弥勒佛为最多，特别是民间的造像碑，除了释迦，便是弥勒④。弥勒已成了北方的普遍信仰。释迦"正法既没，象教陵夷"，弥勒即将降临，这种说法与信仰，给下层被压迫的沙门，带来了希望；给异端的产生，造成了空隙。

中国的佛教异端是在南北朝时期，在北方出现的。高举"新佛出世，除去旧魔"旗帜的法庆起义，揆其实质，即佛教异端的起义。所谓"新佛出世"，即弥勒降世。法庆是佛教异端——姑名之曰"弥勒教"的倡始者。法庆起义是我国农民第一次利用弥勒异端号召普通沙门和农民起来斗争的起义。

法庆起义，《魏书·景穆十二王传上》附《太兴弟遥传》记载较详。传中说：

①［清］严可均校辑：《全上古三代秦汉三国六朝文·全晋文》卷一百五十七支遁《弥勒赞》，中华书局，1958年，第2370页。

②［清］严可均校辑：《全上古三代秦汉三国六朝文·全梁文》卷三十沈约《弥勒赞》，中华书局，1958年，第3127页。

③［清］王昶：《金石萃编》卷三十九《北朝造像诸碑总论》，清嘉庆十年刻同治钱宝传等补修本。

④参见第九章《魏晋南北朝时期艺术的发展（二）》第三节。

时冀州沙门法庆既为祆幻，遂说勃海人李归伯，归伯合家从之，招率乡人，推法庆为主。法庆以归伯为十住菩萨、平魔军司、定汉王，自号"大乘"。杀一人者为一住菩萨。杀十人者为十住菩萨。又合狂药，令人服之，父子兄弟不相知识，唯以杀害为事。……所在屠灭寺舍，斩戮僧尼，焚烧经像，云"新佛出世，除去旧魔"。……擒法庆并其妻尼惠晖等。

法庆所谓"新佛出世"，根据即弥勒佛将继释迦而降世。但法庆所谓新佛，不是本来意义上的佛教，而是一种异端或外道。本来的佛教被他视为"旧魔"，必须除去，以故他毫不留情"所在屠灭寺舍，斩戮僧尼，焚烧经像"。本来的佛教要求沙门"遵律度，相与和居，治心修净"[①]，特别是戒杀。杀戒是五戒的第一戒。法庆却以为杀人越多越好，"杀一人者为一住菩萨，杀十人者为十住菩萨"。李归伯就叫"十住菩萨"，而这个人从来就不是僧徒。要成佛，成大菩萨，就得多杀人。

按《大乘起信论义记》卷四说到十戒法（十善），"如《璎珞本业经》云：是信想菩萨于十千劫行十戒法，当入十信心"[②]。十信心即一信心，二念心，三精进心，四慧心，五定心，六不退心，七护法心，八回向心，九戒心，十愿心[③]。十信心全部修习成就，即"入初住位"。而十信心又是建立在十戒法的基础之上。十住则建立在十信心的基础之上。"《仁王经》云：习种性（十住）有十心（十信心）。""十信位中修习信心成就，发决定心，即入十住。"十住即一发心住，二治地住，三修行住，四生贵住，五方便具足住，六正心住，七不退住，八童真住，九法王子住，十灌顶住[④]。住也者，佛性住也。修十戒，成"十善菩萨"；十戒圆满，入十信位，成"十信菩萨"；十信圆满，入十住位，成"十住菩萨"。所谓"种

① ［北齐］魏收：《魏书》卷一百一十四《释老志》，中华书局，1974年，第3026页。
② ［唐］法藏：《大乘起信论义记》卷下，大正新修大藏经，第44册，第278页。
③ ［明］智旭：《大乘起信论裂网疏》卷五，大正新修大藏经，第44册，第453页。
④ ［隋］吉藏：《仁王般若经疏》卷下，大正新修大藏经，第33册，第349页。

性"即佛性，进入十住位，佛性也就"决定不退，名正定聚"了。僧人修行，就在"托三宝（佛、法、僧）之胜缘，修入住之正行"，成真正的菩萨。

法庆一反教义，不是由十戒到十信，到十住，而是要当十住菩萨，便得大开杀戒。这是法庆的新佛和佛教旧魔的最尖锐的对立。十戒中有淫戒，法庆和尼惠晖结为夫妻，是破除淫戒。杀戒既破，其他一切戒，无论二百五十或五百，都不在话下了。

法庆"自号大乘"，则是把佛教与高级僧尼所谓根业不同的三种人颠倒过来。在法庆看来，只有跟新佛弥勒走的人，才配称为大乘、上根人。大乘与新佛联在一起，而非与旧魔联在一起。

法庆利用佛教所谓"将来有弥勒佛，方继释迦而降世"，掀起反佛风暴，所反映的是沙门和农民、平民的直接要求。恰如道教的异端太平道所反映的要求那样。可是太平道没有流传下来，弥勒降生，弥勒出世，新佛降世，从法庆起，却一再在农民起义或斗争中表现出来。法庆这个佛教异端的开创者，影响之深远，可以知矣。

在法庆起义之后，封建统治阶级感到了弥勒的危险性，开始抬高、宣传居于西方净土的阿弥陀佛及阿弥陀佛的侍者之一、接引人们前往净土的观世音菩萨。阿弥陀佛即无量寿佛，在大雄宝殿上居于释迦牟尼之右（左为东方药师佛）。龙门石窟唐代造像，以阿弥陀佛和观世音菩萨为最多。兜率天宫的"圣储"弥勒佛被冷淡了，但农民与平民仍旧信仰弥勒是真正的大慈大悲救苦救难的菩萨。

第十四章　少数民族与外籍人士在魏晋南北朝文化发展史上的功绩

第一节　少数民族文明程度的提高及其在文化上作出的成绩

一、接受先进文化,提高民族文明

魏晋南北朝时期的少数民族，有一个共同的思想，即走汉化的路。这种思想对各族文化的发展与各族共同文化的形成，有着决定性的影响。

各族与汉族的融合，走的是"自然同化"的道路。但也要注意少数民族上层的某些人物，有意识地采取的推进汉化的措施。这加速了各少数民族与汉族的自然同化进程。他们采取的措施或政策，含有促进文化发展的意义，无疑应当肯定。

少数民族中推进汉化最有力的人物，无过于前秦的氐人皇帝苻坚和北魏的鲜卑人皇帝拓跋宏。《晋书·苻坚载记上》记苻坚立太学，"以安车蒲轮征隐士乐陵王欢为国子祭酒。……中外四禁、二卫、四军长上将士，皆令修学"。并"课后宫，置典学，立内司，以授于掖庭，选阉人及女隶有聪识者署博士以授经"。苻坚征隐士为国子祭酒，并选拔聪明有才识的阉人和女奴当博士，教后宫的宫人读经书，是办学史上的佳话，也只有他才办得到。不仅如此，《苻坚载记上》还记载了苻坚灭代，把代王什翼犍送入太学学习一事。载记说：

> 坚以翼犍荒俗，未参仁义，令入太学习礼。……坚尝之太学，召涉（什）翼犍问曰："中国以学养性，而人寿考，漠北啖牛羊而人不寿，何也？"翼犍不能答。又问："卿种人有堪将者，可召为国家用。"对曰："漠北人能捕六畜，善驰走，逐水草而已，何堪为将！"又问："好学否？"对曰："若不好学，陛下用教臣何为？"坚善其答。

自己是氐族，却把被他征服的拓跋族的代王送进太学，学汉人文化；自己以"中国以学养性"自居，视漠北人只堪为将，问什翼犍好学否。什翼犍回答得也好："若不好学，陛下用教臣何为？"符坚提倡汉人之学，什翼犍好汉人之学，很能说明在五胡十六国时期，各族人民都把汉化当作了自己的思想要求，文化水平在不断提高之中，各族文化在汇合之中。

如果说符坚尚是有意无意地做各族汉化的推进者，则北魏孝文帝拓跋宏（元宏）的推进汉化，便是完全有意识的。要让各族人民接受汉族文化，在边境地区建都是不成的，孝文帝推进汉化的第一个实践，便是把北魏的都城从平城迁到中原文化的中心地点洛阳。

《魏书·任城王云传》附《子澄传》记述了孝文帝与拓跋澄关于迁都的一段对话：

> 今日之行，诚知不易，但国家兴自北土，徙居平城，虽富有四海，文轨未一。此间用武之地，非可文治，移风易俗，信为甚难。崤函帝宅，河洛王里，因兹大举，光宅中原，任城意以为如何？澄曰：伊洛中区，均天下所据，陛下制御华夏，辑平九服，苍生闻此，应当大庆。

这段话说明孝文帝看到了要移风易俗，混一文轨，在平城这个"用武之地"，是很难办到的。《北齐书·神武纪上》说高欢的祖父高谧，"仕魏至侍御史，坐法徙怀朔镇"，到高欢不过三代在北，竟"习其俗"，使这个出身于渤海高氏的高欢，"遂同鲜卑"。在北边不仅鲜卑人不能汉化，而且汉人反而鲜卑化。要使鲜卑人走上汉化的道路，出路只有一条：南迁洛阳。

孝文帝的南迁很困难，他自己说过"诚知不易"的话。其一，代人定居在平城之地，有了家业，谁也不想迁动；其二，由北边鲜卑化的用武之地向南边汉族文化中心河洛王里迁移，风土、人情乃至气候都大不相同，要适应，不容易；其三，鲜卑人"用武"惯了，忽然要迁都进行"文治"，对武人来说，意味着他们的利益行将丧失。因而反对者大有人在，斗争很激烈。但孝文帝看清了只有汉化，政治经济上才有出路。他的汉化思想是坚定的。

太和十七年（493），孝文帝假称南伐，率群臣自平城到洛阳，逢霖雨不停，群臣劝阻南伐，孝文帝借题发挥说：不南伐，"即当移都于此"。并宣告："欲迁者左，不欲者右。"自安定王拓跋休以下"相率如右"，几乎都站到了右边，表示"不欲"。拓跋桢见此光景，便说："成大功者不谋于众，非常之人乃能建非常之事。"他声言同意"光宅中原，辍彼南伐"①。一场风波才告止息。

孝文帝派穆亮、李冲和将作大匠董爵经营洛都，又派他的最有力的支持者拓跋澄回平城，告诉留在平城的官吏以迁都大事。众人"莫不惊骇，澄援引今古，徐以晓之，众乃开伏"②。但是还有顽固分子，恒州刺史穆泰"不愿迁都，潜图叛，乃与定州刺史陆睿及安乐侯元隆等，谋推朔州刺史阳平王颐为主"③。拓跋颐密表其事，孝文帝派拓跋澄率并、肆兵进讨，穆泰失败。出乎孝文意料的，是南迁之后，他的太子元恂"不好书学，体貌肥大，深忌河洛暑热，意每追乐北方"④，乘孝文去嵩岳，"谋欲召牧马轻骑奔代"，手刃曾经劝过他不要追思北方的中庶子高道悦。孝文帝不得不把他废为庶人，他又想谋反，最后被赐死。

① ［北齐］魏收：《魏书》卷五十三《李冲传》，中华书局，1974年，第1183页。
② ［北齐］魏收：《魏书》卷十九《景穆十二王传中》，中华书局，1974年，第465页。
③ ［唐］李延寿：《北史》卷二十《穆崇传》，中华书局，1974年，第739页。
④ ［北齐］魏收：《魏书》卷二十二《孝文五王传·废太子恂传》，中华书局，1974年，第588页。

　　迁都既成定局，汉化节节推行。孝文帝汉化政策的重大成就是：把迁到洛阳来的所有的鲜卑人，从本质上和形式上都改造成了汉人，从而形成魏晋南北朝时期继"五胡"成为"杂汉"①之后的又一次民族大融合。成就的取得，是由于汉化政策符合当时文明程度较低的少数民族，向文明程度较高的汉族自然同化的规律。

　　形式上的改革，如"革衣服之制"；"迁洛之民死葬河南，不得还北，于是代人南迁者，悉为河南洛阳人"，是必要的。如果仍以鲜卑人的形象出现于河南洛阳，汉化就要大打折扣。但更重要的是本质上的改革，这包括"断诸北语，一从正音"和"定姓族"两项。前者是把鲜卑人最终改造为汉人，后者是区别阶级。

　　关于"断诸北语，一从正音"，前人谈得过少。殊不知汉语在"五胡"中已经通行，如果不学汉语，势难与汉族融合。这项政策推行最困难，但却取得了最大的成绩，不仅使鲜卑人成了一个身穿汉族衣冠，而又能口说汉语的汉人，而且发展了汉族和鲜卑族的文化事业。那时，声韵学的研究在北方也展开了。《洛阳伽蓝记》卷五城北凝圆寺条记有：

　　　　洛阳城东北有上高里，殷之顽民所居处也，高祖（孝文）名闻义里。……唯冠军将军郭文远游憩其中，堂宇园林，匹于邦君。时陇西李元谦乐双声，常经文远宅前过。见其门阀华美，乃曰："是谁第宅遇佳？"婢春风出曰："郭冠军家。"元谦曰："此婢双声。"春风曰："傺奴慢骂。"元谦服婢之能，于是京邑翕然传之。

这则记载说明了洛阳连一个将军的丫鬟也懂得双声。这正是"断诸北语，一从正音"的结果。语言不是一下子可以学会的，需要研究。而这种研究甚至影响到了婢女当中，可见其深度、广度达到何种程度。

　　北朝末年，在鲜卑陆氏（步六孤氏）中，产生了我国一个著名的声韵

①　[梁]沈约：《宋书》卷八十二《周朗传》，中华书局，1974年，第2095页。

学家陆法言。陆法言是《切韵》的作者，今之《广韵》源于《切韵》。《广韵》有陆法言的序文，序中说他"取诸家音韵，古今字书，以前所记者，定之为《切韵》五卷，剖析毫厘，分别黍累"。如果没有孝文帝的"断诸北语，一从正音"，鲜卑族中怎能产生陆法言？

或以为陆法言为汉人，今据《魏书》与《北史》之《陆俟传》，列其世系如下。

陆俟：代人也。曾祖干，祖引，世领部落。父突，太祖（道武帝拓跋珪）时率部民随从征伐，数有战功，拜厉威将军、离石镇将。

陆俟十二子，《魏书》记有馛、石跋、归、尼、丽、颓、陵成、龙成、骐驎九子。

陆骐驎二子：高贵、顺宗[①]。

陆顺宗（孟远）子概之。

陆概之子爽。《北史》记陆爽"少聪敏，年九岁就学，日诵二千余言"。隋时曾"与左庶子宇文恺等撰《东宫典记》七十卷"。

陆爽子法言。

陆法言为鲜卑步六孤俟之后，可以明矣。

他如《企喻歌辞》《敕勒歌》的翻译，《木兰诗》的出现，亦无疑与孝文帝大力推行汉化政策有关。

断诸北语，一从正音，取得成功，孝文帝所要求的移风易俗也就基本实现。

定姓族是"详定北人姓"的高下区别，是为了品举人才，将鲜卑贵族变成汉人中早已有之的士族高门。以勋臣八姓穆（丘穆陵）、陆（步六孤）、贺（贺赖、贺兰）、刘（独孤）、楼（贺楼）、于（勿忸于、万忸于）、嵇（纥奚）、尉（尉迟）为例，孝文帝说此八姓"皆太祖已降，勋著当世，位尽王公；灼然可知者，且下司州、吏部勿充猥官，一同四姓"[②]。"四姓"有二说，一为北方汉人崔、卢、李、郑四姓，一为吏部正员郎以上按

---

① 此据《魏书》，《北史》作"孟远"。

② ［北齐］魏收：《魏书》卷一百一十三《官氏志》，中华书局，1974年，第3014页。

官位高低区别的甲、乙、丙、丁四姓。无论四姓为何者，孝文帝想使鲜卑贵族士族化，是很清楚的。与定姓族同时，孝文帝还曾下令"为六弟聘室"，元禧聘故颍川太守陇西李辅女，元幹聘中散代郡穆明乐女，元羽聘骠骑咨议参军荥阳郑平城女，元雍聘故中书博士范阳卢神宝女，元勰聘廷尉陇西李冲女，元详聘吏部郎中荥阳郑懿女。这是要使鲜卑贵族在婚宦两个方面都与汉人士族相同并合为一体。声韵学家陆法言正是由鲜卑贵族转化而成的北方新的第一流的士族。

从《洛阳伽蓝记》卷二城东景宁寺条所记中原士族杨元慎和梁朝名将陈庆之的话中，我们可以看到孝文帝的汉化实践，在文化方面结出的果实。

杨元慎说："我魏膺箓受图，定鼎嵩洛……移风易俗之典，与五帝而并迹，礼乐宪章之盛，凌百王而独高，岂卿（指陈庆之）鱼鳖之徒慕义来朝，饮我池水，啄我稻粱。"

陈庆之说："自晋、宋以来，号洛阳为荒土，此中谓长江以北，尽是夷狄。昨至洛阳，始知衣冠士族，并在中原。礼仪富盛，人物殷阜，目所不识，口不能传。……北人安可不重？"[1]

像苻坚、元宏这样的主张汉化的思想家和实践家，在北方各族文化的发展与各族的融合上，有巨大的功绩。魏晋南北朝是各族文化共同发展的时期，他们站在这个进程的前列。

南方的少数民族则采取了另一种形式来提高自己的文明程度，向具有较高文明的汉族看齐。他们没有建立政权，不能采取北方少数民族统治者曾经采取的汉化措施。他们是被统治者，所走的汉化道路是维护统一的道路，与汉族人民友好往来的道路。他们的汉化具有更多的自然同化性质。在这条道路上走在前头的杰出人物，是俚族的女英雄冼夫人。

冼夫人维护统一的思想，在少数民族中绝无仅有。《隋书·列女传·谯国夫人传》记载，冼夫人为高凉冼氏之女，"世为南越首领，跨据山洞，

---

① 范祥雍校注：《洛阳伽蓝记校注》卷二《城东》景宁寺，上海古籍出版社，1978年，第119页。

部落十余万家"[①]。后来嫁给高凉太守冯宝。她维护各族友好关系的愿望，很早便有表现。她的兄长南梁州刺史冼挺，"恃其富强，侵掠傍郡，岭表苦之。夫人多所规谏，由是怨隙止息，海南、儋耳归附者千余洞"。原来高凉太守号令不行，她嫁给冯宝后，"诫约本宗，使从民礼。每共宝参决辞讼，首领有犯法者，虽是亲族，无所舍纵"。从此，"政令有序，人莫敢违"，不仅岭南安定下来，而且各族友好关系也得到了发展。

尤其是在乱世维护国家的统一上，表现了她的高度的爱国主义情操。梁末侯景之乱，高州刺史据大皋口，召冯宝到大皋口去。冼夫人看出："刺史无故不合召太守，必欲诈君共为反耳。"不过数天，李迁仕果然乘机造反，派遣主帅杜平虏领兵入据赣石。冼夫人乘李迁仕兵出，亲率千余人，一举打垮李迁仕，岭南保持了平静。后来冯宝不幸死了，"夫人怀集百越，数州晏然"。那时已至陈初。永定二年（558），冼夫人派她的九岁的儿子冯仆到建康，表示支持陈朝。后来，广州刺史欧阳纥谋反，把冯仆召去，胁迫冯仆与他同反。冯仆派人归告冼夫人，夫人说："我为忠贞，经今两代（梁、陈），不能惜汝辄负国家。遂发兵拒境。"几句话把一位少数民族领袖的爱护国家、维护统一的心胸表露无遗。陈朝亡后，"岭南未有所附，数郡共奉夫人，号为圣母，保境安民"。她这个时候完全可以独立，但她并不这样做，而是等待隋朝派人来。隋文帝派总管韦洸到岭南，冼夫人"遣其孙魂帅众迎洸，入至广州，岭南悉定"。不久，番禺人王仲宣造反，俚族首领起来响应的不少。王仲宣围攻广州，冼夫人派孙冯暄往救，冯暄逗留不进，冼夫人大怒，将冯暄投入监狱，又派孙冯盎往救。王仲宣造反虽然得到很多首领的支持，但冼夫人的态度决定了他将一事无成。冼夫人对朝廷派来的贪得无厌的官吏，并不都是容忍的。"番州总管赵讷贪虐，诸俚獠多有亡叛。夫人遣长史张融上封事，论安抚之宜，并言讷罪状，不可以招怀远人。"隋文帝派人来调查，冼夫人所言是实，赵讷竟被法办。冼夫人曾对他的儿孙说过："我事三代主，唯用一好心。"[②]她

[①] ［唐］魏征等：《隋书》卷八十《列女传·谯国夫人传》，中华书局，1973年，第1800页。

[②] ［唐］魏征等：《隋书》卷八十《列女传·谯国夫人传》，中华书局，1973年，第1803页。

的好心就是坚定地维护国家统一之心与维护各族人民友好相处之心。朝代、天子可换，她的爱国思想则一。

梁、陈、隋三代，俚汉二族亲密无间，得力于冼夫人处居多。而这二族的亲密无间，历史证明不仅有利于国，而且有利于俚族本身社会的进步，文化的发展。《隋书·南蛮传序》说道"南蛮杂类，与华人错居……皆列为郡县，同之齐人，不复详载。……其事迹多湮灭而无闻，今所存录，四国（林邑、赤土、真腊、婆利）而已。"《隋书》的话：表明蛮、俚等族到隋朝时期，基本上已同汉族融合或自然同化于汉族。

二、文化发展道路上的生力军

魏晋南北朝时代少数民族中的上层人物，几乎无不熟读汉人文化典籍，能诗能文。他们是我国文化发展长河中的一支生力军，甚不可忽视。而他们之所以能在文化上崛起，与对汉文化的热情，对民族友好关系与国家统一的维护，有难分的关系。这三个因素哪一个起决定的作用，又随民族的不同而不同。但各族上层人物文化水平的提高并作出自己的贡献，离不开这三个因素中的一个。下面分民族叙述。

匈奴族的刘渊、刘和、刘聪、刘粲、刘曜与陈元达。

《晋书·刘元海载记》称刘元海师事上党崔游，《诗》《书》《史》《汉》、诸子无不综览。他曾对同门生朱纪、范隆说过这样的话："吾每观书传，常鄙随（何）、陆（贾）无武，绛（周勃）、灌（婴）无文，道由人弘，一物之不知者，固君子之所耻也。"他与世族的关系密切。"太原王浑虚襟友之，命子济拜焉。"晋武帝时，刘豹死，以刘渊为匈奴左部帅，后又以之为北部都尉。"幽、冀名儒，后门秀士，不远千里，亦皆游焉。"这表明他在向封建士大夫转化。而这种转化，来源于并州匈奴与汉族长时期的友好相处，来源于刘渊本人对汉文化的企羡。

刘渊的儿孙也是这样。他的儿子刘和"好学夙成，习《毛诗》《左氏春秋》《郑氏易》"①。刘聪"年十四，究通经史，兼综百家之言，孙吴兵法靡不诵之"。刘聪"工草隶，善属文，著《述怀诗》百余篇，赋颂五十余篇"，对文化的发展，作出了自己的贡献。可惜的是，他的草书、隶书、《述怀诗》与赋颂，没有流传下来。刘聪的儿子刘粲"少而俊杰，才兼文武"②。刘渊的族子刘曜"读书志于广览，不精思章句，善属文"，亦"工草隶"③。连贫穷的后部匈奴人陈元达也在"躬耕"时，"兼诵书，乐道行咏，忻忻如也"④。

由此可见魏晋时期匈奴上层汉化程度之深，汉文化水平之高。这完全是自然同化。八王之乱发生，刘渊乘司马氏骨肉相残，起兵欲"复呼韩邪之业"，是倒退的。但要知西晋也确实腐朽，永嘉之乱，负主要责任的是西晋朝廷。

羯族的石勒。

羯族是五胡中最落后的一个民族，但这并未妨碍他们对汉文化的爱好，只是接受程度有高低之分，在文化上的功绩有大小之别而已。《晋书·石勒载记下》说："勒雅好文学，虽在军旅，常令儒生读史书而听之，每以其意论古帝王善恶，朝贤儒士听者莫不归美焉。尝使人读《汉书》，闻郦食其劝立六国后，大惊曰'此法当失，何得遂成天下！'至留侯谏，乃曰：'赖有此耳。'"⑤这个故事很能说明羯人已经踏上向文明程度较高的民族过渡的道路。石勒曾经立学，并曾"亲临大小学，考诸学生经义"。还曾"命郡国立学官，每郡置博士祭酒二人，弟子百五十人，三考修成，显升台府"。北方学校，初告恢复。

氐族苻氏、吕氏。

在汉化的道路上走得最快的，应数氐族。《魏略·西戎传》说氐人"与中国错居""姓如中国之姓""多知中国语"。东汉以后，大姓陆续在氐

---

① ［唐］房玄龄等：《晋书》卷一百一《刘元海载记》，中华书局，1974年，第2652页。
② ［唐］房玄龄等：《晋书》卷一百二《刘聪载记》，中华书局，1974年，第2678页。
③ ［唐］房玄龄等：《晋书》卷一百三《刘曜载记》，中华书局，1974年，第2683页。
④ ［唐］房玄龄等：《晋书》卷一百二《刘聪载记》，中华书局，1974年，第2679页。
⑤ ［唐］房玄龄等：《晋书》卷一百五《石勒载记》，中华书局，1974年，第2741页。

人中产生，汉化程度都很深。

略阳苻氏。苻氏的兴起在汉末，到东晋，苻氏中名人辈出，文化水准直追汉族士大夫。如苻洪季子苻雄，"少善兵书而多谋略"。苻雄之子苻坚，八岁就"请师就家学""博学多才艺"。长大成了前秦也是中国的著名皇帝之一。他把被俘的代王什翼犍送入太学，把拓跋珪交给拓跋珪的舅父慕容垂，虽为北魏矢口否认，但却是北魏兴起并在汉化上起步的张本。苻坚的季弟苻融，汉文化水平很高，《晋书·苻坚载记下》附《苻融传》说道：

> 融聪辩明慧，下笔成章，至于谈玄论道，虽道安无以出之。耳闻则诵，过目不忘，时人拟之王粲。尝著《浮图赋》，壮丽清赡，世咸珍之。未有升高不赋，临丧不诔，朱彤、赵整等推其妙速。……铨综内外，刑政修理，进才理滞，王景略（王猛）之流也。

氏人中出了一个才华横溢的人苻融，汉人中的高僧道安、文学家王粲、政治家王猛都不能独美于前或独美于当时了。

还有一个苻朗，为苻坚从兄之子，汉文化水平之高，连江东隽秀都不得不折服。他曾作前秦的青州刺史，可是"有若素士，耽玩经籍，手不释卷，每谈虚语玄，不觉日之将夕；登涉山水，不知老之将至"。淝水战后，苻朗到了扬州，"风流迈于一时，超然自得，志凌万物，所与晤言，不过一二人而已。骠骑长史王忱，江东之隽秀，闻而诣之，朗称疾不见"。即不屑与语。数年后，由于王国宝的陷害，苻朗为东晋所杀。临刑赋诗云：

> 四大起何因？聚散无穷已。既过一生中，又入一死理。冥心乘和畅，未觉有终始。如何箕山夫，奄焉处东市！旷此百年期，远同嵇叔子。命也归自天，委化任冥纪。①

---

① [唐]房玄龄等：《晋书》卷一百一十四《苻坚载记》附《苻朗传》，中华书局，1974年，第2937页。

此可谓"玄言诗",是东晋的诗风。在这首诗中,他以嵇康自许。传中称他"著《苻子》数十篇行于世,亦《老》《庄》之流也"。俨然是嵇康第二。《苻子》今日不传,使我们无法看到这位氐族玄学家的思想主张。

再如出自略阳氐人吕氏的吕光,曾远征西域,在龟兹宴会上"赋诗言志"①,文化程度亦高。氐族为各族人民共同的文化大厦添加的砖瓦,是不能遗忘的。

羌族:姚襄、姚苌、姚兴、姚泓。

羌族是我国历史上一个久居西部、人数众多的民族。后汉之时,曾经遭到统治者残酷的压迫与剥削,掀起过规模浩大的持续五十多年之久的起义。东汉统治者屠杀羌人,务欲"绝其本根,不使能殖"②的魔手,被黄巾大起义斩断了。通过共同斗争,羌人和汉人的友好关系获得了长足的发展。至迟到东晋时期,居住在关陇地区的羌人,社会发展已经达到了汉族的水平。后秦封建政权的出现,就是一个标志。了解东汉羌人落后状况的人,我想对东晋时期的羌人都会刮目相看。

建立后秦的羌人姚氏,姚襄、姚苌兄弟,姚苌之子姚兴,姚兴之子姚泓,都有很高的文化水平。姚襄"少有高名,雄武冠世,好学博通,雅善谈论,英济之称著于南夏"③。姚苌"少聪哲,多权略,廓落任率,不修行业,诸兄皆奇之"④。到姚兴,更为不同。姚苌命他镇守长安,他与"中书舍人梁喜、洗马范勖等讲论经籍,不以兵难废业",被称为"时人咸化之"。后秦在他治理下,一些"经明行修"的"耆儒硕德",如姜龛、淳于岐,"教授长安,诸生自远而至者万数千人"。他常与姜龛等"于东堂讲论道艺,错综名理"。凉州胡辩在洛阳讲学,关中后进欲往洛阳就学于胡辩之门,姚兴给关尉下了一个命令:"诸生咨访道艺,修己厉身,往来出

---

① [唐]房玄龄等:《晋书》卷一百二十二《吕光载记》,中华书局,1974年,第3055页。

② [宋]范晔撰,[唐]李贤等注:《后汉书》卷六十五《段颎传》,中华书局,1965年,第2151页。

③ [唐]房玄龄等:《晋书》卷一百一十六《姚襄载记》,中华书局,1974年,第2962页。

④ [唐]房玄龄等:《晋书》卷一百一十六《姚苌载记》,中华书局,1974年,第2964页。

入，勿拘常限"①。这使得"学者咸劝，儒风"很盛。姚兴还曾大力支持鸠摩罗什翻译佛经，对印度佛教文化在我国的传播，起了重大作用（详下节）。

姚泓是后秦的亡国之君，此人"博学善谈论，尤好诗咏。尚书王尚、黄门郎段章、尚书郎富允文以儒术侍讲，胡义周、夏侯稚以文章游集"②。他是儒术、文章兼修。有一件事很值得称道。姚泓"受经于博士淳于岐，岐病，泓亲诣省疾，拜于床下"。要知他这时已经是皇帝了。皇帝拜老师，历代皇帝只有他才做到。由于皇帝拜了，"自是公侯见师傅皆拜焉"。中国的朝代，只有后秦最尊师。而后秦的建立者却是在东汉被认为最落后的种族羌人。

后秦灭亡之时，除了偏远的羌人以外，这个民族基本上也与汉族融合。到南北朝时期，内迁羌人大姓很多。《北史·恩幸传·王遇传》曾说：王遇，"冯翊李润镇羌也。与雷、党、不蒙俱为羌中强族"③。羌人王氏、雷氏、党氏、不蒙氏均籍隶冯翊。魏末起兵的关中城人莫折大提，世居渭州襄城，也是羌人中的大姓。这些大姓都已汉化。

鲜卑族：慕容氏、秃髪氏、拓跋氏。

鲜卑慕容氏原居东北，秃髪即拓跋，是拓跋鲜卑中迁到河西的一支，这两支鲜卑人在晋时即已接受汉族文化，自然同化于汉族。拓跋鲜卑的汉化则要晚到北魏孝文帝推行汉化政策之后。前二支鲜卑为什么很早便已接受汉族文化呢？这与西晋永嘉之乱，北方士庶除了逃亡江南之外，大量流入辽河流域与凉州地区有关。

《晋书·慕容廆载记》记慕容廆迁居于大棘城，又记怀、愍二帝时，

> 二京倾覆，幽冀沦陷，廆刑政修明，虚怀引纳，流亡士庶多襁负归之。廆乃立郡以统流人……于是推举贤才，委以庶政，以河东裴

---

① [唐]房玄龄等：《晋书》卷一百一十七《姚兴载记》，中华书局，1974年，第2979页。
② [唐]房玄龄等：《晋书》卷一百一十九《姚泓载记》，中华书局，1974年，第3007页。
③ [唐]李延寿：《北史》卷九十二《恩幸传·王遇传》，中华书局，1974年，第3035页。

巇、代郡鲁昌、北平阳耽为谋主，北海逄羡、广平游邃、北平西方
虔、渤海封抽、西河宋奭、河东裴开为股肱，渤海封奕、平原宋该、
安定皇甫岌、兰陵缪恺以文章才隽任居枢要，会稽朱左车、太山胡毋
翼、鲁国孔纂以旧德清重引为宾友，平原刘赞儒学该通，引为东庠祭
酒，其世子皝率国胄束修受业焉。

这是一段有关鲜卑慕容氏接受汉族文化，崛起于东北的极重要的文字。慕
容廆治下的辽河一带成了北方汉族士庶的避难所，而士庶特别是北方士人
的流入，又给鲜卑慕容氏带来了汉族的文化。两族关系十分友好，慕容廆
起用了流人中的大批汉族士人，或为谋主，或为股肱，或任居枢要，或引
为宾友。尤其是以平原刘赞为东庠祭酒，令其世子慕容皝"率国胄束修受
业"，对慕容鲜卑上层人物的汉化，起了决定性的作用。

率国胄受业于刘赞的慕容皝，在东晋成帝咸康三年（337）称燕王。
他对于乱世东北一隅之地文化的发展，也是有功绩的。《晋书·慕容皝载
记》写到他曾赐"大臣子弟为官学生者号高门生，立东庠于旧宫，以行乡
射之礼，每月临观，考试优劣"。他"雅好文籍，勤于讲授，学徒甚盛，
至千余人。亲造《太上章》以代《急就》，又著《典诫》十五篇，以教胄
子"[1]。他亲自讲授，亲造教材，办学可谓不遗余力。

前燕的第一个皇帝、慕容皝的第二子慕容儁，载记说他亦"雅好文
籍，自初即位至末年，讲论不倦，览政之暇，唯与侍臣错综义理，凡所著
述四十余篇"[2]。可惜这四十多篇作品，现在也看不到了，但却是他为当
时文化的发展作出的贡献。

后燕的建立者慕容垂，被权翼称为"名将，所谓今之韩白，世豪东
夏"[3]。北魏的开国皇帝是慕容垂的外甥，曾"随舅慕容垂据中山"[4]。

---

① [唐]房玄龄等：《晋书》卷一百九《慕容皝载记》，中华书局，1974年，第2826页。

② [唐]房玄龄等：《晋书》卷一百一十《慕容儁载记》，中华书局，1974年，第2842页。

③ [唐]房玄龄等：《晋书》卷一百二十三《慕容垂载记》，中华书局，1974年，第
3080页。

④ [梁]萧子显：《南齐书》卷五十七《魏虏传》，中华书局，1972年，第983页。

《宋书》说拓跋珪"颇有学问，晓天文"①。他的学问是从舅父慕容垂学来。慕容垂的第四子慕容宝"砥砺自修，敦崇儒学，工谈论，善属文"②。少子慕容德更是"博观群书""多才艺"③。他建立南燕，被称为能"崇儒术以弘风，延谠言而励己"④。到南燕、北燕相继灭亡之时，进入中原的鲜卑民族，基本上都自然同化于汉族。

鲜卑秃髪氏受到河西凉州地区汉人文化影响至大。《晋书·张轨传》写道：

> 秘书监缪世徵、少府挚虞夜观星象，相与言曰："天下方乱，避难之国唯凉土耳。张凉州（张轨）德量不恒，殆其人乎！"……中州避难来者日月相继。⑤

河西由此形成了汉族文化的又一个保存区，这必将给河西地区的少数民族带来影响。鲜卑秃发氏由此走上了汉化的历程。

南凉的建立者秃发乌孤起用了很多来到河西的汉族士人。《晋书·秃发乌孤载记》说道：

> 金石生、时连珍，四夷之豪隽；阴训、郭倖，西州之德望；杨统、杨贞、卫殷、鞠丞明、郭黄、郭奋、史皓、鹿嵩，文武之秀杰；梁昶、韩疋、张昶、郭韶，中州之才令；金树、薛翘、赵振、王忠、赵晁、苏霸，秦雍之世门；皆内居显位，外宰郡县。官方授才，咸

---

① ［梁］沈约：《宋书》卷九十五《索房传》，中华书局，1974年，第2322页。

② ［唐］房玄龄等：《晋书》卷一百二十四《慕容宝载记》，中华书局，1974年，第3093页。

③ ［唐］房玄龄等：《晋书》卷一百二十七《慕容德载记》，中华书局，1974年，第3161页。

④ ［唐］房玄龄等：《晋书》卷一百二十八《慕容超载记》，中华书局，1974年，第3186页。

⑤ ［唐］房玄龄等：《晋书》卷八十六《张轨传》，中华书局，1974年，第2222—2225页。

得其所。

　　这正是慕容廆在辽西的做法，也必将起到慕容廆做法所曾起到的促进本民族汉化的作用。我们从南凉最后一个君主秃发傉檀与后秦使臣韦宗的谈论，可以看到鲜卑秃发氏对汉族文化的接受，后来到了何种程度。

　　《秃发傉檀载记》记秃发傉檀与韦宗"论六国从横之规，三家战争之略，远言天命废兴，近陈人事成败，机变无穷，辞致清辩"。韦宗慨叹："命世大才、经纶名教者，不必华宗夏士；拨烦理乱、澄气济世者，亦未必《八索》《九丘》。《五经》之外，冠冕之表，复自有人。车骑（指秃发傉檀）神机秀发，信一代之伟人，由余、日磾岂足为多也！"[1]像秃发傉檀，可与汉族一流士人比美。

　　建立北魏的鲜卑拓跋氏，在少数民族中，本是落后的一支。拓跋氏接受汉族文化，要到孝文帝迁都洛阳，推行移风易俗政策之后。可这支鲜卑是后来居上，汉化的深度与广度，胜过了其他民族。

　　纳入孝文帝汉化政策范围之中的，是迁到中州地区的以鲜卑拓跋氏为首的北方各族人民。他们统称为鲜卑。前面说了孝文帝推行汉化的最大成就，在"断诸北语，一从正音"方面。这是要求迁到中州的各族人民学汉语，讲汉话，读汉文。鲜卑人的汉文化水平，由此普遍提高。作为皇族的拓跋氏，在这场汉化改革中，一直走在前头。从《魏书》所记可以看到拓跋氏汉文化水平达到的高度。《高祖纪下》说孝文帝本人"才藻富赡，好为文章，诗赋铭颂，任兴而作"[2]。《彭城王勰传》记元勰与孝文帝一起去代都，经过上党铜鞮山，路旁有十几棵大松树，孝文帝"遂行而赋诗"，命元勰也作一首。孝文帝说："吾始作此诗，虽不七步，亦不言远。汝可作之，比至吾所，令就之也。"元勰去孝文帝十余步，"遂且行且作，未至

　　① [唐]房玄龄等：《晋书》卷一百二十六《秃发傉檀载记》，中华书局，1974年，第3151页。
　　② [北齐]魏收：《魏书》卷七《高祖纪下》，中华书局，1974年，第187页。

帝所而就"①。此即《文学》第二章说到的《问松林》一首。如果没有孝文帝对汉族文化的大力提倡，便不会有鲜卑汉文化水平的迅速提高，更不消说七步成诗。

蛮俚。

这里说的蛮是仅就槃瓠蛮而言。另两个蛮族板楯蛮（賨人）与廪君蛮，在《我国道教的产生与发展》一章中已经论及。它们早已汉化。槃瓠蛮是南方的蛮族，分布于湘江与赣江流域。由于最早发源于湘水支流沅江流域的五溪，故又称为五溪蛮或溪（傒）人。俚族则分布于岭南之地，始兴郡"遏接蛮、俚"②，是槃瓠蛮与俚人交接的地带。

南朝时期，在槃瓠蛮人中，出现了世家。南朝有一个胡谐之，是豫章南昌人。他的祖父胡廉之做过"书侍御史"，父胡翼之"州辟不就"。胡谐之本人又仕于宋齐。《南史·胡谐之传》说他在齐高帝二年，做了给事中、骑骁将军。齐高帝"欲奖以贵族盛姻，以谐之家人语傒音不正，乃遣宫内四五人往谐之家，教子女语"。又说梁州刺史范柏年曾大骂"胡谐之何物傒狗无厌所求！"《后汉书·南蛮西南夷传》说："槃瓠子孙，狗种也"。操傒音被骂为傒狗的胡谐之，必为槃瓠蛮人无疑。除语音外，到南朝，槃瓠蛮人和汉人的界限变得不清楚了，或者说在消失中。到梁朝末年，始兴曲江又出了一个侯安都，"世为郡著姓"。侯安都"工隶书，能鼓琴，涉猎书传，为五言诗，亦颇清靡，兼善骑射，为邑里雄豪。"③他可说是文武全才，而就他的世代居地来说，他不是俚人，便是槃瓠蛮人。

据上可知魏晋南北朝时期，是南北各少数民族汉文化水平提高的时期，是各族共同文化自然形成的时期，也是我国古代文化获得重大发展的时期。可以说，如果当年各少数民族还迟迟停留在落后的状态中，我国各族共同文化的形成就将拖后，文化长河的流速也就将减缓。

---

① ［北齐］魏收：《魏书》卷二十一《献文六王传·彭城王勰传》，中华书局，1974年，第572页。

② ［梁］沈约：《宋书》卷九十二《良吏传·徐豁传》，中华书局，1974年，第2266页。

③ ［唐］姚思廉：《陈书》卷八《侯安都传》，中华书局，1972年，第143页。

第二节 影响我国最深的外来文化
——天竺佛教文化的进入

历史证明我国民族对外来文化是不排斥的，而是吸收，而吸收又往往经过自己的消化，提出自己的见解。有的见解发外人之所未发。

魏晋南北朝时期，影响我国最深的外来文化，是天竺佛教文化。把天竺文化介绍到我国来的，大都是西域人和天竺人。前者是我国国内的少数民族人，即是中国人；后者是外籍友好人士。他们之中的许多人既通晓汉语、汉文，又通晓天竺梵文。天竺的佛教典籍，都是通过他们翻译过来的。译经是魏晋南北朝时期文化史上的大事，大量经典著作翻译成了汉文，天竺文化以澎湃之势，进入了我国。

佛经在东汉已有译成汉文的，如《四十二章经》。到东晋，译经之风转盛。自东晋至南北朝末年，先后形成了五大翻译中心：长安、姑臧、建康、洛阳与广州，译成华言的天竺典籍，不断自这五个中心传出。下即就此五地佛典翻译盛况略加铨叙，以明天竺文化对我国文化的影响。

一、鸠摩罗什与长安译经

佛教经典在鸠摩罗什以前，已有译述。但"旧译时谬，致使深义隐没未通。每至讲说，唯叙大意，转读而已"[①]。很需要重翻。长安译经，早在西晋，已有竺法护从事此项工作。竺法护为月支人（羯人），本姓支，亦称支法护。之所以姓竺，是从师姓，他的老师是外国沙门竺高座。竺法护所译多为大乘经典，如《光赞般若》《正法华经》。到东晋前秦的时候，长安译经转盛，而所译多是小乘有部。这些经典大都是西域僧人携来。如《增一阿含经》，为兜佉勒国（吐火罗，月氏之地）沙门昙摩难提于前秦苻坚建元二十年（384）携至长安，竺佛念（凉州人）译传，昙嵩笔受，道

---

① [梁]释僧佑：《出三藏记集》卷十五《道安法师传》，大正新修大藏经，第55册，第108页。

安与法和作了考证，僧詧与僧茂协助校勘漏失①。《阿毗昙八犍度论》，为罽宾沙门僧伽禘婆于建元十九年（383）携至长安，佛念译传，慧力、僧茂笔受，释法和理其旨归，道安定稿②。《鞞婆沙》，为罽宾沙门僧伽跋证于建元十九年（383）携至长安，昙无（摩）难提笔受为梵文，弗图罗刹译传，敏智笔受，赵正正义，道安作了校对③。《比丘大戒》为西域沙门昙摩侍携来，竺佛念写为梵文，道贤译为秦言，慧常笔受④。这些译著有一个共同的缺点，就是辞体未曾留神，"深义隐没未通"。

后秦姚兴的时候，龟兹人鸠摩罗什到长安，长安的译经事业，达到了鼎盛阶段。鸠摩罗什译经以意译为主，既重阐发深义，又重辞体声韵的特点，我在《佛教》一章中，已有论述。这里要说的是鸠摩罗什及其同道慧睿、僧睿等到底翻译了哪些佛典，作用、影响如何。

释僧佑《出三藏记集》卷二著录了鸠摩罗什所译经书三十五部，二百九十四卷。《高僧传》说鸠摩罗什在长安译经三百余卷。汤用彤先生《汉魏两晋南北朝佛教史》第十章所列鸠摩罗什译著年表，依年代先后，有：

《阿弥陀经》一卷。（弘始四年）

《贤劫经》七卷。（弘始四年）

《思益梵天所问经》四卷。（弘始四年）

《大品般若》。（弘始四年至五年）

《百论》二卷。（弘始四年初译，六年更译）

《佛藏经》四卷。（弘始七年）

《杂譬喻经》一卷。（弘始七年）

《大智度论》百卷。（弘始四年至七年）

《菩萨藏经》三卷。（弘始七年）

《称扬诸佛功德经》三卷。（弘始七年）

---

① 见《全晋文》卷一百五十八释道安《增一阿含经序》。

② 见释道安《阿毗昙八犍度论序》。

③ 见释道安《鞞婆沙序》。

④ 见释道安《比丘大戒序》。

《十诵律》五十八卷。(始译于弘始六年，七年与昙摩流支续译，成五十八卷)

《法华经》八卷。(弘始八年)

《维摩经》。(弘始八年)

《华手经》十卷。(弘始八年)

《禅法要》，包括《众家禅要》三卷，《十二因缘》一卷，《要解》二卷。(弘始三年出之，九年重订)

《自在王菩萨经》二卷。(弘始九年)

《小品般若经》十卷。(弘始十年)

《中论》四卷。(弘始十一年)

《十二门论》一卷。(弘始十一年)

《成实论》十六卷。(弘始十三年至十四年。此论一度盛行于南方)

另有《十住经》四卷，《金刚般若经》一卷，《首楞严经》三卷，《遗教经》一卷，《十住毗婆沙论》十四卷，《大庄严经论》十五卷。不知翻译年月。

据上可知鸠摩罗什所译，小乘之学是个别的。如《十诵律》《成实论》。占绝大多数的是大乘经典。

鸠摩罗什译经，辄与讲经结合，故而影响甚大。释僧睿《法华经后序》说道：

> 既遇鸠摩罗（什）法师为之传写，指其大归，真若披重霄而高蹈，登昆仑而俯眄矣。于时听受领悟之僧八百余人，皆是诸方英秀，一时之杰也。[1]

《思益经序》说道：

①［清］严可均校辑：《全上古三代秦汉三国六朝文·全晋文》卷一百六十释僧睿《法华经后序》，中华书局，1958年，第2386页。

> 幸遇鸠摩罗什法师于关右，既得更译梵音，正文言于竹帛，又蒙
> 披释玄旨，晓大归于句下。于时咨悟之僧，二千余人，大斋法集之
> 众，欣豫难遭之庆，近是讲肆之来，未有其比。①

听受领悟《法华经》的僧人，虽达八百余人，还不算多。《思益经》前译"幽旨莫启"，鸠摩罗什"更译梵音"，解释旨归，咨悟之僧，竟达二千余人。真可谓"讲肆之来，未有其比"！

这么多僧人也并非仅止是听受领悟鸠摩罗什所译，他们有助译的义务。鸠摩罗什译《大品经》，有义业沙门"五百余人详其义旨，审其文中"②，然后再写下来。这是我国古代翻译界的空前盛举。至鸠摩罗什再译大小品《般若经》，般若性空之学达到了极盛阶段。

所译经书需要传布，释僧肇的《梵网经序》写到两个方法：一是"人各诵此品，以为心首"。此即背诵。鸠摩罗什译经特别重视天竺声韵，此后背诵经书容易了。二是"师徒义合，敬写一品八十一部，流通于世"③。此即传抄。要知抄写佛教经、论、律三藏的任何一部，都是莫大的功德。

《高僧传》论译经，提到为鸠摩罗什"执笔承旨"的八个助手或弟子：道生、道融、昙影、僧睿、慧严、慧观、道恒、僧肇。这八人的学问文章都是第一流的。道生后到南方，是"阐提成佛"义与"顿悟"义的创立者。昙影后来隐居山林，北朝"游遁大儒成公兴"曾介绍殷绍向昙影学《九章要术》④。僧肇以著《般若无知论》《物不迁论》《不真空论》而闻名于世。玄学家与佛教本无宗于体用、本末、无有，都强调体、本、无。僧肇三论则大畅体用一如，即体即用，即无即有，即静即动，即空即色之

---

① [清]严可均校辑：《全上古三代秦汉三国六朝文·全晋文》卷一百六十释僧睿《思益经序》，中华书局，1958年，第2386页。

② [清]严可均校辑：《全上古三代秦汉三国六朝文·全晋文》卷一百六十释僧睿《大品经序》，中华书局，1958年，第2385页。

③ [清]严可均校辑：《全上占三代秦汉三国六朝文·全晋文》卷一百六十五释僧肇《梵网经序》，中华书局，1958年，第2422页。

④ 参见第十二章《我国道教的产生与发展》论寇谦之。

说。以体用一如为大乘妙谛，影响至大。僧睿则是鸠摩罗什所译诸经序文的最热诚的撰写者。鸠摩罗什所译佛经的流布，与这些人的活动也是分不开的。

与鸠摩罗什同时，在长安翻译佛典的著名僧人，尚有《律藏四分》四十卷的译者佛陀耶舍，《舍利弗阿毗昙论》二十二卷的译者昙摩耶舍与昙摩崛多。长安成为译经圣地是天竺、西域沙门与东土僧俗的共同功绩。

二、昙无谶、浮陀跋摩与姑臧译经

卢水胡（小月支）人沮渠蒙逊，于东晋安帝义熙八年（412）据姑臧，称河西王，改元玄始，建立北凉。昙无谶到凉州，正在北凉玄始之际。

《出三藏记集》卷八释道朗《大涅槃经序》说昙无谶为"中天竺人，婆罗门种"。他在敦煌住过几年，沮渠蒙逊定河西，他到了姑臧。《出三藏记集》著录了他所译的十一部经书：

《大般涅槃经》三十六卷。

《方等大集经》二十九卷。

《方等王虚空藏经》五卷。

《方等大云经》四卷。

《悲华经》十卷。（卷二引《别录》或云龚上出）

《金光明经》四卷。

《海龙王经》四卷。

《菩萨地持经》八卷。

《菩萨戒本》一卷。（卷二引《别录》谓在敦煌出）

《优婆塞戒》七卷。

《菩萨戒优婆（塞）戒坛文》一卷。

这十一部都是大乘经典。其中特别重要的是《涅槃经》。此经阐述佛性常、乐、我、净之说，开我国佛教的佛理一派。释道朗《大涅槃经序》说：

夫法性以至极为体，至极则归于无变，所以生灭不能迁其常。生灭不能迁其常，故其常不动。非乐不能亏其乐，故其乐无穷。或我生于谬想，非我起于因假，因假存于名数，故至我越名数而非无。越名数而非无，故能居自在之圣位，而非我不能变。非净生于虚净，故真净水镜于万法，水镜于万法，故非净不能渝。是以斯经解章，叙常、乐、我、净，为宗义之林；开究玄致，为涅槃之源。……斯经以大涅槃为宗目，宗目举则明统摄于众妙，言约而义备。①

释道朗把《涅槃经》所阐述的佛性之说讲得很清楚。《魏书·释老志》所云："涅槃译云灭度，或言常乐我净，明无迁谢及诸苦累也"，正是《涅槃经》所说的、释道朗所解释的佛性或法性。研究佛理佛性的，离不开此经。

又鸠摩罗什以前东土所传多为小乘戒律，昙无谶所译《地持经》（亦名《菩萨戒经》）、《菩萨戒本》《优婆塞戒》《菩萨戒优婆（塞）戒坛文》则均为大乘戒律。后来研究《菩萨戒》诸经，以北方为盛。涅槃之学则盛于江南。

即在沮渠蒙逊之时，姑臧又有天竺沙门浮陀跋摩译出《阿毗昙毗婆沙论》。此论为有部的巨制。据释道挺《阿毗昙毗婆沙论序》：天竺迦旃延撰《阿毗昙》（《发智论》）"以拯颓运，而后进之贤，寻其宗致，儒墨竞构，是非纷如"。从而又有《阿毗昙毗婆沙论》（毗婆沙通指论藏注释）。此论为北天竺"五百应真"所造，旨在"抑止众说"。北凉沮渠蒙逊时，沙门道泰至葱岭以西，获得此论梵本十万余偈。沮渠蒙逊请求来到北凉的天竺沙门浮陀跋摩于内苑闲像宫寺译出，参加翻译的有智嵩、道朗等三百多人。原有一百卷，凉亡只存六十卷。

按前秦释道安之时，罽宾沙门一切有部的大家僧伽提婆译出《阿毗昙》。北凉浮陀跋摩所译《阿毗昙毗婆沙论》，即《大毗婆沙》，为五百应

---

① [清]严可均校辑：《全上古三代秦汉三国六朝文·全宋文》卷六十二释道朗《大涅槃经序》，中华书局，1958年，第2772页。

真对《阿毗昙》所作的注释或解说。小乘阿毗昙之学至浮陀跋摩全备。

姑臧地处河西，之所以能继长安之后，成为一个佛经翻译的中心地区，是因为后秦亡后，长安扰乱，而河西则相对安定；姑臧为丝绸之路所经，是僧人往来之地；北凉的统治者沮渠蒙逊又信奉佛教。这几个原因加在一起，才使姑臧成了一个"圣地"。

三、名僧游建康，斗场译经书

《宋书·夷蛮传·天竺迦毗黎国传》记宋时建康谚语云："斗场禅师窟，东安谈义林。"斗场即斗场寺，亦称道场寺，在晋末及南朝宋时，成了名僧游方之地与译经的又一个中心。

晋末宋初来到南方的名僧有天竺佛驮跋多罗（佛大跋陀、觉贤）及弟子慧观等四十余人，曾与法显一起西行求律的智严、宝云，法显，鸠摩罗什的高徒道生、慧严、慧睿。他们到建康后，多数止于道场寺，少数住在东安、乌衣等寺。其后，陆续来到建康的高僧还有罽宾沙门佛驮什、求那跋摩，天竺沙门僧伽跋摩、求那跋多罗等。宋时译经之多，南朝佛教的发展与天竺文化的传播，有赖于这些僧人。

觉贤于东晋安帝义熙十一年（415）到建康，十二年起，与法显、宝云在道场寺翻译法显从天竺带回的《僧祇律》（小乘大众部）四十卷，《泥洹经》六卷。十四年定稿。定稿后，觉贤又于道场寺翻译《华严经》，此经为释慧远弟子支法领在于阗所得的胡本。至宋武帝永初二年（421）才最后译成，共五十卷。《僧祇律》译出之后，为沙门所持受；《六卷泥洹经》的译出，则引起了一场断善根人是否可以成佛的大争论，影响巨大。

宋少帝景平元年（423），佛驮什来扬州，于建康龙光寺翻译法显自天竺携回的《弥沙塞律》（小乘化地部），成三十四卷，称为《五分律》。佛驮什执梵文本口诵，于阗沙门智胜为译，龙光寺道生、东安寺慧严（均鸠摩罗什弟子）执笔参正。

宋文帝元嘉八年（431），求那跋摩（三藏法师）自始兴至建康，止于祇洹寺，开讲《法华》和《十地》。慧义请出《菩萨善戒》，成三十品。或称《菩萨戒地》。此即《地持经》的异译，大乘戒法由此传于南方。求那跋摩又曾译出外国沙门伊叶波罗在彭城未曾译完的《杂阿毗昙心》，足成十三卷，未及缮写。元嘉十一年（434），僧伽跋摩到建康，止于长干寺，慧观请他更出，由宝云翻译，慧观笔受。至十二年译完。此即十一卷《杂阿毗昙心论》。

元嘉十二年（435），中天竺名僧求那跋多罗（摩诃衍）自广州到达建康，慧严、慧观迎于新亭。求那跋多罗先后于建康、荆州大出经典，译经既多，范围又广。元嘉十三年（436）所出《胜鬘经》，由宝云传译，慧严等一百余人考音定义。《宋书·天竺迦毗黎国传》提到此人此经说：

> 大明中，外国沙门摩诃衍苦节有精理，于京都多出新经，《胜鬘经》尤见重内学。

道生立顿悟义，释道猷（猷）曾叹《胜鬘经》宗旨与其师道生之义暗合。此经受到了南朝僧人的重视。

求那跋多罗所译还有大乘《小无量寿经》、小乘《杂阿含经》（法显携回）、有部《众事分阿毗昙》等，成为继觉贤、求那跋摩之后，南方又一个译经大师。他本人以大乘之学被号为"摩诃衍"，实大乘的名家。

宋时来到建康的外国与西域僧人最多，译经也最多，建康蔚然成为南方的译经中心。到梁、陈时期，南方译经中心发生了变化，不是建康而是广州。这与梁陈之际长江流域战乱频繁有关。后面再说。

四、北方佛教的重振与洛阳译经

自北魏太武帝下令废佛，北方译经中绝。文成帝时，重兴佛教，以罽宾人师贤为道人统。师贤死后，以昙曜代之，改名为沙门统。昙曜曾与天竺沙门常那邪舍等译出新经十四部①。太和十八年（494），北魏孝文帝迁都洛阳。自孝文帝到孝明帝，是北魏佛教的发展时期，也是译经较多的时期，从而洛阳成为又一个译经的中心。

孝文帝时，最有名的僧人，无过于天竺人佛陀了。据《续高僧传》，在孝文帝尚未迁都时，他已到了平城，后来随孝文帝一起南迁，常往嵩岳，托迹林谷。孝文帝颁旨就少室山为之立寺，此即少林寺。《魏书·释老志》所记略同，唯佛陀作跋陀，天竺人作西域人。

佛陀有弟子慧光，《续高僧传·慧光传》又记："会佛陀任少林寺主，勒那初译《十地》，至后合翻，事在别传。光预沾其席。"②而《十地经论》崔光序则谓合翻此经论的，有"三藏法师北天竺菩提流支，魏云道希，中天竺勒那摩提，魏云宝意，及传译沙门，北天竺伏陀扇多，并义学缁儒一千余人"③。汤用彤先生曾据此指出佛陀即伏陀扇多④。则少林寺第一任寺主佛陀（跋陀）乃传译《十地经论》的大师。伏陀扇多尚译有《摄大乘论》《如来狮子吼经》等约十部经书。《摄论》在南方有真谛的译本。《摄论》与《地论》是南北朝末年译出的两部最重要的佛典。

宣武帝时期，到洛阳来的僧人更多了，其中最重要的是天竺僧菩提流支和勒那摩提二人。北天竺菩提流支于宣武帝永平初年到洛阳，敕居永宁寺。北魏分裂后，随孝静帝迁居邺城。此人不仅将西方佛典翻译过来传之东土，而且将东土僧人所阐发的经义翻译过去，传之西方。《洛阳伽蓝记》卷四城西融觉寺条写道：

> 比丘昙谟最善于禅学，讲《涅槃》《花〈华〉严》，僧徒千人。天竺国胡沙门菩提流支见而礼之，号为菩萨。流支解佛义，知名西土，诸夷号为罗汉。晓魏言及隶书，翻《十地》《楞伽》及诸经论二十三

---

① 见《魏书·释老志》。

② ［唐］释道宣：《续高僧传》卷二十一《释慧光传》，大正新修大藏经，第50册，第607页。

③ ［北魏］崔光：《十地经论序》，大正新修大藏经，第26册，第123页。

④ 参见汤用彤：《汉魏两晋南北朝佛教史》第二十章，上海书店，1991年。

部（《续高僧传》据李廓《经录》等言，菩提流支所译经论为三十九部一百二十七卷），虽石室之写金言，草堂之传真教（长安草堂寺为鸠摩罗什译经处），不能过也。流支读昙谟最《大乘义章》，每弹指赞叹，唱言微妙，即为胡书写之，传之于西域。西域沙门常东向遥礼之，号昙谟最为东方圣人。

应当说，菩提流支是为东、西二方佛教文籍互相传译、架设桥梁的第一人。昙谟最被西域沙门号为"东方圣人"是新鲜事。之所以会出现这样的事，是靠了菩提流支将他写的华言经义，再翻回去。

菩提流支所译经书最重要的一部为《十地经论》。《十地经论》为佛教法相宗的经典之一，作者为世亲。北朝地论宗的得名，即由于《十地经论》的翻译。崔光记此经译于永平元年（508），译者、传译者并"义学缁儒"达千人以上，译出地点为太极紫庭。翻译时，"皆手执梵文，口自敷唱，片辞只说，辩诣蔑遗"。宣武帝"亲纡玄藻，飞翰轮首，臣僚僧徒，毗赞下风"[1]。到永平四年（511）夏天才最后译成。

崔光提到的有姓名的译者为菩提流支与勒那摩提，传译者为伏陀扇多。而《续高僧传》又有菩提流支、勒那摩提两不相能，各自为译之谓[2]。中天竺勒那摩提于宣武帝正始时到洛阳，所译佛典有《法华论》《十地经论》等。释道宠师菩提流支，释慧光则师勒那摩提。《十地经论》的两译与各自师承，使北方地论宗分成两派：菩提流支的相州北派学和勒那摩提的相州南派学（相州治邺，菩提流支和勒那摩提后来都到了邺城）。传法者两派都有不少。

五、真谛与广州译经

真谛三藏为西印度优禅尼国人，人们认为他是唯一的一个得到印度无著、世亲（约当5世纪中下叶）法相唯识之学的真传的人。汤用彤先生综

---

① ［北魏］崔光：《十地经论序》，大正新修大藏经，第26册，第123页。
② 见《续高僧传·道宠传》。

合各家之说，在《汉魏两晋南北朝佛教史》第二十章中，为真谛编了一个年历。根据他编的年历，真谛于梁武帝太清二年（548）到达建康。这年他已五十岁。建康本是南方的译经中心，何况梁武帝又好佛，只是因为这年爆发了侯景之乱，真谛要在建康译经，是不可能了。这以后他辗转奔波，于陈文帝天嘉三年（562）乘船飘抵广州。这年他六十四岁。在这十多年漂泊的生涯中，他翻译过不少佛典，如《金光明经》（译于建康）、《弥勒下生经》《仁王般若经》及《疏》《新金光明》《唯识论》（均译于豫章）、《金刚经》（译于梁安）。这些经典都很重要。

真谛到广州后，得到了广州刺史欧阳颀的礼遇。欧阳颀迎他住于制旨寺中，并请他翻译新文。自陈文帝天嘉四年（563）到陈宣帝太建元年（公元569年，六十五岁至七十一岁）七年中，真谛在广州译出的佛典，可知的有：

《大乘唯识论》（《二十唯识》）一卷，《义疏》二卷。

《摄大乘论》本论三卷，《释论》十二卷，《义疏》八卷。经涉二年。

《广义法门经》一卷。

《俱舍论》的《论文》二十二卷，《论偈》一卷，《义疏》五十三卷。经涉三年。《摄大乘论》和《俱舍论》译成，真谛曾说："今译两论，词论圆备，吾无恨矣。"[1]

《律二十二明了论》，《论本》一卷，《注记》五卷。

在翻译中，真谛得到了慧恺的协助。翻，总是由慧恺笔受；讲，总是由慧恺注记。陈废帝光大二年（568），慧恺讲《俱舍论》中绝，病死，真谛为之大恸。第二年（大建元年），真谛亦卒，广州译经终止。

真谛所译经、论，据《大乘起信论》卷一《义记悬谈》，总梁、陈二代，共译出经、论四十四部，一百四十一卷。他不仅是一个翻译家，而且是一个"义学"家。他总是边翻边讲。《摄大乘论》经他译出与解释，传之慧恺、法泰，慧恺、法泰又广为传播，形成一大宗派——摄论宗。《摄

---

① [唐] 释道宣：《续高僧传》卷一《法泰传》，大正新修大藏经，第50册，第431页。

论》为无著所著，与世亲的《十地经论》同是法相宗的经典，阐述无尘唯识。原来以北方的地论宗为盛，陈、隋之际，研究《摄论》的人多起来了，《摄论》一派转盛。到唐朝玄奘法师时，法相宗到达了它的最兴盛的时期。

周一良先生主编的《中外文化交流史》一书中，有季羡林先生的《中印智慧的汇流》一文。季先生写道："随着佛教的传播，印度文化也大量涌入中国。"①他举出的有鬼神志怪的故事，寓言，传说，声韵学中的四声转读，著述体裁中的合本子注，犍陀罗雕塑艺术，绘画，音乐，天文算术与医药。他说六朝是中印文化交流史上的一个"万紫千红"的时代。他的话无疑是对的。六朝之所以能成为中印智慧汇流的万紫千红时代，最重要的原因，我想无过于印度与西域人士大规模地翻译与介绍、讲解佛教经典。因为印度文化就包藏在佛经中。

---

① 季羡林：《中印智慧的汇流》，载周一良编《中外文化交流史》，河南人民出版社，1987年，第144页。

编后记

历时四载，经过大家的辛勤努力，《万绳楠全集》今天与大家见面了！

万绳楠（1923—1996），江西南昌人，安徽师范大学教授，著名历史学家。1942年万绳楠先生考入西南联合大学历史系，受教于翦伯赞、陈寅恪、吴晗等。1946年大学毕业后他考取清华大学历史研究所，师从陈寅恪教授。新中国成立后，先生先后任教于安徽大学、合肥师范学院、安徽师范大学，是安徽师范大学历史系创办者之一。

万绳楠先生在其近50年的治学生涯中，始终潜心育人，笔耕不辍，在魏晋南北朝史、宋史、区域经济社会史等诸多领域都作出了重要学术贡献，而于魏晋南北朝史研究用力最勤。先生著述宏富，发表专业论文近百篇，著有《魏晋南北朝史论稿》《魏晋南北朝文化史》《陈寅恪魏晋南北朝史讲演录》《文天祥传》《中国长江流域开发史》等著作。先生治学不因陈说，锐意创新，持之以恒，晚年生病住院期间，仍坚持写作，带病完成《中国长江流域开发史》等著作。除了在史学研究上的成就外，先生在人才培养方面也做出了杰出贡献，他于20世纪80年代即招收研究生，为史学界培养了许多杰出人才。

安徽师范大学历史学院历来注重学术传承，近年来先后整理了诸如胡澱咸、陈正飞、光仁洪、张海鹏、陈怀荃、王廷元、杨国宜等老一辈的文集十余种。2019年学院又组织专门力量，启动汇编《万绳楠全集》工作，通过整理先生著作，继承先生事业，光大师大史学，并为2023年纪念先生百年诞辰做准备。本次整理先生全集，除了汇编先生已经出版的论著外，我们还通过多方努力征集先生手稿，收集先生文稿，将先生发表在各种报刊、文集中的文章和尚未发表的40余万字成果编入全集中。先生治学功力深厚，著述宏富，因整理者学力不逮而导致的错漏在所难免，请读者批评指正，以俟来日修正。

借此机会，向指导和帮助全集整理和出版工作的汪福宝、卜宪群、陈力、马志冰、庄华峰、于志斌等表示诚挚的感谢！万先生文稿收集和全集编纂的具体工作由安徽师范大学历史学院庄华峰、刘萃峰、张庆路、林生海、康健等老师负责，尤其是刘萃峰老师，在协调和统校方面做了大量工作。参与收集、录入、校对工作的有蒋振泽、谭书龙、马晓琼、丁雨晴、白晓纬、姜文浩、李英睿、庞格格、罗世淇、王吉永、刘春晓、蔡家锋、谷汝梦、黄京京、吴倩、武婷婷、姚芳芳、刘瞳玥、张丽雯、高松、张昕妍、宋雨薇、陶雅洁、王宇、郑玖如、冯子曼、程雯裕、包准玮、李静、李金柱、欧阳嘉豪、郭宇琴等师生。在此，对参与全集整理工作的师生们表示衷心感谢！

还要感谢安徽师范大学出版社的张奇才、戴兆国、孙新文、何章艳、蒋璐、李慧芳、翟自成、王贤等同志，他们对文稿的编校至勤至谨，付出很多。安徽师范大学档案馆提供了万先生手迹、照片等珍贵资料，庄华峰为全集书写了题签，在此也一并致以谢忱！

还要特别感谢万先生哲嗣万小青、女儿万小莉的无私授权和大力支持，使我们能够顺利完成全集的整理和出版工作。

2023年是万绳楠先生一百周年华诞，这部《万绳楠全集》的出版，是我们对先生最好的纪念！

安徽师范大学历史学院

2023年10月